经济与工商管理专业基础课系列教材

管理学概论

GUANLIXUE GAILUN

主　编◎徐　泓
副主编◎李春波
编　者◎于丽艳　毕　波
齐　闯　孙乃娟
程晓多

黑龍江大學出版社
HEILONGJIANG UNIVERSITY PRESS

图书在版编目（CIP）数据

管理学概论 / 徐泓主编. -- 哈尔滨 : 黑龙江大学出版社，2009.8（2021.9 重印）
（经济与工商管理专业基础课系列教材）
ISBN 978-7-81129-189-6

Ⅰ. 管… Ⅱ. 徐… Ⅲ. 管理学—概论 Ⅳ. C93

中国版本图书馆 CIP 数据核字（2009）第 146014 号

管理学概论
GUANLIXUE GAILUN
徐 泓 主编

责任编辑 赵春江 国胜铁
出版发行 黑龙江大学出版社
地 址 哈尔滨市南岗区学府三道街 36 号
印 刷 三河市春园印刷有限公司
开 本 787 毫米 ×1092 毫米 1/16
印 张 19.25
字 数 396 千
版 次 2009 年 8 月第 1 版
印 次 2022 年 1 月第 2 次印刷
书 号 ISBN 978-7-81129-189-6
定 价 49.80 元

本书如有印装错误请与本社联系更换。

版权所有 侵权必究

经济与工商管理专业基础课
系列教材编委会

编委会主任：焦方义

编委会成员：焦方义　常树春　乔　榛
张少杰　高文敏　王明琴
熊　涓　由莉颖

总　序

教材建设是提高教学质量的主要内容之一，关系到人才培养规格和培养水平，也关系到培养什么样的人才、为谁培养人才，是办学思路和办学目的的具体体现。因此，大学本科生所用教材既要体现知识的先进性、与本科教育发展水平的适应性，又要体现中国特色社会主义阶段高等教育的特殊性。因此，本科教材应当确立相应的教材准入基本条件。

高等教育的人才培养目标不同于初级教育，它要求既要有明确的学校办学特色，又要建立科学的人才培养模式。学校办学定位的差异决定要相应确定学校办学特色和人才培养模式，研究型大学、教学型大学、教学研究型大学和研究教学型大学在教材选取、教学方法、教学手段等方面存在较大差异。为了更好地体现黑龙江大学及经济与工商管理学院独特的人才培养目标，凸显出学院近年来在教学改革和科学研究等方面的成果，学院在学校领导和相关职能部门的大力支持下规划出版"经济与工商管理类"系列教材。这是一套高水准、高质量，具有黑龙江大学经济与工商管理学院特色的本科教材，是学院教师多年努力的研究成果。

黑龙江大学经济与工商管理学院的前身可以追溯到1958年创办的黑龙江大学经济系，于1991年成立经济与工商管理学院，由著名经济学家熊映梧教授任首任院长，跨经济学和管理学两大门类，涵盖理论经济学、应用经济学和工商管理三个一级学科。学院一直非常重视教材的编写，近年来学院教师在一些国家级的出版社出版了一些教材，教材的质量也具有较高水平，在本科和其他层次的教学过程中被采用，但是有组织、有计划、系列化出版本科生教材在学院近10年来的发展过程中还是第一次。第一批出版的六本教材主要集中在经济与工商管理类的专业基础课上，我们邀请黑龙江大学及兄弟院校的"宏观经济学"、"微观经济学"、"货币金融学"、"国际贸易"、"会计学"、"管理学概论"等课程的主讲教师组成编写组，编写委员会对教材编写的提纲和初稿进行反复讨论、几经修改，最后由主审专家审查定稿。

本系列教材在学习和参考同类优秀教材的基础上，按照黑龙江大学本科培养方案"厚基础、宽领域"的指导方针，结合学院教师多年教学过程中积累的经验，考虑到经济社会发展的实际需要，力争按照"好用、管用、够用"的原则进行编写，符合研究型教学、探究式学习模式的要求，具有较高的使用价值。这批教材是黑龙江大学经济与工商管理学院近年来教材建设和课程建设方面取得的重要成果。

在我国，综合大学经济管理学院的专业设置不同于财经类、师范类等单科类大学。单科类大学由于涵盖的学科范围小，学院划分较细，一个二级学科就是一个学院，学院的专业性较强，涵盖的本科专业也较少，而我们综合大学经济管理学院的专业设置涵盖理论经济学、应用经济学、管理科学与工程、工商管理、公共管理等多个一级学科及其所对应的本科专业，综合性较强。所以，集中多学科的优势从本院的实际情况出发，分层次进行编写和指导，能够使这套系列教材成为经济管理类教材中的精品。第一批推出的六本教材作为尝试主要在我校使用，在教学中发现的问题，并及时汇聚起来进行妥善处理，根据实际效果决定自编教材的使用范围、使用比例以及下一步教材的建设目标。

今年是我国建国60周年，改革开放也刚刚走过了30年的道路，但是我国社会主义市场经济体制仍然处于完善之中。理论源于实践，变革的时代决定经济管理理论要根据实践的变化不断进行更新完善，并借鉴国外成熟市场经济的理论，结合我国国情指导经济建设和改革开放实践。例如，当前发生的百年一遇的国际金融危机使新自由主义的神话不攻自破，从另一个方面证明了马克思主义基本理论的正确性。资本主义的市场经济实践尽管创造出丰富的物质财富，极大地解放和发展了生产力，但是资本主义制度的基本矛盾没有变，金融危机、经济危机仍然是其在劫难逃的命运，马克思的资本论再次经受住了时间和历史的检验，其真理性毋庸置疑。同时，中国发展模式也在这次国际金融危机中引起了全世界的兴趣和关注。在西方国家极力推行所谓具有“普世价值”的自由、民主、人权社会制度，促使东欧和一些独联体国家发生“颜色”革命，纷纷加入“北约”的情况下，在来自西方主要国家的巨大压力下，我国仍然坚持走独立自主的中国特色社会主义道路。实践证明了中国模式在抵御金融海啸的冲击时具有独到功能，能够降低损失，缓和冲击。事情本身也提示我们，要进一步认识马克思主义经济学和西方经济学的关系，在人才培养方案和教学计划中如何正确处理马克思主义经济学和西方经济学的关系。在我们的教材中，对这些丰富的实践经验进行了理论总结和升华，依据马克思的虚拟资本和真实资本理论，阐释由金融衍生产品所引发的泡沫经济不断膨胀、最终走向破灭的原因。

由于我们的理论水平有限，加之我国正处于体制转轨过程中，经济全球化不断加深，影响经济社会发展的因素纷纭复杂，所以这套教材还存在着许多不足之处，希望得到同行专家的批评指正。

焦方义

2009年7月于哈尔滨

前　言

科学技术是第一生产力，劳动者、劳动工具和劳动对象的结合构成第二生产力（即现实生产力），管理是第三生产力。在实现第二生产力和实现科学技术转化为生产力的过程中，管理起决定性作用，它决定现实生产力的实现程度，决定科学技术转化的速度和质量。管理和科学技术一起构成现代文明的两大支柱。

管理学的研究与运用，对于提高管理水平、调动组织成员的积极性、主动性和创造性，合理组织社会生产力，推动社会经济发展具有重要意义。管理学作为研究人类社会管理活动中各种现象及其规律的学科，是在自然科学和社会科学日益发展的基础上形成的一门边缘性、交叉性、综合性科学，它可以运用于各类组织。

本书力求简明扼要、全面系统地介绍现代管理学的原理和方法。全书系统论述了管理学的基础知识、管理学的产生与发展、企业的社会责任，管理的计划、组织、领导和控制职能，以及组织变革与组织文化、团队建设等方面的管理知识及热点问题。

与同类书籍比较，本书有如下三个特点：

一是全面性。本书参阅了许多著名学者的观点，借鉴吸收了国内外管理学权威著作的精华，结合高等学校本科教学特点，力求内容丰富全面。

二是系统性。本书以管理职能为轴线，系统地论述了现代管理的基础理论、基本原理、一般方法和技能的应用。

三是简洁性。本书力求在内容完整的前提下缩小篇幅，用简洁的语言来讲解相对深奥的道理。对重点、难点问题，不惜笔墨，详加解释；对一般内容则点到为止，绝不赘言。每章的开头给出学习目标，以明确学习的主要内容及目的，每章结尾附有学习小结及习题，便于读者进一步深入思考。

本书的结构和写作大纲由主编徐泓设计，李春波担任副主编。全书共分为十五章，各章的撰写分工为：

徐泓：第一章、第九章、第十一章、第十三章；

于丽艳：第二章、第三章；

齐闯：第四章、第五章、第十章；

李春波：第六章、第七章；

程晓多：第八章、第十二章；

毕波：第十四章、第十五章；

孙乃娟:部分案例(第十章、第十一章)。

本书在编写过程中,自始至终得到了黑龙江大学经济与工商管理学院领导的关心、鼓励和指导,黑龙江大学出版社对本书的出版也给予了大力支持和帮助。

由于编者水平有限,书中难免有谬误、偏差等不妥之处,恳请广大读者不吝赐教,以便及时改正。

编者

2009 年 4 月

目 录

第一章　管理与管理学

学习目标

通过本章学习，主要掌握管理的概念和管理的基本职能；掌握管理学的概念，了解管理学的形成过程及主体内容；掌握不同阶段的主要代表人物的理论观点，为后续管理理论的学习奠定基础。

第一节　管理与管理者

管理是人类各种活动中最重要的活动之一。自从人们开始组建群体来实现个人无法达到的目标以来，管理就成为协调个体工作必不可少的因素。在社会生活中，大到国家，小到企业乃至家庭，都离不开管理，管理是一切有组织的活动中必不可少的组成部分。因此，在现实社会中，特别是组织活动中，有必要了解什么是管理，为什么要进行管理，怎样才能有效地进行管理等。

一、管理的定义

管理活动自古即有，但对什么是管理这一问题，不同的人有不同的解释。几十年来，许多学者根据自己的研究对管理下了定义。中外学者中较有代表性的观点有：

哈罗德·孔茨(Harold Koontz)认为："管理是设计和维持一种良好的环境，使人民群体高效率地实现既定目标。"

赫伯特·西蒙(Herbert Simon)认为："管理就是决策，决策贯穿管理的全过程。一个组织就是由决策者组成的系统。"

罗宾斯和库尔塔(Robbins and Coultar)认为："管理是指和其他人一起并且通过其他人来有效地完成工作的过程。"

刘易斯(Lewis)等人认为："管理是指有效地支配和协调资源，并努力实现组织目标的过程。"

福莱特(Follett)认为："管理是通过其他人来完成工作的艺术。"

普论基特和阿特纳(Plunkett and Attner)认为："管理是指对资源的使用进行分配和监督。"

杨文士和张雁认为:“管理是指一定组织中的管理者,通过实施计划、组织、人员配备、指导与领导、控制等职能来协调他人的活动,使别人同自己一起实现既定目标的活动过程。”

综合各家学说,管理都强调了过程,强调了过程所包括的职能和主要活动,强调了效率和效果。这些管理职能可以概括为计划、组织、领导和控制。效率表明了投入和产出之间的关系,管理人员所配置的各种资源都具有稀缺性,管理就是如何使资源成本最小化、效率最大化。效果是指组织目标的实现,管理还必须使活动实现组织的预定目的。效率涉及的是活动的方式,效果涉及的是活动的结果。优秀的管理者做事既有效率又有效果。“有效果”就是实现组织的目标,“有效率”就是通过最小的资源投入实现组织的目标。

本书认为,管理是为实现组织既定目标,协调各种资源的活动过程。该过程主要包括计划、组织、领导和控制等活动。

为了更全面地理解管理的概念,进一步把握管理的基本特征,我们还可以从以下几个方面入手加深对管理的认识:

(一)管理的载体是组织

从科学的角度上讲,管理的存在必须具备两个条件:必须是两个人以上的集体活动;有一致认可的目标。这两个条件缺一不可。多人构成了群体,当群体有了一致认可的目标则转变为组织。只有在组织层面上才有管理活动。

(二)管理的核心是协调人际关系

管理是协调自愿的活动过程,人力资源是组织中具有能动性的资源,其他资源作用发挥程度取决于对人力资源的利用情况。因此,协调人际关系成为整个管理工作的核心。

(三)管理的主体与客体

管理的主体是指组织中从事管理活动的人员,即管理者。组织中的管理者可分为三个层次:高层管理者——管理一个组织,中层管理者——管理管理者,基层管理者——管理工人和工作。管理的客体是指管理活动中所作用的对象,即被管理者,可以是组织中的一般成员,也可以是组织中的其他资源。

(四)管理的职能

管理职能是管理活动的主要体现,是管理主体与管理客体之间发生联系的纽带,主要包括计划、组织、领导和控制。

(五)管理的性质

管理,从它最基本的意义来看,一是组织活动;二是指挥、监督活动。即具有同生产力、社会化大生产相联系的自然属性和同生产关系、社会制度相联系的社会属性,这就是通常所说的管理二重性。从管理活动过程的要求来看,既要遵循管理过程中客观规律的科学性要求,又要体现灵活协调的艺术性要求,这就是管理所具有的科学性和艺术性。

二、管理者的角色和技能

管理者在开展管理工作时，会因环境不同、管理任务不同而扮演不同的角色，也因此要求管理者具有多项管理技能。

（一）管理者的角色

20世纪60年代后期，亨利·明兹伯格（Henry Mintzberg）对五位总经理的工作进行了仔细的现场观察和研究，提出了管理者究竟在做什么的分类纲要，即“管理者角色理论”。他认为管理者扮演着十种不同的却高度相关的角色。这十种角色又被分为三大类，即人际关系、信息传递和决策制定方面的角色。

1. 人际角色

管理者在处理组织成员与其他利益相关者的关系时扮演人际角色。这种人际关系方面的角色包括代表人角色、领导者角色和联络者角色。

（1）代表人角色。管理者是本单位的领导，有时必须履行社会性和象征性的责任。例如，管理者必须接待来访参观者，或宴请重要的客户，或必须出现在社区集会上，参加社会活动等。

（2）领导者角色。由于领导者对其所在单位的成败负重要责任，他们必须在工作单位内扮演领导者的角色。例如，管理者激励员工为实现组织目标努力工作。

（3）联络者角色。管理者有时在人群中要充当联络员的角色。管理者无论是在与内部员工发生联系或共同工作时，还是与外部利益相关者发生联系时，都起着联络者的作用。

2. 信息角色

当管理者为确保与其一起工作的人员具有足够的信息，从而能够顺利完成工作而负责时，他们就扮演着信息角色。

（1）监督者角色。管理者关注组织内外部环境变化，通过各种方式获取对组织有用的信息。这些信息有助于管理者识别机会和威胁。

（2）传播者角色。管理者把作为监督者角色时获取的大量信息传递给有关员工，保证员工具有必要的信息，以便切实有效完成工作。

（3）发言人角色。管理者向外部发布有关组织的计划、政策、行动、结果等信息。例如，向媒体发布信息，代表组织向外界表态等。

3. 决策角色

管理者在处理信息、解决问题时扮演着决策角色。管理者密切关注组织内外部环境的变化，以便发现机会，提出改革的新思路、新方法。企业的高层管理者还有责任确定组织的发展方向、制定组织的战略，这些都是企业决策角色。

（1）冲突管理者。即使是管理成功的组织，在运行过程中也会不可避免地遇到冲突或问题。管理者必须善于处理冲突或解决问题，如调节员工之间的纠纷，平息客户的怒气，同不合作的供应商进行谈判等。

（2）资源分配角色。管理者负有分配人力、物资和金融资源的责任，也可以分配组织的信息资源和时间资源。

（3）谈判者角色。为了组织的利益，管理者要花费大量时间进行谈判活动。管理者的谈判对象包括员工、供应商、客户和其他工作小组。

（二）管理者的技能

管理者开展管理活动，要具备一定的技能。根据罗伯特·卡茨（Katz，1974）的研究，作为一名管理者应该具备三类技能，即技术技能、人际技能和概念技能。

1. 技术技能（Technical Skills）

技术技能又可称为专业技能，是指用某一专业领域内有关的工作程序、技术和知识点完成组织专业任务的能力，即与特定的工作岗位有关的专业知识与技能。例如，技术人员、财务人员、营销人员、广告设计人员、医护人员等，皆需掌握相应领域的专业技术技能。管理者无需成为精通某一领域技能的专家，但需要了解并掌握与其管理的专业相关的基本知识与基本技能，以便能够与他所主管的组织内的专业技术人员进行有效的沟通，并对所管辖的业务范围内的各项管理工作进行具体的指导。对于不同层次的管理者，要求其技术技能的程度不同。一般基层管理者需要较多的技术技能，而高层管理者有一般性了解即可。

2. 人际技能（Human Skills）

人际技能是指与处理人际关系有关的技能，即理解、激励他人并与他人共事的能力。这种能力首先包括领导能力，因为管理者必须学会同下属沟通并影响下属的行为。但人际技能的内涵远比领导技能广泛，因为管理者除了领导下属外，还得与上级领导和同级同事打交道，同时还要联络组织外部的人员和单位，以求得各方面力量的配合。正如一位专家所评论的："在许多公司，一个管理者失败的原因不是他没有技术技能，而是缺乏人际关系的技能。"可见人际技能对管理者的重要性。

3. 概念技能（Conceptual Skills）

概念技能是指综观全局、认清为什么要做某事的认知方面的能力，也就是调查组织与环境相互影响和相互作用的复杂性的能力。具体而言，概念技能是把组织作为一个整体进行考察，包括理解事物的相互关系从而找出关键影响因素的能力、确定和协调各方面关系的能力以及权衡不同方案优劣及内在风险的能力等。任何管理都会面临一些复杂而混乱的环境，需要认清各种因素之间的相互关系，以便抓住问题的实质，果断作出正确的决策。它通常体现了管理者用广泛而长远的眼光进行战略思考的能力。

一般而言，要想成为有效的管理者，就必须具备上述三种技能，缺乏其中任何一种都有可能导致管理工作的失败。但这些技能在不同管理层次，其重要性也不同。对于基层管理者，专业技能就显得尤为重要；而对于高层管理者，因其面临的环境复杂多变，其面对的问题越无先例可循，就越需要概念技能；人际技能对于高层、中层和基层管理者有效地开展管理工作都是非常重要的，因为各层次管理者都必须在有效沟通的基础上相互合作,共同完成组织的目标。

第二节 管理学的特点与内容

管理学是一门系统研究管理活动的基本规律和一般方法的科学。管理学以一般组织的管理为研究对象,研究各种组织管理工作普遍适用的基本概念、原理、方法和程序。如电视台、报社等各类媒体,政治党派、学术团体、宗教等组织,公园、书店、博物馆等公共服务单位,企业、学校、医院、军队、国家各级政府机关等。管理学只是研究各行业、各类组织管理中共同的、带有规律性的原理和方法。

一、管理学的特点

一般来说,管理学通常具有如下特点:

(一)一般性

管理学是研究管理活动中的共性原理的基础理论学科,无论是宏观管理,还是微观管理,都需要以管理学的原理作为基础进行研究和指导。管理学是不同门类的专业管理学科的共同基础。

(二)综合性

管理学的综合性表现为:在内容上,它需要从社会生活的各个领域、各个方面以及各种不同类型组织的管理活动中概括和抽象出对各门具体管理学科都具有普遍指导意义的管理思想、原理和方法;在方法上,它需要综合运用现代社会科学、自然科学和技术科学的成果,来研究管理活动过程中普遍存在的基本规律和一般方法。管理活动是一种复杂的活动,其影响因素多种多样。除了生产力、生产关系的基本因素外,还有一些自然因素以及政治、法律、社会、心理等社会性因素。因此,做好管理工作,必须考虑组织内外多种错综复杂的影响因素,运用经济学、数学、工程技术学、心理学、生理学、仿真学、运筹学、系统工程学、控制论、电子计算机科学等现代科学技术,对管理进行描述,研究行之有效的管理理论,并指导管理实践。因此,从管理学与许多学科的相互关系来看,管理学综合利用了多种学科的研究成果,它是一门综合性的学科,具有综合性。

(三)历史性

管理学是历史和时间的产物,它是对前人的管理实践、经验和管理思想、理论的总结、扬弃和发展。割断历史,不了解管理历史的发展和前人对管理经验的总结,不考察历史,就很难理解建立管理学的依据。

(四)实践性

管理学是为管理者提供从事管理的有用的理论、原则和方法的实用性学科。管理的实践性表现为它具有可行性,可以通过经济效益和社会效益衡量其可行性。因此,管理学又是一门应用学科,只有把管理理论同管理实践相结合,才能真正发挥这门学科的作用,并在实践中不断地完善管理学的理论和方法。

二、管理学的研究对象和内容

既然管理学是一门系统研究管理过程的普遍规律、基本原理和一般方法的科学,那么管理活动和管理过程就是管理学研究的对象。

管理学研究的内容是很广泛的,大体可以从以下三个角度进行分析。

(一)从生产方式角度看

管理学的研究内容可分为三方面:

1. 生产力方面。主要研究如何配置组织中的各种资源,使其充分发挥作用;如何根据组织目标和社会需求合理使用资源,以求得最佳的经济效益、社会效益及环境效益。

2. 生产关系方面。主要研究如何处理组织内部人与人之间相互关系问题;如何完善组织机构和各种管理体制问题,最大限度地调动各方面的积极性和创造性,为实现组织目标服务。

3. 上层建筑方面。主要研究如何使组织内部环境与组织外部环境相适应的问题;研究如何使组织各项规章制度与社会的政治、经济、法律、道德等上层建筑保持一致的问题,从而维持正常的生产关系,促进生产力的发展。

(二)从历史角度看

管理学主要研究管理实践、管理思想以及管理理论的形成与演变过程。

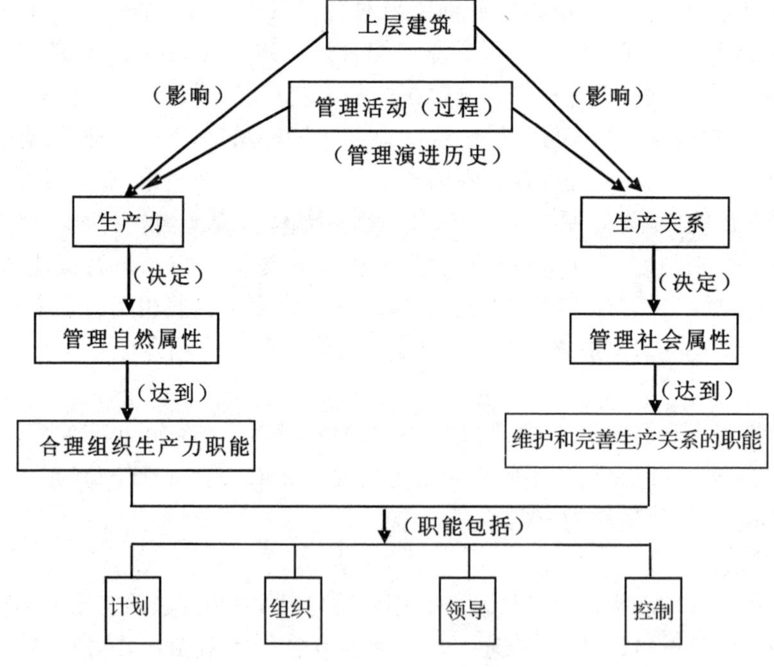

图1-1 管理学的研究对象及内容

（三）从管理职能看

管理学主要研究管理活动的原理、规律和方法问题。

具体而言，管理学主要研究管理活动推进过程中的计划、组织、领导和控制等主要职能问题。本书即是从这个视角，以管理职能为主线，系统阐述管理学的相关理论内容（见图1-1）。

三、学习和研究管理学的方法

学习和研究管理学的方法很多，按照从宏观抽象的方法到微观具体的方法这一理路，大致可分为：

（一）哲学管理方法

管理是一种实践性活动，哲学对管理的指导作用任何时候都存在，主要表现为为管理者提供正确的价值观和方法论。管理活动如果缺乏哲学观点和哲学方法的运用，就难以获得对所从事管理活动的本质性认识。管理者需要借助哲学方法提供的最普遍的指导思想去构造解决管理问题的一般方法或具体方法。但管理实践不能停留在哲学的层次上夸夸其谈。哲学方法不能代替一般管理方法或具体管理方法，否则，会使管理者无力面对复杂的管理问题。

从哲学层面看，马克思主义的辩证唯物主义和历史唯物主义是学习和研究管理学的总的方法论。即必须坚持实事求是的原则，深入调查研究，总结管理实践经验，并运用判断和推理的方法，使管理经验上升为理论，再以此指导管理实践。

（二）系统方法

所谓系统，就是指由相互作用和相互依赖的若干组成部分结合而成的，具有特定功能的有机整体，它从属于一个更大的系统。所谓系统方法是指用系统的观点来研究和分析管理活动的全过程。学习管理的概念、理论和方法要用系统观点来进行指导。通过管理过程中管理职能的展开来系统研究管理活动的过程、规律、原理和方法问题。这就要求管理者在研究和解决管理问题时必须具有整体观点、系统开放性与封闭性相对的观点、信息反馈的观点、系统分级的观点、等效观点等，把各项管理职能当做整个管理过程的有机组成部分来系统地分析和思考。

（三）理论联系实际的方法

管理理论来源于管理实践，并指导实践，同时在管理实践中不断得到修正、丰富和完善。理论联系实际的方法，就是通过案例调查和分析，边学习边实践，带着问题进行学习。通过这种方法，有助于提高学习者运用管理的基本理论和方法去发现问题、分析问题和解释问题的能力。同时要求学习者在学习和研究管理学时，注意管理的二重性，要学习发达国家管理经验中科学的东西，有选择地吸收。

（四）归纳法

归纳法就是通过对客观存在的一系列典型事物（或经验）进行观察，从掌握典型事物的典型特点、典型规律入手,分析研究事物之间的因果关系,从中找出事物变化发展的一般规律。这种从典型到一般的研究方法称为实证研究。由于管理过程十分复杂,影响管理活动的因素极多,人们通常只能观察到多因素综合作用的结果,很难将单一因素的影响从中分解出来。因此,大量的管理问题只能采用归纳法进行实证研究。在运用归纳法进行管理问题的实证研究时,首先要选择有代表性的研究对象,以便归纳出的结论能够反映出事物的本质;还要弄清与研究对象相关的各种因素,包括组织的外部环境和内部条件,以及组织中存在的系统的或偶然的干扰因素,并剔除各种不相关的因素。通过对调查资料的分析、整理,去寻找事物之间的因果关系。

(五)试验法

组织管理中的许多问题都可以采用试验法进行研究。试验法就是人为地为某一试验创造条件,并观察试验结果,再与未给予这些试验条件(对照组)的对比试验的实际结果进行比较分析,从中寻求外加条件与试验结果之间的因果关系,找出其中某些普遍适用的规律。著名的霍桑试验就是试验法的成功应用。

虽然试验法可以得到接近真相的结论。但是,管理中也有许多问题,特别是高层、宏观的管理问题,由于影响因素多而复杂,很难逐个因素孤立地进行试验,并且问题的影响与结果不具有可重复性,故这类问题不能用试验法来研究。

(六)演绎法

对于复杂的管理问题,可以从某种概念出发,或从某种统计规律出发,也可以在实证研究的基础上,用归纳法找到一般的规律,并加以简化,建立起能反映某种逻辑关系的经济模型(模式)。这种模型与被观察的事物并不完全一致,但它反映了简化的事实,它是从简化的事实中推广而来的,完全合乎逻辑推理,这种方法即为演绎法。其中,从理论概念出发建立的模型称为解释性模型,如投入产出模型;从统计规律出发建立的模型称为经济计量模型,如建立在回归分析和时间序列分析基础之上的各种预测模型和决策模型;建立在经济归纳法基础上的模型称为描述性模型,如现金流量模型。库存储备量模型,以及生产过程中制品变动量模型等。演绎法的发展和运用,进一步加强了数学与管理学的结合,大大促进了管理学定量分析方法的使用,特别是现代计算机技术的迅速发展,使得运用演绎法处理管理问题的速度和精度向更加精密的方向发展。

第三节 管理学的形成与发展

管理实践和管理思想有着悠久的历史,但形成一套比较完整的理论,则是经历了一段漫长的历史发展过程。从历史上看,管理与人类社会几乎同时产生。自从有了人类社会,人们形成了一定的社会关系,有了集体劳动的分工和协作,就有了早期的管理活动。人类为了谋求生存,自觉或不自觉地进行着管理活动和管理实践,但却没有对管理活动本身的重要性和必要性加以认识,人们仅凭经验去开展管理活动。直到 18 世纪后,人们逐渐开始观察各种管理实践活动，对管理活动在社会中所起的作用有了一定的认识，并在军事、经济、政治、行政等某些领域或某些环节提出一些见解，形成管理理论的萌芽。但这些都停留在一个较低水平上，是对管理非系统、非全面的研究。到19世纪末20世纪初，随着生产力的高度发展和科学技术的飞快进步，人们对管理的科学认识也不断丰富和具体，管理学者们经过不断研究和实践，进而概括抽象已有的管理思想，逐渐形成了管理理论。至此，管理作为一门科学才真正蓬勃兴起。管理学科形成后，管理理论发展大致经历了三个发展阶段，即古典管理理论阶段、行为科学理论阶段和现代管理理论阶段。

一、古典管理理论

人类系统地研究并形成管理理论是在19世纪末20世纪初科学管理理论的诞生以后，后人称这一阶段的管理理论为古典管理理论。古典管理理论是以“经济人”假设为基础的管理理论，其出发点为经济利益是推动员工提高劳动效率的主要动力。在研究方法上，古典管理理论侧重于以动态的观点分析管理过程的一般规律。有代表性的理论主要有泰勒的科学管理理论、法约尔的管理过程理论和马克斯·韦伯的理想行政组织理论等。

(一)科学管理理论

1. 弗雷德里克·温斯洛·泰勒——“科学管理之父”

泰勒(Frederick Winslow Taylor，1856—1915)，生于美国宾夕法尼亚州的一个律师家庭，中学毕业后考入哈佛大学法律系，但因眼疾被迫辍学。1875年，泰勒进入费城一家小型机械制造厂当学徒，1878年转入费城米德维尔钢铁厂(Midvale Steel Works)当机械工人，由于工作勤奋，先后被提拔为车间管理员、技师、工长、总工程师，并在业余学习的基础上获得了机械工程学士学位。在米德维尔钢铁厂的实践中，他感到当时的企业管理当局不懂得用科学方法进行管理，不懂得工作程序、劳动节奏和疲劳因素对劳动生产率的影响。而工人则缺少训练，没有正确的操作方法和方便使用的工具，这些都大大影响了劳动生产率的提高。为了改进管理，泰勒在米德维尔钢铁厂进行了各种试验。其中，金属切割试验延续了26年，进行各项试验达3万次以上，耗费钢材80万磅，资金15万美元。试验发现了能大大提高金属切割加工产量的高速钢，并取得了各种车床适当的转速和进刀量及切割用量标准等完整资料。1898年，泰勒受雇于伯利恒钢铁公司(Bethlehem Steel Company)，继续从事管理方面的研究，进行了著名的“搬运生铁块试验”和“铁锹试验”。搬运生铁块试验，是在该公司高炉产品搬运班组大约75名工人中进行的。由于这一研究改进了操作方法和作息时间，也训练了工人，使班组每人每天劳动量由原来的12.5吨提高到47.5吨，即比原来提高了3倍，工人的工资也由每天1.15美元提高到1.85美元。铁锹试验首先是系统地研究铲上的负荷应为多大，再研究各种材料能够达到标准负载的形状、规格问题，以及各种原料装锹(即操作方法)的最好方法等问题。试验结果令人满意，原料厂的劳动力从400~600人减到140人，平均每人每天操作量从16吨提高到59吨，每吨操作成本从7.2美分降至3.3美分，每个工人的工资也由1.15美元增加到

1.88美元。这些试验集中于“动作”、“工时”的研究,工具、机器、材料和工作环境等标准化研究,并根据这些成果制订了每日比较科学的工作定额和为完成这些定额的标准化工具。1904年以后,泰勒主要从事咨询、写作和演讲等工作,以此宣传他的理论——“科学管理”。泰勒一生的著作和文章很多,在管理方面的主要著作和论文有:1895年发表的《计件工资制》、1903年发表的《车间管理》、1906年发表的《大学和工厂训练方法的比较》、1909年发表的《制造业者为什么不喜欢大学毕业生》、1912年发表的《效率的福音》和《科学管理的管理和方法》。

科学管理的要点包括:

(1)科学管理的中心问题是提高劳动生产率。为此,泰勒通过科学的观察、记录和分析,致力于“时间动作研究”,探讨提高劳动生产率的最佳方法,制定出合理的日工作定额。

(2)为提高劳动生产率,需要挑选和培训第一流的工人。所谓第一流的工人,是指适合于某种工作并且愿意努力工作的工人。

(3)若使工人掌握标准化的操作方法,就要使用标准化的工具、机器和材料,在标准化的工作环境中操作。

(4)采用刺激性的工资报酬制度激励工人努力工作。这主要是以制定合理的工作定额为前提,实行差别计件制,即完成任务正常报酬、未达到标准低酬、超标准高酬。根据工作表现衡量、确定报酬水平。

(5)工人和雇主两方面都应进行一次“精神革命”。即劳资双方变对立为合作,共同致力于提高劳动生产率,达到“双赢”的结果。

(6)把计划职能和执行职能分开,以科学工作方法取代经验工作方法。

(7)实行职能工长制。一个工长负责一方面的职能管理工作,细化生产过程管理。

(8)管理控制中实行例外原则。即日常事务授权部下负责,管理人员只对例外事项(重大事项)保留处置权力。

泰勒的理论和实践是管理工作的一场革命,对当时企业从经验管理走向科学化管理起到了重要作用。他所推行的一套制度和方法被称为“泰罗制”,泰勒也因此被后人奉为“科学管理之父”。

2.其他学者的贡献

泰勒的科学管理理论在20世纪初得到广泛的传播和应用,当时及以后的年代中,有许多人也积极致力于管理实践与理论的研究,丰富和发展了“科学管理理论”。其中比较著名的有:

(1)亨利·甘特(Henry L. Gantt),美国管理学家、机械工程师。甘特是泰勒在创建和推广科学管理时的亲密合作者,他与泰勒密切配合,使科学管理理论得到进一步发展。特别是他的“甘特图”(Gantt Chart),是当时计划和控制生产的有效工具,并为后来的PERT(计划评审技术)奠定了基础。他还提出了“计件奖励工资制”,即对于那些用较少标准规定的时间完成工作者给予额外的奖励。这种制度补充了泰勒的差别计件工资制的不足。此外,甘特还很重视管理中人的因素,强调"工业民主",更重视人的领导方式,这对后来的人际关系理论有很大的影响。

(2)吉尔布鲁斯夫妇(Frank B. Gilbreth and Lillian M. Gilbreth),美国工程师弗兰克·吉尔布鲁斯与夫人(心理学博士莉莲·吉尔布鲁斯)在动作研究和工作简化方面作出了特殊贡献。他们采用两种手段对时间与动作进行研究:第一,将工人操作分解为17种元素(如"寻找"、"选择"、"抓取"、"把握"等),他们称之为基本动作元素,即"therbligs"(即为"gilbreth"的反向拼写);第二,用拍影片的方法,记录和分析公认的标准操作动作,寻找合理的最佳动作,以提高工作效率。通过这些手段,他们纠正了工人操作时某些不必要的多余动作,形成了快速准确的工作方法。与泰勒不同的是,吉尔布鲁斯夫妇在工作中开始注意到人的因素,在一定程度上试图把效率和人的关系结合起来。吉尔布鲁斯毕生致力于提高效率的研究,即通过减少劳动中的动作浪费来提高效率,被人们称之为"动作专家"。

(3)哈林顿·埃默森(Harrington Emerson),美国早期科学管理研究工作者,从1903年起同泰勒有紧密的联系,并独立发展了科学管理的许多原理。如他对效率问题作了较多的研究和实践,提出了提高效率的12项原则,即:明确的目的;注意局部和整体的关系;虚心请教;严守规章;公平;准确、及时、永久性的记录;合理调配人、财、物;定额和工作进度;条件标准化;工作方法标准化;手续标准化;奖励效率。埃默森在组织机构方面提出了直线和参谋制组织形式。另外,他在职工的选择和培训、心理因素对生产的影响、工时测定等方面也作出了贡献。

3. 科学管理理论的评价

科学管理不仅仅是将科学化、标准化引入管理,更重要的是泰勒所倡导的精神革命,还是实施科学管理的核心问题。泰勒的科学管理主要有三大贡献:一是历史上第一次使管理从经验上升为科学;二是效率的优化思想和调查研究的科学方法;三是计划职能与执行职能相分离。

科学管理理论是建立在"经济人"假设的前提下的,因此有一定的局限性。其不足主要表现在:

(1)泰勒对公认的看法存在局限性;

(2)更重视技术的因素,而忽视了人群社会的因素;

(3)内容覆盖面狭窄,局限于车间管理。

(二)一般管理理论

1. 亨利·法约尔——"管理过程之父"

亨利·法约尔(Henri Fayol),1841年出生于法国的富裕家庭。1860年从圣艾蒂安矿业学院毕业后,在康门塔里—福尔香堡(Conentry—Fourchambault)矿业冶金公司度过了58年的职业生涯。他从一个金矿工程师逐步晋升到公司总经理,并在总经理职位上工作了30年之久。长期从事高层管理工作的经历,使法约尔对全面管理工作有深刻的体会和了解，并在此方面积累了丰富的经验。1916 年问世的《工业管理和一般管理》是他一生管理经验和管理思想的总结，对西方管理理论的发展产生了重大影响，成为后来管理过程学派的理论基础。

法约尔的管理过程理论的要点包括：

(1)企业的基本活动与管理的五项职能。法约尔指出，任何企业都存在这六种基本活动，即：

技术活动——生产、制造、加工等；

商业活动——采购、销售、交换等；

财务活动——资金的筹措、运用与控制等；

会计活动——成本核算、统计与货物盘点等；

安全活动——设备维护、职工安全等；

管理活动——计划、组织、指挥、协调和控制等。

法约尔指出，在这六种基本活动中，管理活动处于核心地位，即企业本身需要管理，其他五项企业活动也需要管理。

(2)管理的一般原则。法约尔根据自己长期的管理经验，提炼出 14 条管理原则，具体如下：

劳动分工原则。劳动专业化可以提高效率，可以是技术工作分工，也可以是管理工作分工，但专业分工要适度，分工过粗或过细都不好。

权力与责任对等原则。他认为权力就是指挥他人的"权"和要求别人服从的威望。权力与责任相互联系，在行使权力的同时必须承担相应的责任，有权无责或有责无权都是组织的缺陷。

纪律原则。法约尔强调纪律对现实组织目标的重要性。他认为，纪律是管理所必需的。严明的纪律是组织不可缺少的要素。任何社会组织，其纪律状况都取决于领导者的道德状况。因此，高层领导者应和下属一样，必须接受纪律的约束。

统一指挥原则。指组织内的每一个职工只能接受一个领导人的命令。双重命令是对权威、纪律和稳定性的一种威胁，破坏了统一指挥原则，组织将陷入混乱状态。

统一领导原则。一个组织，对于同一目标的全部活动，只能有一个领导者和一个计划。只有这样，组织的资源的使用和配置才能指向统一目标。健全的组织要实行统一领导。统一领导是统一指挥的前提，统一指挥只有在统一领导下才能存在。

个人利益服从整体利益的原则。不能将个人利益置于整体利益之上，当个人利益与整体利益不一致时，领导者必须想办法予以协调，缓和两者的矛盾。

员工报酬原则。个人报酬制度应当公平，与工作绩效挂钩，并以能激发起职工的热情为限，使员工和雇主均获得尽可能多的满足。

集权原则。主要指权力的集中和分散问题。通常组织的集权程度是由管理层和员工的素质以及企业所处的环境和条件决定的。领导者要根据组织的实际情况，适时调整集权与分权程度。

等级链原则。在组织机构中,由最高一级到最低一级应该建立起关系明确的职权等级系列,这既是执行权力的线路,也是信息传递的渠道。但这样做,有时会产生信息延误现象,为解决这种问题,法约尔设计出一种“跳板”模式,也叫“法约尔桥”(Fayol bridge)。如图1-2所示。

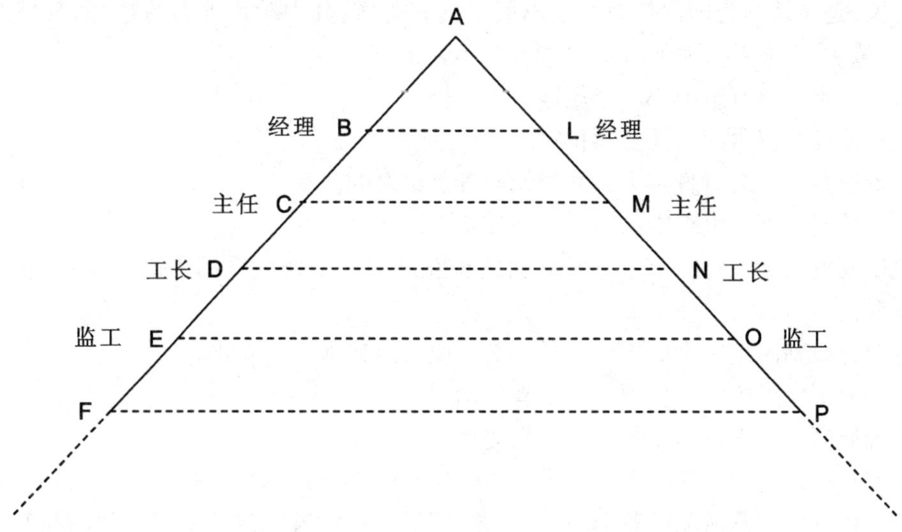

图1-2 “法约尔桥”

图中字母分别表示组织的各个等级与层次。A是组织的最高领导者。假如F与P之间进行信息传递与沟通,若信息必须从F到A,再由A传递至P,则传递速度慢且容易失真。所以法约尔设想在不同等级之间建立起一条连线,即所谓“法约尔桥”,允许部门间进行相应的信息交流和沟通,这样可以节省时间和人力,提高效率。

秩序原则。指应该规定组织中每个成员各自的岗位,即凡事各有其位。

公平原则。这是组织中管理人员处理人际关系的一条道德价值准则。主要人员对其下属仁慈、公平,就可能使其对上级表现出热心和忠诚。

保持人员稳定原则。保持组织中人员的稳定是管理者的重要职责。如果组织中的人员不断变动,组织工作将出现不良后果。

首创精神原则。这是提高组织内各级人员工作热情的主要源泉。管理人员不仅自己要有首创精神,而且还要尽可能地鼓励和发展职工的首创精神。

团结合作原则。组织中的集体精神是企业发展的巨大力量。领导者应尽一切可能,注意保持和维护集体中的团结、协作、融洽的人际关系。

法约尔强调,上述14条原则在管理工作中不是死板和绝对的,应灵活应用。这是一门很难掌握的艺术,它要求智慧、经验、判断和注意尺度。

2. 其他学者的贡献

随着人们对各种管理思想的深入研究,其中越来越多的相似之处被人们发现,这使人们相信管理存在着共同规律。在诸多研究者中,厄威克和古利克的影响最大,他们的思想主要是对管理职能和管理原则进行探讨,是亨利·法约尔管理思想的继承和发展。

(1)林德尔·福恩斯·厄威克(Lyndall Founes Urmick),美国著名的管理学家、顾问和教育家,是公认的管理学权威。他出版了许多著作,其中较为著名的是《管理精要》和《管理要素》。他提出了适用于一切组织的八项原则,即:

目标原则。所有组织都应当规定一个目标。

相符原则。权力和责任必须相符。

职责原则。上级对直接下属的工作职责是绝对的。

组织阶层原则。组织中的岗位及人员是有层次区分的。

控制幅度原则。每一个上级所管辖的相互之间有工作联系的下级人员不应该超过五人或六人。

专业化原则。组织中的工作因分工而形成一定程度的专业化。

协调原则。组织中的各项工作要有协调。

明确原则。对于每项职务要有明确的规定。

厄威克还是组织设计论的主要代表之一。他指出,组织设计有两个作用:第一,组织设计可决定从事经营活动的各个职务;第二,组织设计能够决定这些职务间的相互关系,其目的在于有效地解决经营技术问题。

(2)卢瑟·哈尔西·古利克(Luther Halsey Gulich),美国管理学家,曾任美国哥伦比亚大学公共关系学院院长,曾是罗斯福总统的行政福利委员会的成员,出版了多部管理方面的著作。古利克把关于管理职能的理论系统化,提出了有名的管理职能论。他正是通过对七种职能的分析,发展了亨利·法约尔的五职能理论。这七种职能是:

计划。是为了实现企业所规定的目标,制定出所要做的事情的纲要和做这些事情的方法。

组织。为了实现企业目标,必须建立正式的权力机构和组织体系,并规定各级机构的职责及协调关系,为组织机构配备好合适的人员。

人事。主要包括有关企业职工的选择、训练、培养和恰当地安排等方面的职能,这是企业长期发展和企业持续前进的关键。

指挥。主要指对下属进行领导、监督和激励的职能,这是保证企业效率的重要因素。

协调。就是为了使企业各部门之间工作和谐一致而开展的活动。古利克认为共同实现企业目标有两种路径,一是通过组织来协调,二是通过思想来协调。

报告。包括下级对上级的报告和上级对下级的考查和审核。为了使上级能有效地了解和考核下属,就要实行有效的控制制度。

预算。包括财务计划、会计、控制等。这些控制活动可以通过以下过程来实现:经济测定，实际成果和预算的比较，对共同和差异进行分析并找出原因，消除差异或调整计划。

古利克还根据古典的管理理论提出了十项管理原则，即：劳动分工和专业化；按目标、程序、顾客或地区把工作加以部门化；通过等级制度协作；通过思想协作；通过委员会协作；分权化或控股公司的组织；统一指挥；直线参谋；授权；控制制度。

3. 一般管理理论的评价

一般管理理论指出管理是任何有组织社会的一个独特因素，是协调组织、努力达到组织目的的过程。该理论分析了管理过程，明确了管理的各项职能，并提出了实现管理职能必须遵循的原则、准则。这对后来的管理理论研究具有非常深远的影响，后人称他为“管理过程之父”。

但法约尔的管理过程理论同泰勒的科学管理理论一样，将组织中的员工看成是“经济人”，因此，在组织管理中倾向于独裁式管理。同时，他还将组织看成一个封闭的系统，没有把外部环境同组织生存发展联系起来研究，片面认为组织功能的改善和职能的提高，只依靠组织内部的合理化就可以实现。

（三）行政组织理论

1. 马克斯·韦伯——“组织理论之父”

马克斯·韦伯（Max Webber），1864 年出生于德国一个富裕家庭，1882 年进入海德堡大学学习法律，并先后就读于柏林大学和哥丁根大学，1894 年获得海德堡大学的教授资格，1903 年开始进行新教理论方面的研究，1905 年出版了他的名著《新教伦理和资本主义精神》。在组织理论方面，他还出版了《社会和经济组织的理论》。他先后做过教授、政府顾问、编辑，对社会学、经济学、历史、宗教等许多问题都有自己的观点和独到的见解。韦伯提出的通常被称为“官僚制”、“科层制”或“理想行政组织理论”，对工业化以来各种不同类型组织产生了广泛而深远的影响，成为现代大型组织广泛采用的一种组织管理方式，韦伯被后人誉为“组织理论之父”。

韦伯的理想行政组织理论的要点：

韦伯主张建立一种高度结构化的、正式的、非人格化的“理想的行政组织体系”，这是对个人进行强制控制的最合适手段，是达到目标、提高劳动生产率的最有效形式，而且在精确性、稳定性、纪律性和可靠性方面优于其他组织。其核心内容是：

（1）权威的基础。理想行政组织理论的实质在于以科学确定的“法定的”制度规范作为组织协作行为的基本约束机制，主要依靠外在于个人的、科学合理的理性权威实行管理。韦伯将权力划分为三种类型：第一种是合理的法定权力，这是依法并赋予行政命令的权力，对这种权力的服从是依法建立的一套等级制度；第二种是传统的权力，它是以古老的、传统的、不可侵犯的且与执行这种权力的人的地位的正统性为依据的；第三种是神授的权力，它是指建立在对个人的崇拜和迷信基础之上的权力。韦伯认为，三种权力中只有合理化、法定的权力才是行政组织的基础，组织管理是以理性的、正式规定的制度规范为权威中心来实施的。

(2)官僚制的特征

官僚制的主要特征有:在劳动分工基础上,规定每个岗位的权力和责任,把这些权力和责任作为明确规范而制度化;按照不同职位权力的大小确定其在组织中的地位,形成有序的等级系统,以制度形式固定下来;明确规定职位特征以及该职位对人应有能力的要求,并根据技术资格挑选组织成员;管理人员依据法律制度赋予的权力处于拥有权力的地位,原则上所有人都服从于制度规定,不是服从于某个人;管理人员在从事管理时,每个管理人员只负责特定的工作,拥有执行自己职能所必要的权力,并且权力受到严格的限制,服从有关章程和制度的规定;管理者的职务是他的职业,并因此有固定的报酬,有凭借能力而晋升的机会,因此,管理者应忠于职守,而不是忠于某个人。

2. 其他学者的贡献

除了马克斯·韦伯以外,后来的美国高级经理人员和管理学家切斯特·巴纳德(Chester Z. Barnard)在组织理论研究方面作出了很大贡献,形成独树一帜的组织理论。他认为,组织是一个由人们有意识地加以协调的各种活动的系统,其中最关键的因素是经理人员,每个人在克服其生理、心理、物质和社会的限制时,必须自觉地进行协作。组织就是这种自觉协作活动的一个系统,这种系统能否长期存在、发展,取决于系统的效率和效果。组织中个人间的协作虽然可以通过命令和指挥形式来实现,但只有具备下述几个条件,个人才会承认这种命令的权威而接受命令:

(1) 个人理解这个命令;

(2) 个人认为这个命令同自己的个人利益是符合的;

(3) 个人认为这个命令同组织的目标是一致的;

(4) 个人有执行这个命令的能力。

巴纳德还把组织分为正式组织和非正式组织,提出正式组织作为一个协作系统,无论级别的高低和规模的大小,都包含三个基本要素,即:协作意愿、共同目标和信息沟通。在正式组织中还存在着一种产生于同工作有关的且内部成员有相同或相似的看法、习惯乃至社会背景的无形的组织,即非正式组织。它的存在对正式组织具有双重作用,既有不利的影响,又可能促进组织效率的提高。巴纳德的这一理论为后来称之为社会系统学派的理论奠定了基础。

3. 理想行政组织理论的评价

韦伯的理想行政组织理论,即官僚制摆脱了传统组织的随机、易变、主观、偏见的影响,具有比传统组织优越得多的精确性、可靠性和稳定性,实现了管理者个人与权力的分离。韦伯认为给组织中每项工作确定了清楚、全面、明确的职权和职责,可以使组织运转尽可能少地依赖个人,使理性精神合理化。他认为这种理论适合工业革命以来大型企业组织的需要。

韦伯认为高度集中的、正式的、非人格化的理想行政组织体系是达成组织目标、提高组织绩效的有效形式,但也可能导致以下三个后果:第一,由于过分强调组织形式的作用,不注重个性化,可能导致组织成员间的关系趋向淡薄。第二,过分重视成文的法律、规章、制度,忽视了管理活动应根据环境变化而灵活进行,必然限制了成员的创造性和主动性,并且造成上下级之间的敌对情绪,从而难以高效地达到组织的目的。第三,长期实行高度的组织化、制度化,不仅容易造成成员的行为刻板、谨小慎微,使其颠倒组织目标与法规制度的关系,把尊重规章制度变成目的,忽视了组织的真正目标,最终使组织因缺乏弹性而僵化,无法有效地适应环境。

二、行为科学理论

以科学管理理论、管理过程与组织管理理论为代表的古典管理理论的广泛流传和实际运用,大大提高了生产效率。但他们多着重于生产过程和组织控制方面的研究,过多强调科学性、精密性和纪律性,而忽视了人的因素,仅把工人当做是机器的附属品,是机器在使用人,人是为机器服务的,这就激起了工人的强烈不满。进入20世纪20年代,一方面工人日益觉醒,工人阶级反对资产阶级剥削压迫的斗争日益高涨,另一方面资本主义经济的发展和周期性经济危机的加剧,使得西方资产阶级感到仅依靠传统的管理理论和方法已不可能有效地控制工人,并以此来达到提高生产率和利润的目的。一些管理学家和心理学家也意识到社会化大生产的发展需要有与之相适应的新的管理理论。于是,一些学者开始从生理学、心理学、社会学等方面出发研究企业中有关人的一些问题,行为科学应运而生。有关行为科学的研究基本上可分为两大时期,前期的研究被称为人际关系学说(或人际关系学),以后发展成为行为科学,也称为组织行为理论。

(一)人际关系学说

1. 雨果·孟斯特伯格(Hugo Munsterberg),德国人,工业心理学的创始人,被人们称为"工业心理学之父"。他主修心理学和医学,但对实验心理学兴趣浓厚,后转向研究心理学在工业中的运用。他开创了工业心理学领域——对工作中的个人进行科学研究以使生产率和其心理相适应。并于1912年发表了他的著作《心理学与工业效率》。在这本书中,他强调他的目标在于:

(1)寻求如何使人们的职能与其所从事的工作最适合;

(2)在什么样的心理条件下,才能从每个人的工作中获得最大和最令人满意的产出;

(3)企业如何去影响工人,以便从他们那里获得最好的结果。

同泰勒一样,孟斯特伯格对劳资之间的共同利益感兴趣。他强调他的方法更侧重于工人,他希望通过这种方法去缩短工人的工作时间,增加他们的工资,提高其生活水平。

2. 乔治·埃尔顿·梅奥——霍桑试验

乔治·埃尔顿·梅奥(George Elton Mayo),是原籍澳大利亚的美国行为科学家。1924—1932年间,美国国家研究委员会和西方电气公司合作,由梅奥负责在西方电气公司所属的霍桑工厂进行了著名的霍桑试验(Hawthorne Experiment)。试验的主要目的是测定各种有关因素对生产效率的影响，由此产生了人际关系学说。试验分为四个阶段：

第一阶段：工场照明试验(1924—1927)。该试验把选择的一批工人分为两组：一组为“试验组”，先后改变工厂照明强度，让工人在不同照明强度下工作；另一组为“控制组”，工人在照明强度不变的条件下工作。试验者希望通过试验得出照明强度对生产率的影响，但试验结果表明，照明强度的变化对生产率几乎没有什么影响，即工场照明只是影响工人生产效率的一项微不足道的因素。

第二阶段：电器装配室试验(1927—1928)。旨在测试各种工作条件的变化对小组生产率的影响，以便能够更有效地控制影响工作效果的因素。通过测定材料供应、工作方法、工作时间、劳动条件、工资、管理作风与方式等各个因素对工作效率影响的试验，发现无论各个因素如何变化，产量都是增加的。

第三阶段：大规模的访问与调查(1928—1931)。在上述研究的基础上研究小组进一步开展了全公司范围的普查与访问，在调查了 2 万多人次后，发现任何一位员工的工作绩效都受其他人的影响。研究进而进入第四阶段。

第四阶段：接线板接线工作室试验(1931—1932)。用集体计件工资制刺激员工，以便形成“快手”对“慢手”的压力，达到提高生产率的目的。试验发现，工人既不会为超定额而充当“快手”，也不会因为完不成定额而成“慢手”，当他们完成他们自认为“合适”的产量时就会自动松懈下来。其原因是生产小组中已形成默契的行为规范，即工作不要做得太多，否则就是“害人精”；工作也不要做得太少，否则就是“懒惰鬼”；不应该告诉监工任何会损害同伴的事，否则就是“告密者”；不应当多管闲事和自以为是。进一步分析这一现象，发现根本原因有三：一是怕标准水平提高；二是怕失业；三是为保护速度慢的同伴。这一阶段的试验还发现了“霍桑效应”，即对于新环境的好奇和兴趣，足以导致较佳的成绩，至少在初始阶段是这样。

通过四个阶段历时近 8 年的霍桑试验，梅奥等人认为，人们的生产效率不仅受到生理方面、物理方面等因素的影响，更主要的是还会受到社会环境、社会心理等方面的影响。这个结论对“科学管理”只重视物质条件，忽视社会环境、社会心理对工人的影响来说是一个重大的修正。他第一次把工业生产中的人际关系问题提到了首要地位。根据霍桑试验，梅奥于 1933 年出版了《工业文明中的人性问题》一书，发表了著名的“人际关系理论”，其主要观点是：

(1)工人是“社会人”，而不是单纯追求金钱收入的“经济人”。即影响人的生产积极性的因素，除物质条件外，还有社会与心理因素。

(2)生产效率的提高或降低取决于员工的士气，而士气主要来自家庭、社会和企业中人与人之间的关系。

(3)企业中除了“正式组织”之外，还存在着“非正式组织”。这种非正式组织有其特殊的规范，影响着群体的行为。

(4)一个新型领导者应该具备解决技术经济问题的能力和处理人际关系的能力。

3. 对梅奥人际关系理论的评价

从管理角度看,梅奥的人际关系理论同以前的管理理论的着眼点不同,他抛弃了以物质为中心的管理思想,而以人为中心进行管理理论的研究,并取得了辉煌的成果。梅奥的人际关系理论的主要贡献是对人性作出了不同的假设,提出工人是"社会人"的观点;他首次提出了非正式组织的概念,强调非正式组织对职工的影响,该理论为行为科学的发展奠定了基础。

人际关系理论出现后不久,就遭到了某些学者的批评,他们认为人际关系理论偏重于非正式组织的研究;过于强调非合理性的感情;对"经济人"假设过分否定;过于强调"士气"对生产效率的影响。

(二)行为科学理论

人际关系学说是行为科学研究的早期理论,直到1949年在美国芝加哥召开的一次学术会议上,才正式定名为"行为科学",具有了独立的学科地位。20世纪60年代后,一些专门研究行为科学在企业中应用的学者又提出了"组织行为学"这一名称,并一直沿用至今。

组织行为学的研究内容大体上可分为三个层次:

(1)关于员工个体行为的研究。主要研究人的需要、动机、激励以及企业中人的特性问题。人际关系学说提出了"社会人",而不是"经济人"的假设,后期行为学研究者进一步提出了"自我实现人"的主张。

(2)员工群体行为的研究。主要强调了企业中的员工不是孤立的个体,而是各种正式和非正式群体的成员,彼此间存在着一定程度的影响和作用。研究发现将员工置于群体背景中,人的行为与其为孤立个体时的行为相比,有许多独特或差异之处。对群体压力、群体成员间互动过程的动力研究,以及群体中的沟通问题、竞争和冲突问题的研究,构成群体行为的主要内容。

(3)关于组织行为的研究。这主要是针对组织整体这一最高层次展开的行为方面的研究。主要包括"以人为中心"的领导理论,体现"人本"原则的工作设计与组织设计理论,以及组织发展和组织变革理论等。

三、现代管理理论

20世纪50年代之后,随着社会生产力和现代科学技术的迅速发展,生产社会化程度的日益提高,人们普遍重视对管理理论的研究。特别是发达国家对管理理论、方法和手段的研究日臻深入,形成了各具特色、流派纷呈的现代管理理论丛林,这对各国生产力的发展起到了进一步的推动作用。其中,主要的理论流派有:

1. 管理过程学派

管理过程学派一直致力于研究和说明"管理人员要做些什么和如何做好这些工作",主要侧重说明管理工作实务。管理过程学派是在法约尔管理思想的基础上发展起来的,当代最具代表性的人物是美国的哈罗德·孔茨(Harold Koontz)。该学派认为管理是一个过程,此过程包括计划、组织、领导、控制等若干职能,这些管理职能对任何组织的管理都具有普遍性。管理可以通过对各个职能的具体分析,归纳出其中的规律与原则,指导管理工作,提高组织的效率和效益。

2. 人际关系学派

该学派是由20世纪60年代的人类行为学派演变而来的。该学派认为,既然管理是通过别人或同别人一起去完成工作来实现的,那么,对管理学的研究就必须围绕着人际关系这个核心来进行。这个学派把社会科学方面已有的和新提出的有关理论、方法和技术用在研究人与人之间以及个人的各种现象上,从个人的个性特点到文化关系,涉及范围极其广泛。这个学派的学者大多数受过心理学方面的训练,他们注重个人,注重人的行为动因,把行为动因看成一种社会心理学现象,并认为人们在为实现其目标而组成团体一起工作时,应该相互了解。

3. 群体行为学派

该学派是从人类行为学派分化出来的,因而与人际关系学派有着密切关系,以致常常被混同。着重研究各种群体的行为特点,它以社会学、人类文化学,关心的主要是一定群体中的人的行为,而不是以个人心理学为基础。有人把这个学派的研究内容称为“组织行为”(Organization behavior)。这个学派的最早代表人物和研究活动是梅奥及其霍桑试验。

4. 经验或案例管理学派

这个学派主张有关企业管理的科学应该从企业管理实际出发,以大企业的管理经验为主要研究对象,并将其加以系统化和理论化,然后传授给管理人员或向企业经理提出实际的建议。经验或案例管理学派主张通过分析经验或案例来研究管理问题。该学派的主要代表人物有美国的彼德·德鲁克(Peter F. Droccker)、欧内斯特·戴尔(Ernest Dale)等。

5. 社会协作系统学派

这个学派认为,人与人之间的相互关系就是一个社会系统,它体现了人们在意见、力量、愿望以及思想等方面的一种合作关系。管理人员就是要围绕着物质(材料与机器)、生物(内部员工)和社会(群体的相互作用、态度和信息)等因素去适应总的合作系统。该学派是从社会学的角度来分析各类组织。美国的切斯特·巴纳德是这一学派的创始人,怀特·贝克(Wihyte Bakke)也从社会学角度提出“组织结合力”的概念。贝克指出,企业中的组织结合力包括:

(1)职能规范系统,即由于协作而划分和安排工作岗位所产生的合作系统;

(2)职位系统,即直线的职权层次;

(3)沟通联络系统;

(4)惩罚制度;

(5)组织规程,即使企业具有特征和个性的构想和手段。

该学派把企业组织看成是一个受文化环境压力和冲突支配的有机整体,将其看做一种社会系统,一种人的相互关系的协作体系,是社会大系统中的一部分,并受社会环境各方面因素的影响。

6. 社会技术系统学派

该学派的创始人是美国的特里斯特(E. L. Trist)及其同事。他们通过对煤矿中"长壁采煤法"的研究认为,要解决管理问题,只分析社会协作系统是不够的,还必须分析研究技术系统对社会的影响,以及对个人的心理影响。他们认为管理绩效以至组织的绩效,不仅取决于人们的行为、态度及其相互影响,而且也取决于人们工作时所处的技术环境。管理人员的主要任务之一就是确保社会协作系统与技术系统的相互协调。

7. 系统管理学派

该学派以系统为基础来研究管理,强调任何组织都是由若干子系统所构成的。企业经营系统可以划分为战略子系统、协调子系统和作业子系统。在管理工作中,强调通过各个子系统之间的协调来实现组织大系统的整体优化。该学派的主要代表人物是美国的卡斯特(F. E. Kast)等人。系统理论和系统分析方法在管理中的广泛应用,极大地扩展了管理人员的思想和视野,提高了管理人员对管理所涉及的各种相关因素的把握和分析能力,进而提高了组织整体绩效。

8. 决策理论学派

该学派是在社会系统学派的基础上发展起来的,其基本观点是:企业管理的主要研究对象是决策,决策贯穿于管理的全过程,管理就是决策。决策应遵循"令人满意"原则,而不是"最优化"原则。

决策理论学派的主要代表人物是美国卡内基梅隆大学教授赫伯格·西蒙(Herbert Alexander Simon)。西蒙在《管理决策新科学》一书中提出了"管理的关键是决策"、"管理就是决策"等观点。

9. 管理科学学派

管理科学学派又称为数学学派,是在泰勒科学管理理论的基础上发展起来的。该学派主张运用各种教学方法对管理进行定量分析,主张减少决策中的个人艺术成分和主观随意性,依靠建立一套决策程序和数学模型来增加决策的客观性和科学性,认为决策的过程就是建立和运用数学模型的过程。该学派强调管理的各项职能都可以用数学符号和公式进行合乎逻辑的计算和分析,求出最优的解决方案。由于计算机在处理大量数据和信息方面具有绝对优势,使用计算机进行管理,可以提高管理效率和决策精度。

10. 权变理论学派

权变理论又称为随机制宜理论,其主要观点是:企业管理中没有一成不变、普遍适用的、"最好的"管理理论和管理方法,企业管理必须随着企业所处内外环境的变化而随机应变,因为企业是一个受外界环境影响而又对外界环境产生影响的"开放式"系统。

权变理论学派的影响很大,许多管理学派学者及实际管理人员不仅接受了权变理论的思想,而且积极地将其应用在管理理论研究和管理实践中,如领导的权变理论、组织理论中的弹性组织原则等。

现代管理理论流派众多,观点各异,但却拥有着共同的特点,即广泛地运用了现代自然科学和技术的最新成果来发展现代管理理论,更加重视人的因素,在管理实践中注意运用系统、动态、开放的观点去研究组织与管理,使组织具有更强的生命力。

本章小结

管理是为实现组织既定目标,协调各种资源的活动过程。该过程主要包括计划、组织、领导和控制等活动。管理是一切有组织的活动中必不可少的组成部分。管理者在组织中通常扮演人际关系角色、信息角色、决策角色,并且要具备技术技能、人际技能和概念技能。管理学是一门系统研究管理活动的基本规律和一般方法的科学。管理学以一般组织的管理为研究对象,研究各种组织管理工作普遍适用的基本概念、原理、方法和程序。学习和研究管理学的方法主要有:哲学管理方法、系统方法、理论联系实际方法、归纳法、试验法、演绎法等。19 世纪末 20 世纪初,随着生产力的高度发展和科学技术的快速进步,管理学者们经过不断研究和实践,对管理的科学认识不断丰富,进而概括抽象已有的管理思想,逐渐完善了管理理论。管理学科形成后,管理理论的发展大致经历了三个发展阶段,即古典管理理论阶段,代表性的理论主要有泰勒的科学管理理论、法约尔的管理过程理论和马克斯·韦伯的理想行政组织理论等。行为科学理论阶段,主要从生理学、心理学、社会学等方面出发研究企业中有关人的问题,行为科学应运而生。它以美国学者梅奥在 20 世纪 20 年代后期进行的霍桑试验为主要标志。20 世纪 50 年代之后,生产社会化程度日益提高,人们对管理理论普遍重视。特别是发达国家对管理理论、方法和手段的研究日臻深入,形成了各具特色、流派纷呈的现代管理理论丛林。现代管理理论流派众多,观点各异,每一种理论都深化了我们对管理的认识。从理论角度看,系统的管理知识是科学;从实践角度看,管理是一门艺术。

习　题

一、思考题

1. 组织中不同管理层对管理技能的要求是否一致?
2. 怎样在不同的情境下将科学的管理理论加以艺术化应用?
3. 权变管理理论蕴涵着怎样的道理?

二、实战练习

分别采访企业的业务经理及公共行政管理者，了解两类管理者的工作情况，比较其管理工作的不同之处，分析管理到底是艺术还是科学？

三、案例分析

纽曼公司的利润在过去的一年里一直在下降，尽管在同一时期，同行们的利润在不断上升。公司总裁杰克先生非常关注这一问题，为了找出利润下降的原因，他花了几周时间考察公司的各个方面。接着，他决定召开各部门经理人员会议，把他的调查结果和他得出的结论连同一些可能的解决方案告诉他们。

杰克说："我们的利润一直在下降，我们正在进行的工作大多数看来也都是正确的。比方说，推销策略帮助公司保持住了在同行中应有的份额。我们的产品和竞争对手的一样好，我们的价格也不高，公司的推销工作看来是有成效的，我认为还没必要改进什么。"他继续评论道："公司有健全的组织结构、良好的产品研究发展规划，公司的生产工艺在同行中也占领先地位。可以说，我们的处境良好。然而，我们的公司却面临这样的严重问题。"会场内的每一个人都有所期待地倾听着。杰克开始讲到了劳工关系："像你们所知道的那样，几年前，在全国劳工关系局选举中工会没有取得谈判的权利。一个重要的原因是，我们支付的工资一直至少和工会提出的工资率一样高。从那以后，我们继续给员工提高工资。问题在于，没有维持相应的生产率。车间工人一直没能完成足够的产量，可以把利润维持在原有的水平上。"杰克喝了点水，继续说道："我的意见是要回到第一个原则。我们的公司是为股东创造财富的，不是工人的俱乐部。公司要生存下去，就必须要创造利润。我上大学时，管理学教授们十分注意科学管理先驱们为获得更高的生产率所使用的方法，这就是为了提高生产率广泛地采用了刺激性工资制度。在我看来，我们可以回到管理学的第一原则去，如果我们工人的工资取决于他们的生产率，那么工人就会生产得更多。管理学先辈们的理论在今天一样指导着我们。"

试回答以下问题：

1. 你认为杰克的解决方案怎么样？

2. 利润率低的原因还可能有哪些？

第二章 企业社会责任

学习目标

了解组织中的四种道德观和影响管理者道德素质的因素，明确管理道德行为改善的途径；掌握社会责任的含义及两种社会责任观，熟悉企业社会责任的具体体现；了解并掌握管理创新的含义、动力、主体、特征、内容及过程。

第一节 道 德

随着社会经济的发展，一系列不良的社会问题也随即出现，如环境污染、能源危机、企业欺诈、消费者权益得不到保护等等，这些问题促使人们的道德意识与觉悟不断提高，要求企业遵循一定的管理道德，承担相应的社会责任。

一、管理道德的含义

道德是调节人与人、人与自然、人与自身之间伦理关系的行为准则和规范的总称。管理道德主要涉及的是管理决策中的道德行为、准则和规范，以及影响管理者道德的因素。与管理者相关的道德观有以下几种。

（一）道德的功利观

道德的功利观认为，判断管理者的决策是否道德，主要看该决策所引起的后果如何。当该决策能够为大多数人带来最大幸福时，纵使这个决策可能会以牺牲少数人的利益为代价，但只要最终的利益超过负面的损失，决策者便会认为该决策是符合道德的决策。道德的功利观强调行为的后果，以行为的后果判断行为的善恶，这种观点对效率有促进作用，并符合利润最大化目标，但它会造成资源配置的扭曲，尤其当那些受影响的部门缺少代表或没有发言权时更是如此，同时还会造成利益相关者的权利被忽视。

（二）道德的权利观

道德的权利观认为能够最好地保证和保护受影响的人的基本权益的决定是道德的决定，这种观点的核心是，管理者在作出决策时要尊重和保护个人基本权利。这些权利包括：

1. 个人隐私权。个人有权对自己工作之外的各种私人信息予以保密，别人不得干涉。例如,管理者不能以公司整体利益为由偷窥员工的私人邮件。

2. 言论自由权。个人可以坦诚地对法律或伦理行为作出评价。例如,当员工告发上司违法时,应当保护员工言论自由的权利。

3. 思想自由权。不管作出何种决策,都必须充分尊重个人的意志。例如,员工有权决定是否捐款以及通过何种方式捐款,管理者不能将自己的思想强加给员工。

4. 保持良知权。对于那些有悖于道德或宗教准则的指令,个人有权拒绝。

5. 获得公正信息和待遇权。个人有权获知不带偏见的信息,并受到公平的待遇。

6. 安全生活权。个人有权在健康和安全不受到威胁的状态下生活。

道德的权利观积极的一面是保护了个人自由和隐私,但管理者把个人权利的保护看得比工作的完成更重要,这将阻碍生产效率的提高。

(三)道德的公正观

道德的公正观要求管理者在决策时公平地实施规则,强调管理行为的公正公平。对于管理者来说,有三种可供选择的公正原则:第一种是“广泛公正”,即对待任何人都不应当带有个人的偏见,每个人都是平等的,都应当受到相同的待遇;第二种是“程序公正”,它强调了“执法”的公正性,规章制度应当是明确和具有连续性的,执行过程也必须公正;第三种是“补偿公正”,如果由于集体的原因而对个人造成伤害,个人应当得到赔偿,换句话说,对于个人无法控制的事件,个人不应当承担任何责任。

(四)道德的综合观

这种观点把实证和规范两种方法并入到商业道德中,要求管理者在作出决策时综合考虑规范和实证两方面的因素。

二、影响管理者道德素质的因素

(一)个人特征

每个人都有一套相对稳定的价值观,不同人有着不同的价值观,这种价值观将指导着个人的行为。研究发现,自我强度和控制中心这两个个性变量影响着人们的行为。自我强度是衡量一个人自信心强度的一种个性尺度。自我强度越高越能克制冲动,并遵循自己的判断,做自己认为正确的事。所以,自我强度高的管理者将在道德判断与道德行为之间表现出更大的一致性。控制中心是衡量人们相信自己掌握自己命运程度的个性尺度。内控的人认为他们控制着自己的命运,对命运负责就必须对行为后果承担责任,因此常常根据自己的内在是非标准来指导自己的行为;而外控的人认为他们一生中所发生的事全凭运气或机遇,因此不大可能对自己的行为后果负个人责任,更可能依靠外部力量。管理者会将自己的个性和行为习惯带入工作之中,相比之下,内控的管理者将比外控的管理者在道德判断和道德行为之间表现出更强的一致性。

(二)道德发展阶段

斯蒂芬·罗宾斯的研究表明,道德发展存在三个层次,每个层次又包含两个阶段。

随着阶段的上升,个人的道德判断越来越不受外部因素的影响。道德发展的三个层次和六个阶段如表2-1所示。

表2-1 道德发展阶段

层次	阶段描述
原则	6. 遵循自己选择的大原则,即使它违背了法律 5. 尊重他人的权利,支持不相关的价值观和权利,不管其是否符合大多数人的意见
习俗	4. 通过履行你赞同的义务来维护传统秩序 3. 做你周围的人所期望的事情
前习俗	2. 仅当符合其直接利益时遵守规则 1. 严格遵守规则以避免物质惩罚

道德发展的最低层次是前习俗层次,个人非常关注外部的奖励和惩罚,为避免出现不利的后果,他们会服从于权威。从组织的角度来说,那些采用独裁和强权领导模式,而员工被动地完成工作任务的组织可归入这个层次。道德发展的中间层次是习俗层次,在这一层次,道德价值存在于维护传统秩序并满足他人的期望。人们会主动学习,与同事、家庭、朋友和社会所确立的好的行为保持一致。承担社会和他人的责任是非常重要的,为了完成组织目标,团队之间密切协作,管理人员也会采用鼓励协作的领导模式,激励员工发扬团队精神。道德发展的最高层次是原则层次,在这个层次上,人人试图在组织或社会的权威之外建立道德准则。个人依据自己所认可的价值观和行为准则活动,当法律或规章制度与自我价值观或行为准则相悖时,他们服从的是后者而非前者,自我价值观比其他的伦理标准重要得多。如果一个管理者奉行的是这种原则,那么他们通常会采用更高的道德标准来要求自己。

有关研究表明,绝大多数管理者处于第二层次,还有一部分处于第一、第二层次之间。在美国成人中,只有20%的人达到了道德发展的第三个层次。一旦人们达到这个层次,他们就会依据一种独立的伦理准则行事,对组织内或组织外部的人的看法和观点全部予以忽略。而一个管理者持有这种观点,他们也会按照自己的原则决策,而不管这种决策对组织的影响如何。

(三)组织文化

一个组织或部门的价值观对其员工的行为和决策影响很大,组织文化更是直接使员工明确了公司倡导什么、反对什么。在大多数组织里,员工都相信,如果他们脱离组织所确立的价值观和主流文化,那么,他们将面临危险或者是无法真正地融入组织。最有可能产生高道德标准的组织文化是那种有较强的控制能力以及风险和冲突承受能力的组织文化。处在这种文化中的管理者,具有进取心和创新精神,意识到不道德的行为会被发现,并且会对他们认为不现实或个人不合意的需要或期望进行自由、公正地挑战。与弱组织文化相比,强组织文化对管理的影响更大。如果组织文化较强并支持高道德标准,它就会对管理者的道德行为产生重要的积极影响;而在弱组织文化中,管理者则更有可能以亚文化作为行为指南,而工作小组和部门标准会对弱文化组织中的道德行为产生重要影响。

(四)道德问题强度

影响管理者道德素质的因素还有道德问题本身的强度,具体包括以下六个方面:

1. 某种道德行为对受害者的伤害有多大或对受益者的利益有多大?例如,使 100 人失业的决策比使 10 人失业的决策对员工伤害更大。

2. 有多少人认为这种行为是邪恶的?例如,较多的人认为对德克萨斯州的海关官员行贿是错误的,而较少的人认为对墨西哥的海关官员行贿是错误的。

3. 行为实际发生并造成伤害或带来利益的可能性有多大?例如,把枪卖给强盗比卖给守法的公民带来的危害会更大。

4. 在现实和预期后果之间的时间间隔有多长?例如,减少目前退休工人的退休金比减少目前年龄在 40－50 岁的雇员的退休金带来的直接后果更严重。

5. 你认为行为的受害者与你有多近?例如,自己工作单位的人被解雇比远方城市的人被解雇对你内心造成的伤害更大。

6. 道德行为对有关人员影响的集中程度如何?例如,拒绝给 10 人提供每人 1 万元的担保比拒绝给 1 万人提供每人 10 元的担保的影响更加集中。

根据以上六项内容,倘若某种管理行为,造成人们受到的伤害很大;社会舆论反应强烈;可预见危害的可能性较大;行为到后果的时滞时间短;观察者与受害者接近和感觉明显;不良后果集中在少数人群身上,则道德问题的强度就大,反之道德问题的强度较小。对道德问题强度大的管理决策,管理者应该更加谨慎,若采取不道德的行为,其后果将十分严重。当然,对于道德问题强度小的决策,管理者也不能采取不道德的行为,只是道德问题强度大的管理决策会使管理者更为谨慎。

三、管理道德行为改善途径

(一)挑选道德素质高的员工

“有德有才是正品,有德无才是次品,无德无才是废品,有才无德是毒品”,可见,有才无德最可怕。组织在选择员工时严格挑选,把道德素质低的求职者淘汰掉,这是从根源上改善组织道德行为的途径,因为有不良道德记录的人很难保证以后不再犯类似的错误。

(二)建立道德准则

在一些组织中,员工对“什么是管理道德,如何去遵守管理道德”并不清楚,只靠内心的信念去工作不足以维持高水平的道德,所以要通过建立道德准则来解决这个问题。道德准则是表明组织的基本价值观和组织期望员工遵守的道德规则的正式文件。据对美国 83 家大型企业的调查(含杜邦、埃克森、波士顿银行和威斯康星电力公司等),公司道德准则主要包括三个方面的内容:做一个可靠的组织公民;不做任何损害组织的不合法的或不恰当的事情;为顾客着想。常见的公司道德准则如下:

做可靠的组织公民	不做任何损害组织的不合法或不恰当的事情	为顾客着想
1. 遵守安全、健康和保障规则 2. 表现出礼貌、尊敬、诚实和公平 3. 禁止生产非法药品和酒精 4. 管理好个人财务 5. 出勤率高、准时 6. 听从监督人员的指挥 7. 不说粗话 8. 穿工作服 9. 禁止上班携带武器	1. 合法经营 2. 禁止付给非法目的的报酬 3. 禁止行贿 4. 避免有损职责的外界活动 5. 保守秘密 6. 遵守所有的反托拉斯和贸易规则 7. 遵守会计规则和管制措施 8. 不以公司财产牟取私利 9. 员工对公司基金负有个人责任 10. 不宣传虚假和误导的信息	1. 在产品广告中传递真实的信息 2. 以你的最大能力履行分派的职责 3. 提供最优质的产品和服务

道德准则的效果很大程度上取决于管理当局是否持支持态度以及如何对待违反准则的员工。当管理当局认为它很重要,经常重复和强调它的内容,并当众谴责违反准则的人时,准则便能为一个有效的道德计划提供强有力的保障。组织一般都要建立道德准则,否则很难辨别什么样的行为是正确的,什么样的行为是错误的,从而很难采取正确的奖惩措施。

(三)高层管理者的领导

第一,高层管理者要以身作则。在言行方面,他们是表率,是导向,是模范,员工的眼睛都在看着他们,因此,作为组织的领导者,高层管理者要在道德方面起模范带头作用。如果高层管理者把组织资源据为己有、虚报项目支出或优待好友,那么这无疑向员工暗示,这些行为都是可接受的,是道德的,因此会导致上行下效。

第二,高层管理者可以通过奖惩机制来影响员工的道德行为。对为公司作出贡献的员工给予奖励,这种行为向所有员工表明受奖励的员工的做法是道德的;对于犯错误的员工,要进行严格惩罚,而且要把事实公布于众,让组织中所有的人都认清后果,让大家意识到,做错事要付出代价,行为不道德不是你的利益所在。

(四)合理确立员工的工作目标

应该为员工设立与组织目标相一致的明确而现实的目标。如果目标对员工的要求不实际,那么员工就会产生道德问题,有可能为了实现个人的目标而损害组织的利益。在不现实的目标的压力下,即使道德素质较高的员工也会感到迷惑,很难在道德和目标之间作出选择,有时为了达到目标而不得不牺牲道德。纽约一家知名的投资银行把诚信和伦理道德看成是企业健康发展的基础,在公司价值观陈述中三次提到这些词汇,然而与此同时,又给员工下达了如果讲诚信就几乎不可能完成的任务,从而在不知不觉中使公司关于诚信的目标落空。

（五）对员工进行道德教育

越来越多的组织意识到对员工进行适当的道德教育的重要性,它们积极采取各种方式(开设研修班、组织专题讨论会等)来提高员工的道德素质。向员工讲授解决道德问题的方案,可以提高员工的道德意识,显著改变其道德行为,提升员工的道德发展阶段,提高有关人员对商业伦理问题的认识。例如,如何处置合作伙伴或客户的礼物,如何正确处理不同类型的人际矛盾。

（六）绩效评估

如果只用经济成果来衡量和考核员工绩效,那么他们为了取得经济结果,往往会不择手段,从而有可能产生不道德行为。因此,在评价员工的工作绩效时,就必须把道德方面的要求包括进去,而且占一定的权重,这样才能全面具体地考核员工,同时可以极大地调动员工履行道德义务的积极性,改善员工的道德行为。例如,对销售员进行奖励时,不仅要看他完成的销售额,还要看他是否有"窜货"的不良记录,如果有,就要适当减少奖励金额。

（七）进行独立的社会审计

有不道德行为的人都有害怕被揭穿的心理,被揭穿的可能性越大,产生不道德行为的可能性就越小。根据组织的道德准则要求,对决策和管理行为进行独立审计,将使不道德行为被发现的可能性大大提高。审计可以是例行的,如财务审计;也可以是随机的,并不事先通知。有效的道德计划应该同时包括这两种方式的审计。审计员应该对公司的董事会负责,并把审计结果直接交给董事会,以保证结果客观、公正。这就赋予了审计人员一种权利,并能有效减少那些被审计的组织对审计员施加报复的机会。

（八）正式的保护机制

规范的保护机制可以使那些面临道德困境的员工在不用担心受到斥责的情况下自主行事。例如,组织可以任命道德顾问,当员工面临道德困境时,可以从道德顾问那里得到指导。另外,组织也可以建立专门的渠道,使员工能放心地举报道德问题或告发那些践踏道德准则的人。

第二节　企业社会责任

社会责任这一概念是在20世纪20年代,随着资本的不断扩张而引起一系列社会矛盾,特别是劳工问题和劳资冲突等矛盾的激化而提起的。在西方,从20世纪60年代对企业社会责任的纷争到90年代众多企业对企业社会责任的认同和支持,期间经历了30多年的时间,到90年代末期,"企业社会责任"才走上制度化的发展轨道。现在,西方社会在对企业进行绩效评估时已经将社会责任作为一项重要指标。《财富》和《福布斯》在对企业排名评比时加上了“社会责任”标准,足以见得西方社会对企业社会责任的重视。

一、社会责任的含义

目前,企业社会责任的概念已经被广泛接受,但就国际社会而言,还没有一个统一的定义。许多重要的国际组织对企业社会责任的定义虽表述不一,但是其基本内涵和外延是一致的。企业社会责任是企业在追求利润最大化的同时或经营过程中,应当对所有利益相关者承担相应的责任,以求不仅在经济方面,更在社会、环境等领域获得可持续发展的能力。

社会责任的内涵可以包括以下四个方面:

1. 守法是应尽的义务而不是社会责任

组织因单纯遵守法律而采取的行为都不应该算作社会责任,社会责任应在法律要求之外。例如,企业遵守法律法规而不排放废气或废水,不能算是尽社会责任,这只是守法而已。

2. 社会责任应该不仅仅是追求利润

虽然企业是以盈利为主要目的的组织,但盈利不应是企业存在的唯一目的。因此,企业的社会责任应该被界定为超出追求利润之外的活动。

3. 社会责任应是厂商的自愿活动而非被迫性的活动

企业尽社会责任,应是自发的基于社会公众的认知而对社会的回馈。因此,被迫性的活动不应是企业的社会责任,而只可能是企业运营的必要条件。例如,社会强制要求厂商支付的“回馈金”不应算是企业的社会责任,而只是为了能在该社区营运所必须支付的代价。

4. 尽社会责任的主要目的是对社会公益有所裨益,因社会责任而产生的利润等经济结果应是附带而来的,并非主体本身

企业尽社会责任若最终能对企业利润产生贡献,应是一种“无心插柳”的结果。如果企业因为想获利而尽社会责任,那便是一种“将本求利”的盈利行为,而不应归为社会责任。例如,企业因为想要提升企业形象而参与公益活动,不应被认为是一种社会责任,因为这种活动和企业行销中的推广活动无本质差别。因此,社会责任若有利润出现也应该是附带而来的,并非当初的本意。

二、两种社会责任观

社会责任有两种主要观点:效率的观点和社会经济的观点。效率的观点认为管理的唯一社会责任就是使利润最大化;社会经济的观点则认为管理的责任远远超过创造利润,其中应包含保护及增进社会的福利。

(一)效率的观点

弗里德曼是效率观点最典型的代表性人物。根据弗里德曼的观点,企业应该在商言

商,管理者的目的和责任就是替公司所有者——股东赚取最大的利润。基于这样的观点,此派学者反对企业承担社会责任,其所持的主要论点有:

1. 违反利润极大化原则:追求经济利益的极大化就是企业尽其社会责任的表现,至于其他事务,自有其他机构负责;

2. 混淆目的:追求社会目标会混淆企业的主要目的——提高经济生产力。当经济与社会目标都无法达到时,社会所受到的伤害将会更大;

3. 成本:许多社会责任活动无法自负盈亏,总是要其他人来负担成本,企业若是吸收这些成本,自然必须以较高的售价将它们转嫁给消费者;

4. 太大的权利:企业已是社会中最有权力的机构之一,追求社会责任将使企业的权力更大;

5. 缺乏能力:企业领导者的眼光与才能都是针对经济目标的,他们在面对社会责任相关问题时,并不一定擅长;

6. 缺乏负责的基础:政治人物追求社会目标,也为其行为负责,但企业人士并不符合这样的模式,他们对社会大众并无直接的社会责任;

7. 缺乏广泛的社会支持:社会对于企业界参与社会活动并没有广泛的支持,大众对于这个问题的意见往往有分歧。事实上,这个议题常引起热烈的争论,而在如此分歧支持下的行动则常导致失败。

(二)社会经济的观点

社会经济的观点认为企业应该对社会整体负有责任,而并非仅对股东负责任,因为股东不是唯一支持企业存在的因素。例如,企业的"有限责任"便是由社会承担,因此企业的责任不能仅局限在股东身上。支持企业应负社会责任的学派,其观点如下:

1. 公众期望:自20世纪60年代以来,社会对企业的期望已增加了许多,社会公众普遍认为企业应同时追求社会及经济目的;

2. 长期利润:负担社会责任的企业通常会有较稳定的长期利润,这是因为担负社会责任的企业会获得良好的社会关系以及较佳的企业形象;

3. 道德责任:企业应该有企业良心,也应该负社会责任,因为负责任的行为本身就是对的;

4. 公众形象:改善公众形象可使企业获得更多的顾客、更好的员工,更容易取得资金以及其他的好处。而企业可以用追求社会目标来塑造良好的公众形象;

5. 更好的环境:企业的参与可以解决困难的社会问题,创造更好的生活品质与更符合员工所需的社区,因而可以吸引与留住专业人才;

6. 减少政府进一步的干预:政府的规范会增加经营成本,限制管理决策的弹性,但企业可以因为负担社会责任而期待政府的干预减少;

7. 权力与责任的平衡:企业在社会上拥有很大的权力,自然也应承担相同分量的责任,以求平衡。当权利明显超过其所应尽的责任时,如此的不平等会鼓励那些危害大众利益的不负责任行为；

8. 股东权益：长期而言，社会责任会增加股东的价值；股东市场会认为尽社会责任的公司其风险较小，且较经得起考验，因而预期会有较高的投资报酬率；

9. 拥有资源：企业本身拥有支持公众与慈善活动所需的财务资源、专家技术、管理才能；

10. 预防胜于治疗：处理社会问题经常费钱费时，因此企业应在问题刚出现征兆时即予以处理，以减少未来耗费在产品与服务上所需的管理精力。

三、社会责任的具体体现

1. 对股东负责

股东是企业的投资者，是企业的资金来源，是财产的最终拥有者。从委托——代理关系来看，股东把企业委托给管理者进行经营，那么管理者或者经营者就应该对股东负责，要努力经营，为股东带来丰厚的利润，这样才能使股东持续为企业投资，提供资金来源。如果企业只想从股东手中"圈钱"，那么股东迟早要用"脚"投票——撤股，放弃对企业的投资。因此，管理者要及时地与股东进行沟通，及时地将企业财务状况报告给股东，企业错报或假报财务状况都是对股东的欺骗，是不负责任的表现。

2. 对员工负责

员工是组织的成员，同时也是组织最宝贵的资源。对员工负责表现在选才、育才、用才、留才各个方面。企业在人才招聘时要诚实地对待应聘者，要向竞聘成功者兑现人才招聘时的承诺；根据员工的综合素质将他们安排在合适的工作岗位上，做到人尽其才，才尽其用；在工作过程中，要根据实际需要，对员工进行培训教育，这既满足了员工自身的需要，使员工在组织中得到锻炼，获得发展的机会，同时经过培训的员工往往能胜任更具有挑战性的工作，满足企业发展的需要；为了留住人才，企业有必要为员工创造良好的工作环境，提供适当的福利待遇。

3. 对消费者负责

消费者是企业产品和服务的最终使用者，企业对消费者承担的社会责任主要表现在提供消费者真正需要的产品或服务，确保其质量，制定公平的价格，做好售后服务，要明白一个道理"消费者是水，企业是舟，水能载舟，也能覆舟"。

4. 对竞争者负责

在竞争激烈的市场中，一个企业要打败行业中所有竞争对手几乎是不可能的。竞争与合作是市场经济条件下的永恒主题。就像有些企业家已经认识到的那样，竞争的终极目标不在于获得一整块蛋糕，而在于如何做出更大的蛋糕，并与别人分享。市场上没有永远的敌人，只有永远的利益。因此，企业没有必要想方设法，甚至通过不正当手段挤垮对手，要在竞争中处理好与竞争对手的关系，学会在竞争中合作，在合作中竞争，争取双赢，而非单赢。20 多年来，微软公司与太阳微系统公司一直是死对头，两公司从市场竞争、技术产品竞争到两个总裁之间的口水战,明争暗斗从来就没有停止过。然而在2004年4月2日,微软首席执行官和太阳微系统公司首席执行官向全世界宣布"微软和太阳微公司将为产业合作新框架的设置达成一个十年协议"。

5. 对环境负责

组织既受环境的影响,又影响着环境。有社会责任感的企业有着强烈的环境保护意识,它们积极采用循环生产技术,实现资源合理而充分的利用,保持生产过程高度的生态效率和对环境的零污染。例如,索尼爱立信一直致力于环保事业,并推出了"绿色伙伴计划",从2005年第三季度开始,所有索尼爱立信的供应商都必须通过严格的审查,才能成为合格的"绿色伙伴",以从源头进行环保控制。而恪守"企业是社会公民"理念的福特公司推出的"亨利·福特环保奖"授奖活动遍及五十多个国家和地区,在此基础上打造的"野生动物保护奖"的影响范围遍及北美、亚洲的六十多个国家。

6. 对所在社区负责

社区是企业生存的小环境,企业的开设和关闭不仅影响企业及其工人,而且会对当地的社区产生很大的影响,尤其是对较小的社区或单一产业的城镇,这种影响既可能是正面的也可能是负面的。有社会责任感的企业应当通过适当的方式把利润的一部分回报给所在社区,企业不仅要为所在社区提供就业机会和创造财富,还应积极寻找途径参与各种社会活动,尽可能为社会作出贡献。

第三节 管理创新

管理要适应科学技术、经营环境的急剧变化而不断进行创新,管理的本质在于创新。在管理的众多职能和管理过程中都渗透着创新,创新是成功管理的灵魂。管理学既是一门科学,同时也是一门艺术,其艺术性的生命力就在于不断地创新。管理学的发展就是一个不断创新的过程,创新是管理的基本属性。

一、管理创新的含义

创新的基本定义是引入或者产生某种新事物而造成的变化。创新理论最早是由美籍奥地利经济学家熊彼特1912年在《经济发展理论》这本书里提出来的,他认为创新是指企业家对生产要素的组合,包括开发一种新的产品,运用一种新的方法,开辟一个新的市场,获得、控制一种原料或者半成品新的来源,以及实行一种新的组织形式。他当时提出的这五个新都属于创新,从1912年到现在,创新的概念还在不断地发展着。

对于管理创新的定义,从目前国内研究的现状来看,主要有以下几种观点:

一是认为管理创新是"一种更有效而尚未被企业采用的新的管理方式和方法的引入",是"组织创新在企业经营层次上的辐射"。

二是认为管理创新是根据市场和社会的变化,重新整合人才、资本和科技等要素,以适应市场发展,满足市场需求,同时实现自身效益目标和社会责任目标的过程。

三是认为管理创新是“用新的更有效的方式、方法来整合组织资源,以期更有效地达到组织的目标和责任”,“创造一种新的更有效的资源整合范式,这种范式既可以是新的有效整合资源以达到企业目标和责任的全过程的管理,也可以是新的具体资源整合及目标制定等方面的细节管理”。

四是认为管理创新是“用新思想、新技术、新方法对管理系统(包括企业战略、组织、技术、文化等)的方略组合重新进行评价、设计、选择和实施,以求促进企业管理系统的动态发展,达到不断提高企业管理效能的目的”。

五是认为管理创新是“根据市场经济条件下组织生产经营的客观规律和现代科学技术的发展态势,对传统的管理模式及相应的管理方式和方法进行改进、改革和改造,创建起新的管理模式、方式和方法”。

六是认为管理创新是“为了更有效地运用资源以实现目标的创新活动或过程,或者说是一个新的管理思想从提出到首次付诸实施并取得预期效益的非连续性创新过程”。

七是认为管理创新是“将新的管理要素或要素组合,列入企业管理系统,使之具有新的功能,以达到提高组织整体管理水平的目的,包括管理机制、管理思想、管理方法、管理手段等方面一系列的创新”。

尽管上述对管理创新概念的表述存在差异,但也有共同的地方,即管理创新的本质在于创造,其目的在于有效地整合资源,以达到提高工作效率和经济效益的目的。基于此,我们认为,管理创新是组织为实现资源的优化配置,提高工作效率和经济效益,对目标、技术、组织、制度、环境等进行的改革和创造。

二、管理创新的动力

管理创新受内在动力和外在动力的驱使,内在动力是管理创新的根本动力,外在动力是组织外部环境与组织联系时产生的作用力,外在动力通过内在动力发挥作用。组织管理创新的内在动力取决于管理主体的素质,它包括人的心理活动特征和实现自我价值的愿望。组织管理创新还有着多方面的外部动力,这影响、激励着管理主体的内在动力,外部动力与内在动力共同发挥作用。外部动力主要包括如下内容:经济的发展变化、社会文化环境的变化、科学技术的发展、自然条件的约束。

(一)管理创新的内在动力

1. 人的心理活动特征

美国心理学家亚伯拉罕·马斯洛提出了需求层次理论,他认为人的需要可以分为五个层次:生理需要(衣食住行)、安全需要(保护自己免受身体和情感伤害的需要)、社交需要(友谊、爱情、归属及接纳方面的需要)、尊重需要(自尊、自主、成就感、地位、认可、关注、受人尊重)、自我实现的需要(成长与发展、发挥自身潜能、实现理想的需要)。每一层次的需要都会产生众多的具体欲望,这些欲望成为人们不断追求、创造新的满足物,以满足这些无止境欲望的动力源。

2. 实现自我价值的愿望

需求层次理论认为，人的需要的满足严格按照阶梯前进，在一段时间内只有一种需要占主导地位，任何一种需要基本满足后，下一个更高层次的需要就成为主导需要。当生理需要、安全需要、社交需要、尊重需要基本得到满足之后，自我实现的需要会凸显出来，成为追求创新的动力。人们希望从创新的成功中获得成就感，显示自己的价值，从而得到满足。

（二）管理创新的外部动力

1. 新的经济形态的到来

（1）客户经济的到来

客户经济的概念最初由麦克尔·哈默（Michael Hammer）提出，他认为客户经济是客户占有优势地位的经济。C. K. 普莱哈莱德（C. K. Prahalad）等人则认为客户正在根本性地改变市场的动态，已经从被动的观众转变为积极的参与者，客户成为企业竞争能力的新来源。客户经济形态对管理创新提出了新的要求：在客户经济的主导下，处于价值链上的不同企业组合在一起，共同以顾客为中心，为顾客创造价值，企业的管理不仅要重视企业内部管理，还要重视价值链的协同管理，重视顾客价值网络中的各利益相关者之间的关系管理；随着企业的虚拟化经营，网络化、战略联盟的普及，组织与组织之间的边界日益模糊，组织的所有权控制逐渐淡化，以虚拟、契约和经济控制为主的管理控制高于所有权控制。组织的管理也要适应这种要求，实现与外部资源和外部组织的链接。

（2）知识经济的到来

知识经济时代的到来，使组织管理面临严峻的挑战。

在知识经济中，知识要素成为最重要的资源，这种资源的形成、积累和保护等成为组织管理所关注的内容，以前被忽视的知识管理也必将成为组织管理的一个重要组成部分。

在知识经济中，人力资源和人力资本显得尤其重要。知识是人脑的产物，由于人力资本与其所有者不可分离的特点，发挥人的主动性和创造性对于知识的积累和传播至关重要。因此，如何用管理创新来调动人的积极性，发挥人的潜能是组织要解决的重要问题。

在知识经济中，知识创新和传播速度大大加快，知识的交流和共享就显得十分必要。组织的知识资源不仅来源于内部的积累，也来自于外部网络的共享。如何建立知识交流和知识共享机制，并借此形成自己的学习能力，以嵌入组织流程之中，是组织管理创新的热点和难点之一。

2. 其他组织外部环境的变化

（1）社会文化环境的变迁

人们的价值观、行为方式随着时间的延续而不断变化，这要求社会组织的行为必须随之作出相应调整，以适应这些变化。如果墨守成规，故步自封，就会落伍，乃至被淘汰。

(2)科学技术的发展

在知识经济时代,科学技术迅猛发展。科技的进步使得大部分产品的生命周期明显缩短,技术与信息贸易的比重增大,劳动密集型产业面临更大的压力,我国劳动力费用低廉的优势将逐步减弱,流通方式向更加现代化的方向演进,对社会组织的领导结构和人员素质提出了更高的要求,这些都对管理主体形成强有力的挑战,使管理创新成为必然。

(3)资源和环境保护的需要

由于自然资源的约束,自然原料日益短缺,运营成本日趋提高,环境污染日益严重,政府对自然环境的干预和对生态环境的治理不断加强,这些都对企业形成了巨大的压力,迫使企业进行管理创新,以适应严峻的形势。

三、管理创新的主体

1. 企业家

作为管理创新主体的企业家是指从事管理实践的高级管理者,企业家在管理创新中扮演着重要的角色,他既可以是管理创新的激励者和组织者(倡导和组织别人进行管理创新),也可以是管理创新活动的具体设计者和实施者(用自己的创意进行管理创新),但无论是哪种情况,企业家在管理创新中都居于支配地位。企业家是整个管理创新活动的中枢,站在企业战略的高度从总体上把握管理创新的目标,使自身产生的管理创意或他人的管理创意更客观、全面、实际;企业家是管理主体的统领,处于领导核心地位,对不同管理创新主体的创意进行有效整合,以更好地配置创意资源;企业家是管理创新的责任承担者,管理创新存在着很大风险,其中涉及很多管理创新主体,但最终责任由企业家承担。

2. 知识员工

管理创新是一项高度复杂的脑力劳动,是知识的流动过程,它凭借的不是人的体力,而是知识与智力。组织中仅具备体力而不具备知识的简单劳动者只能是理论意义上的管理创新主体,很难成为真正的管理创新主体,只有那些拥有知识与智力的员工才有可能成为管理创新的主体。知识员工处于管理创新的操作层,亲自参与管理创新的实际过程,直接将管理创新“产品”生产出来,是组织管理创新的坚实基础。

四、管理创新的特征

1. 新颖性(首创性)

这是管理创新的主要特征,也是识别一项管理活动是否属于管理创新的主要依据。创新是解决前人所没有解决的问题,不是模仿和复制,而是继承中又有了新的突破,因而其成果必然是新颖的,即使不是全新的,其中也必然有过去所没有的新的因素或成分。

2. 风险性

一般认为,管理创新就是做前人没有做过的事,没有先例可循,只能靠自己不断摸索。管理创新是一项面向未来的活动，在时间上存在不确定性，随着时间的推移，可能会否定之前的一些假设或得出的结论，这样，按照之前的假设所得出的结论以及结论的实施都将带来不利的后果，管理创新就会面临失败的风险。因此，管理创新必须充分考虑各种意外情况，以降低创新的风险。

3. 全面性

管理创新要求全员参与，只有充分发挥每个人的聪明才智，才能取得最大的成功；管理创新贯穿于管理的全过程，每个环节都需要进行创新；管理创新是全方位的创新，包括目标、技术、组织、制度、环境等各个方面；管理创新还体现了效益的全面性，不仅包括因产品质量带来的“硬件”方面的效益，还包括一种新的理念、思想融入员工心中所产生的“软件”方面的效益。

4. 相对性

管理创新是相对于传统而言的，某一项创新在当时看来是创新，但随着时间的推移和实践的发展，已经无创新可言。因此，只有年轻的创新思维，没有年轻的创新项目。

5. 价值性

从产生的社会效果看，创新成果都具有普遍的价值，如社会价值、经济价值、学术价值、艺术价值、实用价值。不管是物质成果还是精神成果，没有一定的价值，创新成果就失去了存在的意义。

6. 先进性

新事物的先进性是相对于旧事物而言的，创新的成果如果只有新颖性和价值性，而无先进性，就不能战胜旧事物。人们就没有必要也没有理由接受所谓的新事物，新事物就失去了它存在的意义。

7. 时间性

对创新成果的确认，与时间有着密切的关系。相同或相似的成果是否被确认为创新成果，以时间的先后为界。

8. 适用性

创新并非越新奇越好，而是以适用为准则。不同组织的基础条件不同，历史背景不同，所处环境不同，经营战略不同，从而需要解决的问题和达到的目的也不同。因而，不同的企业采取的创新方式也应该有所区别，要使创新满足本组织的适用性需求。

五、管理创新的主要内容

管理创新包括目标创新、技术创新、制度创新、组织创新、环境创新等。

1. 目标创新

组织是在一定的经济环境中从事经营活动的，特定的环境要求组织按照特定的方式提供特定的产品。一旦环境发生变化，就要求对组织的生产方向、经营目标以及组织在生产过程中同其他社会经济组织的关系进行相应的调整。组织在各个时期的具体经营目标，都需要适时地根据市场环境和消费需求的特点及变化趋势加以调整，每一次调整都是一次创新。

2. 技术创新

技术创新是组织创新的主要内容，组织中出现的大量创新活动都与技术有关，因此，有人甚至把技术创新视为组织创新的同义语。由于技术都是通过一定的物质载体和利用这些载体的方法来体现的，因此组织的技术创新主要表现在要素创新、要素组合方法创新以及产品创新三个方面。

(1)要素创新

组织的生产过程是指一定的劳动者利用一定的劳动手段作用于劳动对象使其改变物理、化学形式或性质的过程。参与这个过程的要素包括材料、设备、员工三类。

材料是构成产品的物质基础，材料费用在产品成本中占很大比重，材料的性能在很大程度上影响产品的质量。因此，材料创新一方面要致力于降低生产成本，开发和利用廉价的普通材料，替代稀缺昂贵的材料；另一方面要致力于提高产品质量，改造材料的质量和性能，保证和促进产品质量的提高。

现代企业生产广泛地利用了机器和机器设备体系，劳动对象的加工往往由机器设备直接完成，设备是现代企业进行物质生产的物质技术基础。设备创新主要包括利用新技术和改造老设备两方面。不断进行设备的创新，改善企业产品的质量，减少原材料、能源的消耗，对于节省劳动的使用都有十分重要的意义。

任何生产手段都需要依靠人来操作和利用，企业在增加新设备、使用新材料的同时，还需要不断提高员工的素质，使之符合技术进步后的生产与管理的要求。企业的人事创新，不但包括根据企业发展和技术进步的要求，不断地从外部引进合格的新的人力资源，而且更应注重企业内部现有人力资源的继续教育，用新技术、新知识去培训、改造和发展他们，使其适应技术进步的要求。

(2)要素组合方法创新

利用一定的方式将不同的生产要素加以组合，这是形成产品的先决条件。要素的组合包括生产工艺和生产过程两个方面。

生产工艺是劳动者利用劳动手段加工劳动对象的方法，包括工艺过程、工艺配方、工艺参数等内容。工艺创新既要根据新设备的要求，改变原材料、半成品的加工方法，又要求在不改变现有设备的前提下，不断研究和改进操作技术和生产方法，以求得对现有设备更充分的利用，对现有材料更合理的加工。工艺的创新与设备的更新是相互促进的，设备的更新要求工艺方法做相应的调整，而工艺方法的不断完善又必然促进设备的改造和更新。

生产过程的组织包括设备、工艺装备在制品以及劳动者在空间上的布置和时间上的组合。企业应不断地研究和采用更合理的空间分布和时间组合方式，协调好人机关系，提高劳动生产率，缩短生产周期，从而在不增加要素投入的情况下，提高要素的利用效率。历史上,福特汽车公司将泰罗的科学管理原理与汽车生产实际相结合而产生的流水线生产方式是一个典型的生产组织创新。

(3)产品创新

生产过程中各种要素组合的结果是形成企业向社会贡献的产品,包括品种创新和结构创新。

品种创新要求企业根据市场需要的变化,根据消费者偏好的转移,及时地调整企业的生产方向和生产结构,不断开发出用户欢迎的产品。

结构创新在于不改变原有品种的基本性能,对现有产品结构进行改进,使其生产成本更低,性能更完善,使用更安全,更具市场竞争力。

产品创新是企业技术创新的核心内容。它既受制于技术创新的其他方面,又影响其他技术创新效果的发挥;新的产品、产品的新结构,往往要求企业利用新机器设备和新工艺方法;而新设备、新工艺的运用又为产品的创新提供了更优越的物质条件。

3. 制度创新

任何一个组织的生存与发展都与制度密切相关。美国经济学家诺斯认为,对经济发展起决定作用的是制度因素。一个有效率的制度,即使没有先进的设备或技术,也可以刺激劳动者创造出更多的价值;但是,在低效率的环境中,先进的设备或技术也无法高效率地为经济增长作出贡献。由此可见制度创新对经济发展的重要作用。

制度是一系列被制定出来的规则和程序,它旨在约束追求效用最大化的主体的行为,主要包括产权制度、经营制度和管理制度。所谓制度创新,就是引入一项新的制度安排来代替原来的制度,它是对原来制度的否定,是破旧立新的过程。组织制度创新的方向是不断调整和优化组织所有者、经营者、劳动者之间的关系,使各个方面的权力和利益得到更充分的体现,使组织的各个成员的作用得到更充分的发挥。

4. 组织创新

从组织理论的角度来考虑,组织系统是由不同成员担任不同职务和岗位的结合体。这个结合体可以从结构和机构两个不同层次去考察。

机构是在构建组织时,根据一定的标准,将那些类似的或与实现同一目标有密切关系的职务或岗位归并到一起,形成不同的管理部门,如研发、生产、销售、财务、人事。它主要涉及管理劳动的横向分工问题,即把对组织生产经营业务的管理活动分成不同部门。结构与各管理部门之间,特别是与不同层次的管理部门之间有关,它主要涉及管理劳动的纵向分工问题。不同的企业,有不同的组织形式;同一个企业,在不同的时期,随着经营活动的变化,也要求不断调整组织的机构和结构。组织创新的目的在于更合理地组织管理人员,提高管理劳动的效率。

5. 环境创新

环境是组织经营的土壤,同时也制约着组织的经营。环境创新不是指组织为适应外界变化而调整内部结构的活动,而是指通过组织积极的创新活动去改造环境,去引导环境朝着有利于组织经营的方向变化。就企业而言,市场创新是环境创新的主要内容。市场创新是指通过企业的活动去引导消费,创造需求。人们一般认为新产品的开发是企业创造市场需求的主要途径。其实,市场创新的更多内容是通过企业的营销活动来进行的,即在产品的材料、结构、性能不变的前提下,或通过市场的转移,或通过揭示产品新的物理使用价值,来寻找新用户,再通过广告宣传等促销工作,赋予产品一定的心理使用价值,影响人们的某种消费行为,诱导、强化消费者的购买动机,增加产品的销售量。

六、管理创新的过程

管理创新是指创造一种全新的组织资源配置范式,并能有效地加以实施。因此,管理创新并不仅仅是提出一种新方式、新手段,还要确保这一新的资源配置范式行之有效,帮助组织有效地配置资源,提高效率。如果仅仅是提出了管理方面的某一新招,却无法实施或实施后不能有效提高组织的资源配置效率,不能有助于组织的生存和发展,那么这种建议不过是一个创意。创意不等于管理的创新,创意可以有很多,但创新仅仅是一个最终获得成功的创意。因此,创意带有空想的味道,而创新却是实践的结果。当然没有创意也就不会有创新,创意是创新的来源。管理创新作为一个过程,分为三个阶段:发现创新机会、设计并筛选创新方案、实施创新方案。

1. 发现创新机会

发现创新机会是一切创新活动的开端。创新机会具有预期获利性,一旦实现,将给组织带来一定的回报,同时,创新机会又具有不确定性,它只不过提供了一种可能,要想成功还必须通过不断的努力。创新机会可能来自组织内部的需要,也可能来自外部的压力,但要发现创新机会就必须要有敏锐的观察力和分析问题的能力。“机会总是留给有准备的人”反映了要想发现机会必须作好各种准备。具体而言,包括以下几个方面:

(1)思想准备

管理创新具有高风险性,一项创新的背后往往有着数以百计的失败设想。在创新项目开始之前,管理者应该对此有足够的思想准备,明确创新项目可能存在的风险,一旦失败会给组织带来什么样的后果,事先做好充分的思想准备,从而在相关条件发生变化后,能够迅速地采取应对措施,确保创新项目的继续进行或尽量减少项目失败带来的损失。

(2)人力资本准备

创新项目能否取得成功,在很大程度上取决于智力资本的支持,而智力资本主要来源于组织的人力资本储备。因此,组织必须要有足够的人力资本储备,为创新项目提供智力保障。

(3)物质准备

在创新项目上马前,组织应该根据项目预算做好相应的物力、财力准备,以保证创新项目不至于在进行过程中因资金不到位而搁浅。

2. 设计并筛选创新方案

发现创新机会后认真分析机会，提出新的创意，并通过一系列具体的操作设计，把创意变为一项确实有助于组织资源配置的管理范式，这也是创新方案的设计过程，许多好的创意往往由于找不到合适的具体操作设计，最终无法成为创新。在创新方案设计过程中，要保证方案之间是互斥的，方案应该足够多，当然，方案也不是越多越好，方案太多可能增加很多成本。产生了许多设计方案之后需要根据组织的现实状况、组织外部环境的状况对这些方案进行筛选，看其中哪些有实际操作意义。方案的筛选也由组织中或与组织有关的人员来进行，这些人员要有丰富的管理经验、极好的创造性潜能以及敏锐的分析判断能力。

3. 实施阶段

创新方案的验证实施是整个管理创新过程中非常重要的阶段，将创意转化成具体的操作方案并进行实施，这虽然是管理创新的困难所在，却也是管理创新成功的必要条件。创新活动成功的关键在于迅速采取行动，延迟可能使创新方案的效益下降，甚至丧失实施的条件。在创新方案实施过程中，要保证按照方案的要求配备相应的资源，同时对方案的实施过程进行监控，根据环境的变化和实施情况，对方案的实施进行跟踪，并对实施过程中出现的问题进行分析，必要的时候对方案进行修正和完善。

4. 坚持阶段

管理创新活动是不断尝试、不断失败、不断提高的过程。因此，创新者必须有足够的自信心、较强的韧劲和心理承受力，能够正确对待尝试过程中出现的失败。

本章小结

道德是调节人与人、人与自然、人与自身之间伦理关系的行为准则和规范的总称。管理道德主要涉及的是管理决策中的道德行为、准则和规范，以及影响管理者道德的因素。与管理者相关的道德观有道德的功利观、道德的权利观、道德的公正观三种，持有不同道德观的管理者将采取不同的决策行为。影响决策者道德的因素有个人特征、道德发展阶段、组织文化、道德问题强度。管理道德改善的途径主要有：挑选道德素质高的员工、建立道德准则、加强高层管理者的领导、合理确立员工的工作目标、对员工进行道德教育、绩效评估中考虑道德因素、进行独立的社会审计、正式的保护机制。

社会责任是组织在追求利润最大化的同时或经营过程中，应当对所有利益相关者承担相应的责任，以求不仅在经济方面，更在社会、环境等领域获得可持续发展的能力。社会责任有效率和社会经济两种主要观点。效率的观点认为管理的唯一社会责任就是使利润最大化；社会经济的观点则认为管理的责任远超过创造利润，其中应包含保护及增进社会的福利。从负责任的对象来看，组织要对以下几个方面负责任：对股东负责、对员工负责、对消费者负责、对竞争者负责、对环境负责、对所在社区负责。

管理的本质在于创新,管理创新受内在动力和外在动力的驱使;其主体是企业家和知识员工,企业家在管理创新中居于支配地位,知识员工是组织管理创新的坚实基础;管理创新具有新颖性、风险性、全面性、相对性、价值性、先进性、时间性、适用性;管理创新的主要内容有目标创新、技术创新、组织创新、制度创新、环境创新等;管理创新的过程包括发现创新机会、设计并筛选创新方案、实施创新方案三个阶段。

习 题

一、思考题

1. 试比较道德的功利观和道德的权利观在道德决策中的异同点,你认为哪一种方法对于管理者来说更好?为什么?

2. 两种社会责任观,你更赞同哪一种,为什么?

二、实战练习

新药的进口与核准一般都要经过政府卫生部门的审核。某一药品进口商想要引进一种新药,如果能够早一天获得核准,其所能获得的利润就更大。因此,厂商希望政府办事人员能加快审核的速度,以便新药能早日上市。为了达到此目的,厂商利用中秋节的时机准备了一份大礼送给各个办事人员。请问这是否符合企业道德?

三、案例分析

工人开始用“脚”投票

今年炎热的夏天,东莞某家具厂的湖北麻城籍劳工刘某中暑了。他于6月16日从华东分厂调到东莞,因不适应这里的炎热气候而生病,但因为还没拿到工资,所以不得不带病工作。由于工作环境差且工作强度大,他几次想提出辞工,但又怕现在辞工拿不到工资,所以只好硬撑着。

刘某说,该厂不少员工跟他一样不堪重负想离开,某条生产线上40多人中就有25人写了辞职报告,但因天气炎热、工资下降,招工困难,辞职很难被按时批准。

在厂里“请假”和“辞工”都是件不容易的事情,有时甚至要“托关系”找领导。刘某回忆说,同事被训斥、辱骂是常事,挨揍也不罕见,上班是流水线作业,停下来喝口水、上厕所也不行,除非特批;涂装线恶臭难耐,但对员工几乎没有保护措施,仅有的口罩使用率也不高,而且有不少青年女工也被安排在这条毒气较多的生产线上。

珠三角地区的打工者流动性大,经常更换工作,一些员工回忆说,人身安全与人格尊严被漠视的问题普遍存在,大家已经习惯,只要能及时足额拿到工资就好。

然而,沉默许久的火山总是会爆发的。今年夏天,众多工厂突然发现民工们不干了,企业有定单却找不到工人。针对东南沿海部分地区部分行业出现的用工短缺现象,有专家认为,这是区域性、结构性、短暂性的。从另一个角度看,这种农民工短缺现象也反映出一些积极的变化,那就是农民工的维权意识增强了,农民工开始用"脚"投票了。

思考题:

(1)从企业社会责任和管理道德的角度来看,这一现象对现代企业有哪些警示?

(2)和谐社会中该如何对农民工这一社会群体进行有效的引导和管理?

第三章　计划工作概述

学习目标

通过学习，把握计划工作的含义和性质，熟悉计划工作的作用，掌握计划的类型，了解计划工作的原理，把握计划工作的程序，对计划工作有全面的掌握和了解，能够应用计划工作原理分析管理问题。

第一节　计划工作概述

计划是管理的首要职能。“计划”一词的词性既可以是名词也可以是动词。作为名词，计划(plan)是指一系列用以描述企业在未来行动的目标和方式的文件；作为动词，计划(planning)又叫计划工作，是指制定目标并预先安排一系列行动方案的过程，包括从时间和空间上将组织的目标分解成各部门的目标和个人的分目标，并且对计划实施进行控制。

一、计划工作的含义

计划工作的概念有广义和狭义之分。广义的计划包括制定计划、执行计划和检查计划的执行情况；狭义的计划就是指制订计划，即根据实际情况，通过科学、准确的预测，提出在未来一定时期内的目标以及实现目标的方法，它是组织、领导、控制等其他管理职能的基础，也是各项活动有条不紊进行的保证。本章所涉及的计划工作内容，属于狭义计划工作概念的范畴。

计划工作的内容可以概括为六个方面，即做什么(what to do it)；为什么做(why to do it)；何时做(when to do it)；何地做(where to do it)；谁去做(who to do it)；怎样做(how to do it)，简称为“5W1H”。

其具体含义如下：

“做什么”是指计划工作要明确其具体任务和要求，明确每一个时期的中心任务和工作重点；

“为什么做”是指计划工作要明确组织的宗旨、目标和战略，并论证其可行性；

“何时做”是指计划工作必须回答计划方案中各项工作的开始和完成的进度，以便进行有效地控制和对能力及资源进行平衡；

"何地做"是指计划工作必须规定各项计划的实施地点和场所，了解实施的环境和限制条件，以便合理安排计划实施的空间布局和组织；

"谁去做"是指计划工作应明确规定由哪个主管部门负责；

"怎么做"是指计划工作必须回答如何实施计划方案，制订实现计划的措施，以及相应的政策和规则，对组织资源进行合理配置，以保证组织目标的实现。

实际上，一个完整的计划还应该包括控制标准和考核标准的制定，使组织中所有部门与成员不但知道组织的使命、宗旨、战略、目标和行动计划，而且还要明确本职工作的内容，知道如何去做，以及要达到什么样的标准。

二、计划工作的性质

(一)目的性

任何组织和个人制订计划都是为了有效地达到某种目标，计划是为实现组织目标服务的。哈罗德·孔茨说："虽然计划不能完全准确地预测将来，但如果没有计划，组织的工作往往是盲目的，或者是在碰运气。"可见，没有计划或计划不周的行动将是盲目的行动，而盲目的行动是难以实现目标的，计划是实现组织目标的保障。例如，某企业的厂长希望明年产值和利润有一个大幅度的增长，实际上这只是一个愿望，要想实现这个愿望，就要制订计划，根据过去的情况、现在的条件制定一个可行的明确的目标。没有计划，行动就会盲目，愿望就不会实现。

(二)主导性

计划职能是管理的首要职能，这是因为管理中的其他职能都是为了支持、保证目标的实现，只能在计划工作确定了目标之后才能进行。例如，企业的厂长只有在明确目标之后才能确定合适的组织结构、下级的任务和权力、伴随权力的责任，以及怎样控制组织和个人的行为不偏离计划等。因此，计划工作要在组织、领导、控制之前进行，没有计划，组织、领导、控制就失去了存在的意义，因此，计划处于主导地位。

(三)普遍性

无论是什么组织，也无论是组织中哪个层次的管理者，想要实施有效的管理，就必须做好计划工作。计划活动是各级管理者的一个共同职能，但由于所处的位置和拥有的职权不同，他们的计划有不同的特点。

(四)效率性

计划工作要讲究效率。计划的效率通常用计划对组织目标的贡献来衡量。贡献是指扣除制订和实施这个计划所需要的费用和其他因素后所能得到的剩余。如果计划能得到最大剩余，或者计划按合理的代价实现了目标，这样的计划就是有效率的；反之，如果计划虽然完成了目标，但是它需要付出的成本太高，这个计划的效率就很低。实现目标有许多途径，我们必须从中选择尽可能好的方法，以最低的费用取得预期的成果，保持较高的效率，避免不必要的损失，这就要求我们既要“做正确的事”，又要“正确地做事”。

（五）创新性

计划总是针对需要解决的新问题和可能发生的新变化、新机会而作出决定的，而新问题、新变化和新机会要求计划过程必须具有创造性，否则计划工作就是一成不变的固定模式或程序，根本无法应对新问题、新变化和新机会的客观要求，基于此，计划是一种创新性的管理活动。它类似于一项产品或一项工程的设计，只不过计划的设计对象是管理活动而已。正如与一种新产品能否成功占领市场，关键在于产品创新一样，成功的管理也依赖于计划的创新。

目的性、主导性、普遍性、效率性、创新性是计划的基本特征，一个合理的计划应该体现这几方面的特点。例如，某大学在确定了“建设成国内一流的应用性研究型大学”的战略目标后，为确保目标的实现，首先制定了 2006 - 2010 年的发展规划，这突出了计划的目的性及其主导地位；各学院、各部门也依据学校的战略目标并结合各自的专业特点或工作性质制定相应的阶段规划，这体现了计划的普遍性；为了实现学校的战略目标，学校、各学院、各部门制定的发展规划必须体现创造性地开展工作，努力提高工作效率，定期检查各阶段目标，实现跨越式发展等内容。只有这样，五年发展规划才有利于学校战略目标的实现，这体现了计划的创新性和效率性。

三、计划工作的作用

哈罗德·孔茨曾经说：“计划是从我们现在所处的位置达到将来预期的目标之间架起来的一座桥梁。它把我们所处的这岸和我们要去的对岸连接起来，以克服这一天堑。有了这座桥，本来不会发生的事，现在就可能发生了。虽然我们很少能够确切地预知未来，虽然那些超出我们控制的因素可能干扰制订最佳的计划，但是，除非我们搞计划，否则就凭自然了。”管理者的主要工作就是对未来的彼岸进行把握，而未来的不确定性和环境的变化使行动犹如大海航行，需要计划工作这一桥梁把此岸和彼岸连接起来。计划工作的重要性体现在以下四个方面：

（一）为组织指明方向

计划首先要确定整个组织的目标，然后确定每个下属工作单位的目标，以及确定长期和短期的目标。在此基础上，计划还为目标规定预期的结果，并且说明要去做哪些工作才能保证目标的实现，它为组织中各级主管人员的工作指明了方向和目标，有利于组织通过精心分工和协作来安排经营活动，可以把组织中全体职员的行动统一到实现组织总目标上来。如果没有计划工作，就可能导致方向不明确，其结果是走了许多弯路，浪费了人力、物力、财力，却根本实现不了组织的目标。

（二）有助于组织发现机会，减少风险

彼得·德鲁克曾指出，计划当然不能完全消除在长期决策中的风险，但无论如何，计划能帮助鉴定潜在的机会与威胁，并且至少能减少风险。组织要想在不断变化的环境中实现持续发展，就必须通过计划职能，寻找尽可能好的行动方案，以便抓住机会，减少风险。

（三）提供控制标准

控制的实质就是根据计划纠正行动的偏差，从而保证行动方向的正确性，因此，计划是主管人员设计控制工作的准绳，没有计划工作作为标准，控制工作就无法展开。在计划的制定和编制过程中，人们必须设立工作需要达到的目标、考核需要参考的指标，控制过程中将实际的绩效与计划中的目标、指标进行比较，从而发现偏差并采取补救措施。例如，公司的五年计划明确规定，在五年内利润要增长一倍，这个目标就成为控制总经理工作执行情况一个标准的。

（四）高效地实现组织目标

计划工作不仅提出了组织的目标，而且是从众多实现目标的手段、方法、途径中选择了的最优方案，这种方案是经过科学论证的。因此，在实施过程中，计划可以避免无计划的重复性、浪费性活动，使组织的目标通过经济、高效、优质的工作予以实现。

第二节 计划的类型

计划是对未来行动的事先安排。计划的种类很多，表 3 - 1 列出了按照不同标准进行分类的计划类型。

表 3 - 1 计划的种类

分类标准	类型
表现形式	宗旨和使命、目标、战略、政策、程序、规则、规划、预算
计划的期限	长期计划、中期计划、短期计划
制定计划的主体	战略计划、战术计划、作业计划
组织的职能	业务计划、人事计划、财务计划
对计划执行者的约束力	指令性计划、指导性计划
计划使用的频率	一次性计划、常用计划
计划的内容	综合计划、专项计划
计划的组织层次	高层管理计划、中层管理计划、基层管理计划

一、按计划的表现形式分类

（一）宗旨和使命

组织存在必然有一定的宗旨，它可以是组织存在的根本原因，也可以是组织发展的方向，反映了组织的价值观念、经营理念和管理哲学等根本性的问题，决定了组织的性质，是该组织区别于其他组织的最本质的标志。各种有组织的活动，如果想要使它有意义，至少应该有它的目的。例如，大学的宗旨是教书育人和科学研究，医院的宗旨是治病救人，法院的宗旨是解释和执行法律，企业的宗旨是生产和分配商品和服务。

使命是组织为了实现其宗旨而选定的手段。一个组织在确立其宗旨后，为了实现它，就必须选择一个服务领域或一项事业作为手段。不同的组织可以有相同的宗旨，却可以通过不同的使命来实现。例如，一家旅行社和一家化工厂，同样为了创造利润，一个选择了提供旅游服务，一个却选择了提供化工产品。使命只是组织实现宗旨的手段，而不是组织存在的理由，组织为了实现自己的宗旨，可以选择这种事业，也可以选择其他事业。

（二）目标

目标是计划所要达到的结果，是一切组织活动所指向的最终目的。目标本身就是一种计划，目标的实现是计划的终点。如果说组织的使命说明了组织所要从事的事业，那么组织的目标就是具体地说明组织从事这项事业的预期结果。它具体地规定了组织及其各个部门的经营管理活动在一定时期内要达到的成果。人们可以把组织目标进一步细化，从而得出多方面的目标，形成一个互相联系的目标体系。美国学者对 80 家美国最大的公司做了一次研究，结果表明每家公司设立的目标数量从 2 个到 18 个不等，平均是 5 至 6 个。

（三）战略

战略是一个组织为全面实现目标而对整体行动过程、工作部署以及资源进行布置的总纲，是指导组织全局和长远发展的方针。它并不具体说明如何实现组织目标，重点是要指明方向、重点和资源分配的优先次序。

战略一词来自于军事用语，原意是指为实现战争目标而对战术的运用，具有对抗的含义。管理学中的战略，仍然含有对抗的含义。因此，组织的战略总是针对竞争对手的优势和劣势以及其正在和可能采取的行动，是为保证自身取得优势地位、获得竞争胜利而制订的。组织战略是提高自身实力最有效的方式。

（四）政策

政策是指组织在决策或处理问题时，指导及沟通思想活动的方针和一般规定，表现为计划中的文字说明或协调一致的意见。政策是以为实现组织目标服务为宗旨的，它使决策及行动处于有助于目标实现的理想范围之内，把下级组织所要拟订的决策和目标限制在一定的范围之内，以保证各子系统的目标与总目标一致，从而使管理人员有可能在控制全局的同时，把职权委托给下级。例如，某一管理者可以通过制定政策来指导下级的计划工作，而不必告诉下级如何制订计划，下级可以根据政策的限定来制订计划，而不必事事请示上级。

有时，政策可以是不成文的规定，而是可以通过主观人员的行为来“暗示”的。例如，主管人员处理某问题的习惯方式往往会被下属作为处理该类问题的模式，这也许是一种含蓄的、潜在的政策。

（五）程序

程序也是一种计划，它是根据时间顺序而确定的一系列相互关联的活动，它规定了处理问题的方法、步骤。程序不是指导人们如何考虑问题，而是指导他们如何去解决问题，它详细地说明了必须完成的某项活动的准确方式，其实质是要对所要进行的行动规定时间顺序。在日常的管理活动中，办事总是要有程序的，按符合客观规律的程序办事，就可以保证按正确的方式方法完成工作任务，并且可以减少下级向上级的请示，增强下级独立完成任务的能力，提高工作效率，保证正常的工作秩序。在不注意制订程序的组织中，管理必然是混乱和低效率的。组织的每个部门都有程序，如企业的采购、生产、销售、财务部门普遍都有采购程序、生产程序、销售程序、资金审批程序，管理的程序化水平是管理水平的重要标志。麦当劳为了更好地为顾客服务，体现其“Q（Quality 质量）、S（Service 服务）、C（Cleanliness 卫生、清洁）、V（Value 价值）”的经营理念，对食品制作过程规定了严格的操作程序。

政策是指导人们如何考虑问题，它给行动者自由处理的权利，而程序是指导人们如何行动，没有给行动者自由处理的权利。程序与战略也不同，如果说战略是思想的指南，那么程序则是行动的指南。

（六）规则

规则是根据具体情况，对是否采取某个特殊的或特定的行动所作的规定，它的本质在于反映了采取还是不采取某种行动的管理决策，没有酌情处理的余地，规则通常是最简单形式的计划。

规则与程序：规则可以是程序的一部分，但是规则不规定时间顺序。可以把程序看成是一系列的规则，例如一个规定为顾客服务的程序把“在接到顾客需要服务的信息后30分钟内必须给予答复”这一规则包括在内；但是一条规则可能是也可能不是程序的组成部分，例如，“禁止吸烟”是一条规则，但却不是程序的组成部分，它没有时间顺序。

规则与政策：规则强调按既定的方式有效地完成工作任务，旨在抑制执行人员的主观因素，强调照章办事，促进标准化和结构化；而政策的目的是指导人们在决策过程中如何去考虑问题，并留有自由处理的余地。虽然规则也有指导作用，但它在应用中不准有自由处理权，所以规则只有在我们不希望组织成员运用自由处理权的情况下才被采用。例如，加油站“禁止吸烟”是员工必须遵守的规则，不容置疑。

（七）规划

规划是一个综合性计划，包括目标、政策、程序、规则、任务分配、步骤、资源分配以及为完成既定方针所需的其他要素。规划有大有小，大的有如国家的科学技术发展规划；小的有如企业中质量管理小组的活动规划。大的规划往往派生出许多小的规划，而每个小的规划都会给总规划带来影响，它们相互依赖，相互影响。规划也有长期规划和近期规划之分。长期规划如我国国民经济发展规划，近期规划如企业的职工培训规划。

（八）预算

预算又称“数字化的计划”，是用具体数字表示预期结果的报表，是对保证目标实现的资源分配与部署的精确、定量化的反映。预算把计划分解成一定有条理的数字，可使主管人员清楚地看到,哪些资本将由谁来使用,他们自己的计划将涉及哪些部门、多少费用、多少收入,以实物表现的投入量和产出量是多少,一个好的预算能把各方面的主管策略都反映出来。有精确可靠的预算,才能保证有效地实现目标;没有预算的计划,是一种无法控制的盲目的计划。例如,企业争取发展高技术战略,就必须详细地编制有关集中使用人、财、物的预算,以便从资源上保证这项策略的实施。

二、按计划期限进行分类

计划按时间来分,可以分为长期计划、中期计划和短期计划。长期计划为组织发展指明方向,中期计划为长期计划赋予了具体的内容,为组织发展指明了具体路径,短期计划为组织规定行进的步伐。

(一)长期计划

长期计划(long-term plan)是一种"目标",它描述了组织在较长时期里(通常为5年以上)的发展方向和方针,规定了组织的各个部门在较长时期内从事某种活动应达到的目标和要求,绘制了组织长期发展的蓝图,一般由高层管理者制定。由于长期计划历时较长,中间可能发生的变动因素很多,因此,随着时间的推移,长期计划在实施过程中会不断变动。对于企业而言,长期计划一般可以包括:经营方针、政策;企业产品发展方向和生产规模;成本、利润等主要技术经济指标的发展水平;企业生产技术发展规划,如新工艺、新设备、新材料等的开发和运用;基本建设和技术改造规划;职工培训和发展规划;职工生活福利提高规划;安全生产、环境保护等生产条件的改进规划等。

(二)中期计划

中期计划(middle-term plan)是一种"发展"计划,其时间跨度一般为1—5年,一般由中层管理者制定。中期计划常常是长期计划的一个组成部分。例如,长期计划可能规定在6年内,某种产品销售要达到同行业第一的领先地位,而与此有关的中期计划就可能规定每年销售量要递增4%。中期计划比长期计划更为稳定,在实施过程中变动较小,因此,很多企业把制定计划的重点放在中期计划方面。

(三)短期计划

短期计划(short-term plan)是一种"运营"计划,它具体地规定了组织的各个部门在目前到未来的各个较短的时期阶段(一般不超过1年),特别是最近的时段中,应该从事何种活动,从事该种活动应达到何种要求,因而为各组织成员在近期内的行动提供了依据,多由基层管理者制定。与长期计划和中期计划相比,短期计划是最具体、最细节化的计划,与企业中每个成员都密切相关。它的实施是实现组织整体目标和战略计划的基础。

三、按计划制定主体分类

按照计划制定主体的层次,可将计划分为战略计划、战术计划、作业计划。

（一）战略计划

战略计划（strategic plan）是着眼于组织整体目标和方向的计划，是组织较长时期内的宏伟蓝图，如医院整体发展计划。战略计划是由高层管理者制定的，时间跨度较大，内容比较抽象和概括，其目的是使本企业的资源的使用与外界环境的机会和威胁相适应。战略计划的特点有：长期性，一次计划可以决定相当长时间内大量资源的运动方向；弹性大，战略计划的涉及面广，相关因素多且关系复杂而不明确，因而战略计划的弹性必须大；战略计划必须考虑许多无法定量的因素，必须借助于非确定性分析和推理判断。

（二）战术计划

战术计划（tactical plan）是针对组织内部具体工作问题，在较小范围内和较短时间内实施的计划，如护理仪器设备的维护计划。战术计划一般由中层管理者制定，时间跨度较短（一般不超过一年），内容也较具体，它是实施总战略计划的步骤和方法。战术计划是战略计划的一部分，服从于战略计划，是为实现战略计划而采取的手段，比战略计划具有更大的灵活性。战略计划与战术计划是全局与局部、长远利益与当前利益的辨证统一的关系，战略计划的目标只有在一个一个的战术计划有效实现的前提下才能达到。如果说战略计划是对整个战争总的布局的规划，战术计划则是对一场场战斗的计划，只有一场场战斗赢了，整个战争才能取得胜利。

（三）作业计划

作业计划（operational plan）是为帮助企业逐步且系统地实现战略计划、战术计划而编制的短期、具体的计划。作业计划一般是由基层管理者制定的，往往涉及到每一天的具体工作活动的安排。作业计划与战略、战术计划的最大不同之处在于，战略、战术计划最重要的任务是确定目标，而作业计划则假定目标已经存在，只是确定目标实现的方法。

四、按职能分类

我们通常用“人、财、物、产、供、销”六个字来描述一个企业所需的要素和企业的主要活动。因此，按职能空间划分，可以将计划划分为人事计划、财务计划、业务计划。人事计划的内容涉及“人”，财务计划的内容涉及“财”，业务计划的内容涉及“物、产、供、销”。

组织是通过从事一定的业务活动而立身于社会的，因此，业务计划是组织的主要计划。企业业务计划包括产品开发、物资采购、仓储后勤、生产作业以及销售促进等内容。财务计划与人事计划是为业务计划服务的，也是围绕着业务计划而展开的。财务计划研究如何从资本的提供和利用上促进业务活动的有效进行，人事计划则分析如何为业务规模的维持和扩大提供人力资源上的保证。

五、按对计划执行者的约束力分类

根据对计划执行者约束力的大小，可以把计划分为指令性计划和指导性计划。

（一）指令性计划

指令性计划具有明确规定的目标模棱两可、容易引起误解的问题。指令性计划一经下达，各级都必须严格执行。例如，企业销售部经理打算使企业销售额在未来6个月中增长15%，他会制定明确的程序、预算方案以及日程进度表，这便是指令性计划。指令性计划适用于比较稳定的环境，当周围环境变化较快、不太稳定时，指令性计划所要求的明确指标和条件不一定全部具备，此时指令性计划的缺点就出现了。如上述例子中，假如在计划期的6个月内，企业突然资金短缺，没有足够的财力去实施销售计划中的广告、人员促销方案或者市场销售不旺等，这些因素均会造成销售计划失效。因此，当不确定性很高时，管理当局要保持灵活性以防意外变化。

（二）指导性计划

指导性计划只规定某些一般的方针和行动原则，给予行动者较大自由，它指出重点但不把行动者限定在具体的目标或特定的行动方案上。例如，指导性计划也许只提出在未来6个月中使利润增长10%—20%，显然指导性计划具有内在灵活性，但同时它也丧失了指令性计划的明确性。

六、按计划使用的频率分类

按计划的使用频率划分，可以将计划分为一次性计划和常用计划。一次性计划是为了实现一系列今后不可能再重复的目标而制定的计划；常用计划是用来为组织内部重复完成的任务提供指导的、正在执行的计划。表3－2概括了一次性计划和常用计划的主要表现形式及特征。

表3－2　一次性计划和常用计划的表现形式及特征

<table>
<tr><th colspan="2">一次性计划</th><th colspan="2">常用计划</th></tr>
<tr><td rowspan="5">规划</td><td>实现一次性组织目标的计划</td><td rowspan="4">政策</td><td>范围很广——总的行动指南</td></tr>
<tr><td>可能需要几年才能完成的事业</td><td>基于组织的总体目标</td></tr>
<tr><td>范围很广</td><td>确定决策的界限</td></tr>
<tr><td>可能与几个方案有关</td><td>例证：工作场所禁用毒品的政策</td></tr>
<tr><td>例证：国家的科学技术发展规划</td><td rowspan="4">规则</td><td>范围狭窄</td></tr>
<tr><td rowspan="5">方案</td><td>实现一次性组织目标的一组计划</td><td>说明如何执行具体的计划</td></tr>
<tr><td>范围和复杂性小于规划</td><td>可能应用于特定的环境</td></tr>
<tr><td>时限较短</td><td>例证：工厂里禁止吸烟的规定</td></tr>
<tr><td>通常是较大规划的一部分</td><td rowspan="3">程序</td><td>有时称为标准操作程序</td></tr>
<tr><td rowspan="2">例证：新产品生产采用改进生产线方案</td><td>详细说明实现某些目标的一系列精确步骤</td></tr>
<tr><td>例证：麦当劳的汉堡制作程序</td></tr>
</table>

七、按计划的内容分类

按计划的内容划分可以将计划分为综合计划和专项计划。综合计划是对组织活动所做出的整体安排，如企业的经营计划、年度计划；专项计划是为完成某一特定任务而拟订的计划，如土地开发计划、劳动力使用计划、产品销售计划。综合计划与专项计划的关系是整体与局部的关系，专项计划是综合计划中某些重要项目的特殊安排，专项计划必须以综合计划为指导，避免同综合计划相脱节。例如，国家针对整个社会的协调、可持续发展制定的“十一五规划”是一项涉及政治、经济、文化、技术、军事、自然资源等各个方面的综合性计划，而针对当前某些地方社会治安比较差的状况，制订的社会治安整顿专项计划，主要内容就是惩治犯罪行为，扭转社会风气。

八、按计划的组织层次分类

按照计划的组织层次，可以将计划分为高层管理计划、中层管理计划、基层管理计划。高层管理计划是以整个组织为单位，具有长期性、整体性、全局性的特点，一般属于战略计划。中层管理计划着眼于组织内部各个组成部分的定位及相互关系，既可以包含部门的分目标等战略性质的内容，也可能有各部门的工作方案等作业性的内容。基层管理计划着眼于每个岗位、每个员工、每个工作时间单位的工作安排和协调的计划，它更侧重于具体的细节，一般是执行性计划，主要是作业计划，如作业程序和规程。

第三节 计划工作的原理及程序

一、计划工作的原理

管理有科学性的一面，也有艺术性的一面，管理的科学性强调管理有固定模式以及有规律可循。计划职能作为管理的一项重要职能也是如此，也有规律性的东西可以遵循，即计划工作的原理。

（一）限定因素原理

限定因素原理又被称为“木桶原理”，木桶原理是由美国管理学家彼得提出的。他认为由多块参差不齐的木板构成的水桶，其价值在于盛水量的多少，但决定水桶盛水量多少的关键因素不是最长的木板，而是最短的木板。应用到管理学中，木桶的短板就是妨碍组织目标实现的主要限定因素。在计划制定过程中，往往会遇到很多限定因素，主管人员对达到目标起主要限制作用的因素了解越多，就越能有针对性、有效地拟订各种行动方案。限定因素原理告诉我们，决策的关键是解决决策方案所提出的问题，即尽可能地找出和解决限定性或策略性的因素。否则，如果面面俱到地检查所有问题，不仅浪费时间和费用，而且还有可能把注意力转移到决策的非关键性问题上，从而影响预期目标的实现。因此,主管人员在制订计划时,必须首先找出影响计划目标实现的主要限定因素,以便采取有针对性的行动措施。

(二)许诺原理

任何一项计划都是对未完成的各项工作所做出的许诺,许诺越多,所需的时间越长,因而实现目标的可能性就越小。许诺原理要求对计划的许诺不能太多,因为许诺(任务)越多,计划时期就越长,时间越长,相应的计划工作和为计划工作所做的预测就越费力,耗资也就越大。再则计划期限越长,未来的不确定性就越大,从而影响计划工作的准确性,在人力、物力、财力上都是不合算的。因此,在计划工作中选择合理的期限还应协调短期计划和长期计划之间的关系,即长计划短安排,如果短计划实现了,那么长期计划的实现就较顺利。

(三)灵活性原理

计划的灵活性越大,由未来意外事件引起损失的危险性就越小。计划工作是面向未来的,而未来又是不确定的,所以在制订计划时,就要尽可能多地预见计划在实施过程中可能出现的问题,并制定出具体的应变措施。这样一旦发现问题,就可以及时解决,从而确保计划尽可能地顺利实施。为了确保计划本身具有灵活性,在制订计划时,应量力而行,留有余地,要以十二分的措施来保证十分的指标,即预防一部分措施因故未能实现时对计划带来的风险。例如,实验证明,新设备产生的次品率为2%,但是企业在制订计划时,最好规定次品率为1%~3%,以防未来有不确定因素的产生;某建筑工程如果正常作业,预计1年能够完工,但是在制订计划时最好稍微推迟完工时间,因为要考虑到雨季或其他意外情况导致不能施工的情况发生。在国外,现在也多强调实行所谓的“弹性计划”,即能适应变化的计划。

(四)改变航道原理

航海过程中,航海家必须经常核对航线,一旦遇到情况马上绕道而行。对于计划的执行也是一样。尽管我们在制订计划时预见了未来可能发生的情况,并制定了相应的应对措施,但计划毕竟是事前的一种规划,计划往往不如变化快,当现实与计划不相符时,就有必要调整计划或重新制定计划,而不是被计划所“管理”,被计划框住。改变航道原理告诉我们,计划的总目标不变,但实现目标的行程可以因情况的变化而变化。

(五)协调性原理

管理的本质在于协调,计划工作同样离不开协调。一方面,计划既要注意组织内部人、财、物、信息、技术等要素的协调,部门与部门之间的协调,又要注意计划与外部环境的协调;另一方面,组织总计划还将派生出各个部门的分计划,每个部门都有自己的特定目标、特定的工作条件和特定的利益。因此,各个派生计划很容易产生冲突,这就要求组织在制定计划时要重视协调性原理,在切实保证组织总计划目标实现的前提下兼顾各个部门派生计划的分目标,使组织的各项资源得到优化配置,发挥最佳的经济效益和社会效益。

二、计划工作的程序

虽然我们可以按照不同的标准把计划划分为不同的类型，但是管理人员在编制任何完整的计划时，实质上都是遵循着相同的逻辑和步骤——识别机会、确立目标、拟定计划的前提条件、确定可供选择的方案、评价可供选择的方案并择优、制定派生计划与编制预算，如图 3－1 所示。

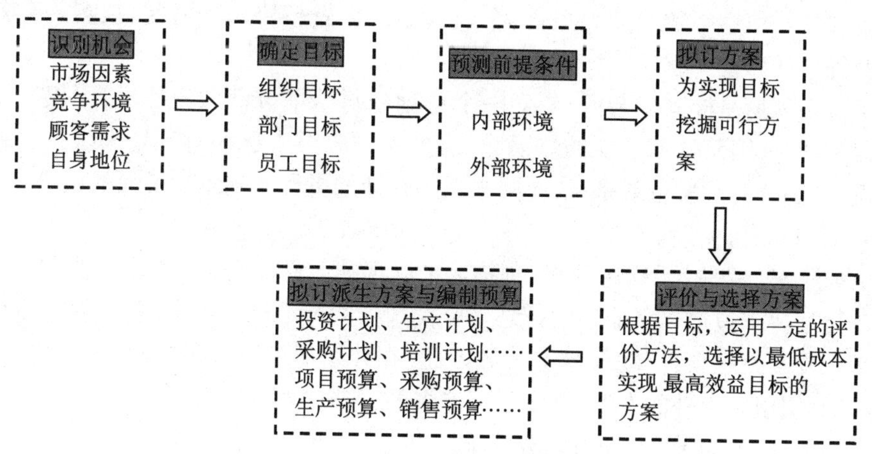

图 3－1　计划工作的程序

（一）识别机会

对机会进行估量是计划工作的起点，要在编制实际计划之前进行。管理人员必须清楚未来可能出现的机会，并全面了解这些机会，评估组织对于这些机会的把握能力。估量机会的一般依据有：市场因素、竞争环境、顾客要求、组织所处的地位优劣等。

（二）确定目标

确定目标是决策工作的主要任务，是制订计划的第一步，目标是指期望的成果。目标为组织整体、各部门和成员指明了方向，描绘了组织未来的状况，并且作为标准可用来衡量实际绩效。计划工作的主要任务是将决策所确立的目标进行分解，以便落实到各个部门、各个活动环节中去。企业的目标指明主了要计划的方向，而主要计划又根据企业目标，规定了各个主要部门的目标，主要部门的目标又依次控制下属各部门的目标，如此等等，沿着这样的一条线依次类推，从而形成了组织的目标结构，包括目标的时间结构和空间结构。目标结构描述了组织中各层次间的协作关系。

明确的目标是一项计划的核心。每一项计划最好只针对一个目标，即浓缩目标，使计划易于制定和有效实施，否则一项计划可能因为设立的目标太多，出现使人行动时不知如何决定优先次序或无法协调各目标的情形。计划书中有两个以上的目标时，一定要列出各目标的优先顺序或重要程度，以集中资源保证重要目标的实现，防止因小失大。例如，给一次目标为“交流学习经验，增强相互间的感情，娱乐身心”的集体活动制定相应计划时，为了达到上述目标，就要安排学术交流、交友、娱乐等活动，由于时间有限而内容繁多，其结果可能是不仅没达到学术交流、感情交流，还把每一个人都搞得筋疲力尽。因此，此次活动还不如以“交流学习经验”为主题更直接和简洁。

（三）预测并有效地确定计划的重要前提条件

前提条件是对计划环境的假设，是对从所处此岸到达将去彼岸的过程中所有可能发生情况的假设。对前提条件认识越清楚、越深刻，计划工作就越有效，同时组织成员越彻底地理解和统一使用一致的计划条件，企业计划工作就越协调。因此，预测并有效地确定计划前提条件有重要意义。

由于将来环境是极其复杂的，要对一个计划中每个细节都做出假设，不仅不切合实际而且得不偿失，因而是不必要的。因此，前提条件应限于那些对计划来说是关键性的或具有重要意义的假设，也就是说，应限于那些对计划贯彻实施影响最大的假设。

（四）拟订可行的行动方案

“条条道路通罗马”、“殊途同归”都描述了实现某一目标的途径是多样化的。拟定可行的行动计划要求拟定尽可能多的计划。可供选择的行动计划数量越多，对选中的计划的相对满意程度就越高，行动就越有效。因此，在计划拟定阶段，要发扬民主，广泛发动群众，充分利用组织内外的专家，制定尽可能多的行动计划。

（五）评价可供选择的行动方案并择优

在拟订可行计划并考察了各个计划的优缺点之后，就要根据计划目标和前提来权衡各种因素，以此对各个行动计划进行评价。由于存在大量的变数和限定条件，评价工作可能相当复杂。评价行动计划，要注意考虑以下几点：第一，认真考察每一个计划的制约因素和隐患；第二，要用总体的效益观点来衡量计划；第三，既要考虑到每一个计划的有形的可以用数量表示出来的因素，又要考虑到无形的不能用数量表示的因素，还要考虑计划执行所带来的损失，特别注意那些潜在的、间接的损失。评价方法分为定性和定量两类。

评价后这一阶段的最后任务是确定一个或几个较优的计划方案。在挑选方案时应综合使用多种方法，不必总是遵循一个最佳方案，可以将两个或更多的合适方案进行调和。最终确定的计划方案要清楚地确定和描述5W1H的内容，即What（做什么）、Why（为什么）、Who（谁去做）、Where（何地做）、When（何时做）、How（怎样做）。

（六）制订派生计划与编制预算

一般来说，一个基本计划总是要有若干个派生计划来支持的，只有在完成派生计划的基础上才可能完成基本计划。例如，一家公司年初制订了“当年销售额比上年增长15%”的销售计划，与这一计划相连的有许多计划，如生产计划、促销计划，生产计划、促销计划，这些计划就是销售计划这个基本计划的派生计划，只有完成了生产计划、促销计划的任务，销售计划才有可能完成。再如一家公司决定开拓一项新业务，这个决策是要制定很多派生计划的信号，比如雇佣和培训各种人员的计划、筹集资金计划、广告计划等就是这个决策的派生计划，只有这些派生计划完成了，新业务的开拓计划才有可能成功完成。

做出决策和确定计划后，最后一步就是把计划转变成预算，使计划数字化。编制预算一方面是为了计划的指标体系更加明确，另一方面是使企业更易于对计划执行进行控制。定性计划往往在可比性、可控性和进行奖罚方面较难把握，而定量计划则具有较强的约束。

派生计划和预算都是基本计划的具体化和分支，基本计划的执行是通过执行派生计划和预算得以实现的。

本章小结

计划是管理的首要职能。本章所涉及的计划工作属于狭义计划工作概念的范畴，指制定计划，即根据实际情况，通过科学、准确的预测，提出在未来一定时期内的目标以及实现目标的方法，它是组织、领导、控制等其他管理职能的基础，也是各项活动有条不紊地进行的保证。计划工作的内容可以概括为六个方面，即做什么（what to do it）；为什么做（why to do it）；何时做（when to do it）；何地做（where to do it）；谁去做（who to do it）；怎样做（how to do it），简称为“5W1H”。目的性、主导性、普遍性、效率性、创新性是计划的基本特征，一个合理的计划应该体现这几方面的特点。计划具有为组织指明方向，帮助组织发现机会、减少风险，提供控制标准，高效实现组织目标几方面的作用。

计划有不同的类型。按计划的表现形式，分为宗旨和使命、目标、战略、政策、程序、规则、规划、预算；按计划的期限，分为长期计划、中期计划、短期计划；按制订计划的主体，分为战略计划、战术计划、作业计划；按组织的职能，分为业务计划、人事计划、财务计划；按对计划执行者的约束力，分为指令性计划、指导性计划；按计划使用的频率，分为一次性计划、常用计划；按计划的内容，分为专项计划、综合计划；按计划的组织层次，分为高层管理计划、中层管理计划、基层管理计划。

计划工作要遵循限定因素原理、许诺原理、灵活性原理、改变航道原理、协调性原理。计划工作包含以下几个步骤：识别机会、确立目标、拟定计划的前提条件、确定可供选择的方案、评价可供选择的方案并择优、制定派生计划与编制预算。

习　题

一、思考题

1. 改变航道原理与灵活性原理有什么区别？
2. 计划工作的原理对于我们的计划工作有哪些启示？

二、实战练习

1. 试用5W1H说明你身边的某个计划。

2. 有人说:“计划没有变化快,因此,制定长期计划是没有意义的。”你怎么认为?

三、案例分析

饭店管理的计划案例——塞达斯酒店

塞达斯酒店是一家拥有300间客房的豪华型海滨度假酒店,位于亚得里亚海沿岸比较偏远的地区。多年来,它一直以豪华的设施和优质的服务而享有盛誉,企业内部从管理层到服务员素质都相当高。从二战后创业以来它的员工就一直与它同呼吸共患难,他们认为公司为他们考虑得非常周到,因此都对它怀有一颗赤诚的心和高度的责任感。所以公司的人员变动一直都不大,尤其是与同行业的其他企业相比。

最近几年来,这些工作多年的员工们开始陆陆续续进入退休年龄,而这个小镇的劳务市场也开始萎缩,越来越多的人开始到大城市里找工作。结果,那些即将退休的员工逐渐被一些外地的年轻人取代,而这些人却常常要赶好几英里的路来上班。

这几年虽然塞达斯酒店对其建筑和地基一直进行修缮,食物、房间用品、娱乐设施等都尽力维持优良,但其服务质量已经开始下降,一些长年的老客户已经不再光顾,酒店的声誉也日渐衰落。总经理曾多次召开高层管理人员会议商讨对策,大家一致认为企业的管理机制已经失灵,监督部门必须对基层雇员施展权威。他们认为这些新来的年轻雇员缺乏责任心,惰性强,不尊重权威。而这些新人则抱怨虽然他们有些想法很现代,会对酒店很有帮助,可就是没人听。

9个月前,新来了一位总经理替下了曾经在酒店工作长达11年的前任总经理。股东们充满着希望,认为这位新经理会扭转酒店的乾坤,但是营业旺季已经过去了,酒店仍不见任何起色。股东们与总经理召开全体职员大会,打算商讨出一套能使酒店走向正轨的行动方针。

讨论题:

(1)塞达斯酒店出了什么问题?

(2)总经理应该集中力量解决什么问题?

(3)请你制订一个行动方针帮助总经理走出困境,即制订出该酒店的计划。

第四章　目标与战略

学习目标

熟悉目标的内在本质，掌握目标的结构以及目标的制定，理解目标和战略之间的关系，掌握目标管理的实质、内容和方法，熟悉企业的战略环境，了解企业宏观和微观外部环境的构成要素，了解内部环境分析的方法。

第一节　目标与目标管理

作为计划层次体系的一个不可或缺的组成部分，目标是在一定时期内（一般为一年）组织对组织活动的期望成果，是组织使命在一定时期内的具体化，是衡量组织活动有效性的标准。目标不仅代表计划的终点，而且也代表组织、领导、控制所要达到的最终目的。制定计划的第一步必须认清组织将要走向何方。目标作为期望的成果，不仅为组织整体、各个部门和各成员指明了方向，描绘了组织未来的状况，并且可以作为衡量实际绩效的标准。正是由于这些原因，目标成为计划的基础。

一、目标的性质

不同的组织有不同的目标，同一组织，目标也多种多样。一般来说，目标有以下性质：

1. 目标的层次性

组织的总目标是整个组织的基本计划，但各个部门也有自己的目标。部门目标的达到有助于组织总目标的实现，总目标需要部门的目标来支持。这样，目标就形成了一个有层次的体系，范围从广泛的总目标到特定的个人目标（如图4－1）。

从图4－1可以看到：在组织的层次体系的不同层次的主管人员参与了不同类型目标的建立工作。董事会和最高层主管人员主要参与确定企业的宗旨、任务目标，并且也参与制定在关键成果领域中更多的具体的总目标。中层主管人员如副总经理、营销经理、生产经理，主要是建立关键成果领域的目标、分目标和部门的目标。基层主管人员主要关心的是部门和单位的目标以及下层人员目标的制定。

2. 目标的网络性

组织的目标通常是通过各种活动的相互联系、相互促进来实现的，所以，目标和具体计划通常构成一个网络。目标和具体的计划很少是直线的,目标之间左右关联、上下贯通融汇成一个整体。

主管人员必须确保这个网络的每个组成部分相互协调。这里的协调是指:不仅执行各种规划要协调,而且完成这些规划在时间上也要协调,因为一个规划的开始通常依赖于前一个规划的完成。事实上,主管人员往往从他们自身利益出发来考虑目标,而不是从整体上去理解目标的网络。

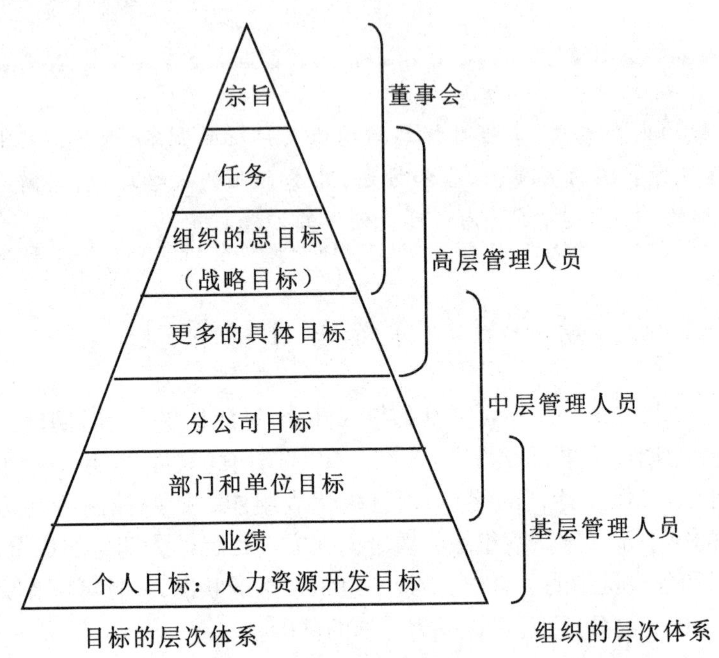

图4-1 目标的层次体系和组织的层次体系之间的关系

资料来源:**H. Weihrich and J. Mendlson, Management; An MBO Approach (Dubuque, lowa; Wm, C. Brow Co,1978), p. xi**

3. 目标的多重性

初看上去,似乎组织都有一个单一的目标——对于工商企业是创造利润;对非营利组织是提供高效率的服务。但是,更深入的分析表明,所有组织的目标都是多重的。没有一种单一的衡量尺度能够有效地评价一个组织是否成功地履行了它的使命。过分强调某一个目标,如利润,会忽视其他目标,而这些目标对实现长期利润目标是必不可少的。

表4-1列出了10种受到最高评价的目标,这是一项对80家美国最大公司的研究成果。每家公司设立的目标数量从1个到18个,平均为5个到6个。除了利润率目标,其他的目标既适用于工商企业,也适用于非营利组织。不过要注意,虽然生存目标没有被企业特别提到,但对所有组织来说却是重要目标。显然,所有的组织只有在各目标同时实现的情况下才能长期生存下去。

表4-1　对一些大型公司目标的调查结果

目标	承认目标的程度(%)
利润率	
利润的绝对额或投资报酬率	89
增长	
销售额、雇员数量等方面的增长	82
市场份额	
本企业销售额与行业全部销售额的比重	66
社会责任	
认识到组织对更大范围社会的责任,包括帮助治理污染、消除歧视、缓解城市化压力及类似的问题	65
雇员福利	
关心雇员的满意程度和他们的工作生活质量	62
产品质量和服务	
生产优质的产品或服务	60
研究与开发	
成功地创造出新产品和新过程	54
多元化	
识别和进入新市场的能力	51
效率	
以最低的成本将输入转化为输出的能力	50
财务稳定性	
财务指标的绩效,避免不稳定的波动	49

二、组织目标的设立

(一)组织目标设立的程序

组织目标的建立必须视对未来趋势和组织与竞争者的优劣之了解而定。制定一个企业组织的目标,可采取下列程序:

1. 衡量组织的未来经济展望。包括在各种市场的产品优劣分析。

2. 衡量组织本身。包括分析组织架构、人力资源的强弱以及组织所受的财务限制。

3. 列出组织在最近和将来可能面对的主要机会和问题。

4. 设计工作计划书以争取机会和解决组织问题。

5. 以工作计划书拟定当年及未来数年所必需的资源和财务报告。

6. 必要时修正计划书,并建立组织目标。

将这些组织目标往下逐级传递,完成组织目标所需的计划步骤就变成组织的单位目标或个人目标。

(二)目标设立的要求

目标设立适当与否,直接关系到管理活动的效果,乃至管理活动的成败。一个好的目标,必须满足以下基本要求:

1. 关键性与全面性相结合。确定目标时,既要从本单位的基本任务出发,全面考虑,又要突出重点和关键性工作。

2. 灵活性与一致性相结合。确定目标时,必须使本目标同上级目标保持一致,使分目标与总目标保持一致,以保证上级目标和总目标的实现;同时,还要从本级的实际出发,使目标具有一定的灵活性,能够适应未来的发展和客观环境的变化。

3. 可行性与挑战性相结合。目标没有挑战性,就没有激励作用,也无助于员工提高能力;但目标定得太高,使人感到可望不可及,又会使人丧失信心,挫伤人们的积极性。

4. 具体化和定量化相结合。

5. 科学性与艺术性相结合。

6. 指令性设立工作目标的同时,应与民主性相结合。

7. 应订有每个项目预定完成的期限,以利于进行期间的检讨、自我控制及纠正,以及工作完成后的评定。设立目标期限的最好方法包括:甘特图(Gantt Chart)、计划评审图(PERT Chart)。不管预期完成时间有多长,每个工作目标都应附有完成期限,否则目标很难实现。

(三)目标设立的依据

确定目标是主客观条件统一的过程,即主观的需要以及主观条件与客观环境的有机结合。因此,按“充分、必要”的原则处理好目标和条件的关系,是正确确定目标、保证管理绩效的基础。目标与各种主客观条件的关系如图 4-2 所示。

确定目标的过程,就是研究上级的要求、主观条件和其他客观因素,经过分析论证,提出目标方针,建立指标体系并制定对策措施的过程。上级的要求、主观条件和其他客观因素,就是确定目标的依据。

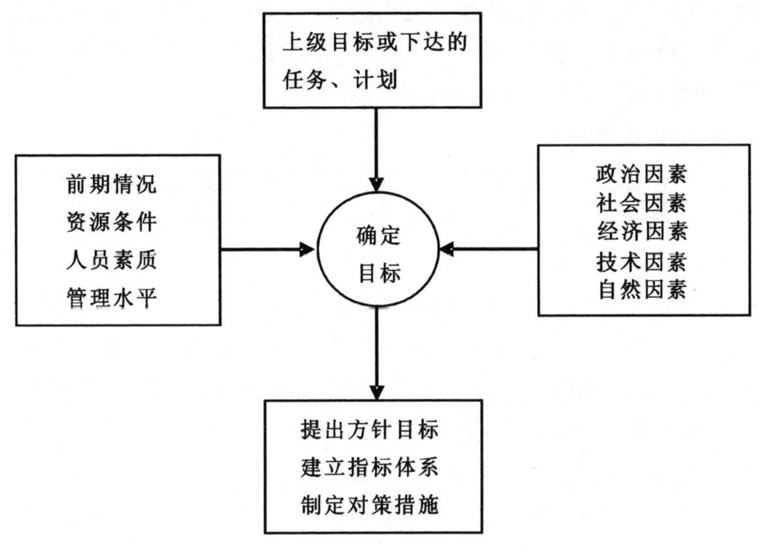

图4-2　目标设立的依据

（四）目标设立的基本方法

确定目标的方法很多，既包括定量方法，也包括定性方法。定量方法是把实际问题简化后，只考虑一个或几个主要因素，建立数学模型后求解，主要包括时间序列法和线性回归法等。定性方法就是依靠熟悉业务知识、具有丰富经验和综合分析能力的人员或专家，根据已经掌握的历史资料和直观材料，运用人的知识、经验和分析判断能力，对未来发展趋势作出性质和程度上的判断；然后再通过一定的形式综合各方面的判断，得出统一的结论，确立目标。主要包括头脑风暴法、德尔菲法等。值得注意的是，定性方法一定要与定量方法配合使用。具体的定性和定量方法将在下一章中介绍。

三、目标管理

由于组织活动是个体活动的有机叠加，因此只有各个员工、各个部门的工作对组织活动作出期望的贡献，组织目标才可能实现。所以，如何使全体员工、各个部门积极主动、想方设法为组织的总目标努力工作是管理活动有效性的关键。目标管理正是解决这一问题的具体方法。

（一）目标管理的含义

"目标管理"的概念是管理专家德鲁克（Peter Drucker）1954年在其名著《管理实践》中最先提出的，其后他又提出"目标管理和自我控制"的主张。他认为，管理者应该通过目标对下级进行管理。当组织最高层管理者确定了组织目标后，必须对其进行有效分解，转变成各个部门以及各个人的分目标，管理者根据分目标的完成情况对下级进行考核、评价和奖惩。

目标管理(MBO)是一种程序或过程,组织中的上级和下级一起协商,根据组织的使命确定一定时期内组织的总目标,由此决定上、下级的责任和分目标,并把这些目标作为组织经营、评估和奖励每个单位和个人贡献的标准。

(二)目标管理的基本程序

目标管理的具体做法分三个阶段:第一阶段为目标的设置,第二阶段为实现目标过程的管理,第三阶段为测定与评价所取得的成果。

1. 目标的设置

这是目标管理最重要的阶段,可以细分为四个步骤:

(1)高层管理预定目标。这是一个暂时的、可以改变的目标预案。即可以上级提出,再同下级讨论;也可以由下级提出,上级批准。无论哪种方式,必须由上级与下级共同商量决定;其次,领导必须根据企业的使命和长远战略,估计客观环境带来的机会和挑战,对本企业的优劣势有清醒的认识,对组织应该和能够完成的目标心中有数。

(2)重新审议组织结构和职责分工。目标管理要求每一个分目标都有确定的责任主体。因此,预定目标之后,需要重新审查现有组织结构,根据新的目标分解要求,进行调整,明确目标责任者和协调关系。

(3)确立下级的分目标。首先使下级明确组织的规划和目标,然后商定下级的分目标。分目标要具体量化,便于考核;分清轻重缓急,以免顾此失彼;既要有挑战性,又要有实现可能。每个员工和部门的分目标要和其他的分目标协调一致,支持本单位和组织目标的实现。

(4)上级和下级就实现各项目标所需的条件以及实现目标后的奖惩事宜达成协议。由下级写成书面协议,编制目标记录卡片,整个组织汇总所有资料后,绘制出目标图。

2. 实现目标过程的管理

目标管理重视结果,强调自主、自治和自觉。这并不等于领导可以放手不管,相反由于形成了目标体系,一环失误,就会牵动全局。因此,领导在目标实施过程中的管理是不可缺少的。首先进行定期检查,利用双方经常接触的机会和信息反馈渠道及时了解实施情况;其次要向下级通报进度,便于互相协调;再次要帮助下级解决工作中出现的困难与问题,当出现的意外、不可测事件严重影响组织目标实现时,也可以通过一定的手续,修改原定的目标。

3. 总结和评估

到了预定的期限后,下级首先进行自我评估,提交书面报告;然后上下级一起考核目标完成情况,决定奖惩;同时讨论下一阶段目标,开始新循环。如果目标没有完成,应分析原因,总结教训,切忌相互指责,以保持相互信任的气氛。

(三)目标管理的特点

目标管理的特点,主要表现在下述几个方面:

1. 明确目标

研究人员和实际工作者早已认识到制定个人目标的重要性。美国马里兰大学的早期研究发现,明确的目标要比只要求人们尽力去做有更高的业绩,而且高水平的业绩是和高的目标相联系的。

2. 参与决策

MBO 中的目标不像传统的目标设定那样,单向地由上级给下级规定目标,然后再把目标分解成子目标落实到组织的各个层次上,而是用参与的方式决定目标,上级与下级共同参与选择设定各对应层次的目标。即通过上下协商,逐级制定出整体组织目标、经营单位目标、部门目标直至个人目标。因此,MBO 的目标转化过程既是"自上而下"的,又是"自下而上"的。

3. 规定时限

MBO 强调时间性,制定的每一个目标都有明确的时间期限要求,如一个季度、一年、五年,或在已知环境下的任何适当期限。在大多数情况下,目标的制定可与年度预算或主要项目的完成期限一致。

在目标管理过程中,管理者不断地将实现目标的进展情况反馈给下属,以便他们能够调整自己的行动。也就是说,下属既有承担为自己设置具体的个人绩效目标的责任,又具有同他们的上级领导人一起检查这些目标的责任。每个人因此对他所在部门的贡献就变得非常明确。尤其重要的是,管理人员要努力吸引下属通过对照预先设立的目标的方式来评价业绩,积极参加评价过程,用这种鼓励自我评价和自我发展的方法,鞭策员工全身心地投入工作,并创造一种激励的环境。

(四)目标管理的评价

目标管理的最大特征是通过诱导启发,让职工自觉地去工作,激发员工的生产潜能,提高员工的工作效率,以此来促进企业总体目标的实现。目标管理与其他任何事物一样具有两个方面,既有优点,又有本身的局限性。

1. 目标管理的优点

(1)管理强化,水平提高

以最终结果为导向的目标管理,迫使各级管理人员认真思考计划的效果,而不仅仅是考虑计划的活动。为了保证目标的实现,各级管理人员必然要深思熟虑实现目标的方法和途径,考虑相应的组织机构和人选,以及需要哪些资源和帮助。

(2)成果导向,结构优化

目标作为一个体系,规定了各层次的分目标和任务,因此,在允许的范围内,组织机构要按照实现目标的要求来设置和调整,各个职位也应当围绕所期望的成果来建立,这样才能使组织结构更趋合理与有效。

(3)任务承诺,责任明确

目标管理要求各级管理人员和工作人员主动去承担完成任务的责任,从而让各级管理者和工作人员不再只是执行指标和等待指导,而是成为专心致力于自己目标的人。

(4)监督加强,控制有效

目标管理能使责任更明确,使控制活动更有效。有了一套可考核的目标评价体系,监督就有了依据,控制就有了准绳,也就解决了控制活动最主要的标准问题。

(5)目标管理调动了职工的主动性、积极性、创造性。由于强调自我控制、自我调节,目标管理将个人利益和组织利益紧密联系起来,因而提高了士气。

(6)目标管理促进了组织员工之间的意见交流和相互了解,改善了人际关系。

2. 目标管理的局限性

(1)目标难确定

真正可考核的目标是很难确定的,尤其是要让各级管理人员的目标都具有正常的“紧张”和“费力”程度是非常困难的。而这个问题恰恰是目标管理能否取得成效的关键。为此,目标设置要比展开工作和拟订计划做更多的研究。另外,由于组织环境的可变因素越来越多,变化越来越快,组织的内部活动日益复杂,组织活动的不确定性也越来越大。这些都使得组织的许多活动难以制订定量化、具体化的目标。

(2)目标短期化

几乎所有实行目标管理的组织,确定的目标都是短期的,很少有超过一年的。其原因是组织外部环境的可能性变化,使各级管理人员难以作出长期承诺。

在管理活动中短期目标的弊端是显而易见的,短期目标会导致短期行为,以损害长期利益为代价,换取短期目标的实现。为了防止选择不道德手段去实现目标的可能性,高层管理人员一方面要确定合理的目标,另一方面还要明确表示对行为的期望,给道德的行为以奖励,给不道德的行为以惩罚。同时,高层管理人员必须从长远利益出发来设置各级管理目标,并对可能出现的短期行为作出某种限制性规定。

(3)目标修正不灵活

由于目标是经过多方磋商确定的,要改变它就不是件轻而易举的事,通常修订一个目标体系与制定一个目标体系所花费的精力和时间是差不多的,结果很可能不得不中途停止目标管理的进程。

(4)目标管理的哲学假设不一定都存在

目标管理是以Y理论作为假设前提的。该理论对于人类的动机作了过分乐观的假设,实际中的人是“有机会主义本性”的,尤其在监督不力的情况下。因此,许多情况下,目标管理所要求的承诺、自觉、自治气氛难以形成。

(5)目标商定可能增加管理成本。

(6)虽然目标管理有助于改进组织结构的职责分工,但由于组织目标的成果和责任力图划归一个职位或部门,容易出现授权不足与职责不清等缺陷。

第二节　战略愿景与战略性计划

战略(strategy)一词最早是军事方面的概念。在现代,“战略”一词被引申至政治和经济领域,其涵义演变为泛指具有统领性、全局性、能左右胜败的谋略、方案和对策。

企业战略是把战略的思想和理论应用到企业管理当中,指企业为了适应未来环境的变化,寻求长期生存和稳定发展的策略而制定的总体性和长远性的谋划。企业战略可分为三个层次:公司战略(corporate strategy)、业务战略或竞争战略(business strategy)和职能战略(functional strategy)。三个层次的战略都是企业战略管理的重要组成部分,但侧重点和影响的范围有所不同。公司战略,又称总体战略,是企业最高层次的战略。它需要根据企业的目标,选择企业可以竞争的经营领域,合理配置企业经营所必需的资源,使各项经营业务相互支持、相互协调。如在海外建厂、在劳动成本低的国家建立海外制造业务的决策。公司的二级战略常常被称作业务战略或竞争战略。业务战略涉及各业务单位的主管及辅助人员。这些经理人员的主要任务是将公司战略所包括的企业目标、发展方向和措施具体化,形成本业务单位具体的竞争与经营战略。如推出新产品或服务,建立、研究与开发设施等。职能战略,又称职能层战略,主要涉及企业内各职能部门,如营销、财务和生产等,如何更好地为各级战略服务,从而提高组织效率。如生产过程自动化。

一、战略愿景

战略愿景回答的是“我们想成为什么和我们的使命是什么”这一问题。对战略愿景的阐述应该生动活泼、言简意赅、易于记诵,且富有意义和鼓舞性。

(一)愿景(Vision)

愿景又译做远景、远见,是企业战略发展的重要组成部分。所谓愿景,是由组织内部成员所制订,藉由团队讨论,获得组织一致认可,形成大家愿意全力以赴的未来方向。具体而言,愿景是指:根据企业现有阶段经营与管理发展的需要,对企业未来发展方向的一种期望、一种预测、一种定位,并通过市场的效应,及时有效地整合企业内外信息渠道和资源渠道,以此来规划和制定企业未来的发展方向、企业的核心价值、企业的原则、企业的精神、企业的信条等抽象的观念或姿态,以及确定企业的使命、存在意义、经营方针、事业领域、核心竞争力、行为方针、执行力度等细微性的工作,从而让企业的全体员工及时有效地通晓愿景赋予的使命和责任,使企业在计划—实行—评价—反馈的循环过程中,不断地增强自身解决问题的力度和强度。愿景的本质就是将企业的存在价值提升到极限。

所谓愿景管理,就是结合个人价值观与组织目的,通过开发愿景、瞄准愿景、落实愿景这三部曲,建立团队,促使极大发挥组织力量组织迈向成功。愿景形成后,组织负责人应对内部成员做简单、扼要且明确的陈述,以激发内部士气,并把愿景落实为组织目标和行动方案,进行具体推动。另外,企业的愿景不只专属于企业负责人所有,企业内部每位成员都应参与构思制订愿景的过程,这一过程可使愿景更有价值,企业更有竞争力。

(二)愿景的基本要素

愿景包括两部分:核心信仰(Core Ideology)和未来前景(Envisioned Future)。

1. 核心信仰

核心信仰包括核心价值观(Core Value)和核心使命(Core Purpose)。它用以规定企业的基本价值观和存在的原因,是企业长期不变的信条,如同把组织聚合起来的黏合剂。核心信仰必须被组织成员共享,它的形成是企业自我认识的一个过程。核心价值观(Core Value)是组织持久的和本质的原则(组织哲学和组织宗旨),是组织内成员的共识,是一般性的指导原则。它不同于具体的生产或经营做法,不能为了经济利益或短期的好处而改变,也不随趋势、时尚及市场状况的变化而变化。如 MOTOROLA 公司的核心价值观是:对人保持不变的尊重,坚持高尚操守。核心使命(Core Purpose)是企业存在的理由和目的,而不是具体的目标和公司战略。有效的核心使命反映了为公司工作的内在动力,它不仅描述公司的产出或目标顾客,而且表达了公司的灵魂。如 MOTOROLA 公司的核心使命是:顾客完全满意。

2. 未来前景

组织未来的发展蓝图即是企业愿景的具体表现及核心内容。愿景所描述的是组织未来成为什么,以此激发组织成员为实现未来前景而努力的热情。

(三)愿景的设定

愿景是企业未来的目标、存在的意义,也是企业之根本所在。它回答的是企业为什么要存在,对社会有何贡献,它未来的发展是个什么样子等根本性的问题。愿景的设定包括以下两个方面:

第一,企业目的的确认。企业目的就是企业存在的理由,即企业为什么要存在。一般来说,有什么样的企业目的,就有什么样的企业理念。正确的企业目的会产生良好的理念识别,并引导企业走向成功;错误的企业目的会产生不良的理念识别,并最终导致企业失败。

第二,明确企业使命。企业使命和企业宗旨是同义语,是在企业经营理念指导下,企业为其生产经营活动的方向、性质、责任所下的定义。它是企业经营哲学的具体化,集中反映了企业的任务和目标,表达了企业的社会态度和行为准则。现代企业的最高使命是应该具有社会责任感,要求企业不仅考虑到自身的利益,而且能够承担起相应的社会责任。

具体来讲,企业的愿景通常应包含四个方面的内容,即:使整个人类社会受惠受益;实现企业的繁荣昌盛;员工能够敬业乐业; 使客户心满意足。

二、战略性计划

战略是计划的一种表现形式,是一种有意识、有预计的行动程序。它具有两种属性:

一是战略是在企业发生经营活动之前制定的，以备人们使用；二是战略是人们有意识、有目的地开发的。战略性计划是对组织活动实行的总体性规划，是组织制定、实施、控制和评价战略的一系列管理决策与行动，其核心问题是使组织自身条件与环境相适应，求得组织的生存与发展。

一般说来，战略性计划包含四个关键要素，即战略分析、战略选择、战略实施、战略评价和调整。

(一) 战略分析

战略分析的主要目的是了解组织所处的环境和相对竞争地位，评价影响企业目前和今后发展的关键因素，并确定在战略选择步骤中的具体影响因素。战略分析包括：确定企业的愿景和使命；外部环境分析；内部条件分析等。

1. 外部环境分析。战略分析要了解企业所处的环境（包括宏观、微观环境）正在发生哪些变化，这些变化将给企业将带来哪些机会和威胁。

对外部环境分析常用的方法是 PEST 分析法和波特的五力分析模型。

(1)PEST 分析

PEST 分析是指对宏观环境的分析。宏观环境又称一般环境，是指影响一切行业和企业的各种宏观力量。对宏观环境因素作分析，不同行业和企业根据自身特点和经营需要，分析的具体内容会有差异，但一般都应对政治(Political)、经济(Economic)、技术(Technological)和社会(Social)这四大类影响企业的主要外部环境因素进行分析（如图 4-3 所示）。简单而言，称之为 PEST 分析法。

①政治法律环境(Political Factors)

重要的政治法律变量包括：执政党性质、政治体制、与重要大国关系、地区关系、对政府进行抗议活动的数量、严重性及地点、民众参与政治行为经济体制、政府的管制、国防开支水平、税法的改变、各种政治行动委员会、专利法的修改、环境保护法、产业政策、投资政策、政府补贴水平、反垄断法规等。

②经济环境(Economic Factors)

重要的关键经济变量包括：GDP 及其增长率、贷款的可得性、可支配收入水平、居民消费（储蓄）倾向、利率、通货膨胀率、规模经济、政府预算赤字、消费模式、失业趋势、劳动生产率水平、汇率、证券市场状况、进出口因素、不同地区和消费群体间的收入差别、价格波动、货币与财政政策等。

③社会文化环境 (Sociocultural Fators)

关键的社会文化因素包括：妇女生育率、特殊利益集团数量、结婚数、离婚数、人口出生、死亡率、人口移进移出率、社会保障计划、人口预期寿命、生活方式、对政府的信任度、对政府的态度、对工作的态度、购买习惯、对道德的关切程度、储蓄倾向、性别角色、投资倾向、种族平等状况、平均教育状况、对退休的态度、对质量的态度、对闲暇的态度、对服务的态度、对外国人的态度、污染控制、对能源的节约、社会活动项目、社会责任、对职业的态度、对权威的态度、城市、城镇和农村的人口变化等。

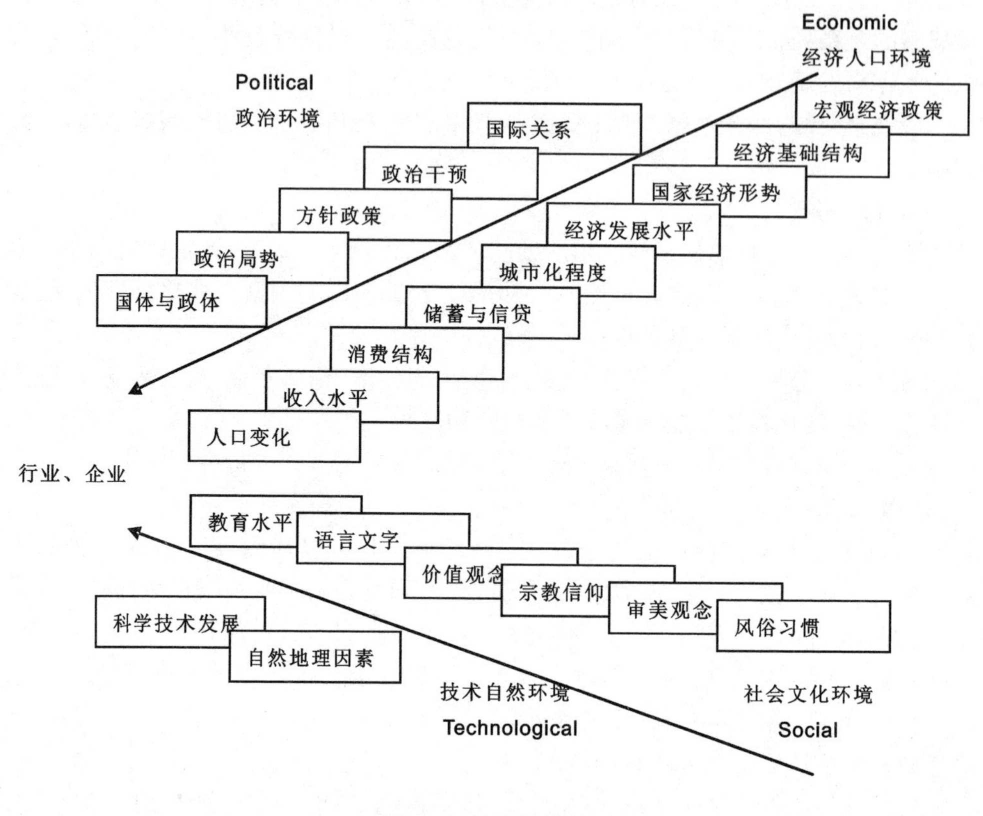

图 4-3 PEST 分析

④技术环境(Technological Factors)

技术环境除了要考察与企业所处领域的活动直接相关的技术手段的发展变化因素外,还应及时了解:国家对科技开发的投资和支持重点;该领域技术发展动态和研究开发费用总额;技术转移和技术商品化速度;专利及其保护情况,等等。

(2)波特五力分析模型(Michael Porter's Five Forces Model)

波特五力分析模型又称波特竞争力模型,由迈克尔·波特(Michael Porter)于20世纪80年代初提出。波特认为行业中存在着决定竞争规模和程度的五种力量,这五种力量综合起来影响着产业的吸引力。而产业的吸引力是决定企业盈利能力首要的和根本的因素。在模型中涉及的五种力量包括:新的竞争对手入侵、替代品的威胁、买方议价能力、卖方议价能力以及现存竞争者之间的竞争。该模型可以有效地分析客户的竞争环境以及一个行业的基本竞争态势,其提出对企业战略制定产生了全球性的深远影响。

一种可行战略的提出首先应该包括确认并评价这五种力量(如图 4-4 所示)。不同力量的特性和重要性因行业和公司的不同而变化。

①供应商的讨价还价能力

供方主要通过其提高投入要素价格与降低单位价值质量的能力，来影响行业中现有企业的盈利能力与产品竞争力。供方力量的强弱主要取决于他们所提供给买主的是什么投入要素，当供方所提供的投入要素价值在买主产品总成本占有较大比例，对买主产品生产过程非常重要或者严重影响买主产品的质量时，供方对于买主的潜在讨价还价力量就大大增强。

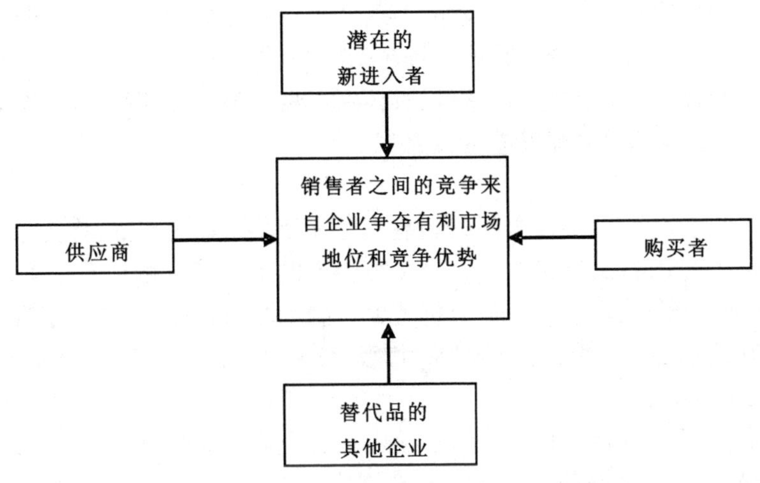

图 4－4　波特五力分析模型

②购买者的讨价还价能力

购买者主要通过其压价与要求提供较高产品或服务质量的能力，来影响行业中现有企业的盈利能力。

③新进入者的威胁

新进入者在给行业带来新生产能力、新资源的同时，将希望在已被现有企业瓜分完毕的市场中赢得一席之地，这就有可能会与现有企业发生原材料与市场份额的竞争，最终导致行业中现有企业盈利水平降低，甚至危及这些企业的生存。竞争性进入威胁的严重程度取决于两方面的因素，这就是进入新领域的障碍大小与预期现有企业对于进入者的反应情况。

进入障碍主要包括规模经济、产品差异、资本需要、转换成本、销售渠道开拓、政府行为与政策、不受规模支配的成本劣势（如商业秘密、产供销关系、学习与经验曲线效应等）、自然资源、地理环境等方面，这其中有些障碍是很难借助复制或仿造的方式来突破的。预期现有企业对进入者的反应情况，主要是采取报复行动的可能性大小，取决于有关厂商的财力情况、报复记录、固定资产规模、行业增长速度等。总之，新企业进入一个行业的可能性大小，取决于进入者主观估计进入所能带来的潜在利益、所需花费的代价与所要承担的风险这三者的相对大小情况。

④替代品的威胁

两个处于不同行业中的企业,可能会因所生产的产品是互为替代品,从而产生相互竞争的行为,这种源自替代品的竞争会以各种形式影响行业中现有企业的竞争战略。首先,现有企业产品售价以及获利潜力的提高,将由于存在着能被用户方便接受的替代品而受到限制;第二,由于替代品生产者的侵入,使得现有企业必须提高产品质量,或者通过降低成本来降低售价、或者使其产品具有特色,否则其销量与利润增长的目标就有可能受挫;第三,源自替代品生产者的竞争强度,受产品买主转换成本高低的影响。总之,替代品价格越低、质量越好、用户转换成本越低,其所能产生的竞争压力就越强;而这种来自替代品生产者的竞争压力强度,可以具体通过考察替代品销售增长率、替代品厂家生产能力与盈利扩张情况来加以描述。

⑤行业内现有竞争者的竞争

大部分行业中的企业,相互之间的利益都是紧密联系在一起的,作为企业整体战略一部分的各企业竞争战略,其目标都在于使得自己的企业获得相对于竞争对手的优势,所以,在实施中就必然会产生冲突与对抗现象,这些冲突与对抗就构成了现有企业之间的竞争。现有企业之间的竞争常常表现在市场、价格、广告、产品介绍、售后服务等方面,其竞争强度与许多因素有关。

一般来说,出现下述情况将意味着行业中现有企业之间竞争的加剧:行业进入障碍较低,势均力敌竞争对手较多,竞争参与者范围广泛;市场趋于成熟,产品需求增长缓慢;竞争者企图采用降价等手段促销;竞争者提供几乎相同的产品或服务,用户转换成本很低;一个战略行动如果取得成功,其收入相当可观;行业外部实力强大的公司在接收了行业中实力薄弱企业后,发起进攻性行动,结果使得刚被接收的企业成为市场的主要竞争者;退出障碍较高,即退出竞争要比继续参与竞争代价更高。在这里,退出障碍主要受经济、战略、感情以及社会政治关系等方面因素的影响,具体包括:资产的专用性、退出的固定费用、战略上的相互牵制、情绪上的难以接受、政府和社会的各种限制等。

根据上面对于五种竞争力量的讨论,企业可以尽可能地将自身的经营与竞争力量隔绝开来,努力从自身利益需要出发影响行业竞争规则,先占领有利的市场地位再发起进攻性竞争行动,通过这些手段来对付这五种竞争力量,以巩固自己的市场地位,增强自己的竞争实力。

2. 内部条件分析。战略分析还要了解企业自身所处的相对地位,具有哪些资源以及战略能力,还需要了解与企业有关的利益和相关者的利益期望,在战略制定、评价和实施过程中,这些利益相关者会有哪些反应,这些反应又会对组织行为产生怎样的影响和制约。内部条件分析常用的方法是价值链分析模型(Michael Porter's Value Chain Model)。

企业在进行优劣势分析时,经常采用的方法是价值链分析法(如图 4-5 所示)。该方法把企业内外价值增加的活动分为基本活动和支持性活动,基本活动涉及企业生产、销售、进料后勤、发货后勤、售后服务;支持性活动涉及人事、财务、计划、研究与开发、采购等，基本活动和支持性活动构成了企业的价值链。价值链列示了总价值、包括价值活动和利润。价值活动是企业所从事的物质上和技术上的界限分明的各项活动，这些活动是企业创造对买方有价值的产品的基石。利润是总价值与从事各种价值活动的总成本之差。在不同企业参与的价值活动中，并不是每个环节都创造价值，实际上只有某些特定价值活动才真正创造价值，这些真正创造价值的经营活动，就是价值链上的“战略环节”。企业要保持的竞争优势，实际上就是企业在价值链某些特定战略环节上的优势。运用价值链的分析方法来确定核心竞争力，就是要求企业密切关注组织的资源状态，在价值链的关键环节上获得重要的核心竞争力，以形成和巩固企业在行业内的竞争优势。企业的优势既可以来源于价值活动所涉及的市场范围的调整，也可来源于企业间协调或使用价值链所带来的最优化效益。

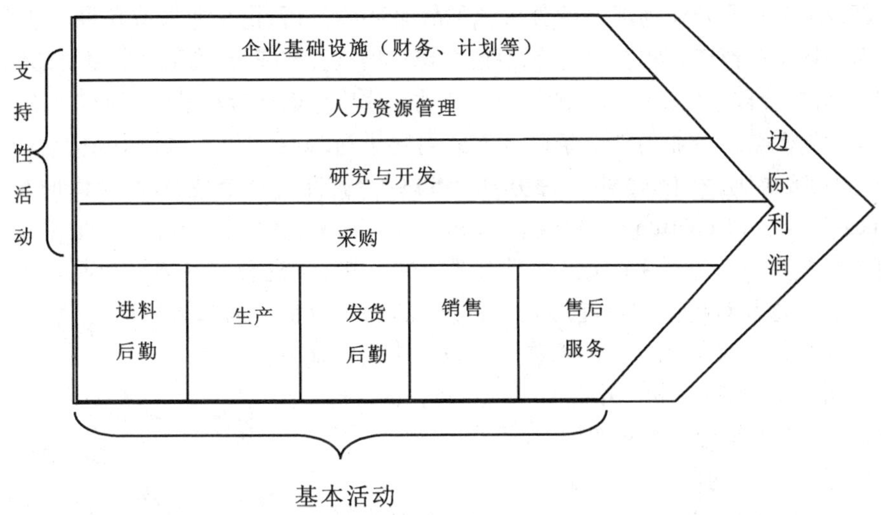

图4－5　波特价值链分析模型

对企业价值链进行分析的目的在于分析公司运行的哪个环节可以提高客户价值或降低生产成本。对于任意一个价值增加行为，关键问题在于：

（1）是否可以在降低成本的同时维持价值（收入）不变；

（2）是否可以在提高价值的同时保持成本不变；

（3）是否可以在降低工序投入的同时保持成本收入不变；

（4）更为重要的是，企业能否可以同时实现（1）、（2）、（3）条。

价值链的框架是将从基础材料到最终用户的链条分解为各个独立的工序，以理解成本行为和差异来源。通过分析每道工序系统的成本、收入和价值，业务部门可以了解成本差异、累计优势。价值链一旦建立起来，就会非常有助于准确地分析价值链各个环节所增加的价值。由于企业是一个整体，而且竞争性优势来源十分广泛，所以，在做优劣势分析时必须从整个价值链的每个环节上，将企业与竞争对手做详细的对比。

需要指出的是，衡量一个企业及其产品是否具有竞争优势，只能站在现有潜在用户的角度上，而不是站在企业的角度上。另外，价值链的应用不仅仅局限于企业内部。随着互联网的应用和普及，竞争的日益激烈，企业之间组合价值链联盟的趋势也越来越明显。企业更加关心自己核心能力的建设和发展，发展整个价值链中每一个环节，如研发、生产、物流等环节。

3. 确定战略目标

战略目标是对企业战略经营活动预期取得的主要成果的期望值。战略目标的设定，同时也是企业宗旨的展开和具体化，是企业宗旨中确认的企业经营目的、社会使命的进一步阐明和界定，也是企业在既定的战略经营领域展开战略经营活动所要达到水平的具体规定。

4. 战略环境分析的"SWOT"法

外部环境分析和企业内部条件分析统称战略环境分析，指企业采取各种方法，对自身所处的内外环境进行充分调查和评价，以便发现市场机会和威胁，确定企业自身的优势和劣势，从而为战略管理过程提供指导的一系列活动。战略环境分析常采用"SWOT"法。

SWOT 分析是将企业内外部条件各方面内容进行综合和概括，进而分析组织的优势和劣势、面临的机会和威胁的一种方法。SWOT 分别代表企业优势（Strength）、劣势（Weakness）、机会（Opportunity）和威胁（Threats）。其中，优劣势分析主要是着眼于企业自身的实力及其与竞争对手的比较，即内部条件分析；而机会和威胁分析将注意力放在外部环境的变化及对企业的可能影响上，即外部环境分析。通过 SWOT 分析，可以帮助企业把资源和行动聚集在自己的强项和有最多机会的地方。

通过机会与威胁分析（外部环境分析）和优劣势分析（内部条件分析），把识别出的所有优势分成两组，分组时要以两个原则为基础：它们是与行业中潜在的机会有关，还是与潜在的威胁有关。用同样的办法把所有的劣势分成两组，一组与机会有关，另一组与威胁有关。然后按照通用矩阵或类似的方式打分评价，并将结果定位在 SWOT 分析图上（如图 4 - 6 所示）；或者用 SWOT 分析表将优势和劣势按机会和威胁分别填入表格（如表 4 - 2 所示）。一旦使用 SWOT 分析法确定了关键问题或机会，也就确定了企业的战略目标。

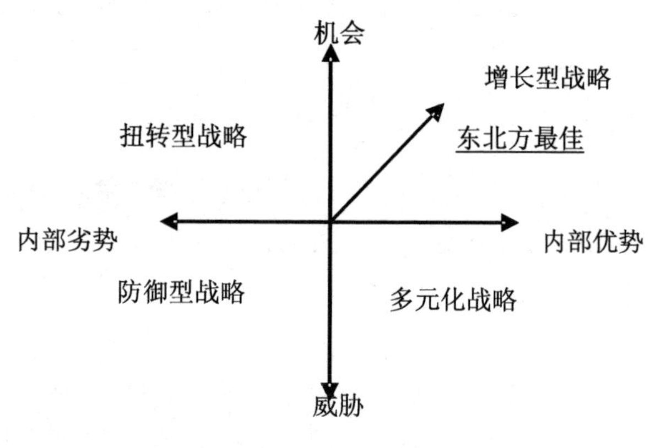

图 4 - 6 SWOT 分析图

表4－2　某邮政企业SWOT分析

内部能力 / 外部因素	优势（Strength）	劣势（Weakness）
	作为国家机关，拥有公众的信任 顾客对邮政服务的高度亲近感与信任感 拥有全国范围的物流网（几万家邮政局） 具有众多的人力资源 具有创造邮政/金融 synergy 的可能性	上门取件相关人力及车辆不足 市场及物流专家不足 组织、预算、费用等方面的灵活性不足 包裹破损的可能性很大 追踪查询服务不够完善
机会（Opportunities）	SO	WO
随着电子商务的普及，对寄件需求增加（年平均增加38%） 能够确保应对市场开放的事业自由度 物流及IT等关键技术的飞跃性的发展	以邮政网络为基础，积极进入宅送市场 进入 shopping mall 配送市场 ePOST 活性化 开发灵活运用关键技术的多样化的邮政服务	构成邮寄包裹专门组织 通过实物与信息的统一化进行时实的追踪（Track&Trace）及物流控制（Command & Control） 将增值服务及一般服务差别化的价格体系的制定及服务内容的再整理
风险（Threats）	ST	WT
通信技术发展后，对邮政的需求可能减少 现有宅送企业的设备投资及代理增多 WTO 邮政服务市场开放的压力 国外宅送企业进入国内市场	灵活运用范围宽广的物流网络，树立积极的市场战略 通过与全球性的物流企业进行战略联盟 提高国外邮件的收益性及服务 为了确保企业顾客，树立积极的市场战略	根据服务特性，对包裹详情单与包裹运送网分别运营 对已经确定的邮政物流运营提高效率（BPR），由此提高市场竞争力

（二）战略选择

当企业的战略目标确定后，就需要围绕战略目标分别在公司层、事业层和职能层设立相应的战略。

1. 制定战略选择方案。企业可以从对企业整体目标的保障、对中下层管理人员积极性的发挥以及企业各部门战略方案的协调等多个角度考虑，选择自上而下的方法、自下而上的方法或上下结合的方法来制定战略方案。

2. 评估战略备选方案。评估备选方案通常使用两个标准：一是考虑选择的战略是否发挥了企业的优势,克服劣势,是否利用了机会,将威胁削弱到最低程度;二是考虑选择的战略能否被企业利益相关者所接受。此外,对战略的评估最终还要落实到战略收益、风险和可行性分析的财务指标上。

3. 选择战略。即最终的战略决策,确定准备实施的战略。如果由于用多个指标对多个战略方案的评价产生不一致时,最终的战略选择可以考虑以下几种方法:

(1)根据企业目标选择战略。企业目标是企业使命的具体体现,因而,选择对实现企业目标最有利的战略方案。

(2)聘请外部机构。聘请外部咨询专家进行战略选择工作,利用专家们广博和丰富的经验,能够提供较客观的看法。

(3)提交上级管理部门审批。对于中下层机构的战略方案,提交上级管理部门能够使最终选择方案更加符合企业整体战略目标。

4. 制定战略政策和计划。制定有关研究与开发、资本需求和人力资源方面的政策和计划。

公司战略可归纳为:

(1)稳定发展战略。

(2)发展战略。发展战略又包括:集中生产单一产品或服务战略、纵向一体化战略和多样化战略。一个公司实施任何一种发展战略都有选择,主要有公司内部发展、购并和合资经营等三种方式。

(3)防御战略。防御战略包括:收获战略、调整战略、放弃战略和清算战略。

(三)战略实施

战略实施就是将战略转化为行动。主要涉及以下一些问题:如何在企业内部各部门和各层次间分配及使用现有的资源;为了实现企业目标,还需要获得哪些外部资源以及如何使用;为了实现既定的战略目标,需要对组织结构做哪些调整;如何处理可能出现的利益再分配与企业文化的适应问题,如何进行企业文化管理,以保证企业战略的成功实施等。

(四)战略评价和调整

战略评价就是通过评价企业的经营业绩,审视战略的科学性和有效性。战略调整就是根据企业情况的发展变化,即参照实际的经营事实、变化的经营环境、新的思维和新的机会,及时对所制定的战略进行调整,以保证战略对企业经营管理进行指导的有效性。包括调整公司的战略展望、公司的长期发展方向、公司的目标体系、公司的战略以及公司战略的执行等内容。

三、战略性计划的目的

战略性计划是指应用于整体组织的,为组织未来较长时期(通常为五年以上)设立总体目标和寻求组织在环境中的地位的计划。企业进行战略计划主要有以下目的:

1. 剖析企业外部环境；
2. 了解企业内部优势和劣势；
3. 帮助企业迎接未来的挑战；
4. 提供企业未来明确的目标及方向；
5. 使企业每个成员明白企业的目标；
6. 拥有完善战略经营体系的企业比没有该体系的企业有更高的成功机率。

本章小结

作为计划层次体系的一个不可或缺的组成部分，目标是在一定时期内（一般为一年）组织对组织活动的期望成果，是组织使命在一定时期内的具体化，是衡量组织活动有效性的标准。目标不仅代表计划的终点，而且也代表组织、领导、控制所要达到的最终目的。目标具有层次性、网络性和多重性。

企业战略是指企业为了适应未来环境的变化，寻求长期生存和稳定发展而制订的总体性和长远性的谋划。企业战略可分为三个层次：公司战略、业务战略或竞争战略、职能战略。

战略愿景回答的是“我们想成为什么和我们的使命是什么”这一问题。所谓愿景管理，就是结合个人价值观与组织目的，通过开发愿景、瞄准愿景、落实愿景这三部曲，建立团队，极大发挥组织力量促使组织迈向成功。愿景包括两部分：核心信仰和未来前景。核心信仰包括核心价值观和核心使命。

一般说来，战略性计划包含四个关键要素：

1. 战略分析—了解组织所处的环境和相对竞争地位；
2. 战略选择—战略制定、评价和选择；
3. 战略实施—采取措施发挥战略作用；
4. 战略评价和调整—检验战略的有效性。

习　题

一、思考题

1. 简述目标与计划的关系。
2. 简述目标管理的涵义。
3. 举例说明企业愿景的主要内容。
4. 简述战略环境分析的主要内容。

二、实战练习

试结合波特五力分析模型对中国食用油行业做调查分析,并形成一份行业环境分析的研究报告。

三、案例分析

拟订可考核的目标

中兴集团公司是一家拥有20家子公司和分公司的大型集团企业,集团公司对分公司的管理方式是独立经营、集中核算。

有一位分公司的总经理最近听了关于目标管理的讲座,很受启发和鼓舞。他最后决定,在下一次部门经理会议上向下属介绍这个概念,并且看看能做些什么。在会议上,他详细叙述了这种方法的发展情况,列举了在本公司使用这种方法的好处,并且要求下属人员考虑他的建议。

事情并不像人们想象得那样简单。在第二次会议上,部门经理们就总经理的提议提出了好几个问题。财务经理要求知道:"你是否有集团公司总裁分配给你的明年分公司的目标?"

"我没有。但我一直在等待总裁办公室告诉我,他们期望我们做什么。可他们好像与此事无关一样。"

"那么分公司要做什么呢?"生产经理其实什么都不想做。

"我打算列出我对分公司的期望……关于目标没有什么神秘的,我打算让明年的销售额达到5000万,税后利润率达到8%,投资收益率为15%,一项正在进行的项目6月30日能投产。我以后还会列出一些明确的指标,如今年年底前完成我们的新产品开发工作,保持员工流动率在15%以下……"总经理越说越兴奋了。

部门经理们对自己的领导人经过考虑提出的这些可考核的目标以及如此明确和自信的陈述感到惊讶,一时不知怎么说好。

"下个月,我要求你们每个人把这些目标转换成你们自己部门可考核的目标。我希望你们都能用数字来表达,把你们的数字加起来就实现了公司的目标。"

讨论题:

1. 在没有得到集团公司总裁下达目标的条件下,分公司总经理能够拟订可考核的目标吗?怎样制定?这些目标会得到下属的认可吗?

2. 这位分公司总经理设置目标的方法是否妥当?你会怎么做?

第五章　预测与决策

学习目标

把握预测和决策的内涵，熟悉预测和决策的关系，了解预测的方法和手段，掌握决策的内涵、决策类型及决策方法，能够运用定量决策方法进行决策；明确预测与决策的区别与联系。

第一节　预　测

预测(forecasting)是预计未来事件的一门艺术，一门科学。预测就是对尚未发生、目前还不明确的事物进行预先估计，并推测事物未来的发展趋势，从而协助管理者掌握情况，选择对策。

一、预测的分类

(一)按预测内容不同，预测可分经济预测、技术预测和需求预测三种类型

1. 经济预测

经济预测(economic forecasts)是通过预测通货膨胀率、货币供给、房屋开工率及其他有关指标来预测经济周期。

2. 技术预测

技术预测(technological forecasts)即预测会导致产生重要的新产品工艺技术的发展趋势，从而带动新工厂和设备需求的技术进步。技术预测还可以根据技术发展阶段分为基础研究预测、应用研究预测、开发研究预测、生产需求预测等。

3. 需求预测

需求预测(demand forecasts)主要用于为公司产品或服务预测需求。这些预测也叫销售预测，用以决定公司的生产、生产能力及计划体系，并使公司财务、营销、人事作相应变动。

(二)按预测包含的时间跨度来分类可分为短期预测、中期预测、长期预测

短期预测时间跨度最多为 1 年，而通常少于 3 个月。主要用于购货、工作安排、估计员工需求、工作指定和有关生产水平的计划工作。中期预测的时间跨度通常是从 3 个月

到3年。主要用于销售计划、生产计划和预算、现金预算和分析不同作业方案。长期预测的时间跨度通常为3年及3年以上。主要用于规划新产品、资本支出、生产设备安装以及研究与发展。

二、预测步骤

无论采用何种预测方法,为了提高预测工作的效率和质量,进行预测时都必须遵循下面的几个步骤:

1. 明确预测目标,制定预测计划。有了明确具体的预测目标,才能为进一步收集资料,选择预测方法指明方向。预测目标确定以后,就应根据目标的难易程度制定预测计划,包括调配预测人员,编制费用预算、安排工作日程等内容,使预测工作有计划、有步骤地开展。

2. 收集整理资料并加以分析。通过调查,占有充分的信息资料,这样才能对现象变动的规律性和预测对象的发展趋向进行具体分析,同时为预测模型提供必要的数据。预测的资料包括历史资料和现实资料两大类,收集资料一定要以预测目的和要求为转移,力求做到资料具有广泛性和适用性。

3. 选定预测方法及模型,作出预测。选择适当的预测方法、模型进行预测,是取得预测成果的关键一步。在选择预测方法及模型时,应综合考虑预测目标的要求、所收集到的资料情况、预测人员的专业技术水平等,因为每一种方法、模型都有其适用的条件及范围。在许多预测中,通常是几种方法交叉使用,互相补充。

4. 分析预测结果,修正预测模型。预测误差是指预测值与实际值之间的差额。预测具有近似性的特点,因此预测结果不可能与实际值完全一致,预测误差是必然存在的。如果误差过大,则说明预测模型可能有问题,必须进行修正或选用其他模型。

5. 提出预测报告。预测者在对预测结果进行必要的评价、检验和修正后,要确定最终预测值,形成书面形式的预测报告,递交有关部门,供其决策时参考。

三、预测方法

用于预测的方法很多,既包括定性方法,也包括定量方法。定性预测注重事物发展在性质方面的预测,具有较大的灵活性,易于充分发挥人的主观能动作用,且简单、迅速,省时省费用。但易受主观因素的影响,比较注重人的经验和主观判断能力,缺乏对事物发展作数量上的精确描述。定量预测注重于事物发展在数量方面的分析,重视对事物发展变化的程度作数量上的描述,更多地依据历史统计资料,较少受主观因素的影响。但是比较机械,不易处理有较大波动的资料,更难以预测事物质的变化。定性预测和定量预测可以相互补充,在实际预测过程中应该把两者正确地结合起来,加以使用。

(一)定性预测法

定性预测法也称判断分析法,是利用已有的主观认识经验和逻辑判断与推理方法,对事物未来发展状况与趋势进行的推测和判断。定性预测法一般是在缺乏历史统计资料的时间，或者历史统计资料不全，而更多地需要专家经验的情况下进行的预测。如新产品销售情况的预测，新技术发展趋势的预测等。其优点是比较灵活，成本低，费时少。其缺点是受预测者的主观因素影响较大，较难提供精确的预测数值。常用的定性预测法有：头脑风暴法、名义小组技术、德尔菲法等。

1. 头脑风暴法

在群体预测与决策中，群体成员由于心理相互作用影响，易屈于权威或大多数人的意见，形成所谓的“群体思维”。群体思维削弱了群体的批判精神和创造力，损害了预测与决策的质量。为了保证群体在预测与决策过程中的创造性，提高预测与决策质量，管理上发展了一系列改善群体预测与决策的方法，头脑风暴法是较为典型的一个。

头脑风暴法出自“头脑风暴”一词。所谓头脑风暴（Brain-storming）最早是精神病理学上的用语，指精神病患者精神错乱的状态，现在转而指无限制的自由联想和讨论，其目的在于产生新观念或激发创新设想。

采用头脑风暴法组织群体决策时，要集中有关专家召开专题会议，主持者以明确的方式向所有参与者阐明问题，说明会议的规则，尽力创造融洽轻松的会议气氛。为了不影响会议的自由气氛，主持者一般不发表意见，由专家们“自由”提出尽可能多的方案。

头脑风暴法专家小组应由下列人员组成：

方法论学者——专家会议的主持者；

设想产生者——专业领域的专家；

分析者——专业领域的高级专家；

演绎者——具有较高逻辑思维能力的专家。

2. 名义小组技术

在集体预测与决策中，如果大家对问题性质的了解程度有很大差异，或有较大的意见分歧，直接开会讨论效果不好。这时可以采取名义小组技术。管理者先选择一些对要解决的问题有研究或经验的人作为小组成员，并向他们提供必要的相关信息。小组成员先互不通气，独立思考，提出各自的意见，并尽可能形成详细的文字材料；然后召集会议，让小组成员一一陈述自己的意见。在此基础上，小组成员对全部意见投票，产生大家最赞同的意见，并对其他意见进行点评，提交管理者作为决策参考。

3. 德尔菲法

德尔菲法（Delphi Method）依据系统的程序，采用匿名发表意见的方式，即专家之间不得互相讨论，不发生横向联系，只能与调查人员发生关系，通过多次调查专家对问卷所提问题的看法，经过反复征询、归纳、修改，最后汇总成专家基本一致的看法，作为预测的结果。这种方法具有广泛的代表性，较为可靠。德尔菲法最初产生于科技领域，后来逐渐被应用于任何领域的预测，如军事预测、人口预测、医疗保健预测、经营和需求预测、教育预测等。此外，还用德尔菲法来进行评价、决策、管理沟通和规划工作。

(1)德尔菲法的具体实施步骤如下：

①组成专家小组。按照课题所涉及的知识范围，确定专家。专家人数的多少，可根据预测课题的大小和涉及面的宽窄而定，一般不超过20人。

②向所有专家提出所要预测的问题及有关要求，并附上有关这个问题的所有背景材料，同时请专家提出还需要什么材料。然后，由专家做书面答复。

③各个专家根据他们所收到的材料，提出自己的预测意见，并说明自己是怎样利用这些材料并提出预测值的。

④将各位专家的第一次判断意见汇总，列成图表，进行对比，再分发给各位专家，让专家比较自己同他人意见的不同，修改自己的意见和判断。也可以把各位专家的意见加以整理，请身份更高的其他专家加以评论，然后把这些意见再分送给各位专家，以便他们参考后修改自己的意见。

⑤将所有专家的修改意见收集起来汇总，再次分发给各位专家，以便做第二次修改。逐轮收集意见并为专家提供反馈信息是德尔菲法的主要环节。收集意见和信息反馈一般要经过三、四轮。在向专家进行反馈的时候，只给出各种意见，但并不说明发表各种意见的专家的具体姓名。这一过程重复进行，直到每一个专家不再改变自己的意见为止。

⑥对专家的意见进行综合处理，得出预测结果。

(2)德尔菲法的特点：

①吸收专家参与预测，充分利用专家的经验和学识；

②采用匿名或背靠背的方式，能使每一位专家独立自由地作出自己的判断；

③预测过程经过几轮反馈，使专家的意见逐渐趋同。

正是由于德尔菲法具有的匿名性、反馈性、收敛性、统计性这些显著特点，使它在诸多判断预测或决策手段中脱颖而出，成为一种最为有效的判断预测法。这种方法的优点主要是简便易行，具有一定科学性和实用性，可以避免会议讨论时产生的害怕权威随声附和，或固执己见，或因顾虑情面不愿与他人产生意见冲突等弊病；同时也可以使大家发表的意见较快收敛，参加者也易接受结论，具有一定程度综合意见的客观性。德尔菲法的主要缺点是过程比较复杂，花费时间较长。

(二)定量预测法

定量预测法是指根据已掌握的比较完整的历史统计资料，运用统计方法和数学模型近似地揭示预测对象的数量变化程度及结构关系，并用来预测未来发展变化情况的方法。

下面介绍几种常用的定量预测方法：

1. 回归预测法

回归预测法又称因果关系预测法，是把客观事物之间内在的因果关系，转换成一种数学语言，找出自变量和因变量，用一种近似的函数关系表示出来，并依靠历史统计数据，建立相应的数学模型(因果模型)，然后根据自变量的数量变化预测因变量变化的预测方法。回归预测比较适用于事物之间因果关系清晰，而且又具备比较全面的横向统计数据资料的情况。

回归分析(regression analysis)作为确定两种或两种以上变数间相互依赖的定量关系的一种统计分析方法,运用十分广泛,按照涉及的自变量的多少,可分为一元回归分析和多元回归分析;按照自变量和因变量之间的关系类型,可分为线性回归分析和非线性回归分析。

(1)一元线性回归预测

例:某省 1993－2004 年国内生产总值和固定资产投资完成额资料如表 5－1。若 2005 年该省固定资产投资额完成额为 249 亿元,显著性水平 $\alpha=0.05$ 时,试估计 2005 年的国内生产总值。

表 5－1　一元线性回归模型计算表

单位:亿元

年份	国内生产总值 y	固定资产投资完成额 x	xy	x2	y2
1993	195	20	3900	400	38025
1994	210	20	4200	400	44100
1995	244	26	6344	676	59536
年份	国内生产总值 y	固定资产投资完成额 x	xy	x2	y2
1996	264	35	9240	1225	69696
1997	294	52	15288	2704	86436
1998	314	56	17584	3136	98596
1999	360	81	29160	6561	129600
2000	432	131	56592	17161	186624
2001	481	149	71669	22201	231361
2002	567	163	92421	26569	321489
2003	655	232	151960	53824	429025
2004	704	202	142208	40804	495616
合计	4720	1167	600566	175661	2190104

解:(1)绘制散点图

设国内生产总值为 Y,固定资产投资完成额为 X,绘制散点图(见图 5－1)。由散点图看出两者为线性关系,可以拟合为一元线性回归模型。

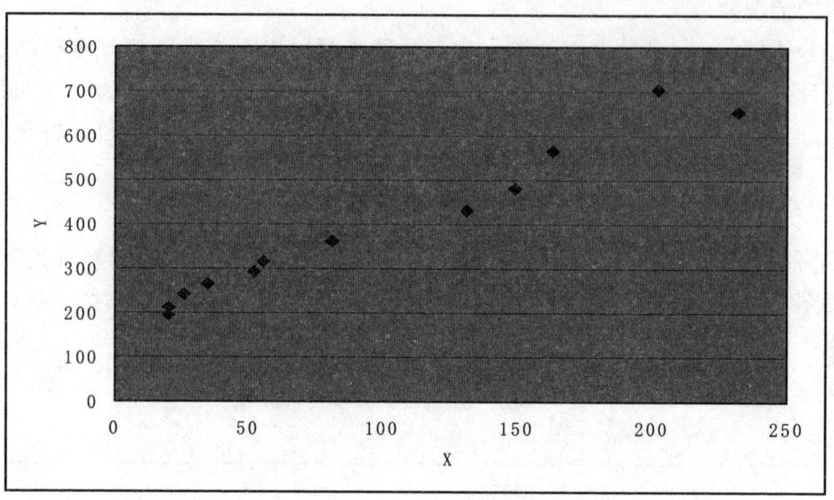

图5-1 散点图

(2)建立一元线性回归模型 $\hat{y}=a+bx$

(3)计算回归系数

$$\hat{b}=\frac{n\sum xy-\sum x\sum y}{n\sum x^2-(\sum x)^2}=\frac{12\times600566-1167\times4720}{12\times175661-1167^2}=2.767$$

$$\hat{a}=\frac{\sum y}{n}-\hat{b}\frac{\sum x}{n}=\frac{4720}{12}-2.2767\times\frac{1167}{12}=171.9243$$

所求回归预测模型为 $\hat{y}=171.9243+2.2767x$

(4)检验线性关系的显著性

$$R=\frac{n\sum xy-\sum x\sum y}{\sqrt{n\sum x^2-(\sum x)^2}\sqrt{n\sum y^2-(\sum y)^2}}$$

$$=\frac{12\times600566-1167\times4720}{\sqrt{12\times175661-1167^2}\sqrt{12\times2190104-4720^2}}$$

$$=0.929$$

当显著性水平 $\alpha=0.05$,自由度 $=n-m=12-2$ 时,查相关系数临界值表,得 $R''0.05=0.576<0.9829$,故在显著性 $\alpha=0.05$ 的水平上,检验通过,说明两变量之间相关关系显著。

(5)预测

①估计标准误差

$$s_y=\sqrt{\frac{\sum y^2-\hat{a}\sum y-\hat{b}\sum xy}{n-2}}$$

$$= \sqrt{\frac{2190104 - 171.9243 - 2.2767 \times 600566}{12 - 2}}$$

$= 33.6343$

②当显著性水平 $\alpha = 0.05$，自由度为 10 时，查 t 分布表，得

$$t_{0.05}(10) = 2.228$$

③当 $x_0 = 249$ 亿元时，代入回归模型得 y 的点估计值为

$$\hat{y}_0 = 171.9243 + 2.2767 \times 249 = 738.822\text{（亿元）}$$

预测区间为

$$\hat{b}_0 \pm t_{\frac{\alpha}{2}}(n - m) \times s_y \sqrt{1 + \frac{1}{n} + \frac{n(x_0 - \bar{x})^2}{n\sum x^2 - (\sum x)^2}}$$

$= 738.8226 \pm 2.228 \times 33.6343 \times 1.2057 = 738.8226 \pm 90.3518$

即：当 2005 年全省固定资产投资完成额为 249 亿元时，在显著性水平 $\alpha = 0.05$ 时，国内生产总值的预测区间为［648.4708，829.1744］亿元。

2. 时间序列预测法

时间序列预测法是把客观事物发展自身的内在动力或惯性趋势，转换成一种数学语言，用不同时期或时点上的变量间变化关系表示出来，考察变量随时间发展的变化规律，用变量以往的纵向统计资料建立数学模型（时序模型）进行外推预测的方法。这类方法以假设事物的过去和现在的发展变化会照样延续到未来为前提条件，直接从时间序列统计数据中找出反映事物发展变化的模式。时间序列预测法适用于客观事物发展内在趋势明确，又具有纵向统计资料的情况。时间序列预测法主要有移动平均预测法、指数平滑法和季节指数法。

（1）移动平均预测

移动平均法是将观察期的数据，按时间先后顺序排列，然后由远及近，以一定的跨越期进行移动平均，求得平均值。每次移动平均总是在上次移动平均的基础上，去掉一个最远期的数据，增加一个紧挨跨越期后面的新数据，保持跨越期不变，每次只向前移动一步，逐项移动，滚动前移。这种不断"吐故纳新"，逐期移动平均的过程，称为移动平均法。

移动平均法对于原观察期的时间序列数据进行移动平均，所求得的各移动平均值，不仅构成了新的时间序列，而且新的时间序列数据与原时间序列数据相比具有明显的修匀效果。它既保留了原时间序列的趋势变动，而且还削弱了原时间序列的季节变动、周期变动和不规则变动的影响，在预测中得以广泛的应用。

移动平均法分为简单移动平均和加权移动平均，简单移动平均又可细分为一次移动平均法和二次移动平均法两种。

① 一次移动平均法

假设：x_t 为时间 t 的观察值，$t = 1, 2, \cdots, n$，$Mt(1)$ 为原时间序列中时间为 t 的一次移动平均值，n 为跨越期间隔数，则一次移动平均值的计算公式为：

$$M_t^{(1)} = \frac{x_t + x_{t-1} + \cdots + x_{t-n+1}}{n}$$

如果 n 为偶数,还需进行一次移动平均。

② 二次移动平均法

二次移动平均法是对一组时间序列数据先后进行两次移动平均,即在一次移动平均的基础上,再进行二次移动平均,并根据最后的两个移动平均值的结果建立预测模型,求得预测值。二次移动平均法的预测模型为:

$$\hat{y}_{t+T} = a_t + b_t T$$

$$a_t = 2M_t^{(1)} - M_t^{(2)}$$

$$b_t = \frac{2}{n-1}(M_t^{(1)} - M_t^{(2)})$$

其中,$\hat{y}_{t+T}$为第 $t+T$ 期的预测值;

$M_t^{(1)}$ 为最后一项的一次移动平均值;

$M_t^{(2)}$ 为最后一项的二次移动平均值;

T 为预测模型当前所处的时间 t 至需要预测的时间之间的间隔期;

a_t, b_t 为待定参数。

③ 加权移动平均法

加权移动平均法是根据跨越期内时间序列数据资料重要性不同,分别给予不同的权重,再按移动平均法原理求出移动平均值,并以最后一项的加权移动平均值为基础进行预测的方法。权重的确定根据"远轻近重"的原则进行。

假设:x_t 为时间序列第 t 期观察值,$t=1,2,\cdots n$; wi 为时间序列数据资料第 i 期权数值,$i=1,2,\cdots,n$; Ft 为第 t 期加权移动平均值,则

$$F_t = \frac{w_i x_t + w_{i-1} x_{t-1} + \cdots + w_{i-n+1} x_{t-n+1}}{\sum w_i}$$

(2)指数平滑预测

简单的全期平均法是对时间数列的过去数据一个不漏地全部加以同等利用;移动平均法则不考虑较远期的数据,并在加权移动平均法中给予近期资料更大的权重;而指数平滑法则兼容了全期平均和移动平均所长,不舍弃过去的数据,但是仅给予逐渐减弱的影响程度,即随着数据的远离,赋予逐渐收敛为零的权数。指数平滑法是在移动平均法基础上发展起来的一种时间序列分析预测法,它是通过计算指数平滑值,配合一定的时间序列预测模型对现象的未来进行预测。其原理是任一期的指数平滑值都是本期实际观察值与前一期指数平滑值的加权平均。指数平滑法的基本公式如下:

$$S_t = ay_t + (1-a)S_{t-1}$$

式中,S_t—时间 t 的平滑值;

y_t—时间 t 的实际值;

S_{t-1}—时间 $t-1$ 的实际值；

a—平滑常数，其取值范围为[0,1]。

由该公式可知：

①S_t 是 y_t 和 S_{t-1} 的加权算数平均数，随着 a 取值的大小变化，决定 y_t 和 S_{t-1} 对 S_t 的影响程度，当 a 取 1 时，$S_t=y_t$；当 a 取 0 时，$S_t=S_{t-1}$。

②平滑常数 a 取值至关重要。它决定了平滑水平以及对预测值与实际结果之间差异的响应速度。平滑常数 a 越接近于 1，远期实际值对本期平滑值的下降越迅速；平滑常数 a 越接近于 0，远期实际值对本期平滑值影响程度的下降越缓慢。由此，当时间数列相对平稳时，可取较大的 a；当时间数列波动较大时，应取较小的 a，以不忽略远期实际值的影响。

③指数平滑法定义 S_1 为初始值。初始值的确定也是指数平滑过程的一个重要条件。

根据公式 $S_1=ay_1+(1-a)S_0$，如果能够找到 y_1 以前的历史资料，那么，初始值 S_1 的确定是不成问题的。数据较少时可用全期平均、移动平均法；数据较多时，可用最小二乘法。但不能使用指数平滑法本身确定初始值，因为数据必会枯竭。

当欲用指数平滑法时才开始收集数据，则不存在 y_0，无从产生 S_0，自然无法用指数平滑公式求出 S_1。如果仅有从 y_1 开始的数据，那么确定初始值的方法有：

i 取 S_1 等于 y_1；

ii 待积累若干数据后，取 S_1 等于前面若干数据的简单算术平均数，如：$S_1=(y_1+y_2+y_3)/3$ 等。

(3)季节指数预测

季节指数法是对包含季节波动的时间序列进行预测的方法。时间序列有 4 种变动因素：①长期趋势(T)，在整个预测期内事物呈现出渐增或渐减的总倾向；

②周期变动(C)，以某一时间间隔为周期的周期性变动，如危机和复苏的交替；

③季节变动(S)，以一年为周期的周期变动，如服装行业销售额的季节性波动；

④偶然变动(I)，除上述几种情况之外的不规则变动，又称随机变动。对于明显地存在着季节性变动因素的时间序列数据，通常是先剔除季节性因素，找出平稳值和季节性修正系数。在平稳值预测基础上加以季节性修正，就能获得季节性变动的预测。这种预测方法称为季节指数法。

定量预测方法一般是在所掌握的历史统计资料较为全面系统、准确可靠的情况下会被采用。其优点是受主观因素影响较少，偏重于数量方面的分析，重视现象变化的程度。其缺点是涉及统计计算，较为繁琐，不易灵活掌握，难以预测质的变化。

第二节 决 策

决策是管理的核心，渗透于管理的所有四个职能中。决策的质量决定了组织活动的有效性。决策能力是衡量管理者水平的重要标志。

一、决策的概念

"决策"一词的英语表述为decision,意思就是作出决定或选择。时至今日,人们对决策概念的界定不下上百种,但仍未形成统一的看法,归纳起来,基本有以下三种理解:

一是把决策看作是一个包括提出问题、确立目标、设计和选择方案的过程。这是广义的理解。

二是把决策看作是从几种备选行动方案中作出的最终抉择,是决策者的拍板定案。这是狭义的理解。

三是认为决策是对不确定条件下发生的偶发事件所做的处理决定。这类事件既无先例,又没有可遵循的规律,作出选择要冒一定的风险。也就是说,只有冒一定风险的选择才是决策。这是对决策概念最狭义的理解。

本书认为,决策是指在一定的环境条件下,决策者为了实现特定目标,遵循决策的原理和原则,借助于一定的科学方法和手段,从若干个可行方案中选择一个满意方案并组织实现的全过程。它既包括制定各种可行方案、选择满意方案的过程,又包括实施满意方案的全过程。

正确理解决策概念,应把握以下几层意思:

(一)决策要有明确的目标

决策是为了解决某一问题,或是为了达到一定目标。决策所要解决的问题必须十分明确,所要达到的目标必须十分具体。没有明确的目标,决策将是盲目的。

(二)决策要有两个以上备选方案

决策实质上是选择行动方案的过程。如果只有一个备选方案,就不存在决策的问题。因而,至少要有两个或两个以上方案,人们才能从中进行比较、选择,最后选择一个满意方案为行动方案。

(三)决策是一个过程

决策是一个从诊断活动到设计活动到选择活动再到执行活动的过程,没有这个过程就很难有合理的决策。

(四)选择后的行动方案必须付诸实施

如果将选择后的方案,束之高阁,不付诸实施,那么,决策也等于没有决策。决策不仅是一个认识过程,也是一个行动过程。

二、决策遵循的原则

决策遵循的是满意原则,而不是最优原则。

最优决策应满足的条件是:能够获得与决策有关的全部真实信息;了解全部信息的价值所在,并据此拟定出所有可能的方案;准确预测每个方案在未来的执行结果。

现实中,最优决策的条件往往得不到满足,因为决策者无法收集到影响决策因素的一切信息;依据已收集到的信息只能拟定出有限的方案;受环境不确定性影响,方案的实施结果也带有不确定性。因此,决策者很难作出最优决策,只能作出相对满意的决策。

三、决策的程序

决策者一般按照下列程序进行决策:

(一)诊断问题。决策过程的第一步是诊断问题或识别机会。

(二)明确目标。决策目标是指在一定外部环境和内部环境条件下,在调查和研究的基础上所预测达到的结果。决策目标是根据所要解决的问题来确定的,因此,必须把握住所要解决问题的要害,只有明确了决策目标,才能避免决策的失误。

(三)提出备选方案。决策目标确定以后,就应拟定达到目标的各种备选方案。拟定备选方案,第一步是分析和研究目标实现的外部因素和内部条件、积极因素和消极因素,以及决策事物未来的运动趋势和发展状况;第二步是在此基础上,将外部环境中不利因素和有利因素、内部业务活动的有利条件和不利条件等,同决策事物未来趋势和发展状况的各种估计进行排列组合,拟定出实现目标的方案;第三步是将这些方案同目标要求进行粗略的分析对比,权衡利弊,从中选择出若干个利多弊少的可行方案,供进一步评估和抉择。

(四)评价各种备选方案。备选方案拟定以后,随之便是对备选方案进行评价,评价标准是看哪一个方案最有利于达到决策目标。评价的方法通常有三种,即经验判断法、数学分析法和试验法。

(五)选择与目标最相符的方案,并予以执行。选择方案就是对各种备选方案进行总体权衡后,由决策者挑选一个最好的方案,即决策,再进一步实施方案。

(六)评估效果。若无偏差,则达到预期效果,实现目标;若存在偏差,分析偏差产生的原因,并采取相应的措施,以确保方案取得预期效果。

四、决策类型

现代企业经营管理活动的复杂性、多样性,决定了经营管理决策有多种不同的类型。

(一)按决策的影响范围和重要程度不同,分为战略决策和战术决策

1. 战略决策。战略决策是指对企业发展方向和发展远景作出的决策,是关系到企业发展的全局性、长远性、方向性的重大决策。如对企业的经营方向、经营方针、新产品开发等决策。战略决策由企业最高层领导做出。它具有影响时间长、涉及范围广、作用程度深刻的特点,是战术决策的依据和中心目标。它的正确与否,直接决定企业的兴衰成败,决定企业发展前景。

2. 战术决策。战术决策是指企业为保证战略决策的实现而对局部的经营管理业务工作作出的决策。如企业原材料和机器设备的采购,生产、销售的计划,商品的进货来

源,人员的调配等属此类决策。战术决策一般由企业中层管理人员制定。战术决策要为战略决策服务。

(二)按决策的主体不同,分为个人决策和群体决策

1. 个人决策。个人决策是由企业领导者凭借个人的智慧、经验及所掌握的信息进行的决策。决策速度快、效率高是其特点,适用于常规事务及紧迫性问题的决策。个人决策的最大缺点是带有主观和片面性,因此,对全局性重大问题进行决策时则不宜采用此法。

2. 群体决策。群体决策是指由会议机构和上下级结合的决策。会议机构决策是通过董事会、经理扩大会、职工代表大会等权力机构集体成员共同作出的决策。上下级结合决策则是领导机构与下属相关机构结合、领导与群众相结合形成的决策。群体决策适宜于制定长远规划、全局性的决策。

群体决策的优点在于:

①提供更完备的信息。群体将带来个人单独行动所不具备的多种经验和决策观点。

②产生更多的方案。差异的多样化的“世界”更有独创性,产生更多的方案。当群体成员来自于不同专业领域时,这一点就更为明显。例如,一个由工程、会计生产、营销和人事代表组成的群体,将制定出反映他们不同背景的方案。

③增加对某个解决方案的接受度。人们不愿违背自己参与制定的决策。许多决策在作出最终选择后却以失败告终,这是因为人们没有接受解决方案。但是如果让受到决策影响或实施决策的人们参与决策,他们更可能接受决策,并鼓励他人也接受它。

④提高合法性。群体决策制定过程是与民主思想相一致的,因此人们觉得群体制定的决策比个人制定的决策更合法。拥有全权的个体决策者不与他人磋商,这会使人感到决策是出自于独裁,且是武断的。

群体决策的主要缺点在于:

①成本高。组成一个群体显然要花时间。以反复交换意见为特点的群体决策过程,也是耗费时间的过程。群体成员之间的相互影响也会导致低效,所以群体决策要比个人决策花更多的时间。

②责任不清。群体成员分担责任,但实际上谁也无法对最后的结果负责。在个人决策中,谁负责任是明确具体的。而在群体决策中,任何一个成员的责任都被冲淡了。

③屈从压力。在群体中要屈从社会压力,从而导致所谓的群体思考(Group think),抑制不同观点、少数派和标新立异以取得表面的一致,削弱了群体中的批判精神,损害了最后决策的质量。

④少数人统治。一个群体的所有成员永远不会是完全平等的,他们可能会因组织职位、经验、有关问题的知识、易受他人影响的程度、语言技巧、自信心等因素而不同。这就为单个或少数成员创造了发挥优势、驾驭群体中其他人的机会。支配群体的少数人,经常对最终的决策有过分的影响。

一般而言,群体能比个人作出更好的决策。但这不是说所有的群体决策都优于个人决策,而是群体决策优于群体中平均的个人决策,但它们绝不比杰出的个人所作的决策好。从决策的速度讲,个人决策更为优越。从创造性程度上讲,群体决策组织得好,则比个人决策更为有效。从决策的接受程度讲,群体决策可能制定出更容易被人接受的方案。一般来说,群体决策的效率更低。在决定是否采用群体决策时,主要考虑的是效果的提高是否能够弥补其效率的降低。

群体决策的效果受群体大小的影响。群体越大,异质性的可能性就越大。另一方面,一个更大的群体需要更多的协调和更多的时间促使所有的成员作出贡献。因此,群体不宜过大:小到 5 人,大到 15 人即可。有证据表明,5 - 7 个人的群体在一定程度上是最有效的。因为 5 和 7 都是奇数,可避免不愉快的僵局。这样的群体大得足以使成员变换角色和退出尴尬的状态,却又小得足以使不善辞令者积极参与讨论。

(三)按管理者在决策情境下所面对的问题类型,分为程序化决策和非程序化决策

1. 程序化决策

程序化决策(programmed decisions),是能够运用例行方法解决的重复性决策。决策可以程序化到重复和例行的程度,并在某种程度上存在解决问题的确定方法和标准程序。因为问题属于结构良好问题,管理者不必费尽心机去建立一个复杂的决策过程。程序化决策是相对简单的,并且在很大程度上依赖以前的解决方法。故决策过程的制定方案阶段或不存在或不起作用。在许多情况下,程序化决策变成了依据先例的决策,管理者仅需按别人在相同情况下所做的那样做,遵循一个系统化的程序、规则或政策就可以了。

2. 非程序化决策

非程序化决策(Nonprogrammed decisions),是指决策的问题是不常出现的,没有固定的解决模式与经验,要靠决策者作出新的判断。非程序化决策也叫非常规决策。当管理者面临结构不良问题或新出现的问题时,没有事先准备好的解决方法可遵循的。新产品的营销战略制定便是非程序化决策的一个例子。

结构良好问题是与程序化决策相对应的,结构不良问题需要非程序化决策。低层管理者主要处理熟悉的、重复发生的问题,因此,他们主要依靠像标准操作程序那样的程序化决策。而越往上层的管理者,他们所面临的问题越可能是结构不良问题。因为低层管理者自己处理日常决策时,仅把他们认为无前例可循或困难的决策向上呈送。类似的,管理者将例行性决策授予下级,以便将自己的时间用于解决更棘手的问题。

在现实社会中,极少的管理决策是完全程序化的或完全非程序化的,绝大多数决策介于两者之间。一方面,极少有程序化决策完全排除了个人判断;另一方面,程序化的决策程序有助于制定那些毫无先例的、只有用非程序化决策方法来解决的决策。我们最好将决策看做是程序化为主或非程序化为主的决策,而不要绝对地将这两类决策看作非此即彼。

采用程序化决策有利于提高组织效率,这可以说明为什么程序化决策得能够到广泛应用。只要可能,管理决策都应当程序化。显然,这对组织上层不太现实,因为高层管理所面临的许多问题不具有重复性。但对高层管理而言,强烈的经济动机促使他们制定出标准的作业程序、规则和指导其他管理者的政策。

采用程序化决策可以降低成本,程序化决策需要管理者斟酌决定的范围减至最小的程度,这就可以降低成本。扩大管理者斟酌决定的范围会增加支出,因为管理者要做的非程序化决策越多,所需的判断就越多。而合理的判断不是人人都具备的,所以要求具有此种能力的管理者提供更多的帮助,组织的人员就会增加。

(四)按决策问题所处条件不同,分为确定型决策、风险型决策和不确定型决策

1. 确定型决策

它是指决策过程中,提出的各备选方案在确知的客观条件下,每个方案只有一种结果,比较其结果优劣作出最优选择的决策。确定型决策是一种肯定状态下的决策。决策者对被决策问题的条件、性质、后果都有充分了解,各个备选的方案只能有一种结果。这类决策的关键在于选择肯定状态下的最佳方案。

2. 风险型决策

它是指这样一类决策,决策过程中提出的各个备选方案有几种不同结果可以预知,发生的概率也可测算,这样条件下的决策,就是风险型决策。例如某企业为了增加利润,提出两个备选方案:一个方案是扩大老产品的销售范围;另一个方案是开发新产品。不论哪一种方案都会遇到市场需求高、市场需求一般和市场需求低几种不同可能性,它们发生的概率都可测算。若遇到市场需求低,企业就要亏损。因而在上述条件下决策,带有一定的风险性,故称为风险型决策。风险型决策之所以存在,是因为影响预测目标的各种市场因素是复杂多变的,因而每个方案的执行结果都带有很大的随机性,决策中不论选择哪种方案,都存在一定的风险性。

3. 不确定型决策

它是指这样一类决策,决策过程中提出的各个备选方案有几种不同的结果可以预知,但每一结果发生的概率无法测算。在这样条件下,决策就是不确定型的决策。它与风险型决策的区别在于:风险型决策中,每一方案产生的几种可能结果及发生概率都可预知,不确定型决策只知道每一方案产生的几种可能结果,但无法测算其发生的概率。是由于人们对市场需求的几种可能客观状态出现的随机性规律认识不足,这类决就增大了决策的不确定性程度。

五、常用的决策方法

现代决策方法可划分为"软"、"硬"两种,软方法即为定性决策法,硬方法即为定量决策法。"软"、"硬"两类方法相互配合、取长补短,才能使决策更为有效。

（一）定性决策法

定性决策法又称主观决策法，是一种直接利用决策者本人或有关专家的智慧、经验来进行决策的方法，即决策者根据所掌握的信息，通过对事物运动规律的分析，在把握事物内在本质联系基础上进行决策的方法。这种方法适用于受社会、经济、政治等非计量因素影响较大，因素错综复杂以及涉及社会心理因素较多的综合性的战略问题，是企业界决策采用的主要方法。它弥补了“硬”方法在人的因素、社会因素等方面难以把握的缺陷。

定性决策方法有很多种，常用的有经理人员决策法、专家会议法、头脑风暴法、德尔菲法等，其中德尔菲法（Delphi technique）是最具代表性的方法。尤其在长远的战略决策中，由于许多条件的不确定性，德尔菲法特别适用。

（二）定量决策法

定量决策法常用于数量化决策，应用数学模型和公式来解决一些决策问题。即运用数学工具、建立反映各种因素及其关系的数学模型，并通过对这种数学模型的计算和求解，选择出最佳的决策方案。运用定量决策方法进行决策是决策方法科学化的重要标志。定量决策方法的优点有：（1）可以提高决策的准确性、最优性、可靠性；（2）可以使决策者从常规决策中解脱出来，把注意力集中在关键性、全局性的重大战略决策方面，这又帮助了领导者提高重大战略决策的正确性和可靠性。定量决策方法也有其局限性：（1）有些变量难以定量；（2）数学手段本身深奥难懂；（3）花钱多，不适合一般决策问题。

定量决策的方法主要包括确定型决策、风险型决策和不确定型决策三类。

1. 确定型决策方法

确定型决策应具备的条件，也就是应用确定型决策方法的条件：一是只有一个状态；二是有决策者希望达到的一个明确的目标；三是存在着可供决策者选择的两个或两个以上的方案；四是不同方案在该状态下的收益值是清楚的。符合上述条件的决策，就可采用确定型决策方法。确定型决策方法主要有盈亏平衡分析法、经济批量法、线性规划法等。

2. 风险型决策方法

风险型决策方法是指决策者在对未来可能发生的情况无法作出肯定判断的情况下，通过预测各种情况发生的可能性，根据不同概率来进行决策的方法。这类决策与确定型决策只在第一点特征上有所区别：风险型情况下，未来可能状态不只一种，究竟出现哪种状态，不能事先肯定，只知道各种状态出现的可能性大小（如概率、频率、比例或权重等）。风险型决策的方法很多，最常用的是决策树法。

决策树法是用树形图表示每一决策方案各种状态的相互关系，并且注明对应的概率及其报酬值，从而选择出最优决策方案。由于根据这种方法的基本要素可以描画出一个树状的图形，因而管理学把这一树状图形称作决策树。决策树法有利于决策人员使决策问题形象化，可以把各种可以更换的方案、可能出现的状态、可能性大小及产生的后果等简单地绘制在一张图上,以便计算、研究与分析。决策树(decision tree)的构成一般有五个要素:一是决策点;二是方案枝;三是自然状态点;四是概率枝;五是概率枝末端。

通常,人们用方框表示决策点;用圆圈表示自然状态点;从决策点引出的分枝连线为方案枝,表示决策者可作出的选择;从自然状态点引出的分枝连线为概率枝,表示自然状态点所示事件发生的概率。

决策树图的制作步骤:从左向右

(1)绘出决策点和方案枝,在方案枝上标出对应的备选方案;

(2)绘出自然状态点和概率枝,在概率枝上标出对应的自然状态出现的概率值;

(3)在概率枝的末端标出对应的损益值,这样就得出一个完整的决策局面图。

决策树图的分析:从右向左

决策树图的分析程序是先从损益值开始由右向左推导,称为反推决策树法。在利用决策树解题时,应从决策树末端起,从后向前,步步推进到决策树的始端。在向前推进的过程中,应在每一阶段计算事件发生的期望值。需特别注意:如果决策树所处理问题的计划期较长,计算时应考虑资金的时间价值。计算完毕后,开始对决策树进行剪枝,在每个决策结点删去除了最高期望值以外的其他所有分枝,最后步步推进到第一个决策结点,这时就找到了问题的最佳方案。

下面以某公司为例,看一看如何利用决策树作出合适的生产能力计划。

某公司是一家生产食品添加剂的公司,该公司正在考虑扩大生产能力。它可以有以下几个选择:1. 什么也不做;2. 建一个小厂;3. 建一个中型厂;4. 建一个大厂。新增加的设备将生产一种新型的食品添加剂,目前该产品的潜力或市场还是未知数。如果建一个大厂且市场较好就可实现 $100,000 的利润;如果市场不好则会导致 $90,000 的损失。但是,如果市场较好,建中型厂将会获得 $60,000;市场不好则损失 $1,000。如果建小厂,市场好则获利 $40,000;市场不好则损失 $5,000。当然,还有一个选择就是什么也不干。最近的市场研究表明市场好的概率是0.4,也就是说市场不好的概率是0.6。具体数据见表5-2:

表5-2 某公司决策的损益矩阵

单位:美元

概率 / 损益值 / 方案	市场好	市场不好
	0.4	0.6
建大厂	100,000	-90,000
建中型厂	60,000	-10,000
建小厂	40.000	-5,000
不建厂	0	0

试用决策树法做决策。

解：

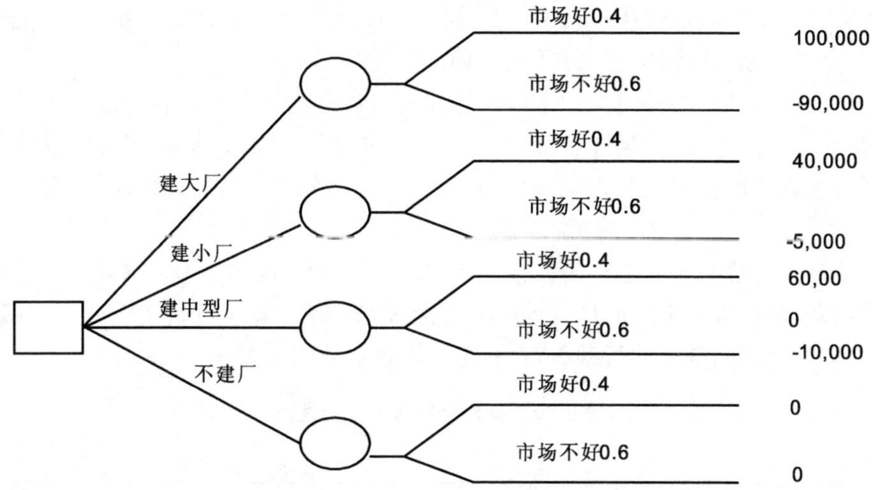

E(建大厂) $=0.4\times100,000+0.6\times(-90,000)=-\$14,000$

E(中型厂) $=0.4\times60,000+0.6\times(-10,000)=+\$18,000$

E(建小厂) $=0.4\times40,000+0.6\times(-5,000)=+\$13,000$

E(不建厂) $=\$0$

故:应该建一个中型厂。

决策树法在决策的定量分析中应用相当广泛,有许多优点:第一,可以明确地比较各种方案的优劣;第二,某一方案有关的状态一目了然;第三,可以表明每个方案实现目标的概率;第四,可以计算出每一方案预期的收益和损失;第五、可以用于某一个问题的多级决策分析。

3. 不确定型决策方法

不确定型决策方法是指决策者在决策问题不能确定的情况下,通过分析影响决策问题变化的各种因素,估计其中可能发生的自然状态,并计算各个方案在各种自然状态下的损益值,然后按照一定的原则进行选择的方法。由于不确定性决策难以估计各种自然状态出现的概率,因而现代决策理论根据不确定型决策问题的特点,总结出一套方便可行的方法,即先假定一些准则,根据这些准则求出方案的期望值,然后再确定每一决策问题的最优值。不确定型决策方案的准则主要有:乐观准则、悲观准则、遗憾准则。

(1)乐观准则:比较乐观的决策者愿意争取一切机会获得最好结果。决策步骤是从每个方案中选一个最大收益值,再从这些最大收益值中选一个最大值,该最大值对应的方案便是入选方案。

(2)悲观准则:比较悲观的决策者总是小心谨慎,从最坏结果着想。决策步骤是先从各方案中选一个最小收益值,再从这些最小收益值中选出一个最大收益值,其对应方案

便是最优方案。这是在各种最不利的情况下又从中找出一个最有利的方案,

(3)遗憾准则(min-max 准则):也称最小最大后悔值法。是指管理者在选择了某方案后,如果将来发生的自然状态表明其他方案的收益更大,那么他(或她)会为自已的选择而后悔。最小最大后悔值法就是使后悔值最小的方法。

采用这种方法进行决策时,首先计算各方案在各自然状态下的后悔值("某方案在某自然状态下的后悔值"="该自然状态下的最大收益"-"该方案在该自然状态下的收益"),并找出各方案的最大后悔值,然后进行比较,选择最大后悔值最小的方案作为所要方案。

例:某银行的营销经理为推广其信用卡制定了四种战略 ABCD。这位营销经理同时注意到他的主要竞争对手在同样的地区所可能采取的三种竞争性行动 XYZ。ABCD 四种战略在竞争对手不同竞争性行动 XYZ 下的具体收益数据如表 5-3 所示。

表 5-3 某银行决策的损益矩阵

单位:百万美元

竞争性行动 / 损益值 / 战略	X	Y	Z
A	13	14	11
B	9	15	18
C	24	21	15
D	18	14	28

试分别用乐观准则、悲观准则、遗憾准则为该营销经理做决策(即:选择合适的战略)。

解:(1)乐观准则

表 5-4 乐观准则损益矩阵

单位:百万美元

竞争性行动 / 损益值 / 战略	X	Y	Z	MAX
A	13	14	11	14
B	9	15	18	18
C	24	21	15	24
D	18	14	28	28

MAX-[14,18,24,28]=28

故:选战略 D。

(2)悲观准则

表 5-5 悲观准则损益矩阵

单位:百万美元

战略 \ 竞争性行动 / 损益值	X	Y	Z	MAX
A	13	14	11	11
B	9	15	18	9
C	24	21	15	15
D	18	14	28	14

MAX[11,9,15,14] = 15

故:选战略 C。

(3)遗憾准则

表 5-6 遗憾准则损益矩阵

单位:百万美元

战略 \ 竞争性行动 / 后悔值	X	Y	Z	MAX
A	24 - 13 = 11	21 - 14 = 7	28 - 11 = 17	17
B	24 - 9 = 15	21 - 15 = 6	28 - 18 = 10	15
C	24 - 24 = 0	21 - 21 = 0	28 - 15 = 13	13
D	24 - 18 = 6	21 - 14 = 7	28 - 28 = 0	7

MIN[17,15,13,7] = 7

故:选战略 D。

本章小结

预测与决策是管理的两个重要组成部分,管理的关键在于决策,而决策的前提是预测。

用于预测的方法很多,既包括定量方法,也包括定性方法。定量预测法是指根据已掌握的比较完整的历史统计资料,运用统计方法和数学模型近似地揭示预测对象的数量变化程度及其结构关系,并用来预测未来发展变化情况的方法。定量方法主要包括时间序列法和回归预测法等。其中时间序列法又可分为移动平均法、指数平滑法、趋势外推法等。定性预测法也称判断分析法,是利用已有的主观认识经验和逻辑判断与推理方法,对事物未来发展状况与趋势进行的推测和判断。定性预测法一般是在对缺乏历史统计资料的时间,或者历史统计资料不全,而更多地需要专家经验的情况下进行的预测。定性方法主要包括头脑风暴法、名义小组技术、德尔菲法等。定性方法一定要与定量方法配合使用。

决策是指在一定的环境条件下,决策者为了实现特定目标,遵循决策的原理和原则,借助于一定的科学方法和手段,从若干个可行方案中选择一个满意方案并组织实现的全过程。决策有多种类型,决策方法也多种多样。通常采用定性决策方法和定量决策方法进行决策。定量决策的方法主要包括确定型决策、风险型决策和不确定型决策三类。

习 题

一、思考题

1. 预测与决策有哪些联系与区别?
2. 决策可以分为哪些类型?各自有什么特点?
3. 决策包括哪些过程?

二、实战练习

试结合学习或实践中遇到的某一问题,召集同学开一次头脑风暴会议,讨论问题的成因及解决问题的对策与措施。

三、案例分析

欧洲迪斯尼的错误决策

法国迪斯尼开张两年后,欧洲迪斯尼尽管每月有300万游客,每天却损失100万美元,在什么地方出现错误了呢?

迪斯尼虽然一直充满雄心,但在战略和财务方面却存在严重失误。在利率开始上升时他们过于依靠负债。他们假设乐园会继续火爆,那时可以卖掉一些股份用于偿还债务。乐园本身也有一些错误的决策,包括成本超出,太少的淋浴卫生间,错误地认为法国人不在饭店的餐厅用早餐等。但公司认为是连续的欧洲经济衰退、高利率、法郎升值等因素造成了这些损失。公司与员工的关系很糟,它认为自己懂得最多,并坚持将自己的想法强加给员工。法国建设与工业部的一位官员说:“因为他们是迪斯尼,所以他们什么都懂。”欧洲迪斯尼的管理者也感到他们不过是在充当总公司管理的副手而已。

迪斯尼在许多方面都表现得过于自信。管理者夸口他们能预测巴黎未来的生活模式:人们会转移到离欧洲迪斯尼很近的东部来。他们相信能够改变欧洲人的习惯。迪斯尼认为它能改变这些习惯。迪斯尼的一位前任管理者说:“有一种倾向相信人们所接触的都是最完美的。”迪斯尼认为在佛罗里达能做到的,在法国一样也能做到。过分的骄傲、批评的压力、工人低落的士气等问题从一开始就使得游客敬而远之。迪斯尼完全没有看到欧洲经济正处于不景气当中。一名高层管理者说:“由于受到计划规定的开园日期的压力以及开园的诱惑,我们没能意识到一场大的经济衰退正在来临。”

迪斯尼的主席米歇尔·艾思纳曾经鼓励欧洲迪斯尼要在计划中大方一些,保证迪斯尼的质量,但他却忽视了做事情的预算和评论家的警告。

当事情出乎预料时,迪斯尼声称要关掉乐园,但是在谈判的最后关头,却批准了新的财务计划。至少暂时来说危机似乎解决。也有许多观察家认为欧洲迪斯尼没有关门的危险,公司还有许多好牌:它的债权人和法国政府,一个提供了低于市场利率的7500万美元贷款,一个开始为公园配备公路和铁路网等设施。

新管理层降低了门票价格并削减了成本,这使得欧洲迪斯尼开始恢复并在财务上走向正轨。但是,迪斯尼又一次惹怒了欧洲人。动画电影《大力神》对原著的粗暴歪曲激怒了人们。一家欧洲的主要报纸评述说:“卡通(指《大力神》)歪曲和滥用了欧洲文化中的一个基本传说了”并进一步说,“在美国虽然对政治上是否正确非常敏感,在素材来源的地方也是一样。只顾赚钱,他们真的这样做并赚了上亿的钱”,还有人评论道:“好莱坞为了自己的顾客比迪斯尼更加歪曲欧洲文化。”

讨论题:

1. 在这个案例中你能找出多少次决策?对于这样一个巨大计划哪些应该做而没有做?

2. 在这个案例中有哪些概念和本章相关?你认为迪斯尼高层有什么错误?

3. 为了长期利益,迪斯尼可以做哪些工作?

4. 你如何看待最后一段所描写的欧洲人的反应?迪斯尼应该怎样做?

第六章　组织工作概述

学习目标

熟悉组织的内涵、性质和作用，把握组织资源的构成，掌握组织结构的基本类型，通过对组织含义的理解来把握组织的应用价值，通过对组织结构的把握来确定组织结构的应用性。

第一节　组织与组织工作

从人类的进化与发展中不难发现，在人类漫长的进化过程中，组织始终是人类赖以生存和借以发展的主要形式；组织是人类文明的标志，组织生活的多样化、丰富化则是人类文明发展的标志。离开了组织，就没有人类社会的过去、现在和将来。

一、组织

“组织”与“管理”是相互依存、不可分割的两个概念。缺少了组织，管理就无“用武之地”；缺少了管理，组织就失去了生存与发展的内在机制，就会消亡。人类自从有了群体活动，原始的组织形式——部落、氏族也就出现了，也就有了管理活动。随着生产的发展和社会的进步，组织的规模、复杂程度和技术难度都在发展，管理的手段、方式及重要程度也随之发生变化。组织形式的变化和管理思想及方法的发展变化是人类文化变迁的重要组成部分。在现代社会，组织渗透到每一个角落，社会是组织化的社会，人是组织化的人，所以，组织的管理更具普遍性和权威性。

（一）组织的含义

组织是企业的主体。企业由不同利益、不同思维方式、不同沟通习惯和行为特点的各种不同类型的人员组成，由此而搭建了企业的利益结构、知识结构和组织结构，形成了组织的价值取向、思维方式、沟通和运作风格。组织的价值取向和思维方式是企业生存发展的主导力量，决定着组织的目标、产品及服务定位、资源配置规划，从而确定了企业的基本业务流程和组织结构模式，决定着企业的实际运营能力。

组织的含义可以从不同角度去理解，古今中外的管理学家也对此作出了各种不同的解释。被称之为现代管理理论“鼻祖”的巴纳德认为，组织就是通过有意识地协调而形成的两个或两个以上的人的活动或力量的协作系统。哈罗德·孔茨则把“组织”定义为正式的有意形成的职务结构或职位结构。从这两个定义可以看出，组织不仅是人的结合，还是一种特定的体系。事实上前者强调的是组织的内容，后者强调的是组织的形式。2000 版 ISO9000 族标准的质量管理体系术语中，组织(organization)的定义为：职责、权限和相互关系得到有序安排的一组人员及设施。组织的含义可以从以下几个方面进行理解：

1. 目标是组织存在的前提，没有目标的人的集合不能称为组织。

任何组织都是为实现某种特定目标而存在的，不论这种目标是正确的，还是隐含的，它都是组织存在的前提和基础。组织所做的各种努力，都是为了最终达到组织目标。例如，通过从事生产、流通和服务等活动而获得利润是大多数企业的目标之一；医院的目标是为患者提供诊治服务获得经济效益和社会效益；大学的目标是培养各类高级科技人才；国家各级政府的目标是搞好相关各个领域的决策与管理。

2. 分工与合作是组织运营并发挥效率的基本手段和前提。

一个组织为了达到目标，需要有许多部门，每个部门都专门从事一种或几种特定的工作，各个部门之间还要相互配合，这就是分工与协作。只有把分工与协作结合起来，才能提高效率。例如，剧场里的观众具有相同的目的，彼此没有分工与协作，不能称其为组织，而剧场的全体工作人员则构成了一个组织。为了使组织有效运行，必须根据组织目标的需要，按照科学原则设计出组织的层次结构，即将组织划分成不同层次的职能部门，这些部门都将承担组织的部分特定工作，这就是所谓的职能分工。这种分工可以使不同性质的任务同步进行，大大提高工作效率。当然，仅强调分工是不够的，为按时、高效、高质量地实现组织的总目标，各个层次的职能部门需协调工作、相互配合，进行有效的合作。

3. 组织必须具有不同层次的权力和责任制度。

组织要赋予各部门及每个人相应的权力，以便于实现目标。但在赋予权力的同时，必须明确各部门或个人的责任。有权力而无需负责任，就有可能导致滥用权力，影响组织目标的实现。所以，权力和责任是达成组织目标的必要保证。

4. 组织通过组织界线将组织与外部环境区隔开来。

在组织界线的作用下，一个组织成为相对独立的整体。组织界线是维持组织相对独立性的有形的和无形的壁垒。有形的组织界线是可以识别的，如企业的围墙、学校的门卫及一些对外公布的规定等。有形的组织界线总是在提醒每一个进入该组织的人——这里是一个与外界不同的地方。无形的组织界线指的是那些从外部无法识别、能够影响组织成员的行为的众多因素，包括行为规范、企业文化、管理风格、规章制度等。

(二)组织结构

组织结构(organizational structure)的定义为：人员的职责、权限和相互关系的有序安排。组织结构可以用复杂性、正规化和集权化三个基本特征来描述。

1. 复杂性

复杂性是指组织内部结构的分化程度。一个组织分工越细、组织层级越多、管理幅度越大,组织的复杂性就越高;组织的部门越多,组织单位的地理分布越是分散,协调人员、资源调配及其活动也就越困难。此时我们用组织结构的复杂性来描述。

2. 正规化

正规化是指组织依靠制定的工作程序、规章制度和规则引导员工行为的程度。有些组织以很少的规范准则运作;而另一些组织,尽管规模较小,却具有各种规定,指示员工可以做什么和不可以做什么。一个组织使用的规章条例越多,其组织结构就越正规化。

3. 集权化

集权化是指组织在决策时正式权力在组织层次集中的程度。决策高度集中在组织的上层,问题由下而上传递给高层管理人员,由他们选择合适的行动方案,这时组织的集权化程度就较高;反之,一些组织授予下层人员更多决策权力时,组织的集权化程度就较低。

二、组织的目标

组织的目标是组织力图达到和所期望的状态。组织的建立是为了实现自己既定的目标,组织结构设计和管理是实现目标的组织保证。从整体看,组织的目标一般分为组织使命和经营目标。组织使命为组织的总目标,描述组织共同的愿景、共享的价值观和信念。经营目标为组织实际做的业务以及通过实际的业务活动所达到的结果。经营目标通常是短期的,并且是可以衡量的。

经营目标具体包含以下4个方面的内容:

1. 经营业绩

评价经营业绩的指标主要有收益、成长率、生产率、销售额和市场份额。收益表现组织的全面业绩,用净收入、每股收益或投资回报来表示;成长率是关于销售额和利润随时间增长的速率;生产率是指企业资源的产出量;销售额是关于销售产品和提供的服务总量;市场份额是企业的业务在各自市场中所占据的份额。

2. 资源

资源目标是企业从外部环境中取得所需要的资本、人力和原材料等资源的能力。

3. 员工发展

员工发展目标是企业有关员工的培训、晋级、任用的发展计划,企业组织应努力创造一个使每个员工都能获得知识、价值和发挥才能的组织环境。

4. 创新

创新目标是企业产品创新、技术创新和组织创新的目标。产品创新主要是扩大产品线和开辟新的产品领域;技术创新主要是应用新的生产技术、管理技术、IT以及新能源、新材料、新设备等;组织创新主要是指企业工作流程的优化和组织结构的优化或重组。

三、组织的资源

任何组织的活动都需要借助一定的资源来进行。这些资源的拥有情况和利用情况，影响甚至决定着组织活动的效率和规模。组织活动的内容和特点不同，需要利用的资源类型亦有区别。但一般来说，任何组织的活动都离不开人力资源、物力资源、财力资源、技术资源和信息资源。

(一)人力资源

人是最重要的因素，只有拥有适合工作需要的、对组织目标有共同追求的高素质的人力资源，才能推动组织系统的有效运行和发展。根据不同的标准，可以将人力资源划分成不同类型。人力资源研究就是要分析这些不同类型人员的数量、素质和使用情况。比如，根据所从事工作性质的不同，可将企业人力资源分为生产人员、技术人员和管理人员三类。对生产人员的研究，就是要掌握各类生产人员的数量、文化程度、操作技能是否符合企业生产现状和发展的要求，是否需要对他们进行技术培训等；对技术人员的研究，就是要弄清技术骨干的数量及其技术水平、知识结构，是否做到了人尽其才；对管理人员的研究，就是要分析企业管理人员的能力结构、知识结构、年龄结构、专业结构是否合理，是否具有足够的管理现代工业生产的经验和技能，是否通过培训提高他们的管理素质等。

(二)物资资源

组织的物资资源是组织活动的物质基础。物资资源研究，就是要分析在组织活动过程中需要运用的物资条件的拥有数量和利用程度。比如，企业要分析拥有多少厂房、土地、设备、原材料、动力、成品及半成品等，它们与目前的技术发展水平是否相适应，企业是否应对其进行更新改造，机器设备和厂房的利用状况如何，企业能否采取措施提高其利用率等。

(三)财务资源

组织进行生产、经营、社会服务等活动必须拥有与其规模、技术特点和管理水平相适应的财力。财务资源是一种能够获取和改善组织其他资源的资源，是反映组织活动条件的一项综合因素。组织财力的来源因组织的性质和类型不同而有所不同。如企业的资金主要来自投资者的出资、银行贷款、企业盈利、发行债券、商业信用等。

财务资源研究就是要分析组织的资金拥有情况(各类资金的数量)、构成情况(自有资金与债务资金的比重)、筹措渠道(金融市场或商业银行)、利用情况(组织是否把有限的资金使用在最需要的地方)；分析组织是否有足够的财务资源拓展新业务、改造原有活动条件和手段，在资金利用上是否还有潜力可挖，等等。

(四)技术资源

现代技术的采用，可以大大提高劳动生产率和经济效益。新技术、新工艺不仅能节省时间和费用，高效利用人、财、物资源，还能提高商品的产量和质量。组织要发展，需要技术不断进步。

(五)信息资源

信息是指组织内外各种活动中经过搜集、加工、整理对组织活动产生影响的记录。信息是管理的工具,人的任何行动都取决于所掌握的信息。信息越是完整、及时、准确和适用,组织的管理水平就越高,组织活动就越有秩序和协调。美国著名管理大师德鲁克曾说:“信息情报是企业未来最宝贵、最便宜的资源,谁越知道利用它,谁就越能赚大钱。”

四、组织与环境

组织作为一个与外界保持密切联系的开放系统,需要不断地与外界进行各种资源和信息的交换,其运行和发展不可避免地受到种种环境因素的影响。

所谓环境是指对组织绩效起着现实和潜在影响的外部机构或力量。环境是组织生存与发展的物质条件的综合体,它存在于组织界限之外,并可能对企业组织的行为产生直接或间接影响。外部环境非常广泛,正如一位作家写到:“从整个宇宙中减去银河代表组织的那一部分,余下的部分就是环境。”

任何组织都是在一定环境中从事活动的,环境的特点及变化必然会影响和制约组织活动方向和内容的选择。环境研究就是要通过分析组织活动的外部影响因素,揭示活动条件变化的规律,预测其未来变化,为活动方向及内容的选择与调整提供依据。

(一)组织与环境的关系

1. 环境为组织活动提供条件。环境是组织生存的土壤,为组织活动提供条件。以大量存在的从事经济活动的企业组织为例。企业经营所需的各种资源需要从原料市场、能源市场、资金市场、劳动力市场中获取。离开这些市场,企业经营便会成为无源之水,无本之木。与此同时,企业转换上述各种资源生产出来的产品或提供的劳务也要在市场上得以实现。没有市场,企业就无法销售产品,得到销售收入,生产过程中的各种消耗就不能得到补偿,经营活动就无法继续,更谈不上扩大规模了。

2. 环境会限制组织的生存与发展。环境在为组织活动提供条件的同时,也限制着组织的生存和发展。如企业只能根据外部能够提供的资源种类、数量和质量来决定生产经营活动的具体内容和方向;企业的产品既然要通过外部环境中的市场才能实现,那么在生产之前和生产过程中就必须考虑到这些产品能否被用户所接受,是否受市场欢迎。因此,外部环境在提供了经营条件的同时,也限制了企业的经营。

3. 环境的变化为组织提供机遇或挑战。对组织活动有着如此重要作用的环境是不断变化的。如果环境是静态的,即使它的影响再大,对其研究也不需反复强调、高度重视。因为在这种情况下环境研究可以是一劳永逸的,对一成不变的外部环境深入进行一次细致的分析,便可把握它的特点,制定相应对策。然而,实际情况并非如此,外部存在的一切都在不断地变化,比如,技术在发展、消费者收入在提高等。

外部环境的种种变化,可能给组织带来两种不同程度的影响:一种是为组织的生存和发展提供新的机会，比如新资源的利用可以帮助企业开发新的产品；另一种可能是给组织生存造成的威胁，比如技术条件或消费者偏好的变化可能使企业产品不再受欢迎，组织要想继续生存，要想在生存的基础上不断发展，就必须及时地采取措施，努力避开这种变化可能带来的威胁。

4. 环境研究的目的是扬长避短、趋利避害。要利用机会，避开威胁就必须认识外部环境；要认识环境，就必须研究环境，分析环境。这种研究不仅可以帮助我们了解环境今天的特点，而且可以使我们认识环境是如何从昨天演变到今天的，从而揭示环境变化的一般规律，并据此预测它在未来的发展和变化趋势。

5. 组织行为也会对环境产生影响。组织要生存、发展，就要适应和服从外部环境，但组织对环境的适应并不是被动的、消极的，而是能动的、积极的，并且组织还可以通过各种方式对环境加以控制，尤其在影响具体环境方面，组织可以设法发挥更大的能动作用。比如在影响竞争对手方面，美国通用汽车公司曾通过降低产品价格的销售方式，迫使福特和克莱斯勒公司也相应降低各自的产品价格。

（二）组织的环境因素

1. 一般环境

一般环境是指对某一特定社会中所有组织都发生影响的环境因素，也称为宏观环境因素。如经济因素、政治因素、社会因素、技术因素等。一般环境因素的影响通常是泛指的，不一定只涉及某一特定组织。虽然一般环境因素不直接影响组织的决策，并且从总体上说，它对组织的影响较具体环境要小，但这并不意味着组织可以忽视这些因素。有时，一般环境因素的改变关系着组织的生死存亡。

一般环境的改变是单个组织无法控制的，组织只有通过一定的决策来适应已经变化了的一般环境。但有些一般环境因素是可以预测的，如社会环境因素等。在中国，随着经济的不断发展，人民的生活水平日益提高，人的寿命越来越长，而中国又实行计划生育政策，这使婴儿的出生率大大降低。由此可以预见，中国必将成为老龄化国家，“银发市场”大有作为。而有些一般环境因素的不确定性很高，如技术环境因素。一项技术的发明是否会给企业带来革命性改变，这是很难预测的。尽管与具体环境相比，这些因素对组织运行的影响通常要小一些，但者仍需管理加以考虑。一般环境包括如下内容：

（1）经济环境。经济环境是影响组织行为诸多因素中最关键、最基本的因素。一个组织所处的经济环境，通常包括其所在国家或地区的经济制度、经济结构、物质资源状况、经济发展水平、国民消费水平等方面。经济环境又分为宏观经济环境和微观经济环境。宏观经济环境主要指一个国家的人口数量及其增长趋势，国民收入、国内生产总值及其变化情况，以及通过这些指标能够反映的国民经济发展水平和发展速度。微观经济环境主要指组织所在地区或所需服务地区的消费者的收入水平、消费偏好、储蓄情况、就业程度等因素。相对而言，宏观经济环境的变化对组织所产生的影响更为直接、更为重要。其中最主要的是宏观经济周期波动和政府所采取的宏观经济政策。例如，在国民经济高速增长时期，企业往往面临更多的发展机会，因而企业可以增加投资，扩大生产或经营规模，这时企业的竞争环境也不会太紧张；而在经济停滞或衰退时期则不然。再如，国家实施信贷紧缩政策会导致企业流动资金紧张，周转困难，投资难以实施；而政府支付的增加，则可能给许多企业创造良好的销售前景。利率、通货膨胀率、可支配收入的变化、股市指数和经济周期是一些可以用来反映经济环境的指标。通常，这些因素的改变意味着经济环境的变化，组织对此必须密切关注。

(2)政治环境。政治环境是指总的政治形势，它涉及社会制度、政治结构、执政党的性质、党派关系、政府政策倾向和人民的政治倾向等。不同的国家有着不同的社会制度，不同的社会制度对组织活动有着不同的限制和要求。即使社会制度不变的同一个国家，在不同时期，由于执政党的不同，其政府的方针特点、政策倾向对组织活动的态度和影响也是不断变化的。政治的稳定无疑是组织发展必不可少的前提条件。政治环境的变化，有时对组织的决策行为产生直接作用，但更多表现为间接影响。例如，由国家权力阶层的政治分歧或矛盾所引发的政局动荡，无疑会给当地企业的经营活动造成直接冲击，会给学校教学造成严重影响，会给部队增加新的任务要求，会给地方政府组织带来新的压力。另一方面，根据这种政治环境的变化而制定的新制度、新法规和新政策，将对全国范围内的组织产生更广泛、更深远的直接或间接影响。因此，组织必须通过政治环境研究，了解国家和政府目前禁止组织干什么，允许组织干什么，鼓励组织干什么，从而使组织活动符合社会利益，受到政府的保护和支持。

(3)社会环境。社会环境的内容十分广泛，一般包括一个国家或地区人们的教育程度和文化水平、宗教信仰、风俗习惯、审美观点、价值观念等。文化水平会影响人们的需求层次；宗教信仰和风俗习惯会禁止或抵制某些活动的进行；价值观念会影响人们对组织目标、组织活动以及组织本身存在的认可程度；审美观点则会影响人们对组织活动内容、活动方式以及活动成果的态度。任何组织一经产生，就按照社会环境的要求进入一定的位置，但组织所处的社会环境并不是一成不变的。组织必须使其适应社会环境的变迁，必须随社会环境的改变而改变。

(4)技术环境。任何组织都与一定的技术存在着稳定的联系，一定的技术是一定组织为社会服务或贡献的手段。技术进步从劳动力、劳动资料、劳动对象等方面推动着生产力的发展，不同的技术条件和技术过程，又要求有不同的管理方式和方法，组织方式和领导方式也随着技术的发展而改变。

一个组织拥有的技术先进与否，对组织的生存和发展影响极大。技术领先的医院、大学等组织，就比那些没有采用先进技术的同类组织具有更强的竞争力。在当前，一场以电子技术和信息处理技术为中心的新技术革命正在迅猛发展。任何人都可以感觉到这场技术革命对我们的工作、生活的影响。现在，我们有自动化的办公室、制造过程中的机器人、激光、集成电路、缩微照片、微处理器及合成燃料等，这些都为我们的工作、生活带来了方便。技术革命也对管理产生了重要影响。电子计算机和信息处理技术的发展，已使组织有可能逐渐建立起大规模、反应灵敏、反应迅速的管理信息系统，大大提高了决策的准确性和及时性。

(5)自然环境。自然环境主要指地理位置、气候条件以及资源状况等自然因素。地理位置是制约组织活动，特别是企业经营的一个重要因素。当国家在经济发展的某个时期对某些地区采取倾斜政策时尤其如此。比如目前我国沿海地区的开放政策吸引了大量外资，促进了投资环境的改善，给原已处在这些地域的各类组织提供了充分的发展机会。此外，是否靠近原料产地或产品销售市场，也会对资源获取和交通运输成本影响等产生。

气候条件及其变化对组织的影响也是很明显的。气候趋暖或者趋寒会影响空调器厂家的生产或者服装行业的销售；四季如春、气候温和则会使人们愿意外出旅行，从而为与旅游有关的产品制造业提供机会。

资源状况与地理位置有着密切的关系。资源，特别是稀缺资源不仅是国家或地区发展的基础，而且为所在地区经济组织的发展提供了机会。如果没有地下哗哗流淌着的石油，许多中东国家难以在沙漠中建造绿洲。资源的分布通常影响着工业的布局，从而可能决定着不同地区的不同产业、不同企业的命运。

2. 特定环境

特定环境指的是与实现组织目标直接相关联的那部分环境。每一个组织都处于不同的具体环境之中，并且随条件的改变而改变。管理者通常将大量注意力集中于组织的特定环境，因为特定环境与一般环境相比，能更直接地给组织提供有用的信息，更容易被组织人员所识别。一般环境的改变对组织的影响，往往通过具体环境对组织产生的作用力表现出来。例如，技术环境因素是一般环境因素，但作为组织主要类型之一的企业却不能直接从技术环境中感受到技术进步的影响，而往往是较早采用先进技术的竞争者使企业感受到技术进步带来的市场变化。特定环境包括以下几个部分：

(1)资源供应者。一个组织的资源供应者是指为该组织提供资源的人或单位。这里所指的资源不仅包括设备、人力、原材料、资金等，也包括信息、技术和服务等。对大多数组织来说，金融部门、政府部门、股东是其主要的资金供应者，学校毕业生分配部门、劳动人事部门、各类人员培训机构、人才市场、职业介绍所是其主要的人力资源供应者，各新闻机构、情报信息中心、咨询服务机构、政府部门是主要的信息供应者，大专院校、科研机构、发明家是技术的主要源泉。组织要生存和发展，无论是文教组织还是武装组织，都必须依靠一定的人力、物力和财力。任何一个组织，如果缺少了人力、物力、财力中的任一因素，都难以有效地运行。但组织本身并不一定完全具备这些条件，它必须源源不断地从外界获得这些要素。

组织的管理者必须处理好与资源供应方之间的关系，建立良好的供应链，寻求以尽可能低的成本来保证所需投入的稳定供应。资源的不可获得或延误，均会极大地降低组织效果。为此，管理者必须尽最大努力保证人力、物力、财力供应的持续稳定。

(2)服务对象。服务对象或顾客是指一个组织为其提供产品或劳务的人或单位,如企业的客户、商店的购物者、学校中的学生和毕业用人单位、医院的病人、图书馆的读者等,都可称其为相应组织的服务对象。任何组织之所以能够存在,是因为有一部分需要该组织产出的服务对象的存在。如果一个组织失去了服务对象,该组织也就失去了自身存在的基础。有些组织,虽然不生产实物产品,如政府组织、学校组织、文化组织、卫生组织、社会福利组织等,但这些组织的存在为公众提供了服务。我们对一所学校的评价,完全可以通过公众是否愿意进该校就读、学校在社会上的受欢迎程度作为标准。这些组织提供的服务实质上就是它们的产品——无形产品。组织与服务对象的关系实质上是生产与消费的关系,组织的一切活动都必须以服务需求对象为中心。现在所说的"顾客是上帝"所揭示的就是这个道理。因此,对于一个组织来说,只有不断地满足、适应其服务对象各种变化了的需求,才能生存发展。

(3)竞争者。一个组织的竞争对手是指与其争夺资源、服务对象的人或组织。任何组织,都不可避免地会有一个或多个竞争对手,即使是垄断组织也不例外。企业与企业之间、医院与医院之间、各国武装部队之间的竞争都属此类。竞争者的一举一动常常影响着管理者的决策,竞争的结果通常表现为此消彼长。比如,长虹、康佳、创维等相互之间就是竞争者的关系,长虹采用降价手段扩大市场占有率,必将影响其他企业的市场占有率。因此,组织必须时刻关注竞争对手的动向,以便做出正确的应对措施。

(4)公众。公众是一个内涵广泛的概念,通常是指所有实际的或潜在的关注、影响一个组织达到其目标的政府管理部门、社会团体及个人。组织与公众的关系直接或间接地影响组织行为,组织必须努力和公众建立良好的关系。

五、组织的作用与功能

(一)组织的功能

组织是企业运行的主导力量,是业务流程运行的主体。在组织目标确定后,组织将实现组织目标的各项具体的业务活动、管理活动流程化,加以分工组合,并依据管理宽度原则,划分管理层次和部门;选择各级主管,授予相应的职权和职责;规定各个层次和部门的工作关系,建立起完整的组织结构。使所有的员工能够发挥才能,使所有的工作都有专人负责,使所有的矛盾都能够得以处理和协调,使组织的一切活动得以正常运行,最终实现企业目标。企业目标的实现,工作流程运作的质量和效率的高低,很大程度上取决于组织结构设计的质量。组织的高层决策者就是借助某种组织结构来实现组织目标的。设计和建立一种合理高效的组织结构,是企业高层的重要组织工作。

组织的作用是要保证实现自己的目标:赢利、成长、产品质量、服务、市场份额、员工福利等。为此,组织要依据目标确定战略方向,建立企业总体目标和战略计划。组织要配置企业经营所需要的资源——顾客资源、资本资源、人力资源、技术资源、材料资源、渠道资源等。组织要尽可能多地掌握外部环境信息(包括政府政策信息、顾客信息、行业信息、产品信息、竞争对手信息等)，依据信息做好经营决策。更为重要的是组织要建立信任与参与、合作与学习的企业文化，由此而有效地为顾客提供产品或服务，为顾客、企业所有者、合作伙伴和员工等利益相关者创造价值，为社会创造物资财富，迅速地应对环境变化，适时进行产品变革、技术变革和组织变革。具体功能表现为以下几点：

1. 组织的凝聚功能。任何有效率的组织，必然会产生巨大的向心力和凝聚力。首先，组织的凝聚力来自组织的目标。每个组织都有自己明确的目标和任务。正是共同的目标、共同的事业，把人们维系在一起凝聚成为一个较强的集体。其次，凝聚力来自于组织中人际关系的和谐与群体意识。如果组织成员之间具有互相尊重、互相支持、互相信任、互相关心的良好作风，富有对群体的归属感、对目标的认同感以及对任务的责任感，就会自然而然地产生一种组织的向心力。最后，凝聚力还取决于领导的导向作用。如果领导者品德高尚，正直廉洁，大公无私，办事公正，严于律己，以身作则，团结群众，亲切待人，受人敬佩，就自然能形成一种无形的影响力和感染力。

2. 组织的协调功能。组织的协调功能是指正确处理组织活动中复杂的分工协作关系。这既包括组织内部上下级之间纵向的关系，左右之间横向的关系，也包括组织与环境的关系。在一个组织内部，如果各项部门各尽其职，密切协作，和谐一致，就会产生一种新的更大的协调能力；在组织与环境关系上，组织能不断调节自己，顺应环境变化，产生一种审时度势的适应能力。

3. 组织的制约功能。在一个组织里，每个成员被指派担任一定的职务，赋予相应的权力，承担一定的责任，并且依靠不同层次、不同职位的权力和责任的制度，保证组织活动和谐统一。从一定意义上说，组织正是由职位、权力、责任组合而成的结构系统。这种职位、权力和责任所构成的制约力量，制约着组织成员的行为。

4. 组织的激励功能。组织的激励功能是指一个有效的组织，应当是一个发掘人的长处，中和人的短处，充分激发人的积极性、主动性和创造性的组织。组织只有高度重视人的因素，肯定人的工作成果，培养人的责任感，增强人的荣誉感，激励人的开拓精神，才能使管理者和被管理者进行创造性的工作，提高组织的激励作用。

(二)组织作用有效性的原则

组织作用的有效性可以用 ISO9000 的八大质量管理原则来显现。

1. 顾客为关注焦点。组织依存于顾客，因此，组织应考虑顾客当前的和未来的需求，满足顾客要求并争取超越顾客希望。

2. 领导作用。领导者确立本组织统一的宗旨和方向，他们应创造并保持员工的积极性，充分挖掘员工的现实和潜在价值，培养员工以组织为家的责任感，使员工能够充分参与实现组织目标的内部环境中来。

3. 全员参与。各级员工是组织之本，只有他们充分参与，才能使他们的才干为组织带来收益。

4. 过程方法。将相关的资源和活动作为过程进行管理，可以更高效地得到期望的结果。

5. 管理的系统方法。将相互关联的过程作为系统加以识别、理解和管理,有助于组织提高实现目标的有效性和效率。

6. 持续改进。持续改进总体业绩应当是组织的一个永恒目标。

7. 基于事实的决策方法。有效决策是建立在数据和信息分析的基础上的。

8. 与供方互利的关系。组织与供方是相互依存的,互利的关系可增强双方创造价值的能力。

六、组织工作的内容

组织工作包括以下 5 个方面的内容:

(一)配置企业经营所需要的资源,尽可能多地掌握外部环境信息,保证实现自己的目标。

(二)根据组织目标和业务内容设计和建立一套组织结构和职位系统。

(三)保证员工与部门、部门与部门之间的沟通,使组织结构有效行使职能。

(四)在企业外部环境和内部资源发生变化时,及时调整组织结构。

(五)建立开放、学习、互助的企业文化。

第二节　组织的分类

从静态角度看,社会中的组织多种多样。分类标准不同,组织的类型也不一样;同时,不同的划分标准对应着不同的组织结构。

一、按组织的性质分类

组织按性质可以划分为经济组织、政治组织、文化组织、群众组织和宗教组织等。

(一)经济组织

经济组织是人类社会最基本、最普通的组织,它担负着为人们生产生活提供产品和服务的任务,履行着社会的经济职能。在现代社会中,经济组织已经形成庞大复杂的体系,其中包括形形色色的生产性组织和服务性组织。

(二)政治组织

政治组织出现于人类社会划分阶级之后,它包括政党组织和国家政权组织。在现代社会,政党代表着本阶级的利益和意志,为本阶级提出奋斗目标,制定方针政策。国家政权组织是国家管理社会的重要机器。

(三)文化组织

文化组织是以满足人们的各种文化需求为目的,以文化教育等活动为基本内容的社会团体。这类组织包括学校、图书馆、影剧院、科学研究单位等。

（四）群众组织

这类组织是社会各阶层、各领域的人民群众，为开展各种有益活动而形成的社会团体。例如工会、共青团、妇女联合会、科学技术协会等。

（五）宗教组织

宗教组织是以某种宗教信仰为宗旨而形成的组织，代表宗教界的合法利益，开展正常的宗教活动。

二、按组织的形成方式分类

组织按形成方式可以划分为正式组织与非正式组织。

（一）正式组织

正式组织是指为了有效地实现组织目标，而明确规定组织成员之间的职责范围和相互关系的一种功能结构。这种功能结构或部门是组织的组成部分并且有明确的职能。其组织制度和行为规范对成员具有正式的约束力。例如，学校、医院、部队和企业中的销售部门、生产部门、财务部门等都是正式组织。正式组织的基本特征是设立的程序化、解散的程序化和运作的程序化。

（二）非正式组织

非正式组织是指人们在共同的工作生活中，由于地理位置、兴趣爱好、等关系，以共同的利益和需要为基础而自发形成的群体。这种群体不是经过程序化而成立的。例如，学校、医院、机关或企业中的业余足球队、业余合唱团、同乡会、同学联谊会等都是非正式组织。非正式组织的作用具有两面性，它是现实中不可忽视的群体，其优点是参加非正式组织的个人有表达思想的机会，能提高士气，可以促进人员的稳定，有利于沟通，有利于提高人员的自信心，能减少紧张感。如果利用得好，它可以为组织目标的实现发挥重要作用。但是，当组织中非正式组织的目标与组织的总目标不一致或冲突时，非正式组织又会成为组织目标实现的障碍，可能会出现集体抵制上级的决策或目标的情况。

（三）利用非正式组织的策略

一般来说，凡是有正式组织的地方就有非正式组织，而且正式组织与非正式组织是相互联系、相互渗透的。在正式组织中有非正式组织的成员，在非正式组织中有正式组织的成员。正是由于上述原因，非正式组织对正式组织有一定的影响作用。这种影响作用，具有二重性。它既有可能对正式组织产生积极的作用，又有可能产生消极作用。积极作用表现在比如改善人际关系、促进组织成员之间的信息沟通；消极作用表现在传递“小道消息”从而影响领导者的作用等。在二重性的影响作用中，哪一面的影响更大则取决于组织环境等因素。企业的各级管理人员应该高度重视非正式组织，要善于识别与发现各种非正式组织，注意利用各种措施促进其积极作用的充分发挥，同时尽量消除其消极作用。在利用非正式组织时要注意策略得当。在确定策略时，应注意以下几个方面：

1. 领导者应适当加入一些非正式组织。其实，在实际工作过程中，由于种种原因，自然而然地使得领导者成为某些非正式组织的成员。这里的意思主要是指领导者要有目的、有意识地加入一些非正式组织,通过与这些非正式组织成员的感情联系、自由沟通来提高组织效率。

2. 领导者要善于发现与识别各种非正式组织,尤其各种非正式组织存在的目标。虽然非正式组织没有筹划的目标而且目标具有易变性,但是非正式组织在形成之初总是有一定的目标。例如加深情感、切磋技艺、共同对付领导者等。只有知道了各种非正式组织的目标,才有利于根据其目标确定适当的利用或限制非正式组织的对策。

3. 要善于发现各种非正式组织的领袖人物。发现非正式组织的领袖,并提高非正式组织的领袖在正式组织中的地位、满足感等,发挥领袖人物在正式组织中的积极作用,并利用这位领袖人物的影响力,影响与改变非正式组织中的其他成员,从而提高组织效率。若能够正确处理上述关系就会收到意想不到的效果。例如,克洛利公司在 1978 年,由于形象较好,实力较大,同时有三个大公司想购并它。此时,公司紧急召开董事会研究反购并对策。总经理认为:要反购并,首先要降低本公司对三个大公司的吸引力,可采用著名的而且可行的“毒药九”策略——采取有意的手段使自身受到伤害或重大伤害。然而,这个建议却遭到了以董事长为首的五个董事的反对。由于事情比较紧急,若不及时采取措施,就极有可能要被三个大公司中的一个购并。为此,公司召开多次会议均未达成一致意见。后来,总经理想到了利用非正式组织的关系,从而解决了可能被购并的难题。公司销售部一位职员的祖父,目前有一定的经济实力,而且也办了一家公司,总经理利用私人关系说服了这位职员,让其祖父以假“购并”的方式,买下该公司的三分公司——三分公司是克洛利公司的“财神爷”,结果当宣布把三令公司卖出后,三家大公司都不再对该公司发生兴趣,从而终于使克洛利公司安全地解决了可能被购并的难题。这是比较成功地利用非正式组织作用的一个案例。但是在实际工作中,常有不能成功利用非正式组织的案例发生,而且也是数不胜数的。所以在利用非正式组织时,要注重策略。

三、按组织成员利益受惠的程度分类

组织按内部人员受惠程度可以划分为互利组织、服务组织、实惠组织、公益组织。

(一)互利组织

这类组织的一般成员都可以在其中获得某种方便和实惠,如互助团体、会员制俱乐部等。

(二)服务组织

这类组织为社会大众服务,使大众能得到益处。如医院、大学、福利机构等。

(三)实惠组织

这是指组织的所有者或经理等主要管理人员能得到实惠的组织,如工厂、银行、公司等。

(四)公益组织

这类组织为社会所有人服务,如监察机关、行政机关和军队组织等。

四、企业组织的分类

企业组织是现代组织最重要的形式之一，熟悉企业的各种分类，对研究管理尤其是研究企业管理是很有益的。根据不同的划分标准，可以把企业划分为不同的类型。

（一）按企业所属的行业划分

1. 工业企业。指从事工业产品或工业性劳务生产经营的企业。

2. 商业企业。指从事商品流通，提供批发、仓储、零售服务的企业。

3. 农业企业。指从事农、林、牧、渔、采集等生产经营活动的企业。

4. 交通运输企业。指利用运输工具，专门从事运输生产或直接为运输生产服务的企业。

5. 邮电企业。指通过邮政和电信，传递信息，办理通信业务的企业。

6. 建筑安装企业。指从事土木建筑和设备安装工程施工的企业。

7. 旅游企业。指以旅游资源为凭借，服务设施为条件，通过组织旅行游览活动向游客出售劳务的服务性企业。

8. 金融企业。指专门经营货币和信用业务的企业。如银行、证券、投资、信托、保险等企业。

9. 其他服务性企业。指提供饮食、住宿、美容、咨询、信息等各种服务的企业。

还可以对各类行业中的企业做更进一步的分类。

值得注意的是，许多规模巨大的企业是跨行业、跨部门进行生产经营的，多角化经营。如美国国际电话电报公司，除经营电讯器材外，还经营建筑、化工、汽车零件、食品、旅馆、地产、保险、出版、军火生产等。多角经营企业的结构和联系比较复杂，管理难度大，但对市场的适应能力较强。

（二）按企业规模划分

按照各种生产要素及生产成果在企业中的集中程度，可以把企业划分为大型、中型、小型等不同规模的企业。确定企业规模，各国和各行业的标准不同，但主要考虑企业的生产能力、固定资产原值或投资额、销售额、职工人数等方面的因素。美国的企业多以销售额及雇员人数作为划分标准，而日本企业多以投资额及雇员人数作为划分标准。我国工业企业规模的划分，一般情况下以产品设计生产能力或实际生产能力作为划分标准；凡是产品品种繁多，难以按产品生产能力划分的则以生产用固定资产原值作为划分标准。目前，我国工业企业分为大型（分为特大、大一、大二三档）、中型（分为中一、中二两档）、小型三个类别。

（三）按所有制形式划分

1. 国有企业。国有企业是指企业全部资产归国家所有或由国家控股的企业，并按《中华人民共和国企业法人登记管理条例》规定登记注册的经济组织。

2. 集体所有制企业。集体企业是指企业资产归集体所有，并按《中华人民共和国企业法人登记管理条例》规定登记注册的经济组织。

3. 私有制企业。私有制企业是指企业资产归公民私人所有、以雇佣劳动为基础的经济组织。

4. 港澳台独资企业。港澳台商独资经营企业是指依照《中华人民共和国外资企业法》及有关法律的规定,在中国大陆由港澳台地区投资者全额投资设立的企业。

5. 外商独资企业。外商企业是指依照《中华人民共和国外资企业法》及有关法律的规定,由外国投资者全额投资设立的企业。

6. 混合企业。混合所有制企业是指由国家、集体、私人、港澳台、外商等两种或多种所有制投资主体共同投资兴办的企业。

(四)按企业的财产构成和出资者的法律责任划分

1. 自然人企业。自然人企业是指具有民事权利能力和民事行为能力的公民依法投资建立的企业。自然人企业的财产属于出资者私人财产的一部分,企业不是民事主体,只有出资者才是民事主体。个人业主制企业和合伙制企业是最典型的自然人企业。

个人业主制企业是指由单个人出资经营,归个人所有和控制的企业。也就是我国的个体企业和私营独资企业。这种企业的全部资产属于一个人所有,成为这个人总资产的一部分。业主个人享有企业的全部经营所得,同时对企业的债务负有无限责任,如果经营失败,出现资不抵债的情况,业主要用自己的家财来抵偿。

合伙制企业是由两个或两个以上出资人共同出资兴办、联合经营的企业。这种企业通常采用合伙经营合同的形式确定各自的收益分成和分担责任。它与个人业主制企业的区别是:资产属于几个出资者共同所有,企业的盈利由出资人按比例分成;企业亏损破产,每个合伙人都必须以个人全部的财产对企业债务承担无限连带责任。

2. 法人企业。法人企业是指具有法人资格的企业。法人是指具有民事权利能力和民事行为能力,依法独立享有民事权利和承担民事义务的组织。企业法人必须具备以下条件:第一,有符合国家规定的资金数额。第二,有自己的名称、组织章程、组织机构和经营场所。第三,能够独立承担民事责任。第四,依照法定程序成立,经主管机关核准登记。

按我国法律规定,国有企业、集体所有制企业、私营有限责任公司、中外合资经营企业均属法人企业,中外合作经营企业和外资企业符合上述法人条件规定的,可依法成为法人企业。法人企业的典型形式为有限责任公司和股份有限公司。

第三节 组织结构的类型

组织结构是表明组织内各部分的排列顺序、空间位置、聚散状态、联系方式以及各要素之间相互关系的一种模式,组织结构是组织的"框架"。组织结构是随着生产力和社会的发展而不断发展的。常见的组织结构的类型有:直线制、职能制、直线职能制、事业部制、模拟分权式结构、超事业部制、矩阵制结构和委员会组织结构等。

一、直线制组织结构

直线制是最早使用也是最为简单的一种结构，又称单线制结构，或军队式结构。其主要特点是组织中各种职位是按垂直系统直线排列的，各级主管负责人执行统一指挥和管理职能，不设专门的职能机构。其结构如图 6－1 所示。

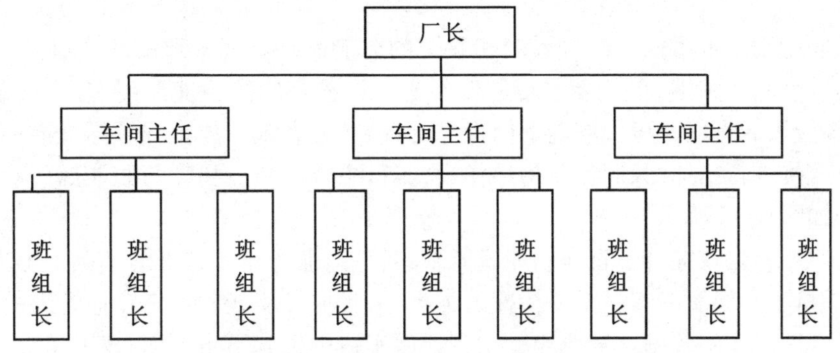

图 6－1　直线制组织结构

直线制组织结构设置简单、权责分明，便于统一指挥、集中管理。缺点是没有职能机构当领导的助手，易于忙乱。所以，一旦企业规模扩大，管理工作复杂化，领导者势必因经验、精力不及而顾此失彼，难以进行有效的管理。这种组织结构只有在企业规模不大，职工人数不多，生产和管理工作都比较简单的情况下才适用。

二、职能制组织结构

职能制又称多线制组织结构，其特点是在各级主管负责人之下，按专业分工设置相应的职能机构，这些职能机构在各自的业务范围内有权向下级下达命令和指示，如图 6－2 所示。

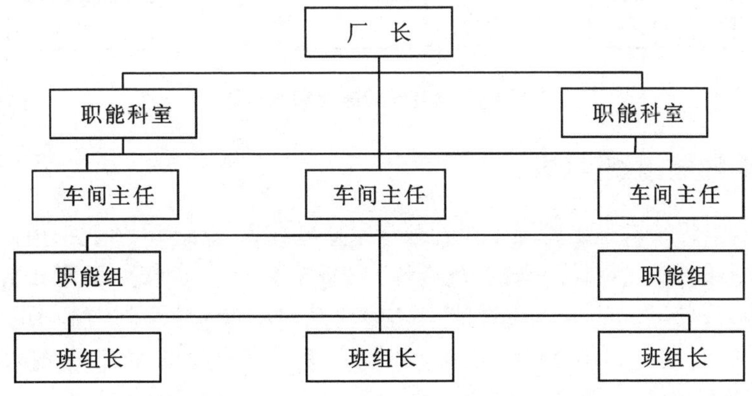

图 6－2　职能制组织结构

职能制适应现代生产技术比较复杂和管理分工较细的特点,提高了管理的专业化程度,减轻了各级主管负责人的工作负担。其缺点也非常明显,由于每个职能人员都有指挥权,多头领导容易造成管理上的混乱。这种组织结构最早是由泰罗提出来的,但由于上述缺点,事实上不存在纯粹的职能制组织结构。

三、直线职能制组织结构

直线职能制是把军队式的直线制和泰罗的职能制结合起来形成的,也称 U 型结构。其特点是以直线为基础,在各级主要负责人之下设置相应的职能部门,分别从事专业管理,作为该级领导者的参谋。职能部门拟定的计划、方案统一由直线领导批准下达,职能部门无权直接进行指挥,只起业务指导作用,实行主管人统一指挥与职能部门参谋、指导相结合。如图 6－3 所示。

直线职能制是在综合了直线制和职能制的特点,摒弃二者缺点的基础上形成的。因此,它既保持了直线制的集中统一指挥的优点,又吸取了职能制发挥专业管理的长处,从而提高了管理工作的效率。直线职能制在管理实践中也有不足方面:权力集中于最高管理层,下级部门主动性和积极性的发挥受到限制;信息传递路线较长,反馈较慢,适应环境变化较难。实际上是典型的"集权式"管理组织结构。

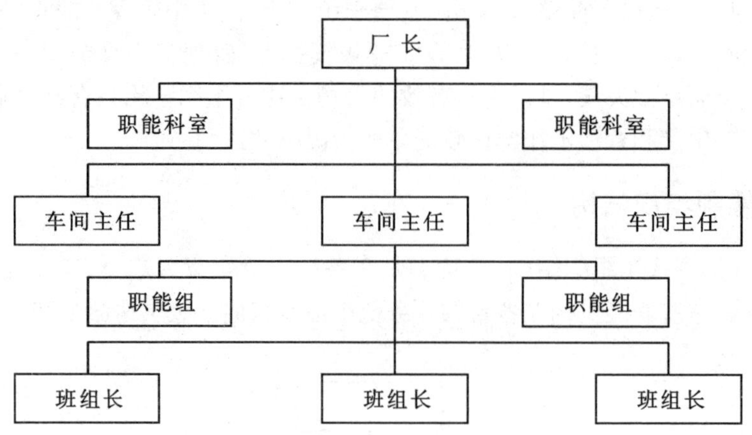

图 6－3　直线职能制组织结构

四、事业部制组织结构

事业部制组织结构是由美国企业管理专家斯隆在 20 世纪 20 年代初担任美国通用汽车公司副总经理时研究设计出来的,故被称为"斯隆模型"。分权的事业部制的管理原则是"集中决策,分散经营"。事业部制是西方经济从自由资本主义过渡到垄断资本主义以后,在企业规模大型化、企业经营多样化、市场竞争激烈化的条件下,出现的一种分权式的组织形式,也称为 M 型结构。如图6－4所示。

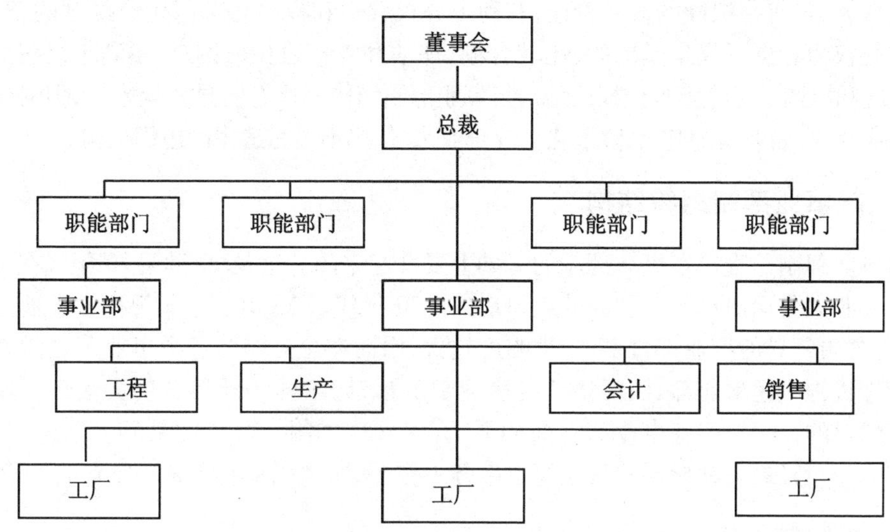

图 6－4　事业部制组织结构

事业部制的主要特点是在总公司的领导下,按产品或地区分别设立若干事业部,总公司只保留预算、人事任免和重大问题的决策等权力,并运用利润等指标对事业部进行控制。每个事业部在经营管理上拥有很大的自主权,各事业部对总公司负有完成利润计划的责任,但对该事业部内部的经营管理则具有较大的独立性。

事业部制的管理原则是“集中决策,分散经营”,即在集权领导下实行分权管理。由于各事业部具有独立经营的自主权,这样既有利于调动各事业部的积极性和主动性,又提高了管理的灵活性和适应性,还能为管理人才的成长创造良好的机会。因此,它成为欧美、日本等国各大企业所采用的典型的组织形式。但是,事业部制也加大了高层管理者对各事业部管理的难度,容易产生以各自为中心,不顾全局的本位主义。

五、模拟分权式结构

这是一种介于直线职能制和事业部制之间的组织结构。事业部制一般用于规模较大、生产经营上具有较大独立性的企业。但仍有许多大企业,如连续生产的化工企业,由于生产过程具有连续性,根本无法分解成几个独立的事业部门,不宜采用分权的事业部制,而组织规模如此之大,又不宜采用直线职能制,因此就产生了模拟分权式结构。

模拟分权式结构的特点是:组织内部划分成不同的部门,但这些部门不是独立的事业部,而是相互联系的各个生产阶段。这些生产阶段具有自己的利润目标,各生产阶段半成品的转移以内部的“转移价格”进行计价,独立核算。每个部门可视作模拟性的组织单位,拥有一定的经营自主权,拥有自己独立的外部市场,并且有自己的管理机构。其组织结构图类似于事业部制,只是采用模拟性分权管理的各事业部是按生产阶段来划分的。模拟分权式组织结构的优点是,吸收了直线职能制和事业部制的优点,实行模拟性的独立核算,负有模拟性的盈亏责任,有利于分权管理和提高各部门生产经营的积极性。其缺点是权力和责任都是模拟的,比较含糊,评估和考核也比较困难,不利于组织内部信息的沟通和协调。尽管模拟分权式结构与事业部制结构相比有明显的局限性,但对于大型材料工业企业,如玻璃、钢铁、造纸、化工等企业来说,仍不失为适用的组织结构。

六、超事业部制组织结构

超事业部制是直接在事业部制的基础上发展起来的。这是20世纪70年代在美国和日本的一些大公司出现的一种新的组织形式。70年代以来,由于企业规模已发展到超大型化,总公司领导的事业部过多,管理幅度过大,因而在总公司与各个事业部之间增加了一层管理机构—超事业部,以便协调各事业部的活动,增强企业经营的灵活性。增设超事业部的目的在于协调各事业部之间的活动,使管理体制在分权的基础上又适当集中,同时进一步减轻最高领导层的日常行政事务工作,从而加强企业最高层领导的决策。

七、矩阵制组织结构

矩阵制是为了适应一个组织同时有多个项目需要完成,每一个项目又需要具有不同专长的人在一起工作才能完成这一特殊需要而形成的组织形式。其特点是:既有按管理职能设置的纵向组织系统,又有按产品、项目、任务等划分的横向组织系统。横向组织系统的项目组所需的人员,一般是由不同背景、不同技能、不同知识、分别来自不同部门的人员所组成的。它们既接受本职能部门的领导,又接受项目组的领导。一旦某一项目完成,该项目组即行撤销,人员回原部门工作。

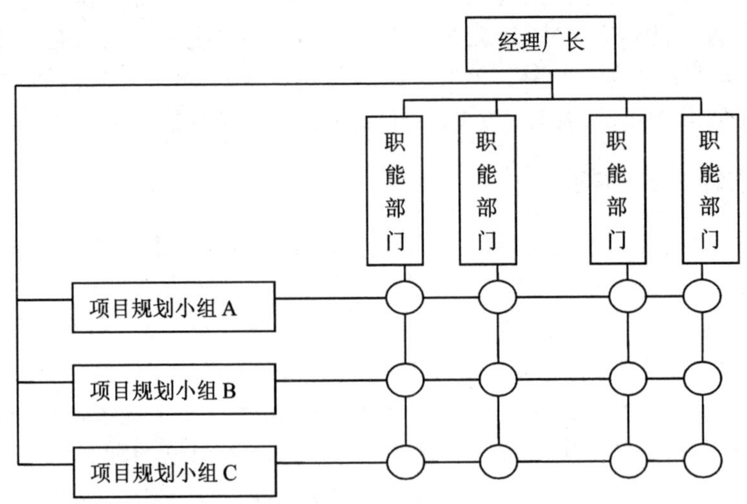

图6-5 矩阵制组织结构

矩阵制有利于加强各部门间的配合和信息交流,便于集中各种专门的知识和技能,加速完成某一特定项目;可避免各部门的重复劳动,加强组织的整体性;可随项目的开始与结束进行组织或给予解散,增加了组织的机动性和灵活性。这种组织形式的缺点是:各成员由于隶属于不同的部门,容易产生临时观点,不安心工作,因而组织的稳定性较差;矩阵制实行纵向和横向双重领导,由于每个成员都要接受两个以上上级领导的领导,可能产生权责不清,互相扯皮的现象,造成管理秩序混乱。矩阵制一般适用于创新性任务较多、生产经营复杂多变的组织。如图6－5所示。

八、委员会组织结构

1. 委员会的含义与类型。委员会也是一种常见的组织形式,它是由执行某方面管理职能并实行集体行动的一组人组成。

按时间划分,委员会可分为两种类型:一种是临时委员会,它是为了某种特定目的而组成的委员会,完成特定的目的后即解散;一种是常设委员会,作为一个常设机构,它行使促进协调沟通与合作,制定和执行重大决策的职能。按职权划分,委员会也可分为两种类型:一种是直线式的,例如董事会,它的决策要求下级必须执行;另一种是参谋式的,它为直线主管人员提供咨询建议和方案等。委员会还可以分为正式的和非正式的,凡是属于组织结构的一个组成部分,并授予特定的责任和职权的委员会为正式的,反之,为非正式的。

委员会在实践中随处可见,几乎各级组织都存在各种各样的委员会,如董事会、工人委员会、职称评定委员会、居民委员会等。

2. 委员会的优点

(1)集思广益。整个委员会所具有的知识、经验均丰富于其中任何一个人,相互一起讨论研究可以避免个别领导人的决策判断错误。委员会讨论的结果不是许多个别观点的简单综合,而是各种想法在一起重新创造的结合,因此能产生解决问题的最好方案。

(2)集体决策。通常,委员会除了有行政负责人参加外,还包括各方面专家、各部门、各层次代表。委员会所有中委员的权力都是平等的,委员会最后以少数服从多数的原则解决问题,并采取行动。如此,既可以避免使权力过分集中于某一个人身上,造成个人滥用权力的现象,又能照顾到某个层次、某方面人士的意见和利益。

(3)便于协调。委员会是很好地协调整个部门活动和各方面利益的组织。讨论问题的过程也是沟通协调的过程。当讨论和确定某项决策时,该项决策可能会使某一个部门面临什么问题,为执行这项决策各部门应做哪些配合,这些问题均能得到反映,这有助于相互了解、协调和决策的执行。

(4)鼓励参与。委员会使下级人员有可能参与决策制定的过程,这有助于调动人们的积极性。

3. 委员会的缺点。由于委员会是通过许多人共同决策来行使权力的,所以它也有一些缺点:

(1)委曲求全、折衷调和。委员会都有委员折衷的危险,当意见不一致时,要么争执双方互不相让,旷日持久、议而不决;要么讨价还价,各做让步,采取折衷的方法加以解决。由于相互妥协决议的结论却往往没有留下多少实质性的内容。在妥协不可能时,可以采取少数服从多数的原则作出决议,但多数赞成的决议不一定是好的决议。

(2)责任不清,缺乏个人行动。个人同意集体的决议并不意味着他的观点完全同决议一致,个人对集体作出的决议或建议,也不承担责任。因此有人认为委员会处理执法性问题如裁判、司法、审判性的问题以及部门与部门之间的争论较为恰当,而对于行使决策、组织、领导、执行等问题,委员会不是有效的形式。

(3)一个人或少数人占支配地位。委员会的决议应反映集体的智慧。但是,往往是少数人把自己的意志强加给他人甚至整体。虽然委员会是由不同或相同级别的委员组成的,但委员会的主席往往是级别较高的主管,这种做法从根本上否定了委员会产生的前提。

4. 要有效地发挥委员会的作用,应注意以下几点:

(1)必须明确委员会的目标、任务和职责权力范围。不要让委员会做应当由个人作决策的事情,更不要让委员会议论小事,作无关紧要的决策。

(2)精心挑选委员会的组成人选。委员们既要有一定的代表性,又要有完成委员会任务所需要的专门才干、品德和权威,这样的委员会才能实现组织的目标。

(3)委员会的规模不宜过大。能充分讨论问题,反映各方面意见,便于作出正确决策即可。

(4)讨论的有关议题应事先通知,使委员们做好调查研究和数据准备的工作。

(5)委员会主席不应在委员中占支配地位,要有鼓励大家积极参与的能力,要能吸取他人的智慧,能引导和协调集体向组织目标而努力。

本章小结

本章从多个角度解释了组织的含义和特征,介绍了组织的目标、组织资源、组织与环境的关系 、组织的作用和组织工作的内容;探寻了组织的分类,介绍了按不同标准划分的组织形式;分析了组织结构的基本类型,将其概括为八大模式,即直线制组织结构、职能制组织结构、直线职能制组织结构、事业部制组织结构、模拟分权式组织结构、超事业部制组织结构、矩阵制组织结构和委员会组织结构,同时分析了各结构的特点和优缺点。

习　题

一、思考题

1. 分析非正式组织的作用及其存在的意义。
2. 组织结构的特点是什么？
3. 分析组织的分类。

二、实战练习

选择一家公司，分析其组织结构的类型，研究该种组织结构对组织成长的贡献。

三、案例分析

70 年代末，美国工业经济开始衰退，美元汇率随之下跌。从 1973 年中东国家发起石油禁运以来，油价的上涨给航空工业带来沉重的打击，加以 1982 年美国成立“专业空运管理组织”（PATCO）后，出现了强硬的罢工势力。而里根政府又下令解雇罢工者，使劳资双方关系恶化。这一切使整个航空工业出现了困难重重的不利局面，正如民航局主席麦克钦所说：“即便想象力再丰富，谁也不会想到这么多的不利因素会同时出现。”因此，当时有不少航空公司，如布兰利夫航空公司、大陆航空公司等都曾提出破产申请。

但是，即使在这凄惨的年代，于 1981 年成立的国民捷运航空公司，却在短短几年内迅速成长起来，而且蓬勃发展，直至 1984 年就有能力收购边疆航空公司而成为美国第五大航空公司。对于该公司经营成功的直接原因，按总经理马丁的说法，是由于该公司能保持低成本，这一方面由于它选用低成本的飞机和低收费的机场，另一方面提高员工的积极性和飞机的生产率，而后者之所以成功，在于采用了该公司创办人兼董事长伯尔所倡导的管理风格：既严格督导，又富有人情味，使整个公司充满一种同舟共济的大家庭气氛。该公司充满有干劲的年轻人，他们的薪资很低，例如驾驶员第一年的薪资仅 4 万美元，比其他航空公司的资深售票员还低。公司员工不参加工会，他们经常依工作需要而交叉变换工作，飞机驾驶员有时兼收票员，售票员有时去搬运行李，甚至高阶层主管从董事长伯尔开始，也要到各个岗位去学习业务，有时还得负责调度员与行李放置员的工作；公司不雇用任何秘书，通常也不解雇员工，铁饭碗几乎成了不成文的政策。公司鼓励员工参与管理，让大家对经营管理工作多提意见与建议。公司还要求每个员工按折扣价格购买公司的 100 股股票，使之成为与公司利害相关的股东。许多资深员工，往往已积累了超过 5 万美元价值的股票。另外，伯尔还是一个鼓动家，他经常鼓励员工：“要成为胜利者，就需要有卓越的才能这样才能当一位能干的人。”

但是好景不长，1984 年合并边疆航空公司后 9 个月，捷运公司就亏损了 7 千万美元。

为了适应规模扩大的局面，并扭转亏损的形势，伯尔带头改变了由他自己倡导的家庭式管理风格，逐渐向其他大公司的传统官僚制管理风格看齐，他不仅不愿多倾听员工的意见，而且甚至对提意见的人施加压力，直至解雇。连向伯尔建议实行终生雇用制的执行董事杜博斯也被解雇，董事帕蒂也因不满公司的新规定（不论工作多忙均须从上午 6 时到下午 9 时配合值班制）而主动辞职，创办了“总统航空公司”，并沿用原来捷运的管理风格。

伯尔后来改变了管理形式，但仍难逃厄运。捷运公司仍每况愈下，公司股票不断下跌，直至 1986 年把捷运卖给德萨航空公司时，每股股票市价只为 1983 年公司最盛时的 1/4 左右。捷运公司员工之所以能接受很低的薪资，是因为他们希望公司昌盛，以便从所持的公司股票的升值和高额股利中得到补偿。可是如今股票暴跌，员工自然失去信心。最后，捷运航空公司完全消失，被并入大陆航空公司。

思考题：

1. 当时的社会经济大环境对捷运的兴衰起了什么样的作用？

2. 如果大环境对其没有太大影响，为什么当时却有不少航空公司申请破产？

3. 如果是不利的大环境对捷运的衰亡起决定性作用的话，那么为什么当时仍有许多航空公司能够继续生存下去并得以发展？

第七章　组织结构设计

学习目标

了解组织设计的依据和原则，掌握有效管理幅度的含义及本质，熟悉有效管理幅度的影响因素，理解有效管理幅度对组织结构的影响，掌握组织结构的横向部门结构设计和纵向层级设计的内容，熟悉组织中职权的划分，了解大型企业组织的特点。

第一节　组织结构设计的任务、依据和原则

组织是管理的载体，是管理职能得以发挥的平台。既然管理是对人们所从事业务活动的计划、组织、协调和控制，组织就是管理过程中不可或缺的手段。在组织目标明确之后，就必须考虑进行有效的组织设计以保证组织目标的实现。

一、组织设计的必要性

概括国内外学者的基本观点，组织设计就是对组织的结构和活动进行创造、变革和再构造。

个体劳动者和作坊式的手工业组织不存在组织设计的问题。个体劳动者完全可以根据自己的情况来安排简单的活动，而作坊式的手工业组织者，因为组织规模较小的特点也完全可以直接管理每一项具体的活动。然而，面对一个现代化的大型组织，管理者由于能力和精力的有限性，根本无法直接安排组织内部所有的活动，无法安排组织中每一个人的每一项具体工作。这就必须通过组织设计对组织的活动进行细分，通过进一步区分管理工作的类型和相互关系确定有效的组合方法。

传统的组织设计建立在劳动分工的基础上。亚当·斯密认为，分工程度越高，工作效率也会越高。在外部环境相对比较稳定的条件下，为了圆满地完成组织任务，组织设计者只需要把工作任务按复杂、难易的程度进行分解，然后委托一定数量的管理者负责具体的管理工作，并授予一定的权力，就能够保证工作任务的顺利进行。

然而，随着外部环境条件日趋复杂，单一封闭式的组织设计模式往往会导致组织的僵化，这就必须以系统、动态权变式的观点来理解和重新设计新的组织。在权变思想的

指导下，组织被设计成一个开放的系统，它不断地与外部环境进行资源和信息的交换，不断地进行组织内部各种关系的调整，从而保持组织的灵活性和适应性。

综合来看，组织设计的必要性就是要通过创构柔性灵活的组织，动态地反映外在环境变化的要求，并且能够在组织演化成长的过程中，有效积聚新的组织资源，同时协调好组织中部门与部门之间、人员与任务之间的关系，使员工明确自己在组织中应有的权力和应担负的责任，充分调动员工的积极性，有效地保证组织活动的开展，最终保证组织目标的实现。

二、组织设计的依据

面对竞争日趋激烈的外部环境和不确定的市场需求变化，任何组织都会察觉到管理日趋复杂和自身能力有限。这就需要把权变的组织设计引入组织设计的思想中。所谓权变的组织设计是指以系统、动态的观点来思考和设计组织，它要求把组织看成一个与外部环境有着密切联系的开放式组织系统。因此，权变的组织设计必须考虑战略、环境、规模、技术等一系列因素，针对不同的组织特点设计不同的组织结构。

管理学者西拉季认为，影响组织设计的因素有四个，即环境、战略、技术、组织规模与组织生命周期。

（一）环境的影响

环境包括一般环境和特定环境两部分。一般环境包括对组织管理目标产生间接影响的诸如经济、政治、社会文化以及技术等环境条件，这些条件最终会影响到组织现行的管理实践。特定环境包括对组织管理目标产生直接影响的诸如政府、顾客、竞争对手、供应商等具体环境条件。特定环境对每个组织而言都是不同的，并且会随一般环境条件的变化而变化，两者具有互动性。

环境的复杂性和变动性决定了环境的不确定性。不确定性是指决策者由于缺乏完整的外部环境信息，无法预测未来的变化，进而无法作出正确的判断和决策。当环境由简单的稳定性向复杂的变动性转移时，关于环境的信息不完整性逐渐增加，管理决策过程中的不确定因素也大大增加，只有那种与外部环境相适应的组织结构才可能成为有效的组织结构。

环境对组织设计的影响具体表现在两个不同的层次上：

1. 对职务和部门设计的影响。组织是社会经济大系统的一个子系统。组织内部存在着分工，同时，与外部存在的社会子系统之间也存在分工问题。社会分工方式的不同决定了组织内部不同的工作内容，从而使所需完成的任务、所需设立的职务和部门也不一样。在我国计划经济体制下，企业的任务仅是利用国家供给的各种生产要素制造产品。要素的配置按国家规定的系统拨给，产品的去向按国家组织的渠道流出。企业内部的机构设置主要偏重于围绕着生产过程的组织。随着经济体制的改革，国家逐步把企业推向市场，使企业内部增加了要素供应和市场营销的工作内容，要求企业必须相应地增设资源筹措部门和产品的销售部门。在环境多变、竞争激烈、以信息为导向的今天,企业的组织构成更加复杂了,一些新的部门和职务也相继出现了,使部门设计更加复杂。

2. 对各部门关系的影响。环境不同,使组织中各项工作完成的难易程度以及对组织目标实现的影响程度也不相同。同样在市场经济体制中,当产品的需求大于供给时,企业关心的是如何增加产量、扩大生产规模、增加新的生产设备或车间,以提高生产效率。在此种环境下,企业的生产职能、生产部门会显得非常重要,而相对来说销售部门和销售人员就要受到冷落。而一旦市场供大于求,从卖方市场转变为买方市场,营销职能则会得到强化,营销部门会成为组织的中心。

外部环境是否稳定,对组织结构的要求也是不一样的。稳定环境中的经营,要求设计出被称为“机械式管理系统”的稳固结构,管理部门与人员的职责界限分明,工作内容程序经过仔细的规定,各部门的权责关系固定,等级结构严密;而多变的环境则要求组织结构灵活,这种结构称为“有机的管理系统”,各部门的权责关系和工作内容需要经常做适应性的调整,等级关系不甚严密,组织设计中强调的是部门间的横向沟通而不是纵向和等级控制。

(二)战略的影响

战略是指决定和影响组织活动性质及根本方向的总目标,以及实现这一总目标的路径和方法。钱德勒的研究认为,新的组织结构如不因战略而异,就将毫无效果。具体来讲,战略发展有四个不同阶段,每个阶段应有与之相适应的组织结构。

第一个阶段为数量扩大阶段,即许多组织开始建立时,往往只有一个单独的工厂,比较单一地执行制造或销售等职能。这个阶段的组织结构很简单,有的只有一个办公室。组织面临的重要战略是如何扩大规模。

第二个阶段为地区开拓阶段,即组织随着向各地区开拓业务,为了把分布在不同地区的业务单元有机地组合起来,就产生了协调、标准化和专业化的问题。这就要求建立一种新的组织结构即职能部门。

第三个阶段为纵向联合发展阶段,即组织在同一行业发展的基础上进一步向其他领域延伸扩展,如零售商店从专门销售服装用品扩大到销售各种用具和家具等。这种发展战略要求建立与此相适应的职能结构。

第四个阶段为产品多样化阶段,即为了在原产品的主要市场开始衰退的时候,更好地利用组织现有的资源、设备和技术,转向新行业内新产品的生产和新服务的提供。这种战略的组织结构要考虑对新产品与新服务的评价和考核,考虑对资源的分配以及部门的划分、协调等问题。这就要求建立与此相适应的产品型组织结构。

研究发现,许多经营成功的公司,如保持在单一行业内发展,则偏好采用集权的职能结构,而那些实施多角化经营的公司,一般采用分权的事业部结构。为了不断适应公司新的发展战略的要求,公司也要适时地变革组织结构,以保持组织的自适应性。

（三）技术的影响

技术是指把原材料等资源转化为最终产品或服务的机械力和智力。任何组织都需要通过技术将投入转换为产出，于是组织的设计就需要因技术的变化而变化，特别是技术范式的重大转变，往往要求组织结构作出相应的改变和调整。伍德沃德（Joan Woodward）等人根据制造业技术的复杂程度把技术划分为三类：单件小批量生产技术、大批量生产技术和流程生产技术。

单件小批量生产（unit production）技术，被定制产品（如定制服装和水力发电用涡轮机等）生产或小批量生产单位所采用。大批量生产（mass production）技术，多被有大批和大量生产的制造商采用，它们提供诸如家电和汽车之类的产品，这些产品一般可以通过专业化流水线技术生产，可以实现规模经济。流程生产（process production）技术是最复杂的一类技术，如炼油厂、发电厂和化工厂这类连续流程的生产者多采用此技术。学者们发现，技术类型和公司结构之间存在着明显的相关性，而且组织的绩效与技术和结构之间的"适应度"密切相关。

伍德沃德得出这样的结论：随着技术复杂程度的提高，企业组织结构复杂程度也相应提高，管理层级数、管理人员同一般人员的比例以及高层管理者的控制幅度亦随之增加。因此，大批量生产组织通过严格的规范化管理，可以有效地提高管理的效率，然而，权力过分集中和规范化对于小批量生产企业或流程生产企业来说不太合适。这三类企业都有相对应的特定结构形式，成功的企业大多是那些能根据技术的要求而采取合适组织结构的企业。制造业企业的组织并不存在一种最好的结构。单件生产和连续生产企业采用有机式结构最为有效，大量生产企业若与机械式结构相匹配，则是最适当的。

（四）组织规模与生命周期的影响

布劳（Peter Blau）等人曾对组织规模与组织设计之间的关系作了大量研究，认为组织规模是影响组织结构的最重要的因素，即大规模会提高组织复杂性程度，并连带提高专业化和规范化的程度。可以想象，当组织业务呈现扩张趋势、组织员工增加、管理层次增多、组织专业化程度不断提高时，组织的复杂化程度也会不断提高，这必然给组织的协调管理带来更大的困难，而随着内外环境不确定因素的增加，管理层也愈难把握实际情况的变化并迅速做出正确决策，组织进行分权式的变革成为必要。

综合来看，组织生命周期各个阶段的特点是：

1. 创业阶段

起初，组织是小规模、非官僚制和非规范化的。高层管理者制定组织结构框架并控制整个运行系统，组织的精力放在生存和单一产品的生产和服务上。随着组织的成长，组织需要及时调整产品的结构，这就必然会产生调整组织结构的压力。

2. 成长阶段

这是组织发展的成长期。一般情况下，组织在调换了高层主管之后便会明确新的目标和方向，此时便进入了迅速成长期。员工受到不断激励之后也开始与组织的使命保持一致,尽管某些职能部门已经建立或调整,并可能也已开始程序化工作,但组织结构可能仍然欠规范欠合理。一个突出的矛盾是,高层主管往往居功自傲,迟迟不愿放权。此时组织面临的任务是如何使基层的管理者更好地开展工作,如何在放权之后协调和控制好各部门的工作。

3. 成熟阶段

组织进入成熟期之后就会出现官僚制特征。组织可能会吸收大量人员,并通过建构清晰的层级制和专业化劳动分工进行规范化、程序化工作。组织的主要目标是提高内部的稳定性,扩大市场。组织往往会通过建立独立的研究和开发部门来实现创新,这又使得创新的范围受到了限制。因此,高层管理者不仅要懂得如何通过授权调动各个层级管理者的积极性,还要能够控制局面。

4. 衰退阶段

成熟的组织往往显得规模巨大和官僚化,继续演化可能会使组织步入僵化的衰退期。这时,组织管理者可能会尝试跨越部门界限组建团队来提高组织的效率,阻止进一步的官僚化。如果绩效仍不明显,就必须考虑更换高层管理者并进行组织重构以重塑组织的形象,否则组织的发展将会受到很大的限制。

但是,我们应当注意的是,组织的复杂程度和组织规模是非线性相关的。也就是说,在一定程度上,组织的复杂程度随组织规模的增加而增加,但当组织规模达到一定程度时,其复杂程度会趋缓,甚至趋于稳定。

三、组织设计的任务

组织的活动可以分解为横向和纵向两种结构形式。组织纵向结构设计的结果是决策的层级化,即确定了由上到下的指挥链以及链上每一级的权责关系,显然,这种关系具有明确的方向性和连续性;组织横向结构设计的结果是组织的部门化,即确定了每一部门的基本职能、每一位主管的控制幅度、部门划分的标准以及各部门之间的工作关系。

职务说明书要求能简单而明确地指出:该管理职务的工作内容、职责与权力,该职务在组织中与其他职务之间的区别与联系,职务人员具备的专业背景、知识结构、工作经验、管理能力等基本条件。

为了达到组织设计的理想效果,组织设计者需要完成以下几项工作:

1. 职能与职务的分析与设计

组织首先需要将总的任务目标进行层层分解,分析并确定完成组织任务究竟需要哪些基本的职能与职务,然后设计和确定组织内从事具体管理工作所需的各类职能部门以及各项管理职务的类别和数量,分析每位职务人员应具备的资格条件、应享有的权利范围和应负的职责。

组织系统图是自上而下绘制的。在创构组织时,可以根据组织的宗旨、任务目标以及组织内外环境的变化,自上而下地确定组织运行所需要的部门、职位及相应的权责。

另外,组织设计也可以根据组织内部的资源条件,在组织目标层层分解的基础上从基层开始自下而上地进行。

2. 部门设计

根据每位职务人员所从事的工作性质以及职务间的区别和联系,按照组织职能相似、活动相似或关系紧密的原则,将各个职务人员聚集在“部门”这一基本管理单位内。由于组织活动的特点、环境和条件不同,划分部门所依据的标准也是不一样的。对同一组织来说,在不同时期不同战略目标指导下,划分部门的标准可以根据需要进行动态调整。

3. 层级设计

在职能与职务设计以及部门划分的基础上,必须根据组织内外能够获取的现有人力资源情况,对初步设计的职能和职务进行调整和平衡,同时要根据每项工作的性质和内容确定管理层级并规定相应的职责、权限,通过规范化的制度安排使各个职能部门和各项职务形成一个严密、有序的活动网络。

四、组织设计的原则

设计和建立合理有效的组织结构,既要考虑外部环境的条件和内部资源的配置,又要时时适应外部环境和内部资源的变化,其目的是为了保证更有效地实现组织目标。要保证组织工作的有效性,根据国内外的经验和管理学家的研究、探索及总结,应该遵循以下 7 个原则。

(一)目标原则

组织结构的设计必须有利于组织目标的实现。任何一个组织都有自己特定的总目标,组织中的每一个部分都应与组织的目标息息相关。组织的总目标层层分解,每一个分支机构都有相应的子目标,分支机构层层分担和实现子目标,最终整合实现组织的总目标。这样的组织结构就是目标统一的组织结构。

(二)流程质量原则

组织结构是工作流程的支撑。工作流程活动内容的分解和分工决定组织结构的层次、部门和相应的责任。增值流程和非增值流程的均衡性保证了组织结构的工作量、职责和职权的均衡,并且使得组织层次和结构合理、精干、高效。

(三)分工协作原则

分工就是依据工作流程运行的要求,把业务工作按层次和部门分解,使组织的各个层次和部门掌握自己的职责和职权,以及之间的相互工作关系。在保证工作流程质量的前提下,互相协作,推动工作流程运行,完成整体的业务工作。

(四)权责一致原则

权责一致原则强调职权和职责必须相符。在进行组织结构设计时,既要明确每一个职位的责任,又要赋予相应职位完成责任所必需的权力,职权和职责必须一致。如果只有职责，没有职权或者职权小于职责，那么责任人就不能积极主动地履行责任，会造成贻误工作的后果。相反，如果职权大于职责，将导致滥用职权和不负责任的官僚主义。

（五）统一指挥原则

组织的各个层次以及每一位员工只服从一位上级的指挥，只向一个上级汇报工作，不允许上级越级指挥。统一指挥能使组织指挥有序，政令畅通，避免多头领导造成的指挥混乱现象，保证管理的有效性。

（六）集权与分权相结合原则

为了保证决策及时、有效，组织必须实行集权与分权相结合的领导体制。制定组织目标和战略规划的权力必须集中，如果放权，就会造成目标混乱、战略无章法的现象。具体的经营管理权可以适当地下放。这样既能够使业务主管，响应市场和顾客的需求及时进行决策，进而提高组织的弹性和适应性；又能够调动下级的积极性，使他们发挥才能，提高组织的效率。同时，还能使高层主管从繁琐的事务中解脱出来，专注于组织的方向和战略。

（七）稳定性与适应性相适应原则

组织结构既要适应外部环境和内部资源的变化，又要保持相对稳定。组织结构变化过快，将使员工信心不稳，工作难度加大，而且，政策缺乏连续性，不利于组织目标的实现。反之，组织结构始终不变，将使组织僵化，难以应对市场的变化。

五、组织设计的程序

美国克尔顿公司成立之初，在组织设计时，是按下述方法来操作的。首先确定公司应该从事的“事件”，把各种该完成的独立“事件”确定清楚后，根据事件确定组织的全部职务与职位，并编制相应职务与职位的说明书。然后对确定的职务与职位进行合理的区分，划分各部门。之后确定部门层次顺序。这样结构就设计出来了。在设计出了结构后，根据职务说明书及人员素质，在各职位上确定与安排人选，经反复试验，直到最后满意。最后制订组织的所有规章制度。这时全部设计工作结束。

第二节　组织结构的横向部门设计

组织设计任务的实质是按照劳动分工的原则将组织中的活动专业化，而劳动分工又要求组织活动保持高度的协调一致性。协调的有效方法就是组织的部门化，即按照职能相似性、任务活动相似性或关系紧密性的原则把组织中的专业技能人员分类集合在各个部门内，然后配以专职的管理人员来协调领导，统一指挥。

部门化可以依据多种不同的标准进行选择安排，例如，业务的职能、所提供的产品或服务、目标顾客、地区、流程等。不同时期、不同环境条件下，组织所依据的标准可以是不同的，但这种选择安排应当遵循部门化的一些基本原则，并以组织目标为基准。

一、组织部门化的基本原则

要想有效、合理地集合组织资源，安排好组织内全部的业务活动，必须提供一些基本的指导原则，使组织部门化能够具备科学性和可操作性。

（一）因事设职和因人设职相结合的原则

为了保证组织目标的实现，必须将组织活动落实到每一个具体的部门和岗位上去，确保“事事有人做”。另外，组织中的每一项活动终归要由人去完成，组织部门设计就必须考虑人员的配置情况，使得“人尽其能”、“人尽其用”。特别是，组织需要根据外部环境的变化进一步调整和再设计组织部门结构时，必须贯彻因事设职和因人设职相结合的原则，及时调整与组织环境不相适应的部门和人员，使组织内的人力资源能够得到有效的整合和优化。

（二）分工与协作相结合的原则

分工与协作是社会化大生产的必然结果，古典的管理理论强调分工是效率的基础。在组织的部门设计中，必须要对每一个部门、每一个岗位进行必要的工作分析和关系分析，并按照分工与协作的要求进行业务活动的组合。部门设计者可以依据技能相似性的归类方法集合相关的业务活动，以提高专业分工的细化水平。但是，过分强调专业化分工也会造成管理机构增多、部门之间难以协调等问题，反而会使管理效率下降。这时，可以依据关系紧密性的归类方法，按照业务流程管理的逻辑顺序来集合业务活动，以达到紧凑、连续、利于协作的工作效果。

（三）精简高效的部门设计原则

部门精简高效是每一个部门设计者所追求的理想效果，作为一项基本的原则应当贯彻在部门设计的每一个阶段和每一项活动过程中。按照这一原则，部门设计应当体现局部利益服从组织整体利益的思想，并将单个部门效率目标与组织整体效率目标有机地结合起来。另外，部门设计应在保证组织目标能够实现的前提条件下，力求人员配置和部门设置精简合理，不仅要做到“事事有人做”，而且要“人人有事做”，工作任务充裕饱满，部门活动紧密有序。

二、组织部门化的基本形式与特征比较

组织的部门有多种不同的划分方式，依据不同的划分标准，可以形成以下几种不同的部门化形式。其中，职能部门化和流程部门化是按工作的过程标准来划分的，而其余几种则是按工作的结果标准来划分的。

（一）职能部门化

职能部门是一种传统而基本的组织形式。职能部门化就是按照生产、财务管理、营销、人事、研发等基本活动相似或技能相似的要求，分类设立专门的管理部门。

职能部门化的优点主要是：能够突出业务活动的重点，确保高层主管的权威性并使

之能有效地管理组织的基本活动;符合活动专业化的分工要求,能够充分有效地发挥员工的才能,调动员工学习的积极性,并且简化了培训,强化了控制,避免了重叠,最终有利于管理目标的实现。

职能部门化的缺点主要是:由于人、财、物等资源的过分集中,不利于开拓远区市场或按照目标顾客的需求组织分工。同时,这种划分方式也可能助长部门主义风气,使得部门之间难以协调配合。部门利益高于企业整体利益的思想可能会影响到组织总目标的实现。另外,由于职权的过分集中,部门主管虽容易得到锻炼,却不利于高级管理人员的全面培养和提高,也不利于"多面手"式的人才成长。

(二)产品或服务部门化

在品种单一、规模较小的企业,按职能进行组织分工是理想的部门化划分形式。然而,随着企业的进一步成长与发展,企业面临着增加产品线和扩大生产规模以获取规模经济和范围经济的经营压力,管理组织的工作也将变得日益复杂。这时,就有必要以业务活动的结果为标准来重新划分企业的活动。按照产品或服务的要求对企业活动进行分组,即产品或服务部门化,就是一种典型的结果划分法。如图 7-1 所示。

产品或服务部门化的优点主要是:各部门专注于产品的经营,并且充分合理地利用专有资产,提高专业化经营的效率水平,这不仅有助于促进不同产品和服务项目间的合理竞争,而且有助于比较不同部门对企业的贡献,有助于决策部门加强对企业产品与服务的指导和调整。另外,这种划分方式也为"多面手"式的管理人才提供了较好的成长条件。

产品或服务部门化的缺点主要是:企业需要更多的"多面手"式的人才去管理各个产品部门;各个部门同样有可能存在本位主义倾向,这势必会影响到企业总目标的实现;另外,部门中某些职能管理机构的重复会导致管理费用的增加,同时也增加了总部对"多面手"式人才的监督成本。

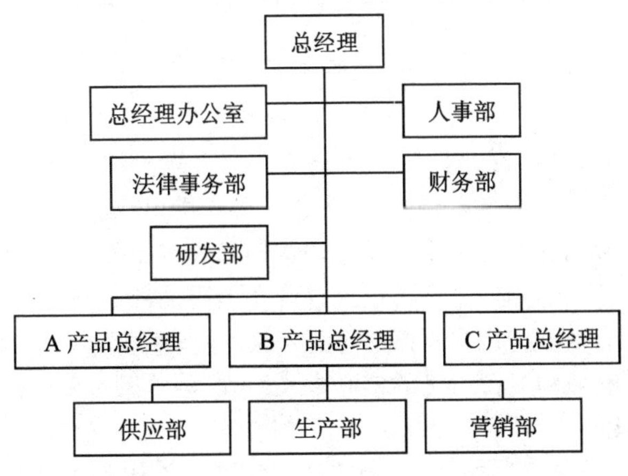

图 7-1　按产品或服务划分的部门化

（三）地域部门化

地域部门化就是按照地域的分散化程度划分企业的业务活动，继而设置管理部门管理其业务活动。随着经济活动范围日趋广阔，企业特别是大型企业愈来愈需要跨越地域的限制去开拓外部的市场。不同的文化环境，造就出不同的劳动价值观，企业根据地域的不同设置管理部门，为的是更好地针对各地的特殊环境条件组织业务活动的发展。如图 7－2 所示。

地域部门化的主要优点是：组织可以把责权下放到地方，鼓励地方参与决策和经营；地区管理者还可以直接面对本地市场的需求灵活决策；通过在当地招募职能部门人员，既可以缓解当地的就业压力，争取宽松的经营环境，又可以充分利用当地有效的资源进行市场开拓，同时减少了许多外派成本，也减小了不确定性风险。

地域部门化的主要缺点是：企业所需的能够派赴各个区域的地区主管比较稀缺，且比较难控制；另外，各地区管理部门可能会存在职能机构设置重叠等问题，从而导致管理成本过高。

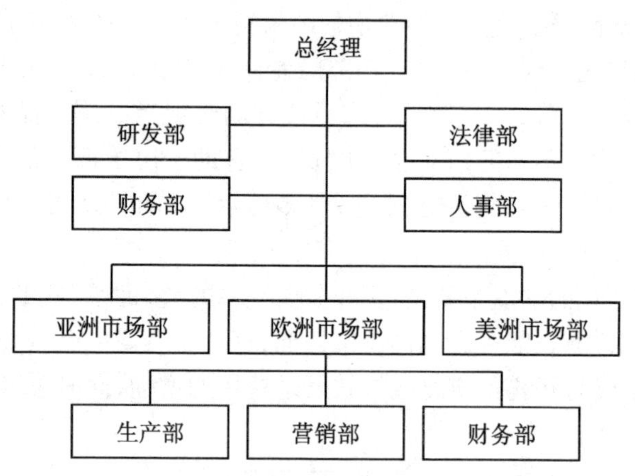

图 7－2　按地域划分的部门化

（四）顾客部门化

顾客部门化就是根据目标顾客的不同利益需求来划分组织的业务活动。在激烈的市场竞争中，顾客的需求导向越来越明显，企业应当在满足顾客需求的同时，努力创造顾客的未来需求，顾客部门化顺应了需求发展的这种趋势。如图 7－3 所示。

顾客部门化的主要优点是：企业可以通过设立不同的部门满足目标顾客各种特殊而广泛的需求，同时能有效获得用户真诚的意见反馈，这有利于企业不断改进自己的工作；另外，企业能够持续有效地发挥自己的核心专长，不断创造顾客的需求，从而在这一领域内建立持久性竞争优势。

顾客部门化的缺点是：可能会因与顾客需求不匹配而引发矛盾和冲突；需要更多能妥善协调和处理与顾客关系的管理人员和一般人员；另外，顾客需求偏好的转移，可能使企业无法时时刻刻都能明确顾客的需求,结果会造成产品或服务结构不合理,无法满足的需求。

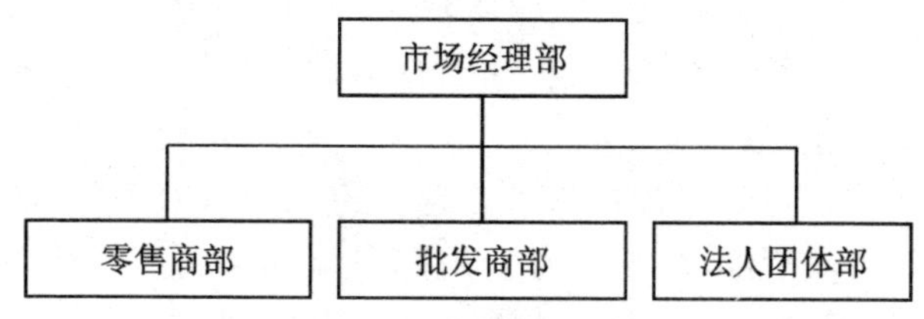

图 7 – 3　按顾客划分的部门化

(五)流程部门化

流程部门化是按照工作或业务流程来组织业务的活动。人员、材料、设备比较集中或业务流程连续是实现流程部门化的基础。例如,一家发电厂的生产流程包括燃煤输送、锅炉燃烧、汽轮机冲动、电力输出、电力配送等几个主要过程。如图 7 – 4 所示。

流程部门化的优点是:组织能够充分发挥集中的技术优势,易于协调管理,对市场需求的变动也能够作业快速敏捷的反应,容易取得较明显的集合优势;另外也简化了培训形式,容易在组织内部形成良好的相互学习的氛围,会产生较为明显的经验曲线效应。

流程部门化的缺点是:部门之间的紧密协作有可能无法实现,也会产生部门间的利益冲突;另外,权责相对集中,不利于培养出"多面手"式的管理人才。

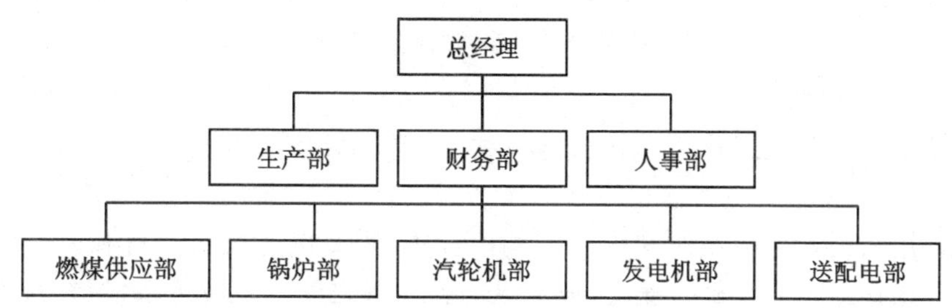

图 7 – 4　按流程划分的部门化

(六)矩阵型结构

矩阵型结构的性质和特点见第六章第三节组织结构类型。

(七)动态网络型结构

动态网络型结构是一种以项目为中心,通过与其他组织建立研发、生产制造、营销等业务合同网,有效发挥核心业务专长的协作型组织形式(如图 7 – 5 所示)。动态网络型组织结构是基于日新月异的信息技术,为了应对更为激烈的市场竞争而发展起来的一种临时性组织。它以市场的组合方式替代传统的纵向层级组织,实现了组织内在核心优势与市场外部资源优势的动态有机结合,进而更具敏捷性和快速应变能力,这种组织结构可视为组织结构扁平化趋势的一个极端例子。

动态网络型结构的优点是:组织结构具有更大的灵活性和柔性,以项目为中心的合作可以更好地结合市场需求来整合各项资源,而且容易操作,网络中的各个价值链部分也随时可以根据市场需求的变动情况增加、调整或撤并;另外,这种组织结构简单、精练,由于组织中的大多数活动都实现了外包,而这些活动更多地靠电子商务来协调处理,组织结构可以进一步扁平化,效率也更高了。

动态网络型结构的缺点是可控性太差。这种组织的有效动作是通过与独立的供应商广泛而密切的合作来实现的,由于存在着道德风险和逆向选择性,一旦组织所依存的外部资源出现问题,组织将陷于非常被动的境地。另外,外部合作组织都是临时的,如果网络中的某一合作单位因故退出且不可替代,组织将面临解体的危险。网络组织还要求建立较高的组织文化以保持组织的凝聚力,然而,由于项目是临时的,员工随时都有被解雇的可能,因而员工对组织的忠诚度也比较低。

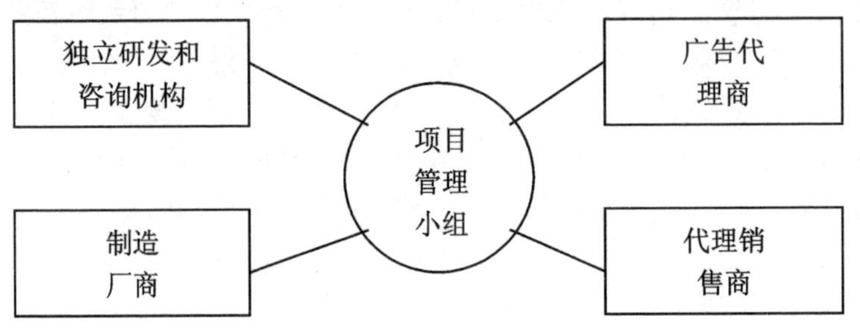

图 7－5 动态网络组织结构

第三节 组织结构的纵向层次设计

组织的层级设计是指组织在纵向结构设计中,需要确定层级数目和有效的管理幅度。这需要根据组织集分权的程度,规定纵向各层级之间的权责关系,建立有效的纵向等级体系,最终形成一个能够对内外环境的要求作出快速反应的高效的组织结构。

一、管理幅度与管理层次的互动

在组织设计中,一个十分重要的工作就是确定管理层次,这是组织内部的纵向分工。之所以要确定管理层次,进行纵向分工,就在于存在管理幅度的限制。

(一)管理层次与管理幅度

虽然影响管理层次多少的因素较多,但根本的、直接的影响因素是:管理幅度。所谓"管理幅度"就是一名主管人员能够有效、直接管理下属人员的多少。在组织规模一定的条件下,管理幅度越大,显然,需要的管理层次就越少,形成扁平型组织结构,反之形成锥形组织结构。其他影响因素往往是通过影响管理幅度来影响管理层次的,如组织沟通的状况。一般来说,组织沟通状况越合理,信息传递越快、越准确,则管理层次就可以越少,如果管理层次加大,则不利于沟通。而信息沟通状况对管理层次的影响,实际是先影响到管理幅度。因为沟通状况越合理,主管人员能够直接控制的人数越多,管理幅度就越大。也正因为如此,美国学者 W. H. 纽曼与小 C. E. 萨默认为:计算机的应用,使得主管人员的管理幅度增加,组织向扁平方向发展。

管理层次数量的多少各有利弊,少有少的难处,多有多的弊病,组织的管理层次,一定要合理确定,只有这样才有利于提高组织效率。不能片面强调"管理层次越少越好"或"越多越好"。在确定时,必须结合组织的实际情况。

在理论上和实践上,人们都强调:尽量减少管理层次。因为,较少的管理层次即扁平式的组织结构,具有用人少、管理费用低;缩短上下级之间的距离,从而使上下级之间的关系更密切;沟通更容易等优点。但是,还应该辨证地看待此问题,因为"少也有少的难处",具体表现在:

1. 控制难。层次的减少,使得管理幅度增加,这就意味着一名主管人员同时控制的人数与工作量增加,所以实施有效控制的难度加大。

2. 协调难。层次的减少,也意味着一名主管人员同时监管的业务增多(不但包括业务量,而且包括业务种类),这必然会增加协调的工作量和协调的难度。

3. 沟通难。包括两个方面:一是在时间、精力一定的条件下,由于沟通内容、沟通人次的增加,上下级之间的沟通变得困难。二是较多的同级人员在一块工作,必然增加同级之间沟通的难度。

所以,扁平式组织结构虽然有较多的优点,但也存在不少缺点。

管理层次增多即层峰式的结构,虽然也有,诸如管理严密、分工明确、易于协调等优点。但它的弊端更多,具体表现在:

1. 用人多,机构臃肿,相互扯皮。

2. 管理费用高。用人多的结果,必然会出现:一方面人力费用增加,另一方面耗费的办公工具、设备增加。

3. 不易控制。

4. 下级"远离决策中心",信息传递路径长,容易失真,因而不但不利于计划与决策的执行,而且会产生"神经末梢麻痹"现象。

管理幅度受多方面因素的影响,同一组织中,没有统一的管理幅度模式,即使是同一名主管人员,下属变了,环境变了,其管理幅度也会变化。哈罗欣·西利尔在公司担任销售部经理时,一个人主管三个副经理,全面抓销售工作。但当公司把他调到市场开发部任经理时,他却很不高兴,原因是他认为:市场开发部共有四个副经理,但只让他主抓"项目组"的副经理,其他三位副经理却直接隶属于主抓市场开发的副总经理。他说:"这明显是降我的职,不认可我的能力,我在销售部任经理时,不但没有出现过差错,而且经担任经理的三年里,让利润翻了一倍多,我认为不公平!"那么,真的"不公平"吗?总经理罗尔·比萨的一番话值得我们深思。他说:"之所以调他到市场开发部并且主抓项目开发,基于两方面考虑:其一,主抓项目开发的副经理年龄偏大,没有魅力,而且市场开发人员多,两年多一直没有效益,工作跟不上,成为公司的一个'老大难';其二,今年工作的重点转移到市场开发上,必须要派一个得力的人主抓这一摊子。"从上述例子也可以看出:管理幅度的确定,无一定之规,它要随着各方面条件的变化而变化。

(二)影响有效管理幅度的因素

一般来说,影响有效管理幅度的因素主要有以下几点:

1. 管理者的素质与能力。

2. 被管理者的素质与能力。

3. 组织环境。

4. 组织沟通方式。

5. 协调方式与协调工作量。

6. 规划的完善程度。

但是,不同学派,对此有不同看法。例如格兰丘纳斯(V. A. Graicunas)经过数十年的分析与研究就认为:每增加一个下属,直接单独联系的数量会按算术级数形式增加,而相应的联系总数,由于直接团体联系和交叉联系等因素,是按指数比例形式增加的。

孔茨则认为格兰丘纳斯只简单分析了有关模式,局限性很大。因为相互关系出现的频率及占用的时间比相互关系的数目更加重要。孔茨认为,影响管理幅度的因素主要有:

1. 下属的训练。下属训练得越好,处理与之关系的频率及占用的时间就越少;因而有利于增加管理幅度。

2. 明确的授权。只有明确的授权,才能使下属知道如何去做,因而就不需要花费更多的时间去监督与指导下属的工作。因而也有利于增加管理幅度。

3. 明确的计划。明确的计划也有利于减少管理与监督下属的时间。

4. 客观标准的利用。运用客观标准去开展工作,有利于主管人员集中更多精力与时间去处理其他问题,从而有利于主管人员增加管理幅度。

5. 信息沟通方式与信息沟通技术。主管人员与下属的口头沟通或其他方式的沟通需要满足相互之间接触频率高、接触时间长等条件,因此没有通过助手或参谋人员的沟通或计算机沟通技术则显得更有效,更有利于主管人员从事务中解脱出来。

6. 必要的个人接触量。这一因素直接影响管理幅度,管理者必要的个人接触量越多,管理幅度则越小。

7. 组织变革的速度。组织变革的速度越快,则管理幅度就应越小。

总之,管理幅度与管理层次的确定,是组织设计最基本的问题,而且弹性也较大,在具体设计时,应讲求"随机制宜"。从目前的发展趋势看,组织倾向于采用扁平式的组织结构,逐步下移管理重心,增加中层的管理幅度,减少中层管理人员。

二、直线职权、参谋职权、职能职权及其关系

为了说明上述问题，先从“权力”开始研究。

（一）权力

美国亨利·西斯克认为，权力是一种抽象的概念，可以将其定义为：为了达到组织目标，进行行动或指挥别人行动的权利。权力的特性主要有三个：

1. 权力是一种权利。

2. 由于有这种权力，人们可以直接或间接地通过别人的行动而进行活动。

3. 奖罚权可以使人们完成所期望的行动。

（二）直线权力与参谋权力的关系

1. 直线权力就是上级行使决策、指挥与监督的权力。

2. 参谋权力是指为直线权力提供信息、建议、咨询的权力。参谋权力中不包括任何直线权力。因而，参谋人员没有发号施令的权力。

3. 直线权力与参谋权力是相辅相成的。参谋权力的正确运用，有利于充分发挥直线权力的作用。

（三）直线权力与职能权力的关系

职能权力是直线人员委任给职能人员或参谋人员的与其业务职能有关的发布命令、实行监督的权力。职能权力与参谋权力是不同的。在处理直线权力与职能权力的关系时，关键要注意限制职能权力的大小与权力范围。

（四）直线人员、职能人员与参谋人员的关系

直线人员就是拥有直线职权的人员，职能人员是拥有职能职权的人员，参谋人员是拥有参谋职权的人员。三者之间的关系如果处理不当，就有可能导致混乱，并且管理效率也会受到影响。正确处理三者之间的关系，应注意以下几个问题：

1. 三种人员在管理工作中的相互关系本质是一种职权关系。一般来说，直线人员拥有作出决策、发布命令并付诸实施，协调组织中的人力、物力、财力，从而保证实现组织目标的权力。参谋人员具有协助与建议的权力。职能人员具有某些直线职权和参谋职权。因此，必须要正确处理三者之间的关系，从而保证管理效率的提高。

2. 注意发挥参谋人员的作用。参谋人员为直线人员提供信息、出谋划策，从而更有利于直线人员开展工作。但是在实际工作中，往往出现参谋人员替直线人员作决策，甚至对下级发号施令的现象。下面是正确处理二者之间关系的几点建议：参谋人员只能独立地为直线人员出谋划策；直线人员应广泛听取参谋人员的建议，但不能为参谋人员所左右；直线人员与参谋人员必须密切配合，从而作出合理的决策。

3. 适当限制职能人员的作用。职能人员能从专业角度对企业进行管理，从而有利于企业实现管理专业化。但是如果职能人员的活动范围过大，就有可能产生职能人员取代直线人员，干预直线管理，破坏指挥统一性的弊病。因此应适当限制职能人员的作用。

其关键是限制职能职权的范围。

4. 不能混淆职能人员与参谋人员的身份。职能人员不但有专业指导的职权，而且有一定程度的直线职权。而参谋人员则没有直线职权。其区别就在于：在实际工作中，参谋人员不能作出决策，发布命令。

三、集权与分权的关系

集权意味着把权力集中到最高层，分权意味着把权力分散到组织中较低的层次。在实际组织中，没有绝对的集权与绝对的分权。绝对的集权意味着组织没有中层与基层人员；绝对的分权意味着没有高层管理人员，这显然都是不可能的。组织在运行中都存在着一定程度的分权，其区别在于分权程度大小或者说集权与分权的相对比例。

（一）影响集权与分权程度的因素

通常情况下，集权与分权的程度，主要是根据拥有决策权的情况来衡量。因而，具体来说，影响集权与分权程度的因素主要有以下几个方面：

1. 决策的代价与决策的重要程度。如果决策较重要，则集权程度应该相对高些，若决策的重要程度小，则分权程度相对高些。

2. 政策涉及的范围。如果政策涉及的范围比较广泛，要求全局或大范围的集中统一行动，则集权程度应该相对高些。否则分权程度应该相对高些。

3. 主管人员的素质与能力。若高层管理人员的素质与能力较高，则集权程度可以相对高些。若部下的素质或能力较高，则分权程度可以相对高些。

4. 组织规模大小。组织规模越大，控制、协调、沟通工作的量就越大，而且难度越高，则应采用分权体制，即分权程度应较高。

5. 管理态度与管理哲学。如果主管人员对部属的信任程度较高，而且主张积极授权，则分权程度应较高。反之，若主管人员的管理态度与管理哲学与前者相反，则集权程度应该相对高些。总之，主管人员的管理态度与管理哲学直接影响着集权与分权程度。

6. 分权后的绩效。若分权有利于调动部属的积极性、主动性、创造性，提高绩效水平，则分权程度应该相对高些。

7. 组织形成的历史。若组织规模是逐渐由小到大发展起来的，则集权程度就比较高，若采用购并或联系方式发展起来的，则分权程度应该相对较高。

8. 环境的影响。组织的外部环境状况，在一定程度上，也影响着集权与分权的程度。

另外，需要说明的一点是：集权与分权程度的确定是一个动态的过程，它要着上述影响因素的变化而不断变化，强调“随机制宜”，而不是一成不变。

（二）权力委任或授权

1. 权力委任或授权的实质。

分权化的工作，就是通过权力委任或授权来实现的。授权是一个过程，它准许上级把权力委任给下级。路易斯·艾伦认为权力委任或授权有三个基本方面：把工作或职责委托别人去执行;把权力(和权利)或职权委托别人去行使;为接受权力委任者建立义务或责任,并由其依照既定的准则条款去执行。根据他的分析,权力委任过程主要包括三个方面:职责的分派、权力的委任、责任的建立。上述分析表明,虽然权力委任或授权是分权的一个主要方面,但是二者还是存在一定的差别。首先,权力委任或授权主要是指上、下级之间的短期权责授予关系,而分权则是在权力委任或授权的基础上的一种长期的、系统的组织安排。其次,权力委任或授权没有固定的模式,而分权则是按一定的模式来进行的。

2. 有效委任权力或授权的条件。

要保证有效地委任权力,必须同时具备下述三个条件:权力与职责的对等。责任的绝对性以及命令的一致性。首先,必须保证权力与职责的对等。为了有效地委任权力,赋予下级的权力必须与所分配的职责对等。无效委任权力的最普遍原因就是赋予权力太少或只授权而未委任有关职责。其次,责任的绝对性。虽然职责和权力可按一定的程序以及职权等级系列被委任给下级,但是对上级的责任则既不能分派,也不能委任。例如向自己直接上级报告的责任就不能委派给自己的下级。再次,命令的一致性。就是说在委任权力时,应克服多头领导的现象。一个下级只能对一个上级。当然在上述基础上,要保证委任权力的有效性,还必须做到以下两点:委任权力应该适度,它只能是上级的一部分权力而不是全部权力;在委任权力时,应保留控制与监督权,而不能把完成某项责任的控制与监督权力也委任给下级。

3. 成功委任权力或授权。

在实际工作中,要确保每一次委任权力工作的成功,需注意以下几点:

首先,必须在委任权力之前,确定明确的目标。只有这样,委任权力工作时才能做到心中有数。

其次,必须坚持"因事设人、视能授权",而不是"因人设事"与"以功授权"。

再次,建立必要的控制。必须在委任权力之前,建立一套健全的控制制度,制定可行的衡量标准以及定期报告制度等。

最后,确保权责对等。

第四节　大规模企业组织的运用

现在似乎有一种趋势,有许多企业强调大规模组织的运用。为此在这里专门研究这一问题。

一、大规模组织趋向的原因

现代企业附属机构遍布各地,员工数量越来越多,产生这一趋向的原因主要有:

(一)报酬递增规律的发现与应用

过去经济学中的报酬递减率指出:土地的效用因受土地面积和地质的限制,资金和劳力投资下去,才开始的报酬都很大,但慢慢地降低下来,若降到边际时,再进行资金和劳力的投资就得不偿失。可是,今天的企业管理愈加改进,效率越高,成本越低,于是盈余就越大。这种盈余增大的趋势叫做报酬递增率,而在大规模组织中,通过管理技术的应用,生产要素能更充分地发挥功能,因而报酬递增率更是巨大。

(二)大量生产经济原则

就是可利用机器进行的经济原则。即用技术替代工人,这样可使产品及生产程序标准化;可综合利用副产品,并通过大量采购和销售降低费用与成本,即规模的扩大可带来成本的节约。

(三)市场竞争的加剧

由于市场竞争的加剧,中小企业缺乏竞争力,难以与人抗衡,所以竞相走向大规模组织。

(四)市场需求及变化

有些行业与商品的市场需求越来越大,也是导致这些行业的企业组织逐渐趋向大规模的一个重要原因。

正是由于上述四个方面的原因,现代企业都有采用大规模组织的趋向。有的在创立之初,即作大量的投资;有的把多年的积累全部用于再投资以扩大规模;有的将若干个中小企业合并为一个大企业;有的将若干个有关系的企业组织在一起等。

二、大规模企业组织的表现

目前,大规模组织主要有以下几种常见的现象:

(一)横向部门增加

一个企业在规模较小时,往往只有三五个职能部门,但随着规模的扩大,业务的增多,部门较少无法满足生产经营管理的需要,因而必然要增设部门。

(二)纵向层次增多

由于主管人员受管理幅度的限制,在组织规模扩大,机构人员增多时,为了实现有效管理并解决管理幅度不足的问题,必然要增加管理层次。所以,过去的企业大多以三个层次为主要形式,而现在则有许多企业的管理层次是以四个或五个层次为主。

(三)委员会及工作小组林立

在纵横组织规模增加的情况下,部门之间的协作与协调变得困难,信息传递不但费时,而且手续烦杂,效率低下,因而对应的补救办法就是设置管理委员会或工作小组。特别是对企业的重大问题或需要集中精力赶办的问题,往往都采用管理委员会或工作小组或项目小组的形式,从各有关部门与产品制造部门临时抽调人员来共同处理。故在规模较大的组织中,常常可以看到管理委员会或项目小组的存在。

（四）幕僚工作更被重视

专业规模的扩大，使得很多工作都需要专业技能，需要委任给幕僚专家。这些专家利用自己的专业知识，在职权范围内，对相关问题提出自己的建议或改进意见，作出了有价值的贡献。而且随着规模的扩大，企业的主管人员为了能从日常业务中解脱出来，集中精力解决企业的重大问题与长远问题，也需要这些专家，于是专家越来越受到管理部门的重视，而且地位越来越高。

三、大规模企业组织存在的问题

大规模组织的优势在前文的分析中，已作了有关说明，这里主要阐明大规模组织可能存在的问题。对企业管理来说，存在上述几种现象的大规模组织，可能会产生以下问题：

（一）沟通困难

层次的增加，必然会导致职工远离决策中心，从而上情不易下达，下情不易上报。而且一项信息由于要经过多个层次的传递，时间长、速度慢，这极易引起信息的失真与变质。

（二）决策迟缓

由于组织规模扩大，对一个问题的决策往往需要多个部门的人员参加，参加者越多，越不容易取得一致，往往需要经过反复协调后才能作出决策，从而必然导致决策迟缓。

（三）增加高级主管的协调时间与协调工作量

部门的增多及其相互间矛盾、摩擦的增加，使需要由高层管理人员协调的事务越来越多，从而增加了高层主管人员的协调时间与协调工作量。

（四）本位主义严重

部门增加，导致工作联系沟通的困难，各部门只好各行其是、不相为谋，会逐渐走向本位主义。

（五）手续繁多

在一个复杂的大规模组织中，工作处理程序复杂，公文旅行、手续繁杂会是必然的现象。

（六）权责不明

部门重叠必然导致职权重叠，权责难以彻底分清。尤其是管理委员会与工作小组的工作，形式上人人都负责，而实质上人人都不负责。

四、大规模组织的分析与变革

关于具体的改革原理、方法，程序，在后文的“组织变革”部分作专门的介绍。这里主要介绍需要改革的时机，即在什么条件下需要改革。

美国著名教授路士艾伦（Louis A. Allen）在其所著的《管理组织》一书中阐述了这样的观点，即当存在下述现象时，就应考虑对现有的组织进行变革：

（一）过分集中

在职能组织中，凡较为重要的问题都需要由高层主管核定。但是高层主管的核定程序应该是,先经某一部门签办,然后由其他部门参考会审并提出意见,当有关部门达不成一致意见时,再将矛盾上交。如果所有问题都集中到高层主管那里,此时就说明现有的组织结构再将组织程序存在问题。

(二)决策迟缓

如果决策每个问题都需要较多时日,那么下级需要解决的问题就会堆积在一起,说明结构中也必然存在一定的问题。

(三)控制困难

管理控制是否有效,取决于绩效评价与衡量标准是否确立。不对职能部门的绩效标准作具体的规定,就难以实现有效的控制。因而,组织必然会存在问题。正像美国 Chrysler 汽车公司总经理所说的那样:“在改为事业部以前,我们几首无法知道所生产的各类汽车的成本、盈亏等情况,因而无法制订控制标准,即使有控制标准也不起作用,根本无法实现有效控制,必须对原组织结构进行改革,所以,才决定将公司改为产品事业部制组织结构。”

(四)管理才能缺乏,积极性差

如果一个大规模组织中各级管理人员的积极性差,说明该组织中的激励机制不能充分发挥作用,因而必然是组织中存在着一定的问题。若管理人员长期从事某个专业的管理,必然不能全面培养管理人员的管理才能,出现管理才能缺乏的现象,这也说明组织运行方面可能存在一定的问题。

(五)各部门沟通联络困难,难以协调

由于大规模组织在上述弊病,所以即使生产经营规模达到一定程度,也要慎重决策。

本章小结

本章介绍了组织结构设计的任务、根据和原则,以及组织设计的程序;剖析了组织结构横向部门设计的原则和方法,方法中主要分析了职能部门化、产品或服务部门化、地域部门化、顾客部门化、流程部门化、矩阵型结构和动态网络型结构,并比较了各方法的优缺点。详尽分析了组织结构的纵向层级设计,介绍了有效管理幅度的含义及影响因素,剖析了直线职权、参谋职权和职能职权的关系,分析了组织中集权与分权的关系和影响集分权的因素。介绍了大规模企业组织的运用。

习　题

一、思考题

1. 分析组织集权与分权的关系。

2. 论述直线人员、职能人员与参谋人员的关系
3. 大规模组织在管理中应注意的问题有哪些?

二、实战练习

结合自己所在组织的实际,分析组织管理过程中职权运用的效果。

三、案例分析

加拿大马格纳国际公司是北美10大汽车制造厂之一。这家公司生产有4000种零配件,从飞轮到挡泥板,什么都有。它几乎为所有在美国设有工厂的汽车大制造商都提供配件。比如,它是克莱斯勒汽车公司最大的配件供应商。

马格纳的高层管理当局长期以来力求保持一种松散的结构,并给予各单位管理者充分的自主权。在20世纪80年代中期,该公司拥有1万多名员工,年销售额近10亿加元。员工们被组织到120个独立的企业中,每个企业都以自己的名义开展活动,但只设有一个工厂。马格纳公司的宗旨是,使各单位保持小规模(不超过200人)以鼓励创新精神和将责任完完全全地落实到工厂经理身上。当某个工厂揽到了超过其能力所能处理的业务,马格纳公司不是扩大该工厂的规模,而是重新配置这样的一套生产设施,开办一个新企业。

这种结构在整个20世纪80年代运作得相当好。10年内,总销售额增长了13倍。工厂经理们以接近完全自治的方式,大胆地扩展他们的业务。其动机呢?他们不仅享受自己工厂的盈利,而且还包括从他们业务中分离出去的新建企业的盈利。这样,不用公司出面干涉,工厂经理们就会主动设立新厂,向外举债,并与底特律的汽车制造商签订供货合同。

但泡影在1990年破灭了。那时,汽车的销售量大幅度下降,受扩张动机驱使的马格纳管理者给公司带来10亿美元的新债务。1990年,马格纳公司的销售额为16亿美元,而亏损达到了1.91亿美元,公司眼看就要倒闭了。1991年1月份,马格纳公司的股票价格跌到了每股2美元。

然而,马格纳公司并没有破产,其高层管理当局采取了断然措施,挽救了公司的命运。公司出售并关闭了近一半的工厂,将收回的现金用于清偿债务。留下的工厂都是最新、小型、高效、灵活的。公司管理当局还成功地使其生产的配件在福特“金牛座”(Taurus)和丰田“皇冠”这些流行轿车上获得更多的使用。到1992年,马格纳公司的销售额增加到20亿美元,盈利达到0.81亿美元。公司的股价已经回升到26美元以上。其高层管理当局声称,公司现在比20世纪80年代的业务更为集中,更重视控制,并禁止新的举债行为。

思考题:

1. 利用有关结构的概念,描绘马格纳国际公司在1980年和1992年的组织结构。

2. 马格纳公司并不是唯一的一家对其组织结构进行了变更的公司。还有许多公司，甚至包括国际商用机器公司这样的大公司，也正在放弃官僚行政机构而设立结构松散的、独立的企业单位。这是为什么？

第八章　组织中人力资源管理

学习目标

了解人力资源计划的任务、过程及原则；熟悉职业生涯路径、发展阶段与特点，以及职业生涯规划；掌握员工的招聘、解聘与培训，以及主管人员选聘、考评、培训等技巧。

第一节　人力资源计划

编制和实施人力资源计划的目标，就是要通过人力资源管理的各项活动，使组织在实现其目标的过程中，在人力资源方面能够得到充足的保障。

一、人力资源计划的任务

人力资源计划的任务具体包括：

（一）确定人力资源的需求量

人力资源计划就是在一定时期内使组织内外人力资源的供给与组织内部的需求相一致。人力资源的需求总量主要是根据组织中职务的数量与类型来确定的。职务数量规定了每种类型的职务需要多少人，职务类型规定了组织需要具备什么技能的人。一个组织进行组织设计之后，需要把组织的需求与组织内部已有的人力资源状况进行动态的比对并发现预计的缺额。

（二）配置合适的人员

组织中的员工总是随着内外环境的不断变化而变化，只有这样才能保证组织的活力和更高目标的实现。为了确保担任职务的人员具备职务所需要的基本知识和技能，必须对组织内外的候选人进行筛选，合理配置。因此，必须依据科学的人力资源管理方法，使组织中所需要的各类人才得到及时的补充。

（三）人员培训计划

培训既是为了适应组织内部变革的要求，也是为了跟上组织所处外部环境发展的需要，更是为了提高员工素质，实现员工个人职业生涯发展的要求。要使组织中的成员、技术、工作流程等要素能更好地适应组织系统的要求，就必须运用科学的方法与手段，有计划、有组织、有重点、有针对性地对员工进行全面培训,以培养和储备适应组织未来要求的各级人才。

二、人力资源计划的过程

在组织战略规划框架之下,人力资源的整个计划过程大致可以分为三部分内容:编制人力资源计划、招聘、培训。前两部分的工作主要是发掘有能力的人才并加以选用,最后一部分的工作是确保组织既能留住人才,又能使员工技能得以更新。

编制人力资源计划是人力资源计划全过程的第一步,也是决定组织人力资源计划工作成功与否的重要一步。这一步又可以细分为三个具体的步骤:现状评估、预期未来、制定计划。

(一)评估现状

通过工作分析法判断现有人力资源状况,并制定出工作说明书和工作规范。前者阐明了员工应做哪些工作,如何做,为什么这样做,是对工作内容、工作环境以及工作条件等方面的描述;后者说明了某种特定工作岗位需要具备哪些知识的技能。

(二)预期未来

组织未来人力资源的需求由其战略目标决定的。要使战略规划转化成具体的、可执行的人力资源计划,组织就必须根据自身及外部环境的具体情况对未来人力资源状况进行预测,提出各时期各类人员的需求分布。

(三)制定计划

对现在和未来人力资源需求作出评价后,管理者就可以制定出一套与组织战略目标及其环境相适应的人力资源计划。当然,组织还必须对此计划进行控制,积极引导当前和未来的人才需求。另外,这一计划还需要与组织中的其他计划相互协调。

三、人力资源计划的原则

人力资源计划的编制和实施不仅关系到人力资源本身的获得与利用,而且影响企业其他资源的利用效率;不仅关系到企业自身的生存和发展,而且还影响到以企业为舞台的员工职业生涯的发展。因此,人力资源计划的编制需要遵循以下两个基本原则:

(一)企业人力资源短期需求与长远发展相结合

由于外部环境的变化,企业经营活动的内容和方式也在不断变化。因此依据人力资源计划的编制和组织实施,不仅能确保组织获得必要的人力资源,使组织的每项活动都有具备相当能力的人去从事,还要保证组织目前活动的顺利进行,特别要为组织的未来发展做好人才储备,尤其是干部力量。

随着组织规模的不断发展、组织系统的日趋复杂,企业管理的工作量将会不断增加,从而对主管人员的数量和质量要求都将不断提高。因此,要通过人力资源计划的编制和实施来保证组织中骨干力量的及时补充及管理者素质的不断提高。

(二)员工人力资源现实价值与未来预期相结合

员工是企业人力资源的基本组成要素,企业是员工参与社会劳动、实现个人社会价值的基本舞台。从员工个人需要的角度去考察,企业人力资源计划的编制和组织实施,既要使企业人力资源的现有价值得到充分实现,还要为人力资源未来在企业乃至在社会的发展创造条件。因此,人力资源计划的编制和组织实施不仅要充分运用现有人力资源条件,还要使每一个人都能去从事与其自身特点相吻合的工作,并为他们提供提高和完善自己的机会。

合理使用人力资源并为员工提供充分的发展机会,既能充分满足组织成员的个人需要,又能维持员工对组织的忠诚,提高员工工作积极性,减少员工的流动。

人才流动相对个人来说是重要的,人才通过不断的尝试,寻找到最能发挥自己的才能、给自己带来最大利益的工作岗位。但相对整个组织来讲,人才流动虽然也会给企业带来“输入新鲜血液”的好处,但其破坏作用可能更甚:人员不稳定,特别是优秀人才的外流,往往使整个组织多年的培训费用付之东流,而且还可能破坏组织的人事发展计划,甚至影响企业在发展过程中的干部需求。因此,通过人力资源计划的编制和组织实施,应使每个员工都能在组织内部看到目前自身价值充分体现、未来素质不断提升的发展机会,从而留住人才,维持成员对组织的忠诚。

第二节　员工配备

一个组织能否存续与发展,其内因——组织内部条件的好坏起决定性作用。在诸多内部因素中,人的因素是最为重要的。因此,人员的配备便成为重中之重。

一、员工招聘与解聘

(一)工作分析与岗位设计

要想为组织选择“一流”的员工,工作分析和岗位设计是必不可少的。

1. 工作分析的概念与作用

工作分析是对企业各种岗位的性质、任务、职责、劳动条件,以及承担本岗位工作应具备的资格条件进行系统研究,最后制定出岗位规范、工作说明书等相关人事文件的过程。工作分析的具体作用体现在以下几方面:

(1)工作分析明确了具体工作任务的静态与动态特点,系统地提出了岗位的生理、心理、技能、文化等方面的具体要求,规定了岗位用人详尽的标准,从而使企业人力资源管理部门在选人用人方面有了客观依据。

(2)工作分析为企业员工的考核、晋升等人事变动提供了依据。根据工作分析的结果,企业人力资源管理部门可制定出各类工作人员的考核标准,晋升的具体条件,从而加强企业员工考核、晋升的科学性。

(3)工作分析是员工工作评价的基础,而工作评价又是建立并不断完善企业薪酬体系的重要基石。因此,工作分析为企业建立较为公平、合理的薪酬制度准备了条件。

(4)工作分析还是企业制定有效的人力资源管理计划,进行中、长期人才需求预测的重要基础。

(5)工作分析能够使员工根据工作说明书和工作规范,充分了解各个工作岗位在整个企业中的地位和作用,明确自己工作的目的、职责和努力方向,以便尽职尽责地工作。

(6)工作分析是企业改进工作流程,优化工作环境的必要条件。通过工作分析可以发现企业生产、经营中的薄弱环节,反映工作流程、各种资源配置中不合理的地方,发现工作环境中损害员工生产安全,导致员工过度紧张和疲劳的不合理因素并加以改进。

总之,工作分析在节省人力成本,提高工作效率,推动企业发展等方面具有重要意义。

2. 工作分析的步骤与内容

工作分析是对企业工作进行全面评价的过程,需要经过工作计划、设计、信息分析、结果描述与应用五个阶段。在不同阶段,工作分析具有不同的特征,综合起来看,需要做到以下几点:

(1)明确工作分析的目标、范围与规范,确定工作分析的具体人员,选择适当的信息收集和分析方法与手段,收集、整理、分析有关的资料和信息。

(2)标准化工作名称,进行工作描述,全面、系统地认识工作的整体,了解工作任务、权限、责任以及协作关系、制约条件、劳动强度等方面的情况。

(3)分析工作所处环境,描述工作场所的物化指标、安全状况、生活便利条件以及人际关系等方面的内容。

(4)说明工作任职者应具备的专业知识、心理素质、特殊能力、经验和技能、最低学历等最低资格条件。

工作分析的最终结果包括工作描述和工作规范两种形式,并形成一份综合性的工作说明书。

3. 岗位设计

在一定的时间内,由一名员工承担若干项任务,并具有一定职务、权力和责任的特定组织就构成一个岗位。工作岗位是根据组织目标需要而设置的具有一定工作量的单元,是职权及相应责任的统一体。

组织是为承担某些职责,完成某些特定任务建立起来的目标体系,组织不仅是目标体系,也是等级权力体系。组织层次的划分不仅是目标的层层分解,同样也是权力的层层授予。因此,岗位作为组织中的“细胞”,同样是职权和相应责任的统一体,也需要依据组织目标工作任务进行设置。

岗位设计与工作分析之间有着紧密的联系,工作分析的目的是明确所要完成的工作以及完成这些工作所需要人员的特征。岗位设计的重点在于明确工作的内容、方法及流程,说明工作应该如何安排才能最大程度地提高组织效率,并促进员工的个人成长。

任何一个职位说明都是依据特定的工作岗位和组织而确定的,因此,要从实际出发来说明工作内容和进行工作岗位的设计。由于人们在工作上要花费大量的时间与精力,所以能使人们感到愉快就成为工作岗位设计的重要目标。这就需要一种与工作内容、职能和关系等方面都很相配的工作结构。

可以把设计工作岗位的重点放在个人的职位或工作班组上。先将相似的任务集中起来,再依据工作定额将其分配给个人。如果任务量不足,就应将相关的任务合并成一个工作岗位。

可以用同样的方法来改进班组工作岗位的设计。岗位设计应使班组有一个完整的待执行任务,并保证班组有相当的工作自主权。可以让班组的每一位成员能轮流到班组的不同岗位去工作,并有机会经常参加培训。岗位的报酬可以跟整个工作小组的工作绩效挂钩,以促进班组各成员之间的协作。

(二)员工招聘

1. 员工招聘的途径

员工招聘可以来自多方面,如学校、人才市场、转业军人等,但招聘工作的有效性更多地取决于劳动力市场的供求关系、组织内部所需职位的高低、组织规模、形象等因素。显然,劳动力市场越大,人员就越容易招聘;相反,职位越高或要求的技能越多,招聘的范围就可能越宽泛。一般而言,组织规模越大,可选择的机会也就越多,组织形象越好,社会地位也就越高。显然,在一个组织中发展的机会越多,应聘者也就会越多。一般来讲,组织可以通过以下几种途径来获取必要的人力资源。

(1)广告应聘者。通过报纸、电视等传媒发布用人信息是最常用的招聘方式。应聘者可以根据自身的情况选择适合自己的职业,减少盲目性,组织也可以通过这样的方法集中挑选需要的人员。一般而言,组织中空缺职位越高或者所需具备的技能越强,信息发布的辐射范围就应该越广。

(2)相关人员推荐。研究表明,组织对经内部员工或关联人员推荐的应聘者的满意度要比通过广告等其他形式招募来的应聘者的满意度高,因为这样的推荐事关推荐人的声誉,并且推荐人对组织也比较了解,知道什么样的人更适合;另外,组织也可以省去部分招聘成本。

(3)职业介绍机构推荐。有些组织规模小且没有正式的人事机构,而职业介绍机构恰恰能以较低的成本帮助这些组织物色到合适的人选。当然,大规模组织也可以求助于此类机构,因为这类机构可能比组织的人事部门更专业。

(4)其他途径。除上述机构之外,许多高中、大专院校都提供职业介绍的服务。组织可以向这些学校征求所需人才。

2. 员工招聘的程序与方法

为了保证员工选聘工作的可行性和有效性,应当按照事先规定的程序并通过竞争来组织选聘工作。具体步骤如下：

(1)制定并落实招聘计划。当组织中出现职位空缺时，有必要根据职位的数量、类型、时间等要求确定招聘计划，同时成立相应的选聘工作小组。选聘工作机构既可是组织中现有的人事部门，也可是代表企业所有者利益的董事会，或由多方利益代表组成的专门或临时性机构。选聘工作机构要以一定的方式，通过恰当的媒介，发布待聘职务的数量、类型以及对候选人的具体要求等相关信息，鼓励那些符合条件的候选人积极应聘。

(2)对应聘者进行初选。当应聘者数量较多时，选聘小组需要对每一位应聘者进行初步筛选。内部候选人的初选可以依据以往的人事考评记录来进行；对外部应聘者则需要通过前期工作了解每个申请人的工作经历及其他情况，及时排除那些明显不符合基本要求的人。

(3)对初选合格者进行知识与能力的考核。在初选的基础上，需要对余下的应聘者进行细致的测试与评估，其具体内容包括：

①智力与知识测试。通过考试的方法测评候选人的基本素质，包括智力测试和知识测试两种形式。智力测试的目的是测试候选人的记忆能力、思维能力、应变能力和观察分析复杂事物能力等。知识测试是为了解候选人是否具备待聘职务所要求的条件而进行的基本技术、管理知识等方面的测试。

②竞聘演讲与答辩。是对知识与智力测试的一种补充。测试可能不足以反映一个人的多方面素质能力。发表竞聘演讲，介绍自己任职后的计划与目标，并就选聘工作人员的提问进行答辩，可为候选人提供充分展现才华、表现自我的机会。

③案例分析与候选人实际能力考核。在竞聘演说与答辩后，还需对候选人的实际操作能力进行分析。可借助“情景模拟”或“案例分析”等方法，评估候选人分析问题、解决问题的能力。这种方法是将候选人置于一个设定的工作情景中，运用多种评价技术和手段来考察他的工作能力、应变能力，以判断他是否符合某项特定工作的要求。

(4)选定录用员工。在上述各项工作完成后，利用加权的方法，算出每个候选人知识、智力与能力的综合得分，并根据待聘职务的类型及具体要求作出决策。

(5)评价和反馈招聘效果。最后对整个选聘工作的程序进行全面的后评价，并对录用的员工进行追踪分析，通过对他们的后评价来检查原有招聘工作的效果，总结招聘过程中的经验与教训，及时反馈到招聘部门，以便修正和完善。

(三)员工解聘

每一位主管人员都应当清楚地意识到，组织不仅需要培养一批忠诚的顾客，更需要培养一支忠诚的员工队伍。其实，员工的保留率与顾客、投资者的保留率之间确实存在着一定的关系。由于许多企业的主管人员还没有意识到这种关系的存在，而让竞争对手获得了市场竞争的优势。

为了有效地进行竞争，组织既要采取有效措施确保留住高绩效的员工，还应在必要的情况下让低绩效的员工离开。

对于任何一个执行裁员任务的主管人员来讲，解聘决不是一件令人愉快的事情，但当组织不得不缩小其劳动力队伍规模或对其员工技能构成进行重组时，解聘就成为人力资源管理工作中一个重要组成部分。

管理者可以采取哪些减员解聘方案呢？下面简单地概括了几种主要的方案：

1. 解雇。永久性、非自愿地终止合同。

2. 临时解雇。临时性、非自愿地终止合同，临时期限不固定。

3. 自然减员。对自愿辞职或正常退休空出的职位不予补充。

4. 调换岗位。横向或向下调换员工岗位，通常不降低成本，但可缓解内部劳动力供求不平衡的状况。

5. 缩短工作时间。减少员工工作时间，或者进行工作分担，或以临时工身份工作。

6. 提前退休。为年龄大、资历深的员工提供激励政策，使其在正常年限前提早退休。

当然，解聘员工不能单从企业成本及组织结构来考虑，还应从道义、社会责任等方面来综合考虑。对于某些年龄偏大，难以在社会上重新应聘，且家庭负担较重的员工，不能简单地将其解聘或让其下岗。

二、员工培训

在组织运行过程中，定期或不定期的员工培训是不可或缺的。

（一）员工培训的目标

培训目标可以是有层次的，包括总体目标和每一个子目标。企业中的培训目标，大致可分为三种：

1. 提高自我意识。通过培训，让员工对自身能力、自己在企业中的定位以及自己与他人交往的角色有更深的了解，提高员工的自我认知水平。

2. 传授知识，培养技能。通过培训，提高员工的知识技能水平，使他们既掌握有关工作的概念和理论，又能在实践中得心应手。这类培训在企业中最为常见。企业中不同岗位的工作人员对知识、技能的需求状况也不同，所以在制定培训目标时，要根据特定需要，使培训更具针对性，以取得更好的效果。

3. 转变态度动机。通过培训，改变员工在组织中的职位，调动他们的工作积极性，使员工以更好的状态投入到工作中去。

有了明确的目标后，还需将目标具体化，使其更容易操作，这往往是通过拟定培训计划来实现的。培训计划可分为长期培训计划和短期培训计划。长期培训计划要考虑企业的长期发展及战略目标，从长远出发来设立培训课程并编制预算；短期培训计划主要针对不同项目，对培训内容、活动进行具体安排。在培训计划中，根据既定培训目标，确定培训的课程设置、师资力量、培训方式、考核评价方式及培训时限。

（二）员工培训的内容

因为培训需要支付很高的费用，所以企业必须在恰当的时候就恰当的工作对恰当的

人提供恰当的培训。也就是说培训内容是企业提高培训员工效率的重要一环。通常来讲,对员工的培训主要包括以下内容:

1. 基本技能。对员工基本技能的培训似乎不应该是企业培训的内容,因为在员工步入工作岗位前就应该具备所从事工作的基本技能。其实,每个企业都会有自己的工作规范,对于不同的企业这些规范是不同的。因此,员工基本技能的培训是形成企业内部统一工作标准的重要步骤,绝不能忽略。

2. 企业文化。新加入企业的员工,要对企业的发展历史、企业的精神有所了解,这是员工真正融入一个新团队的前提与基础。

除此之外,员工培训内容还包括熟悉工作岗位、掌握规章制度等。企业需求不同,培训的内容和重点也不尽相同。但不管怎样,员工培训的内容都是以企业发展的需要为基础,并为企业源源不断输送高素质的员工服务。

(三)员工培训的方法

培训的常用方法有以下几种:

1. 讲演法

讲演法一般适用于培训对象人数较多的情况。它要求培训者能有效地组织相关材料并进行授课。在企业培训中,可向培训对象介绍企业的政策、制度、文化等。一般情况下,讲演法往往是从教员到学员的单向信息沟通,学员只是被动地接受知识,参与性不够。由于教员要面对大量学员,如果事先对每个学员情况不了解,很难保证培训有针对性。为了使讲演法取得更好的效果,培训教员事先要对学员总体情况有所了解,讲解以启发为主,并给学员留出提问题的时间,使学员有更多的参与机会,从而更好地理解、掌握有关知识。

2. 案例分析

以案例为基础引导学员讨论,培养学员分析、解决问题的能力,使学员能够将这种能力灵活运用到日常工作中去。案例分析的讨论发言可以是口头的,也可以是书面的。教员可以从发言的逻辑性、条理性,从相关知识的掌握深度、创新意识等几方面给予点评,并反馈给学员。

3. 计算机辅助教学

随着计算机技术的不断发展,计算机辅助教学也日渐普遍。在这种教学中,培训对象可直接与机器进行“人机”对话,并根据自己的水平选择相应的教学内容。在教程结束后,还可以测试自己对所学内容的掌握程度。

另外一种借助于计算机的新型教学方式是“网上教育”,即应用目前日益普及的互联网进行培训活动。

4. 情景模拟

这种方法可使培训对象在设定的模拟情形中分析、解决问题,通常用于对主管人员的培训上。常用的方法有:

(1)公文处理法。让培训对象在一定时间内阅读、批示和处理相关文件,这些文件要与其日常工作有一定相关性。

(2)角色扮演法。培训对象模拟扮演某一职位,以此角色身份来处理有关问题。此法可用于多种内容的培训。

(3)无领导小组讨论。主持人事先给定一个主题,让培训对象自由展开讨论,从中观察每个人不同的交往能力、领导能力及表达能力。

(4)管理游戏法。游戏方式有对抗赛、模拟市场竞争等。管理游戏的设计至关重要,力求使学员在游戏般的气氛中有所领悟,并有所收获。由于在锻炼、开发参加者的意志力、团队合作能力、创造力和进取心等方面有明显优势,因此目前这种方法正得到越来越多的应用。

第三节 主管人员配备

在组织的人力资源管理工作中,人员配备工作除了组织的员工配备外,更主要的是组织的主管人员的配备。

一、主管人员配备

(一)主管人员配备的重要性

主管人员配备的目的,主要是协调人与事以及人与人之间的,以充分发挥主管人员的积极性,实现组织目标。其重要性表现在:

1. 实现组织目标的重要保证

人才尤其是管理人才,是任何组织实现自身生存和发展的重要保证。如果在每一个主管岗位上都有合适的主管人员,组织目标的实现就有了保障。但由于组织的内外环境及目标任务都是不断变化的,主管岗位的数量和结构及其对主管人员的素质要求也是不断变化的,因此,组织在一段时间后需要进行主管人员的配备和再配置,以适应这些变化,推动组织的不断发展。

2. 实现人适其事、人尽其才的基本要求

所谓人适其事,是指每个人都有适合自己能力与特长的岗位和工作。人的才能各异,各有长短,只有将每一个主管人员放到最适合的管理岗位上,才能充分发挥他们的才智。同时人与事的最佳匹配不可能是一成不变的,而一定是动态发展的。

3. 实施组织人力资源计划的重要途径

组织人力资源计划中确定的有关主管人员的聘任计划、接续计划、培训计划以及流动计划等,都要以主管人员配备的手段来实现。按照主管人员结构合理化的要求,及时进行主管人员的选聘、调配和组合,是实施组织人力资源计划,提升人力资本使用效益的重要途径。

4. 激励管理人才的有效手段

主管人员配备包括管理职务的选聘、升降及平行调动等。一般来讲，职务的聘任和晋升对当事人是一种内在激励，能使其产生较强的成就感、责任感和事业心；平行调动的激励作用虽不如晋升，但面对全新的工作内容、工作要求和工作环境，主管人员也会产生一种新鲜感和挑战欲，从而提高工作积极性并进一步挖掘自己的潜能。

（二）主管人员配备的任务

主管人员配备的中心任务，从组织角度讲是保证位得其人，以促进管理效率的提高，更好地实现组织目标；从个人角度讲，强调公平对待每位主管人员，保证人尽其才，进而提高他们的工作满意度。具体来讲，主管人员配备的基本要求是：

1. 全部主管人员的岗位总和可以覆盖组织的管理总任务。

2. 全部主管人员岗位构成的责任体系可以保证组织总目标的实现。

3. 主管人员配备能够有助于发挥主管人员的个人能力与特点，提高组织的管理效率。

4. 主管人员配备还要考虑到未来的挑战性和现实的可能性。

（三）主管人员配备的内容和程序

主管人员配备作为组织管理的重要职能之一，其程序主要涉及以下内容：

1. 主管人员配备计划

主管人员配备计划是组织人力资源规划的一个重要组成部分。一般包括五个步骤：审视组织发展的内部与外部环境；预测组织未来的主管人员需要量；预测组织主管人员可能的供给量；确定需求和供给之间的缺口；制定配备计划以消除缺口。

2. 管理岗位分析

一个组织要进行有效的主管人员配备与开发，重要前提之一就是要明确每个管理岗位的主要职责、具体任务及任职资格，这也是管理岗位分析的任务。管理岗位分析主要是通过收集、分析与管理岗位相关的信息、资料，以编制成管理职位说明书，进而作为组织选聘、任用、评价和奖惩主管人员的依据。管理职位说明书的内容主要包括职位概述、工作职责与权限，领导关系和任职资格等内容。通过阅读管理职位说明书，可以使任职者准确了解应做什么、怎样做。

3. 主管人员选聘

主管人员选聘的重点与难点表现为，如何从众多的竞聘者中为管理岗位选拔出合适的任职人选。由于组织与职位申请人之间的信息不对称，因此，要从众多的竞聘者中选出那些能力和素质都与管理岗位需要条件相当的理想人选不是一件容易的事。总的来讲，在这一选拔过程中可以采用以下方法和技术：

（1）应聘申请表。作为应聘者个人背景的基本书面材料，应聘申请表应包括接受教育培训经历、工作经历及个人职业期望等。通过应聘申请表可以大致判断申请人是否具有组织要求的基本条件和素质，从中初步挑选出组织需要的候选人。

(2)面试。面试是最常用的筛选手段,它提供了双方面对面交流的机会。通过面试,可以获得更多应聘者的信息,以判断其是否符合本组织的相关要求。

(3)测试。最常用的有智力测试、专业技能测试与个性测试等几类。

(4)体检。体检主要是考察候选人的身体状况是否适合该管理职位及环境。

4. 主管人员的考评

主管人员考评可以为相关人事调整、报酬确定和管理培训提供准确而客观的参考。对于主管人员而言,考评可以从两个方面影响他们的工作积极性,一是考评结论直接反映了组织、上级、同行和下属对他们的评价,从而反映了组织对其努力的认可程度。二是组织将依据考评结果作出人事和奖酬方面的决策,这关系到主管人员在组织中的地位和发展前途。

5. 主管人员的培训与开发

主管人员培训与开发的重要性无论如何强调都不为过。因为管理知识仅靠自学和摸索是远远不够的,要使其胜任管理工作,必须对主管人员的决策能力、领导能力、组织协调能力和人事能力等进行系统地开发。为此,一定要接受专业机构和专业人员所提供的管理专业培训。

6. 主管人员的调整

主管人员的调整一般是组织内部的调整,包括平行调配、晋升、降职等。主管人员晋升分为常规晋升与破格晋升,以年资积累、绩效优异、能力提升等为主要依据。主管人员降职的主要原因有:内部组织机构调整需要精简管理干部;主管人员不能胜任本职工作;主管人员犯了错误。由于降职有许多负面效应,因此应谨慎从事,要注意对当事人说明缘由并作必要的沟通。

主管人员的调整还包括主管人员辞职、辞退主管人员等。主管人员辞职可能导致组织人力投资损失,并影响组织士气。为此,企业一方面应遵守劳动法,尊重员工的权益;另一方面应不断完善人力资源管理结构,提高组织对主管人员的吸引力。

辞退主管人员是指组织根据业务经营需要,主动与主管人员解除劳动合同。裁员程序是组织人力资源调整中自上而下的过程。人力资源部门确定裁员名单后,要以书面形式通知本人,并发放一定的经济补贴(所谓资遣费)。

(四)主管人员配备的原则

1. 人岗匹配

主管人员配备的首要原则是人岗匹配。这种人岗匹配要求把主管人员的个人特点与管理岗位的特点有机结合起来,从而获得最佳的配备效果。只有两者匹配得好,才能实现人尽其用。

2. 能级层序

能级层序原则是指将具有不同能力和素质的人配备到组织内相应级别的管理岗位上,以实现主管人员配备效益最大化。根据这一原则,进行组织设计时应建立一定的能级结构,并制定相应的规范和标准,形成高效的组织结构;然后将具有不同特色、才能的管理人员配备到合理的层级上,授予他们相应的职权。

3. 互补优化

互补优化原则是指要从管理团队整体出发,采用协调优化的方法,充分发挥每个人员的特长,进而形成整体优势,完成组织目标。管理团队成员的互补包括多个方面,如知识互补、能力互补、性格互补、性别互补、年龄互补、地缘互补、学缘互补等。

4. 公平竞争

公平竞争原则是指依据公平、公开、公正的原则配备主管人员,所有人员遵循同样的规则进行选聘任用。

5. 动态适应

动态适应原则是指人与事、人与岗位的适应是相对的,所以,人与事的匹配需进行不断的调整,使能力不断进步并得到证实的人有机会去从事更高层次、负更多责任的管理工作,进而实现人与管理岗位的动态平衡。总之,主管人员配备和调整是一项经常性的工作,而不是一次性活动。

二、主管人员选聘

(一)主管人员需要量的确定

确定主管人员需要量,主要考虑以下几个因素:

1. 组织现有的规模、机构和岗位

主管人员的配备是为了指导和协调组织活动。因此,参照组织结构图,根据管理职位的数量和种类,以确定组织在一定时期需要的主管人员数量。

2. 主管人员的流动率

只要管理人才市场存在,且市场机制发挥作用,不管组织如何努力,总会存在管理人员外流现象。此外,由于自然规律的作用,现有的主管人员也会自然减员。因此,确定未来主管人员的需要量,以对这些自然和非自然减少的主管人员作出补充计划。

3. 组织发展的需要

随着组织规模的不断发展,活动内容的日益复杂,管理工作范围会不断扩大,管理人员的需要量也会不断增加。因此,在规划组织未来的管理干部队伍时,还要预测与评估未来若干年内组织大致需要增加的主管人员数量,进而为主管人员的选聘和培养提供依据。

(二)主管人员来源

一般可分为两大类:一是内部提拔,二是外部招聘。

1. 内部提拔

当管理职位出现空缺时,从内部员工中提拔合适人选是一种明智的选择。相关资料显示,美国企业中,大约有 90% 的管理职位空缺都是由公司内部人员来填补的。这是因为,从内部选拔主管人员有许多优点,如内部员工比较了解组织的情况,适应期比较短;组织中的领导者对内部员工的素质和能力了解较多,风险较小,还可以节省外部招聘费用;被提拔任用的人员会感到自己的才干和价值得到赏识和承认,工作积极性和效率也会随之提高;内部提拔的主管人员有利于提高员工对组织的忠诚度,强化组织的凝聚力。

2. 外部招聘

尽管从内部提拔主管人员有许多优点,但内部提拔并不能完全替代外部招聘。这是因为:

(1)即使组织的高、中级主管人员主要采用内部提拔的政策来选择,初级管理岗位的空缺仍需要从外部招聘一些人员来填补;(2)当组织规模扩大或创立一个新的组织时,需要设置许多新管理职位;(3)内部提拔容易形成“近亲繁殖”,不利于增强组织活力。

外部招聘主管人员具有以下一些优点:(1)应聘人员多,选择余地大,有利于招到一流人才;(2)应聘人员来自于四面八方,有利于优化管理队伍结构,防止组织内部形成“小集团”;(3)外来管理干部能带来新观点、新思路、新方法,有利于增强组织的活力;(4)可在一定程度上平息或缓和内部竞争者之间的矛盾和紧张关系。

当然,外部招聘也有明显的不足:(1)选拔成本高、风险大,甚至可能导致错误的聘用决策;(2)内部员工的积极性可能受到影响;(3)外部人员往往需要较长时间才能胜任管理工作。

(三)主管人员选聘标准

虽然不同层次的管理工作需要主管人员具备不同的管理技能,但不同类型的主管人员也应具备一些共同的素质和能力,这也是一些主管人员能成为优秀管理者的主要原因。

1. 特定的心智模式

所谓心智模式是指由过去的活动、知识素养、价值观等形成的基本固定的思维认识方式和行为习惯。主要表现为:强烈的管理欲望、远见卓识、正直的品质、健全的心理。

2. 特定的能力

即核心能力、必要能力和增效能力。核心能力表现为创新能力;必要能力包括决策能力与执行能力;增效能力则是应变能力与控制协调能力。

3. 必要的管理技能

这些管理技能主要包括技术技能、人际技能和概念技能等。

三、主管人员考评

主管人员选聘工作的质量需要借助于对主管人员的考核评价来确认。

(一)主管人员考评的目的与作用

1. 为主管人员的奖酬提供依据;

2. 为组织的人事调整提供依据;

3. 为主管人员的培训与开发提供依据；

4. 为促进组织内部的沟通提供机会。

（二）主管人员考评的内容与程序

1. 主管人员考评的一般内容

（1）岗位职责：指对主管人员在承担本职工作以及完成上级交付的任务中所表现出的业绩进行评价。基本要素包括工作目标、工作质量、工作成果及工作进度等。

（2）能力：对担任管理职务所需要的基本素质和能力进行测评。主要包括担当职务所需要的创造力、理解力、指导与监督能力等经验性能力，以及从工作中表现出来的工作效率与方法等。

（3）品德：对完成工作目标过程中所表现出的责任感、勤奋度、协作精神以及个人修养等方面的考评。

（4）知识：对完成工作目标过程中所需要的相关知识进行测评。主要包括专业知识、管理知识以及其他相关知识等。

（5）组织纪律：对完成工作目标过程中所表现出的纪律性及其他工作要求等进行测评。主要包括纪律、仪表仪容、工作规范等。

2. 主管人员考评的基本程序

为了提高考评结果的可信度及可接受性，通过考评真正激发主管人员的工作积极性，必须提高考评的公正性和客观性，而公正的考评要求依据一定的程序进行，主要包括以下内容：

（1）确定考评内容；

（2）确定考评者和被考评者；

（3）确定考评方法和时间；

（4）确定考评等级及标准；

（5）分析、反馈和使用考评结果。

四、主管人员培训与开发

培训与开发是一个组织为改善内部员工的价值观、工作能力、行为、绩效而展开的有计划的学习活动和过程。培训主要是工作技能的训练，使培训对象获得做好目前工作所需的知识和基本能力，它着眼于传授和训练具体的工作技能。开发也称为管理能力发展，目的是使开发对象获得做好未来工作所需要的知识和潜在能力。在实际工作中，培训与开发的界限并不明显，由于两者的内容常常交叉重叠，因此，常把两者合称为培训与开发。

（一）主管人员培训与开发的重要性

主管人员的培训与开发，不仅可以为组织的发展培养管理人才，而且对主管人员个人也非常重要。培训与开发可以直接提高或辩识个人的技能和素质使主管人员有更多的机会被提拔，以担任更重要的管理工作，这样可进一步增强主管人员的职业成就感和安全感，从而有利于维持主管人员对组织的忠诚，使管理队伍更加稳定。总之，主管人员的培训与开发是保持组织人力资源优势，提高主管人员适应不断变化环境的能力，最终有效实现组织目标的重要战略措施。

（二）主管人员培训与开发的目标

主管人员培训与开发的基本目标就是通过传授知识、转变观念和发展技能等方法与手段来提高管理人员的基本素质，改善组织当前或未来管理工作的绩效，最终提升组织未来的效率和效益。具体来说，主要是实现以下四个方面的目标：

1. 传递信息。通过培训与开发，使主管人员了解组织各方面的信息，熟悉企业各方面情况。

2. 改变态度。通过培训与开发，使主管人员逐步理解组织文化，接受组织的价值观，并按照组织期望的行为准则从事管理工作。

3. 更新知识。及时更新和补充主管人员已有的专业知识和管理知识。

4. 发展能力。根据管理工作的要求，不断提高主管人员在决策、用人、激励等方面的能力。

（三）主管人员培训的内容

企业主管人员的培训有别于员工的培训，应更多强调对主管人员领导能力的培养，包括组织能力、激励技巧、沟通能力、控制能力、抽象思维能力等。

主管人员的思想教育也是非常重要的培训内容。主管人员的思想不进步，态度不端正，企业的发展也就岌岌可危了。

此外，主管人员还要注意不断跟踪宏观形势及国家新出台的有关政策，这样才能把握住大局，才不会在战略方向上走偏。企业在这方面对主管人员的定期培训往往收效是最大的。

（四）主管人员培训与开发的类型和方式

1. 在职培训与开发

大多数主管人员的培训与开发是在工作岗位上进行的。这是一种将学习与实际工作直接结合的培训与开发方式，可以在工作过程中或利用业余时间进行。下面介绍几种在职培训与开发的常用方式。

（1）工作轮换。即通过组织内系统地换岗安排，使主管人员参与不同部门的工作活动，以积累多部门的管理经验。作为培养与开发管理技能的一种重要方法，工作轮换主要可以达到三个方面的目的：一是帮助主管人员获得各种工作的知识、经验，提高才干，并使组织内不同部门之间建立更紧密的横向联系；二是培养主管人员的系统观念和协作精神，使他们学会从组织全局而不是从某一部门来思考问题；三是既有利于主管人员确定最适合他们的管理职务，同时又方便上级确认适合主管人员的工作职位。

（2）设置助理职务。即安排一些有培养前途的年轻主管人员担任组织内较高管理层次的助理职务。这不仅可以减轻企业主要领导者的工作负担,使他们从繁忙的日常管理事务中解脱出来,而且还具有培养待提拔主管人员的种种好处,同时,可以使领导者在实际工作中更好地了解和认识助理人员的管理能力,从而决定是否有可能予以提拔。

(3)安排代理职务。安排临时性的代理职务可以使代理者更为深入地体验高层管理工作,在代理期内充分展示或迅速弥补所缺乏的管理能力。

(4)主管职位替补训练。把一些主管人员指定为替补训练者,要求他们除承担原有的责任外,还要熟悉本部门上级的职责。一旦其上级离任,替补训练者就可以按预先的准备接替其工作。这种方式的优点表现为,由于是为晋升做准备,所以替补训练者会很积极主动,且一旦接替职务即可较快地适应新工作。

(5)网络培训。以互联网为平台,以主管人员自主学习为特征的一种开发方式。其特点是主管人员的培训与开发不受时空限制,主管人员可以随时随地上网学习所需的知识。开展网络培训要求企业建立良好的网络培训系统。

(6)业余进修。主管人员利用业余时间,通过自学或函授等方式获得新知识,进行个人能力的开发。随着知识经济的来临和竞争的加剧,这种业余进修已越来越受到员工的重视。对于主管人员的这种自我培训与开发行为,组织应制定相应的政策予以鼓励。

2. 离职培训与开发

离职培训与开发是指安排部分主管人员脱离工作岗位一段时间,集中进行培训和开发活动。这种培训与开发的好处是比较系统,有深度,效果较好,尤其对提高主管人员的全面素质很有效。缺点是在一定程度上影响本单位工作,培训与开发成本也较高。下面介绍几种离职培训与开发的具体方式:

(1)短期集中学习。把主管人员集中数天乃至数月,按照预定的课程计划进行培训。其突出优点是管理人员能全力以赴地学习,在较短的时间内收到良好的培训效果。

(2)研讨会法。以开研讨会的方式将有关主管人员集中起来进行培训。一般先由领导或专家就某一培训主题进行发言,随后由全体参训人员就此主题进行自由讨论,以期达到深入理解、集思广益的目的。

(3)角色扮演。为主管人员提供某种管理工作情景,并要求某些受训人员担任不同的工作角色,现场表演,其余受训者观察与模仿有关的行为,由培训师现场予以指导和评价。此法较适用于具体管理技能的培训。

(4)案例分析。培训师将案例发给学员并提出问题,让学员预习案例,要求学员进入角色,独立分析和思考,拿出解决问题的方案和办法,随后进行课堂交流。同一案例,学员由于能力、经历和水平不同,可能解决案例中问题的手段和方案也不相同,甚至完全相悖。实际上现实社会经济生活中的许多问题多半没有一个精确的答案,也没有一种固定不变的结论。因此,培训师在进行案例点评时应激发学员去思考、探索。这种方法对培养主管人员分析和解决实际问题的能力大有裨益。

第四节　职业生涯设计

对于一个组织来说,招募优秀的人才固然重要,但更重要的是留住人才,并挖掘他们的潜能、激发他们的奉献精神,使其不仅能在组织中发挥最大的效用,还能在实现组织目标的同时也实现自己的目标,满足实现自我价值的需要。因此,组织在人力资源管理过程中应认真分析员工的职业生涯的发展阶段,这样既能帮助员工在各个阶段获得发展,也有助于组织更有针对性地开展人力资源管理工作。

一、职业生涯路径

处在不同时期的员工,其特点是不一样的,有效管理职业生涯必须针对员工的具体特点区别对待。

1. 对探索阶段的新员工来说,他们经常对自己的职务抱有不切实际的预期。因此,组织应该加强职前引导,及时、客观地告知有关工作职务和组织的正面及负面信息,避免由于目标错位给组织和个人造成不必要的震荡。

2. 对于确立阶段的员工来讲,必须对他们进行必要的培训,确保他们的知识和技能及时更新,使他们能更好地开展组织工作,并及时进行鼓励。

3. 对于保持阶段的员工,组织应及时提醒失误可能导致的代价,主管人员应该做好必要的准备,帮助其他员工克服各种不稳定因素,并使工作变得更富有弹性。

4. 组织应当认识到处于衰退阶段的员工有可能会情绪低落,若处理不好会发生各种矛盾,甚至产生敌视或攻击挑衅行为,组织应对他们有所防范,特别要做好这些人的思想工作,防止不必要的冲突和损失。

二、职业生涯发展的阶段及其特点

一般来说,一个人的职业生涯可以划分为四个主要阶段:探索阶段、确立阶段、保持阶段和衰退阶段。

1. 探索阶段

探索阶段是一个人进入社会的早期。此时个人开始认真地探索选择多种可能的职业,然后根据对自己兴趣与能力的认识不断给予修正和重新界定。管理者在这一阶段的工作,主要应通过提供有关工作和组织的多种正面及负面信息,帮助个人形成对工作的正确与合理预期。

2. 确立阶段

确立阶段大致发生在一个人的青年时期及中年初期。通常个人会在这一阶段寻找到适合自己的职业,并致力于有助于自己在此职业中获得永久发展的各种活动。过去这一过程大多在一个组织中完成,而现在,由于员工可能不断跳槽,这一过程要在几个组织中才能完成。

3. 保持阶段

保持阶段是职业生涯的后期阶段。这一阶段个人已经趋于稳定，将主要精力放在维持现有的位置上，而少有以往的闯劲，但丰富的工作经验和专业知识是他们财富。管理者应该充分利用这部分资源，调动这些人的积极性。

4. 衰退阶段

衰退阶段是临近退休前的人们通常必须面临的时期。这一时期员工的工作责任将减少，员工在组织中的地位和作用逐渐下降，需要为退休做心理上的准备。随着在组织中工作时间的延长，员工对组织的投入感与忠诚度都将增加。因此，在这一阶段应尽可能采取各种方式为他们安排继续工作的机会；如果不能，管理者也应帮助他们学会、适应权力交接和责任减少的现实，并使他们成为年轻人的良师益友。

三、职业生涯规划

一个完整有效的职业生涯规划应包括自我评估、外部环境分析、目标确立、实施策略和反馈评估五个环节，每一个环节都涉及若干具体内容。

1. 自我评估

个人职业生涯规划的第一大要素——“知己”，即自我评估是个人职业生涯规划的基础，是能否获得可行规划方案的重要前提。有效的个人职业生涯规划是以规划者对自己全面正确的分析为基础，正确深刻地认识和了解自己，才能对自己未来的职业生涯作出最优的抉择。

自我评估的内容包括与个人相关的所有因素，如个性、性格、兴趣、能力、学识水平、价值观、思维方式、情商以及潜能等，即弄清楚自己想要做什么，自己能做什么。

常言道“当局者迷”，一个人对自己的认识经常是片面的，在自我评估中还应当包括其他人的意见，称之为“角色建议”。另外，自我评估也可以采用测验法，帮助认识自己的能力倾向、兴趣、性格等。

2. 外部环境分析

除“知己”外还必须做到“知彼”，即了解外部环境。环境因素对个人职业生涯发展的影响是显然的。作为社会生活中的一个个体，唯有适合外部环境的需要，趋利避害，最大限度地发挥个人优势，才能实现个人目标。

外部环境分析主要包括对社会政治环境、经济环境和组织（企业）环境的分析，即评估和分析环境条件的特点、发展与需求变化趋势、自己与环境的关系以及环境对自己的有利条件与不利条件等，以便相应地调整自己，适应环境的要求。这样的职业生涯才会切实可行。

3. 目标确立

制定个人职业生涯规划是为了实现某种职业目标，以获得自己理想的生活，所以目标决策是职业生涯规划的核心。职业生涯目标的确定，是指确立可预想到的、有可能实现的最长远目标，包括人生目标、长期目标、中期目标和短期目标的过程。我们可以首先根据个人素质与社会大环境条件确立人生目标和长期目标，然后通过目标分解，分化为与组织需要相符的中期、短期目标。

4. 实施策略

所谓职业生涯策略是为实现职业生涯目标而制定的行动计划和具体路径。在确定职业生涯目标后，就要制定具体可行的行动方案，包括职业生涯发展路线、教育培训安排、实践计划等。

5. 反馈评估

有效的职业生涯规划还要求便于不断地反省、调整目标和策略方案。现实社会中存在的种种不确定因素，会使原来制定的职业生涯目标与现实脱节，这就需要及时对规划的目标和行动方案作出相应调整。从这个意义上讲，反馈评估是一个再认识、再发现的过程。

本章小结

人力资源管理是企业管理的重要一环，是组织为吸引、留住和有效利用人力资源所从事的一切活动。人力资源计划是组织根据中长期发展战略目标与规划，通过分析组织的人力资源现状与预测需求，制定出的一项战略性人事发展计划。

在招聘和录用员工之前，管理者必须进行工作分析和岗位设计。招聘是管理者为了吸引一定数量的满足空缺职位资格要求的应聘者所从事的一切活动；解聘则是指与不符合组织要求的员工解除劳动合同。一方面可以从市场上直接获取符合组织要求的员工，另一方面，可以通过对现有人员进行培训，使他们成为企业需要的人才。

主管人员配备是实现组织目标和人力资源计划的重要保证。他们在组织中拥有更大的职权和责任，需要具备特定的心智模式和相应的综合能力及管理技能，这些人才既可从外部招聘，又可优先从内部选拔。对主管人员的考评为组织奖酬决定、人事调整和培训开发计划提供依据。同时，培训与开发是组织提高主管人员素质和技能的基本手段。

有效管理职业生涯必须针对员工的具体特点分别对待。职业生涯规划包括自我评估、外部环境分析、目标确立、实施策略和反馈评估五个环节。

习　题

一、思考题

1. 人力资源计划制定的基本原则?
2. 招聘的程序与方法?
3. 主管人员配备的原则?
4. 职业生涯规划的内容?

二、实战练习

每个同学根据自己的特点,制定一个职业生涯规划。

三、案例分析

给年轻人一个舞台
——联想总裁柳传志人才策略

1992 年,信息产业领域打开了国门。当时也就是国家有关部门将批文去掉,关税大幅度降低,外国企业的电脑大量涌入中国,像 IBM、康柏等这些厂家全进来了,一下子推动了中国信息产业的发展。但是,这对国内 PC 厂家的冲击也是巨大的,当时可以说是溃不成军,联想在 1993 年第一次没有完成任务。

1994 年年初,柳传志组织联想员工开了三个月的会,认真讨论未来到底怎么做的问题。研究联想到底还能不能在中国计算机这一行做下去?跟人家比有没有优势?在资金、技术水准、管理、人力资源,全居于劣势的情况下,这个仗打得还是打不得?当时有人提出,实在做不出自己的品牌,干脆就做代理算了。但是研究的结果是,联想坚决要打这个仗,他们认为在本土化方面他们有自己的优势。那年,他们对公司的组织架构、业务模式进行了彻底调整,一项项地检查,然后作了一个重要决定,让 29 岁的杨元庆来担任微机部的负责人。

事实证明,柳传志的这一决策是正确的,从 1994 年起,联想的利润几乎每年都按 100% 的速度增长。柳传志说:"可以说 1994 年我们成功跨越了一个坎儿。"

针对这一转折,有人曾问杨元庆对联想的贡献,杨元庆避开实际业绩不谈,却说此举"树立起了联想老一辈开拓者对年轻人的信任和信誉"。针对杨元庆的这一说法,柳传志解释说:"作为老一代创业者,我和其他人一样对年轻人不是很放心,但是 1993 年在市场上的失利,让我充分认识到我们这一代人,在联想打天下的过程中,发挥了奠基性的作用。但随着时代的发展、技术的进步,创业梯队的知识结构已经陈旧,我们对市场变化反映迟钝,对新知识的接受能力也不如年轻人了,潜在着"老马可能拉不动大车"的危机,必须大胆启用年轻人。我找到了当时集团 CAD 部总经理、年方 29 岁的杨元庆，告诉他联想将有重大的改变，希望他以公司为重，放弃出国的念头。”

就这样，1994 年 3 月，杨元庆出任联想微机部总经理，两年之后，领导联想微机首次勇夺第一，一举打破了国内微机市场多年以来被国外品牌占据第一的局面。年轻人的成功，不仅赢得了联想老一代创业者的信任，更让柳传志看到了希望，在竞争日趋白热化的现实面前没有什么比企业的希望更重要，更让整个团队精神振奋。从这件事上，柳传志看到：给年轻人一个舞台、一个广阔的发展空间，他们会大有作为。后来，柳传志专门成立了总裁办公室，目的就是把一些可塑性强、有潜力的人才集中起来，一方面进行训练与选拔，一方面让这些年轻人在工作中加强合作，把他们培养成联想的中坚力量。

2004 年，在柳传志的协助下，杨元庆并购 IBM（PC）业务，2005 年顺利完成了并购与调整，使联想真正跨入了国际竞争的行列，这一过程体现了年轻一代联想人的胆识和勇气。虽然国际市场暂时还处于整合阶段，但是相信他们很快就会创造出骄人的业绩。

资料来源：http://article. zhaopin. com/pub/interface/livepub/article_view. jsp? id = 87825

思考题：

1. 柳传志启用新人的初衷是什么？

2. 杨元庆取得成功的秘诀是什么？

第九章　组织变革与组织文化

学习目标

了解组织变革的内容、方式，熟悉组织变革的动力和阻力，把握组织变革程序和方法，掌握组织文化的深层次内涵、特点及结构，把握组织文化的精髓，理解组织文化的现实意义，了解组织文化的塑造步骤，熟悉跨文化管理。

第一节　组织变革

组织文化是组织的灵魂，组织变革是组织存续发展的保证。有效的组织变革可以使组织得以传承并发扬光大。

一个组织，无论当初设计得如何完美，在运行一段时间以后都必须进行变革，这样才能更好地适应组织内外条件变化的要求。组织变革是组织发展过程中一项经常性的活动，是任何组织不可回避的问题，能否抓住时机顺利推进组织变革是衡量管理工作有效性的重要标志。

一、组织变革与发展

任何一个组织，无论以往如何成功都必须随时调整自身以适应环境。有学者认为顾客(customers)、竞争(competition)、变革(change)是影响市场竞争的最重要的三种力量，其中尤为重要的是变革。变革无处不在、持续不断，这是组织的一种常态。

(一)组织变革的概念

组织变革就是指为适应外部环境变化，组织改变原有状态，以更好地实现组织目标的活动。组织变革涉及组织的各个方面，如组织结构、组织行为、组织制度、组织文化、组织成员等。组织是一个由多因素组成的有机整体，同其他有机体一样，经历着产生、成长、成熟和衰退的过程，同时又不断地与周围环境进行物质、信息及人员的交流。当组织内部的因素或其所处的外部环境发生变化时，组织的某个方面或某些方面若不能适应这种变化，就会影响组织的生存，这时组织必须进行变革，以保证组织自身的生存和发展。

组织变革不是目的，借助组织变革实现组织发展才是最终目的。组织发展是指以变革方式改进组织行为、提高组织效率的过程。组织发展要通过组织变革来实现，变革是手段,发展是目的。组织变革要通过建立健全组织的运行机制,改造组织的结构和流程来增加组织对环境的适应性。通过组织变革可以更新组织的知识、技能、行为和心智模式,可以推陈出新,获得更高的组织效率,提升组织的竞争力,使组织永葆生机和活力。

(二)组织成长过程的危机

任何组织都可以借助组织变革来实现组织发展。组织变革伴随着组织成长的各个时期,不同成长阶段,组织会面临不同的成长危机。在组织的成长过程中通常会出现如下危机:

1. 成长危机。在组织成立初期,组织的成长主要依靠组织高层管理者或合伙人的领导魅力来实现。成功的领导者能够促使刚成立的组织得以不断发展壮大,组织的人员增加,产品的产量与产品市场份额不断提高。与此同时,组织通常需要一个具有专业知识与业务能力的管理者来管理企业,因此出现所谓的缺乏领导危机。

2. 自主性危机。聚合阶段的组织通过有效的集权管理,组织规模不断扩大,组织获得突出的业绩。但当职能和工作业务范围逐渐复杂后,集权指导式的管理模式无法让执行者应对随时出现的危险,因此,组织必须进行再度变革,通过授权解决员工缺乏自主性的危机。

3. 控制性危机。随着组织分权与高层管理者授权程度的加大,组织内部各部门的自主权力也越来越大,部门之间产生竞争,进而使组织资源利用效率下降。同时组织结构也因工作业务的扩大出现重叠混乱状况,这时需要进行组织变革,在总部设立总管理部门,集中处理重大问题,并开展协调工作,以解决缺乏控制的危机。

4. 僵化危机。当组织规模继续扩大,出现跨地区、跨国界的经营活动时,管理工作将更加复杂,带有部分集权形式的战略规划部门也无法全面掌握各种不同文化、不同服务和职能的需求以及不同国家的政策变化,决策活动的过程常常因决策系统的庞大和官僚化而为得漫长,决策效率低。因此,组织又面临着变革的问题,即以联邦分权的形式,通过合作克服因规范化而带来的管理僵化危机。

二、组织变革的动力与阻力

现代社会中,组织面临着复杂多变的动态环境,组织是在长期的变革与短期的稳定的状态下寻求发展的。这就要求管理者更加关注变革和变革管理,帮助员工更好地理解不断变革中的工作环境,并采取措施激发变革的动力,克服变革的阻力,使组织在变革中求得繁荣和发展。

组织变革时常面临着动力和阻力这两种力量的较量。对待组织变革所表现出来的推动和阻止这两种不同的态度,以及由此产生的方向相反的作用力量及其强弱程度,从根本上决定了组织变革的进程、代价,甚至影响到组织变革的成功和失败。

(一)组织变革的动力

组织变革的动力,是指发动、赞成和支持变革并努力实施变革的驱动力。它们主要来自于组织的外部环境和内部环境。

1. 组织变革的外部推动力

基于系统观点，任何组织都是一个开放系统，它通过与其所在的环境不断进行物质、能量、信息的交换而生存与发展。因此，组织外部环境的发展变化是组织变革的重要动力来源。

(1)宏观社会经济形势变化的影响。政治环境、经济环境和文化环境的变化，国家经济政策、宏观管理的调整等，都会引起组织内部深层次的调整和变革，甚至改变组织的发展方向。

(2)科学技术进步的影响。知识经济社会是科学技术最活跃的时代，科学技术的发展日新月异，新产品、新工艺、新技术、新方法层出不穷，对组织的固有运行机制构成了强有力的挑战。科学技术的发展带来了生产方式和生活方式的变化，从而引起组织运行结构的变化。

(3)环境资源变化的影响。组织发展所依赖的环境资源对组织具有重要的支持作用，如原材料、资金、能源、人力资源、专利使用权等。组织必须能克服对环境资源的过度依赖，同时要及时根据资源的变化顺势变革组织。

(4)竞争观念和市场变化的影响。经济全球化使跨国界的市场竞争越来越激烈，竞争方式也多种多样，组织若想适应未来竞争的要求，就必须调整竞争观念势，争得主动，才能在竞争中立于不败之地。

(5)国际环境变化和突发事件的影响。由于国际经济、贸易联系的日益紧密，国际化的变化也成为导致企业组织变化的一个重要因素。一个国家、一个地区的经济危机也会牵连全球许多国家，甚至产生严重的后果，这时许多企业就不得不调整自己的组织行为，进行组织变革，以适应变化了的国际环境。

总之，外部环境的变化，一方面给组织发展带来了威胁；另一方面则为组织发展提供了新的机会与挑战。适应变化了的环境的唯一方法就是调整自身，把握机会，实现组织变革，进而求得组织发展。

2. 组织变革的内部动力

组织变革与发展的内部动力是促成组织变化的最直接、最具决定性的原因，主要有以下几个方面：

(1)组织规模变化的要求。由于组织业绩水平的不断提高和资源的不断积累，原有的组织结构和模式已不能满足组织的要求，如果不及时进行组织变革，则可能危及组织的效率，阻止组织的发展。

(2)组织本身任务或性质变化的要求。对于本身的任务或性质发生明显变化的组织来说，组织变革是必须的，以适应性质的变化所带来的一切变化，确保任务的完成。

(3)技术条件变化的要求。当组织使用的生产技术、管理手段或控制工具不断更新换代时，组织变革的要求也随之产生。

(4)克服组织低效率的要求。较长时期内处于一种运行状态的组织,极有可能出现机构重叠、权责不明、人浮于事、目标分歧等现象,只有及时变革才能进一步阻止组织效率的下降。

(5)保障信息畅通和快速反应的要求。随着外部不确定性因素的增多,组织决策对信息的依赖性增强。为了提高决策效率,组织必须进行变革,通过保障信息渠道的畅通,保证决策信息的真实、完整与及时。

(6)组织成员自身因素变化的要求。组织在成长过程也是一个吐故纳新的过程。当组织成员在年龄、性别、知识等方面的比例结构发生重大变化时,也会对组织变革与发展提出一些客观要求。

(7)提高整体管理水平的要求。组织整体管理水平的高低体现着组织竞争力的强弱。组织的每一个成长阶段都会面临新的发展问题和矛盾,为了实现新的战略目标,组织必须在各个方面做出进一步的改善和提高。

(二)组织变革的阻力

组织变革是一种对现有状况进行改变的努力,任何变革都会遇到来自各种变革对象的阻力和反抗。实际上,组织变革过程就是破除变革阻力、变阻力为动力的过程。所谓组织变革的阻力,是指人们反对变革、阻挠变革甚至对抗变革的力量。这种制约组织变革的力量可能来自于个体、群体组织或社会。

1. 个人阻力

组织变革时来自于个人的阻力主要包括:

(1)个人惯性。在长期的学习、工作乃至生活中,人们养成了某种行为习惯,并依赖于习惯和模式化反应来适应各种复杂情况。组织变革要求成员更新观念,调整已经适应了的工作习惯和工作方式,此时的习惯方式可能成为变革的阻力源。

(2)安全心理。变革通常是用模糊和不确定性的内容代替已知的东西,这就意味着要承担一定的风险。对未来不确定性的担忧、对失败的惧怕、对绩效差距拉大的惶恐,使员工产生不安全感和抗拒心理。

(3)经济利益。变革从一定意义上讲是利益的调整。组织变革可能使组织成员失去原有的地位、权利和利益,从而导致员工因担心自己不能适应新的工作岗位引起经济收入的下降而抵制变革。

2. 组织阻力

组织阻力主要来自组织内部的组织结构、群体的惯性、原有权力关系的压力、专业知识更新的压力、人际关系的影响等。组织结构的变革可能会打破过去固有的管理层级和职能机构,并采取新的措施对责权利重新作出调整和安排,这就必然要触及某些团体的利益和权力。如果变革目标与这些团体的目标不一致,那么团体就会采取抵制和不合作的态度,以维持现状,由此形成来自于组织本身的变革阻力。

3. 社会阻力

组织变革的社会阻力主要来自于非正式组织。人们在生活工作中会建立多种多样的非正式组织,当组织进行变革时,可能会对非正式组织中的人际关系产生重大影响,由此导致非正式组织成员的抵制,形成变革的阻力。

组织变革是大势所趋,不以人的意志为转移,要正确看待阻力,并采取相应的措施克服阻力,促成组织变革。可采取的措施有:增加变革的透明度;增进成员间的信任;加强员工培训,提高其适应性;选择正确的变革时机实施变革。

三、组织变革的目标和变革类型

(一)组织变革的目标

把握变革时机,实施组织变革的目标是:

1. 使组织更具环境适应性。环境因素是不可控制的,组织要想在动荡的环境中生存并发展,就必须顺势变革,把握各种机会,识别各种风险,使组织更具环境适应性。

2. 使管理者更具环境适应性。在组织变革过程中,管理者一方面需要调整过去的领导风格和决策过程,使组织更具灵活性;另一方面,要根据环境变化,重构层级之间、工作团队之间的各种关系,使组织变革更具针对性和可操作性。

3. 使员工更具环境适应性。组织变革最直接的感受者就是组织中的员工。管理者要想办法使员工充分认识到变革的积极性,改变员工对变革的观念、态度和行为方式,使组织变革措施得到员工的认同、支持和贯彻执行。借助于再教育和再培训,使组织中的员工更具环境适应性。

(二)组织变革的类型

组织变革按照不同的分类标准,可以分为不同的类型:

1. 按照工作对象不同,组织变革可分为以机构为中心的变革、以任务和职能为中心的变革和以人为中心的变革。

(1)以机构为中心的变革。即通过改变组织结构形态、信息沟通渠道和方式、管理规章制度、成员的工作环境等途径实现变革。这种变革的优点是操作比较容易,效果比较明显。

(2)以任务为中心的变革。当组织外部环境发生重大变化时,组织的任务和职能也要变化。组织变革就是明确新任务,并根据新任务调整组织职能,明确组织的新职能。

(3)以人为中心的变革。即通过改变员工的态度、价值观念、需求层次和种类、行为方式等途径实现组织变革。这种变革难度较大,一般需要较长的时间,并对组织的管理者素质有较高的要求,其效果迟缓但具有持久性。

组织应视具体情况来选择变革方式。在这个过程中,选好变革的突破口是至关重要的。

2. 按照变革的程度与速度,可将组织变革分为激进式变革、渐进式变革和系统发展式变革。

(1)激进式变革。就是彻底打破原状,抛弃旧的一套,采用新的管理办法。这种方式一般是在组织发生危机或外部环境重大突变时采用。如更换原有主要领导人,大范围调整人员,重新划分部门和职权等。

(2)渐进式变革。即在原有的框架内做些小改革,此种方式是最常采用、随处可见的。如规章制度的修订、局部的人事变动,某些部门权责的调整等。

(3)系统发展式变革。主管人员先设想出一个最佳的方案,让有关人员共同研究、修订后确定变革的模型,然后再对照现状找出差距,制定出解决问题的具体措施,最终使组织达到最佳化和高效化。

上述三种变革方式中,渐进式变革一般不易触及组织的根本性问题,而且耗时长,收效不大;激进式变革方式要彻底打破现状,故变革的阻力大、破坏性强,难度也很大;系统发展式变革是最常用且最有效的变革方式。

3. 按照变革的侧重点不同,可将组织变革分为战略性变革、结构性变革和流程性变革。

(1)战略性变革。是指组织对其长期发展战略或使命所作的变革。

(2)结构性变革。是指组织需要根据环境的变化适时对组织的结构进行变革,并重新在组织中进行权力和责任的分配,使组织变得更为柔性灵活、易于合作。

(3)流程性变革。是指组织紧密围绕其关键目标和核心能力,充分应用现代信息技术对业务流程进行重新构造。这种变革会对组织结构、组织文化、用户服务、质量、成本等各个方面产生重大的影响。

四、组织变革的过程

成功而有效的变革通常需要经历解冻、变革、冻结这三个有机联系的过程。

1. 解冻

由于任何一项组织变革都或多或少会面临来自组织自身及其成员一定程度的抵制,因此,组织变革过程需要有一个解冻阶段作为实施变革的前奏。该阶段的主要任务是发现组织变革的动力,营造危机感,塑造出改革是大势所趋的气氛,并在采取措施克服阻力的同时,具体描绘组织变革的蓝图,明确组织变革的目标和方向,以形成可实施的比较完善的组织变革方案。

2. 变革

变革或改革阶段的任务就是按照已拟定的变革方案开展具体的组织变革活动,以使组织从现有结构模式向目标模式转变。这是变革的实质性阶段,通常可以分为试验与推广两个步骤。因为组织变革的涉及面较为广泛,组织中的联系相当错综复杂,往往"牵一发而动全身",这种状况使得组织变革方案在全面付诸实施前一般要先进行一定范围的典型试验,以便总结经验,进一步修正变革方案。在试验取得初步成效后再进入大规模的全面实施阶段。

3. 冻结

组织变革并不是在实施变革行动后就宣布结束,对于涉及人的行为和态度的组织变革,必须在经过冻结阶段后才有可能真正实现。现实中经常出现的是组织变革行动发生后,个人和组织都有一种退回到原有习惯了的行为方式中的倾向。为避免此种情况发生,变革的管理者就必须采取措施保证新的行为方式和组织形态能够不断得到强化和巩固。这一强化和巩固阶段可以视为一个冻结或重新冻结的过程。缺乏这一冻结阶段,变革就有可能失败。

五、实施组织变革的步骤

组织变革需要经过解冻、变革、冻结三个阶段,而具体落实则需要更为细致的步骤。具体为:

1. 确定变革问题

一个组织是否需要进行变革以及所需要变革的内容,必须结合组织的实际情况予以考虑。如果组织在日常的管理实践和反馈的信息中显露出不适应的征兆,如:组织决策效率低或经常作出错误的决策;组织内部沟通渠道阻塞,信息传递不灵或失真;组织机能失效;组织缺乏创新等,那么就表明,组织的现状已经不尽人意,若不进行及时的变革,组织的发展将受到严重的影响。因此,组织有必要对出现的问题进行认真的分析,找出引发问题的主要原因,以确定变革的方向。

2. 诊断组织状态

根据组织的表现和运行现状,依据组织的生命周期理论和现实情况,认真寻找组织在运行和发展过程中存在的问题。要特别注意组织外部的政治环境、社会环境、经济环境所发生的新的变化和发展趋势,同时也要重视组织内部日常活动的一些反馈信息,全方位地诊断组织的目标、组织结构、信息沟通渠道和沟通方式、组织对环境变化的适应状况、组织的运行状态、资源配置情况、员工士气等方面存在的问题。将这些问题按其属性进行分类,按其重要性和急迫性进行排序,从中挑选出若干相对重要的、对组织全局影响较大的问题,逐个分析、研究,找出产生这些问题的根源和解决这些问题需要改变的因素,并初步确定出组织变革的具体目标。

3. 选择变革重点

在对组织作出诊断后,要根据确定的组织变革目标,结合组织的实际情况,确定变革的突破口和重点。如果组织的结构存在重大缺陷,可选择以机构设置为中心的变革方式。如果组织结构本身没有太大问题,而任务和组织整体职能方面存在重大缺陷,可选择以职能和任务转变为中心的变革方式。如果组织中的人员结构存在重大缺陷,可选择以人为中心的变革方式。也可以将这三种方式有机结合,循序渐进地推进组织变革。

4. 分析限制因素

为了使组织变革获得成功,还应该认真分析变革的限制因素,即组织变革有哪些制约环节,需要具备什么条件。变革的限制因素在不同时期、不同组织将会有较大的差异。

首先,上级主管部门是否支持,组织内部是否具备变革的基础条件是两个必须考虑的因素。因为变革将会打破组织的机构体系,实际上是资源和利益的重新分配与组合。变革如果动作大、影响面宽,在变革的过程中就会出现许多预想不到的问题和负面影响,风险性很大,因此没有上级主管部门的支持和认可是很难成功的。组织内部所具备的变革条件包括的方面较多、较复杂,不论采取哪一种变革方式,群众的支持都是必需的。

其次,要分析组织是否能够承受变革的成本和代价,是否能够承受由变革引起的暂时不稳定而带来的损失等。

再次,还要分析、选择组织实施变革的时机。组织变革应选在组织内部相对稳定和对组织运营影响较小的时机进行。变革的周期不宜太长,但也要尽量避免操之过急、突击完成,要循序渐进,讲求实际效果,在条件允许的情况下,尽量把变革的阵痛减至最小。

5. 制定变革方案

组织变革方案包括变革的目标、组织存在的严重问题、变革的方式、变革的步骤和完成这些步骤的详细时间表等内容。变革目标要具体、明确;现存的问题及其根源分析要透彻;改革方式的选择要适合组织的具体情况;变革的步骤要明确,特别是要列出相应的配套措施、管理制度、岗位职责和实施时间表;最后还应该有变革的验收标准。可以在总方案下制定若干子计划或实施细则,便于实施和操作。方案要理由充足、考虑周密、广泛征求各方面意见,并要经过反复论证和修改,尽可能多地得到员工的理解与支持。

6. 全面实施变革

变革方案制定后就要选择时机实施组织的变革。变革会增加一些事件的不确定性,也会触动某些人的既得利益,不可避免地受到阻碍。从某种意义上讲,实施组织变革的过程也是破除变革阻力、化阻力为动力的过程。因此,要依据变革方案,从变革的突破口开始,逐步推进组织的变革实施过程。在变革计划实施过程中,如发现变革方案计划和实际情况有较大出入,可对其作出相应的调整,以保证变革的顺利进行。

7. 评估和信息反馈

这是组织变革的最后一个阶段,也是一项善后工作。组织变革是一个包括众多复杂变量的转换过程,再好的计划也不能保证完全取得理想的效果。变革结束后,管理者必须对改革的结果进行总结和评价,及时反馈新的信息。评估过程主要包括确定评价标准、衡量变革成效、纠正偏差三个方面。这也是一个信息反馈的过程。评估结果如何,对下一轮组织变革具有十分重要的影响。组织变革的过程总是周而复始、不断循环的,每一次评估既是对上次成果的衡量评价,又为下一次变革总结经验,提供参考。

第二节　组织文化

每个人都有区别与他人的某些特征,这就是心理学家所说的“个性”。一个组织也同样有自己的个性,我们称之为组织的文化。组织运作的成败经常归因于组织文化。组织文化是被组织成员广泛认同、普遍接受的价值观念、思维方式、行为准则等群体意识的总称。组织通过培养、塑造组织文化,来影响成员的工作态度和工作中的行为方式,以实现组织的目标。

一、组织文化的概念和特征

1. 组织文化的概念

组织文化(Organizational Culture)指共同的价值体系。像部落文化中拥有支配每个成员的图腾和戒律一样,组织拥有支配其成员行为的文化。每个组织,都存在着随时间演变的价值观、信条、神话及实践的体系或模式,这些共有的价值观在很大程度上决定了成员的看法及其对周围世界的反应。当遇到问题时,组织文化通过提供正确的途径来约束雇员行为,并对问题进行概念化、定义、分析和解决。

任何组织都是按照一定目的和形式而构建起来的社会集合体。组织为了满足自身运作的要求,必须要有共同的目标和理想、共同的行为准则和共同的追求以及与此相适应的机构和制度,否则,组织就会是一盘散沙。而组织文化的任务就是努力创造这些共同的价值观念体系和共同的行为准则。从这个意义上讲,我们认为组织文化是组织在长期的实践活动中所形成的,并且为组织成员普遍认可和遵循的、具有本组织特色的价值观念、团体意识、工作作风、行为规范和思维方式的总和。

组织文化可以通过以下10个方面来加以识别。

(1)成员的同一性。指成员与整体组织保持一致的程度,而不是仅体现他们的工作类型或专业领域的特征。

(2)团体的重要性。指工作活动围绕团队组织而不是围绕个人组织的程度。

(3)对人的关注。指管理决策要考虑结果对组织中的人的影响程度。

(4)单位的一体化。指鼓励组织中各单位以协作或相互依存的方式运作的程度。

(5)控制。只用于监督和控制成员行为的规章、制度及直接监督的程度。

(6)风险承受度。指鼓励成员进取、创新及冒风险的程度。

(7)报酬标准。指依成员绩效决定工资增长和晋升等报酬的程度。

(8)冲突的宽容度。指鼓励成员自由争辩及公开批评的程度。

(9)手段—结果倾向性。指管理更注意成果或更注意取得成果的技术和过程的程度。

(10)系统的开放性。指组织掌握外界环境变化并及时对这些变化作出反应的程度。

2. 组织文化的特征

组织文化本质上属于“软文化”管理范畴,是组织自我意识所构成的精神文化体系。它的基本特征包括以下几个方面:

(1)组织文化的核心是组织的价值观。任何一个组织总是要把自己认为最有价值的对象作为本组织追求的最高目标、最高理想或最高宗旨。一旦这种最高目标和基本信念成为统一本组织成员行为的共同价值观，就会构成组织内部强烈的凝聚力和整合力，成为统领组织共同遵守的行动指南。因此，组织价值观制约和支配着组织的宗旨、信念、行为规范和追求目的。从这个意义上讲，组织的价值观是组织文化的核心。

(2)组织文化的中心是以人为主体的人本文化。人是整个组织中最宝贵的资源与财富，也是组织活动的中心和主旋律。组织只有充分重视人的价值，最大限度地尊重人、关心人、依靠人、理解人、培养人和造就人，充分调动人的积极性，发挥人的主观能动性，努力提高全体员工的社会责任感和使命感，使组织和成员成为真正的命运共同体和利益共同体，这样才能不断增强组织的内在活力，实现组织的既定目标。

(3)组织文化的管理方式是以柔性管理为主。组织文化是以一种文化的形式出现的现代管理方式，它通过柔性的而非刚性的文化引导，建立起组织内部合作、友爱、奋进的文化环境，以及协调和谐的心理认同，逐渐地内化为组织成员的主体文化，使组织的共同目标转化为成员的自觉行为，让群体产生最大的协同合力。事实证明，这种由柔性管理所产生的协同力比组织的刚性管理制度有着更为强烈的控制力和持久力。

(4)组织文化的重要任务是增强群体凝聚力。组织中的成员来自四面八方，不同的风俗习惯、文化传统、工作态度、行为方式、目的愿望等都会引起成员间的摩擦、排斥、对立、冲突甚至对抗，这些都不利于组织目标的顺利实现。而组织文化通过建立共同的价值观和寻求观念的共同点，不断强化组织成员间的合作、信任与团结，使之产生亲近感、信任感和归属感，实现文化的认同和融合，在达成共识的基础上，使组织具有一种巨大的向心力和凝聚力，这样才能有利于组织共同行动，实现组织的目标。

二、组织文化的结构与内容

1. 组织文化的结构

组织文化一般由三个层次构成，即显现的器物层文化、中间的制度层文化和潜层的精神层文化。

(1)显现的器物层文化，又称表层文化，它是组织文化的载体，是指凝聚着组织文化抽象内容的物质化表现，它既包括组织整个物质的和精神的活动过程、组织行为及组织的产出等外在表现形式，也包括组织实体的文化设备、设施等，如组织环境。它是组织文化最直观的部分，也是人们最易于感知的部分。

(2)中间的制度层文化，又称中层文化，是指体现组织文化的各种规章制度、道德规范和行为准则的总称，也包括反映组织内部分工协作关系的组织结构。它介于表层文化和深层文化之间，是潜层文化向表层文化转化的中介。

(3)潜层的精神层文化，又称深层文化，是指组织员工共同而潜在的意识形态，包括员工的价值观念、道德观念、管理哲学、敬业精神等。它是组织文化的核心和主体。

2. 组织文化的内容

组织文化的核心内容主要包括价值观念、组织观念、规章制度、职业道德、组织情感等。

(1)价值观念。价值观念是组织内部管理层和全体员工对该组织的生产、经营、服务等活动以及指导这些活动的一般看法或基本观点。它既是组织对其内部、外部环境的总体评价和总的看法,又是组织文化的最基本内容和组织发展的驱动力。它常常表现为组织目标和组织方向,使员工产生共同的价值取向和行为取向。

(2)组织精神。组织精神是组织文化的核心。它是组织成员经过共同努力和长期培养而逐步形成的、认识和看待事物的共同心理趋势、价值取向和主导意识。即是组织的灵魂,既反映了组织成员对组织的特征、形象、地位等方面的理解和认同,又包含了对组织未来发展和命运的希望和期待。它是凝聚组织成员共同奋斗的精神源泉。

(3)规章制度。合理的规章制度可以协调领导和组织成员之间以及组织内外部之间的关系,调动全体员工的积极性和创造性;不合理的规章制度会影响组织活动的正常运转,造成组织混乱,进而降低组织的效率。

(4)职业道德。职业道德就是组织成员在其活动中履行职责、形成行为规范和原则的综合。它通过各种形式的教育和社会舆论的力量,使人们具有善和恶、荣誉和耻辱、正义和非正义等观念,并逐渐形成一定的习惯和传统,以指导和控制自己的行为。职业道德要求组织成员对组织承担一定的责任和义务,且个人道德标准要服从组织的需要。道德作为社会完善和个人完善的动力,规划着人们的行为规范,对增强组织的凝聚力具有巨大的作用。

(5)组织情感。组织情感是组织成员对组织态度的一种体验。它表现为好恶、爱憎以及由此产生的亲疏感等。组织情感的产生是日积月累的,如果组织成员在情感上把组织当成自己的家,将组织的事当成自己的事,就会极大地提高组织的绩效。

三、组织文化的功能

从组织文化的应用角度看,组织文化具有很多特定功能。主要有:

1. 整合功能

组织文化通过培育组织成员的认同感和归属感建立起成员与组织之间的相互信任和依存关系,使个人的行为、思想、感情、信念、习惯以及沟通方式与整个组织有机结合在一起,形成相对稳固的文化氛围,凝聚成一种无形的合力,以此激发组织成员的主观能动性,为实现组织的目标而努力。

2. 导向功能

组织文化作为全体成员的共同价值观,能够将组织成员的思想行为统一到组织发展的目标上来。它不仅对组织个体的心理、性格、兴趣、行为起到潜移默化的作用,而且对组织整体的价值取向和行为起导向作用。

3. 约束功能

组织文化中的制度层文化对每个员工的思想和行为都起着约束作用。这种约束不是硬约束，而是一种软约束，一种由内在心理约束起作用的对行为的自我管制。

4. 激励功能

组织文化的核心是价值观，它的作用首先体现在它能把组织成员的价值观同组织的价值观统一起来，形成一体化的价值观，最大限度地激励组织成员为组织的生存和发展而努力奋斗。

5. 凝聚功能

组织文化是一种无形的“粘合剂”，也像“磁铁”一样具有无形的吸引力，能够把组织成员的感情紧紧地连接在一起。组织文化注重人的价值，特别重视培养人的感情，通过正式或非正式的途径建立起领导与员工之间、员工与员工之间的信任、和谐、尊重与理解的关系，使员工感到组织“大家庭”的温暖，增强为组织的生存和发展作贡献的责任意识。

四、组织文化的塑造

1. 组织文化形成的影响因素

组织文化的形成受到一系列条件和因素的限制。

首先，是传统文化因素的影响，民族的传统文化是组织文化形成的土壤和源头，在同族的民族文化影响下，不同组织的组织文化具有极大的相似性。

其次，组织文化的形成和发展必须具备相当的技术条件和管理基础，组织文化的产生是对现代科学管理的补充和协调，但它不能代替硬件管理。

再次，组织文化的产生和发展依赖于社会经济生活和社会生活的民主化，它必须保证组织员工个性的充分发展。

最后，也是最主要的一点是企业家的倡导和员工的认同与接收。组织文化首先是在企业家、管理者的倡导下形成的，同时只有当企业家倡导的价值观念和行为准则被组织员工广泛认同、普遍接受并自觉地作为自己行为的选择依据时，企业文化才能在真正意义上形成。

2. 组织文化塑造的一般过程

组织文化的塑造一般要经过以下过程：

（1）选择合适的组织价值观标准。选择正确的组织价值观标准是塑造良好的组织文化的首要任务。选择组织价值观要立足于组织本身的特点，根据组织的目的、环境、运作方式等特点选择适合自身发展的组织文化模式。

（2）企业家的倡导。组织文化首先是企业家文化，在组织工作中企业家不仅要言传身教，还要借助于重大事件的成功处理，促进组织成员对重要价值观和行为准则的认同。

（3）组织成员的认同。首先是组织的管理层的认同，通过学习、座谈，统一管理层的思想认识，制定在企业内树立和发扬组织优良文化和共同价值观的规划，并在组织内部有步骤地推广，使组织文化深入人心。

(4)固化组织文化。将经过科学论证和实践检验的组织精神、组织价值观、组织伦理以及行为准则予以条理化、完善化、格式化，并以精练的语言表述出来。

(5)组织文化的巩固与完善。组织文化的巩固必须有制度作保障，要建立一系列制度促使成员能够自觉地按照组织文化的标准去行事。当组织内外条件发生显著变化时，组织必须不失时机地丰富、完善和发展组织文化，保持组织文化的生命力和作用力。

3.组织文化塑造应注意的问题

塑造组织文化除了要处理好西方文化与东方文化的关系、古代文化与现代文化的关系、文化的传承与创新的关系外，还需注意以下几个问题：

(1)不搞形式主义。如有的企业注重厂徽、厂服、厂貌等，却忽视企业精神的培养和基层文化建设；只满足于文化实施纲领及厂训的确立，而不付诸实施。

(2)避免简单化。如简单模仿其他组织的组织文化，没有深入调查、用心尽力地建设自己的具有鲜明特色的组织文化。

(3)组织文化建设不僵化。企业价值观、规章制度、行为准则等，要随宏观环境的变化而作出相应的调整，不能一成不变。

五、跨文化管理

随着经济全球化步伐的不断加快，异国文化和外资化管理模式进入中国，跨文化问题日益突出。跨文化是指不同文化的交织和混合，其涵盖面是全方位的，既涉及跨国界的不同文化交遇时的状态和现象，又涵盖了同一国度不同民族文化交遇时的状态和现象。一般情况下，跨文化是指跨国界的文化。

1.跨文化管理的特征

(1)管理主体与客体异国化。在外商独资或外商控股的企业中，管理主体是外商投资者、经营者或管理者，管理的客体多是本土的雇员，呈现出人力资源管理主体与客体在国籍上的异化。

(2)主体文化的民族化。在跨文化管理中，往往以管理主体的文化为主，这使其组织文化不可避免地带有投资国的文化烙印。

(3)管理模式多样性。由于外商投资者的多国性和多民族性，使得其组织文化带有多国性和多民族性，由此衍生出多种管理模式。

(4)管理的先进性。外资的进入，不仅带来了外国先进的科学知识、现代信息、新材料、新工艺、新技术，而且带来了先进的现代化管理知识和技能，这也使得外资企业的跨文化管理具有先进性和现代性的特征。

(5)不断的发展性。外资企业的跨文化管理经历了由低级向高级逐步递进的过程，从最初的克隆管理方式，到中外文化协调的中级管理方式，再到文化融合的高级管理方式，体现了外资企业的跨文化管理的发展历程。

2. 跨文化管理的模式

外资企业的跨文化管理经历了三个阶段，形成三个逐级递进的跨文化管理模式，即：

(1)克隆管理模式—跨文化管理的初级模式

在外资企业成立的初级阶段，由于管理手段上完全克隆了国外母体企业的模式，故称之为克隆管理模式。克隆管理模式的实施者是外国的投资者、经营者和管理者，该模式的接受者是企业中的中外籍员工。

克隆管理模式的特征主要表现在：

①外籍化。即全盘外籍式管理。所有管理者均由外资企业母国选派，将其在本土成熟市场上形成的管理机制移植到在华企业中。

②现代化。克隆管理模式极具西方现代化、规范化管理的风范和意识，时代感很强。

③规范化。外资企业非常注重对员工的培训，加强对员工职业道德和职业行为的培养，加强员工对企业的认同感和责任心，并制定了严格的管理制度，实施规范化管理。

④高激励和高效益并存。外资企业无论在物质方面还是在精神方面都给员工以强烈的刺激，打破平均主义，采取薪酬、晋升等激励手段调动员工的积极性，由此带来高效率和高效益。

⑤高竞争性。在克隆管理模式时期，企业内部竞争激烈。由于企业用人的不稳定性，使得外部的应聘者与内部的员工之间竞争激烈，进而导致企业内部的部门间、班组间、员工之间的竞争更为激烈。

外资企业之所以选择克隆管理模式，是因为中西方在政治、经济和社会制度等方面存在较大差异；外国投资者对中国文化有陌生感；对中国市场信心不足；对中国的人力资源缺乏信任。但随着企业的不断成长，中西方文化的相互渗透，加之投资者对中国的了解，外资企业的管理模式由克隆管理转化为文化互渗管理模式。

(2)文化互渗管理模式—跨文化管理的中级形式

文化相斥使企业意识到必须通过文化整合来协调跨文化问题。文化整合实质是根据文化特质有意识地进行文化互渗。文化的相通性使相异文化的互渗有其必然性，也使跨文化的管理由克隆管理向互渗管理递进成为可能。

文化互渗管理模式的特征：

①投资国和东道国文化特点的互渗。跨文化管理的中级管理模式的形成是从中外文化特点的互渗开始的。劳资双方经过自然和有意识的文化交流、渗透和整合，逐渐认可和接受对方文化，完成了文化从形似到神似、从物质到精神的转化。

②完成了人力资源配置从外籍化到本土化的转换，实现中外企业管理形式的结合。外资企业借鉴中西方管理模式的精华，对跨文化状态下的人力资源进行了跨文化的管理整合，力图实现外资企业管理的本土化。

(3)文化融合管理模式—跨文化的高级阶段

文化融合管理是一种理想化的跨文化管理高级阶段。在融合过程中，吸收各国文化精华，创建一种融合中外文化特点和劳资双方共同利益的新型文化。

文化融合管理模式的特征：

①人力资源布局的国际化。企业在聘用管理者时打破国界、母公司与子公司、母体企业和海外业务的界限，只以企业为一体，以管理者对本土化和异国文化的熟悉度、对异国文化的适应力、接受力和管理能力为基准。

②东西合璧的跨文化管理人才。外资企业人力资源的国际化配置设计，对文化融合管理模式中的人力资源提出了更高的要求，他们应该是东西合璧、融合东西方文化精华的新型管理人才和员工。

③中外文化的形神兼备。人力资源文化融合管理模式是中外文化形神兼备，从物质到精神的真正融合，是对跨国文化精华的汲取和发扬。

④劳资双方共同接受。通过文化整合，创建了融合文化精华的新文化和新型人力资源管理模式，保护了劳资双方的共同利益，被劳资双方共同接受。

上述三种跨文化管理模式会随着时间的推移和社会的发展，不断从初级阶段向高级阶段演变，这是发展的必然趋势。

本章小结

组织变革是组织发展过程中一项经常性的活动，任何组织都可以借助组织变革来实现组织的成长与发展。组织的成长过程分为五个阶段，即创业阶段、成长阶段、规范化阶段、成熟阶段和衰退阶段。组织变革时常面临着动力和阻力这两种力量的较量。成功而有效地变革，通常需要经历解冻、变革、冻结这三个有机联系的过程。

组织运作的成败经常归因于组织文化。组织文化是被组织成员广泛认同、普遍接受的价值观念、思维方式、行为准则等群体意识的总称。组织文化一般由三个层次构成，即显现的器物层文化、中间的制度层文化和潜层的精神层文化。从组织文化的应用角度看，组织文化具有很多特定功能。主要有：整合功能、导向功能、约束作用、激励作用、凝聚作用。随着经济全球化步伐的不断加快，异国文化和外资化管理模式进入中国，跨文化问题日益突出。外资企业的跨文化管理经历了三个阶段，形成三个逐级递进的跨文化管理模式，即：克隆管理模式—跨文化管理的初级模式、文化互渗管理模式—跨文化管理的中级形式和文化融合管理模式—跨文化的高级阶段。

习　题

一、思考题

1. 试分析组织变革经常会遇到哪些阻力？如何克服这些阻力？

2. 为什么说，从一定意义上讲，组织变革的过程也就是破除变革阻力，化阻力为动力的过程？

3. 跨文化问题产生的根源是什么？

二、实战练习

结合实际谈谈当前在我国企业建设新型组织文化的必要性。

三、案例分析

温特图书公司的组织改革

温特图书公司原是美国一家地方性的图书公司。近 10 年来，这个公司从一个中部小镇的书店发展成为一个跨越 7 个地区，拥有 47 家分店的图书公司。多年来，公司的经营管理基本上是成功的。下属各分店，除 7 家处于市镇的闹区外，其余分店都位于僻静的地区。除了少数分店兼营一些其他商品外，绝大多数的分店都专营图书。每个分店的年销售量为 26 万美元，纯赢利达 2 万美元。但是近 3 年来，公司的利润开始下降。

2 个月前，公司聘请苏珊担任该图书公司的总经理。经过一段时间对公司历史和现状的调查了解，苏珊与公司的 3 位副总经理和 6 个地区经理共同讨论了公司的形势。

苏珊认为，她首先要做的是对公司的组织进行改革。就目前来说，公司的 6 个地区经理都全权负责各自地区内的所有分店，并且掌握有关资金的借贷、各分店经理的任免、广告宣传和投资等权力。在阐述了自己的观点以后，苏珊便提出了改组的建议。

一位副总经理说道："我同意你改组的意见。但是，我认为我们需要的是分权而不是集权。就目前的情况来说，我们虽聘任了各分店的经理，但是我们却没有给他们进行控制指挥的权力，我们应该使他成为一个有职有权、名副其实的经理，而不是只有经理的虚名，实际上却做着销售员的工作。"

另一位副总经理抢着发言："你们认为应该对组织结构进行改革，这是对的。但是，在如何改的问题上，我认为你的看法是错误的。我认为，我们不需要设什么分店的业务经理。我们所需要的是更多的集权。我们公司的规模这么大，应该建立管理资讯系统。我们可以透过资讯系统在总部进行统一的控制指挥，广告工作也应由公司统一规划，而不是让各分店自行处理。如果统一集中的话。就用不着花这么多工夫去聘请这么多的分店经理了。"

"你们两位该不是忘记我们了吧？"一位地区经理插话说，"如果我们采用第一种计划，那么所有的工作都推到了分店经理的身上；如果采用第二种方案，那么总部就要包揽一切。我认为，如果不设立一些地区性的部门，要管理好这么多的分店是不可能的。""我们并不是要让你们失业。"苏珊开始发表意见，"我们只是想把公司的工作做得更好。我要对组织进行改革，并不是要增加人手或是裁员。我只是认为，如果公司某些部门的组织能安排得更好,工作的效率就会提高。”

思考题:

1. 有哪些因素促使该图书公司要进行组织改革?

2. 你认为该图书公司现有的组织形态和讨论会中两个副总经理所提出的计划怎么样?

第十章　领导工作概述

学习目标

掌握领导的含义及领导的本质,明确领导的作用,掌握领导与管理的关系,了解领导者的影响力、构成的类型及常见的领导风格,掌握各领导理论的内容和现实意义。

第一节　领导与领导工作

计划工作是对组织未来一定时期内活动进行的规划;组织工作是为实现组织的计划目标,对组织资源的优化配置;领导工作能使组织的物质资源在人力资源的作用下,通过指挥和协调,实现组织的目标。

领导是管理的基本职能,它贯穿于管理活动的整个过程,与管理工作其他职能的区别主要体现在与人相联系的特征上。

一、领导的内涵

领导是领导者及其领导活动的简称。领导者是组织中那些有影响力的人员,他们可以是组织中拥有合法职位、对各类管理活动具有决策权的主管人员,也可以是一些没有确定职位的权威人士。他们是为实现组织目标,进行决策、计划、组织、控制和委派职责等工作而去指挥或引导下属的人。领导活动亦称领导工作,是领导者运用权力或权威对组织成员进行引导或施加影响,以使组织成员自觉地与领导者一起去实现组织目标的过程。在管理学中,领导是指挥、带领、指导下属,为实现组织目标而努力的过程。

(一)领导构成要素

在组织管理中,领导必须具备以下3个要素:1.必须有下属或者追随者;2.必须拥有影响追随者的能力;3.行为具有明确的目的,并可以通过影响下属来实现组织目标。

(二)领导的本质

领导的本质就是使组织成员的追随与服从。领导并非孤立地存在,一般情况下,人们不能强逼他人实行某种行为。因此,领导意味着追随者愿意接受引导或影响,在接受某人领导时,组织成员为了实现某一目标,自愿放弃某些决策自由。正是这些下属的追随与服从,才确立了使领导者在组织中的地位,并使领导过程成为可能。因此,可以说领导的本质在于影响或引导而非指挥或命令。

(三)领导的作用

领导的作用:1. 决策。2. 用人。3. 指挥:指在组织活动中,需要有头脑清醒、胸怀全局,能高瞻远瞩、运筹帷幄的领导者帮助组织成员认清环境和形势,指明活动的目标和达到目标的路径。(4)协调:指组织在内外因素的干扰下,需要领导者来协调部门之间和组织成员之间的关系和活动,朝着共同的目标前进。(5)激励:指领导者为组织成员主动创造能力发展空间和职业生涯发展的行为。领导者在领导过程中,要通过激励方法调动下级和职工的积极性,使之能积极努力地实现组织目标。实现组织的目标是领导者的根本任务,但完成这个任务不能仅靠领导者一个人,他应在组织的基础上,通过激励的作用,将全体职工的积极性调动起来。

(四)领导与管理的区别与联系

领导与管理,二者都是一种在组织内部通过影响他人的协调活动实现组织目标的过程。管理是建立在合法、有报酬和强制性的权力基础上的对下属命令和指挥的行为。领导行为则是可能建立在合法、有报酬强制性权力基础上,也可能甚至建立在个人影响权和专长权以及模范作用的基础上。

1. 领导与管理的联系主要体现为:

(1)领导是从管理中分化出来的。就领导活动自身发展的历史而言,决策与执行的分离、领导权与管理权的分离,是领导科学发展进程中的重要变革,这一具有里程碑意义的变革同样证明了领导是从管理中分化而来的。

(2)领导和管理无论是在社会活动的实践方面,还是在社会科学的理论方面,都具有较强的相容性和交叉性。

2. 领导与管理的区别主要有:

(1)领导具有战略性。领导侧重于重大方针的决策和对人、事的统御,强调通过与下属的沟通和激励实现组织目标;管理则侧重于政策的执行,强调下属的服从和用组织控制方式实现组织目标。领导追求组织乃至社会的整体效益;管理则着眼于某项具体效益。

(2)领导具有超脱性。领导重在决策,管理重在执行。工作重点的不同,使领导不需要处理具体、琐碎的具体事务,主要从根本上、宏观上把握组织活动。管理则必须投身于人、事、财、物、信息、时间等具体问题的调控与配置,通过事无巨细的工作实现管理目标。

二、领导者的影响力

所谓影响力是指一个人在与他人的交往中,影响和改变他人的心理和行为的能力。根据法兰西、雷文等人的研究,领导者的影响力有 5 个来源:法定性权力、奖励性权力、强制性权力(惩罚性权力)、感召性权力、专长性权力。

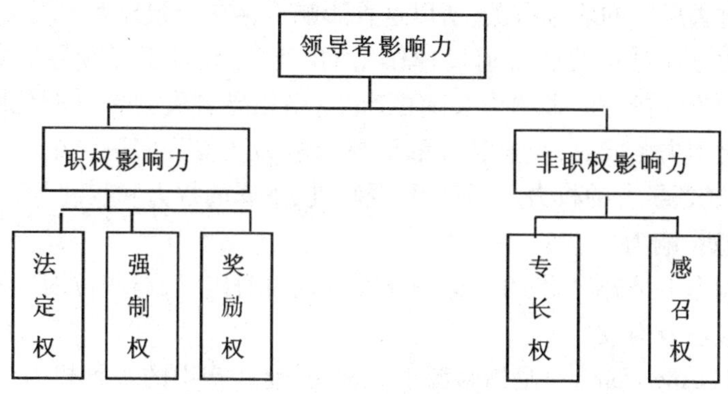

图 10－1　领导者影响力的来源

（一）职权影响力

职权影响力实质是指社会或一个组织赋予某些人一定的职务、地位与权力，使之具有的支配下属的影响力。这种影响力与特定的个人无关，只与职务发生联系。它源于由组织赋予领导者且要求被领导者服从的权力所决定的影响力，其核心是权力。员工一旦有了正式的任命，就具有了相应的职权影响力。职权影响力的大小取决于权力主体掌握资源的多少，包括物质资源、社会资源和精神资源。领导者职位越高，所控制的资源越多，对他人的影响力也就越大。职权影响力带有强迫性，以外部压力的形式来发生作用。在它的作用下，被影响者的心理与行为主要表现为被动、服从。因此，这种影响力对人的心理和行为的激励作用是有限的。

1. 职权影响力的构成

（1）法定权：组织授予领导者一定的职位，使其占据权势地位或支配地位，可以对下属发号施令。

（2）强制权：用惩罚的措施迫使他人服从的力量。

（3）奖赏权：用激励手段鼓励下属努力完成组织目标。

2. 制约职权影响力的主要因素

职位因素：领导者在工作群体中的职位会使被领导者产生敬畏感，职位越高、权力越大，员工的敬畏感也就越甚。职位因素造成的影响力与本人的素质没有直接的关系，它是组织赋予领导者的力量。

传统观念——员工对领导者往往形成这样一种观念——领导者不同于普通人，他们有权、有才干、比普通人强。被迫的服从形成了习惯以后，就会变成自觉的服从。领导者追求个人的权威和员工的服从感，有着积极和消极两种意义：一方面企业领导者如果没有权威，工作就难以顺利开展；另一方面如果一味地追求权威，将会发展为盲目的个人迷信和个人崇拜，使事情走向反面。

资历因素：资历是历史性的东西，反映的是一个人过去的情况。尽管一个人的过去和现在不能等同，但在心理上，人们一般对一个资历较深的领导者，是比较敬重的。由于资历主要是与过去所任的职务有关,所以这种影响也存在于领导者的现实行为之前。

职权影响力是通过正式的渠道发挥作用的。当领导者担任领导职务时,由传统心理、职位、资历构成的权力的影响力会随之产生;当领导者失去领导职位时,这种影响力将大大削弱直至消失。同时,企业领导的职权影响力还受许多因素的制约,包括上级的权力、其他群体或领导者的权力、下属的接受程度、下属的权力和权利等。

(二)非职权影响力

非职权影响力不是外界附加的,来自于个人的自身因素,与职位没有关系。

1. 非职权影响力构成

(1)专长权(expert power)是指来源于专长、技能和知识的一种权力。由于世界的发展日益取决于技术的发展,专门的知识技能也由此成为权力的主要来源之一。今天的企业发展越来越依赖技术因素,随着工作的细分,专业化程度越来越强,企业的目标越来越依靠不同部门和岗位的专家。例如计算机方面的专家、会计师、培训师等,他们都是因为在某一领域中的特殊影响力,而获得了专长权。

(2)感召权是指由于领导者拥有吸引别人的个性、品德、作风而引起人们的认同、赞赏、钦佩、羡慕以至自愿地追随和服从。感召权大小与职位高低无关,只取决于个人的行为。不过,具有高职位的人,其模范行为会产生一种放大的乘数效应。

2. 制约非职权影响力的因素

(1)品格;(2)才干;(3)知识;(4)情感。

(三)职权影响力与非职权影响力的关系

职权影响力与非职权影响力,尽管各有特点,但两者又是相互联系、相互影响的。

1. 领导影响力是职权影响力与非职权影响力的有机统一。职权影响力是领导影响力的前提要素。企业领导者必须手中有实权,方能支配下级,实现领导功能。非职权影响力是领导影响力的基础要素。要使下属自觉、真正地服从,仅仅依靠职权是不行的。

当企业领导者盛气凌人、颐指气使、武断专横、滥施淫威时,下属只是口服心不服,暂时敷衍屈从,心底却暗生怨恨。这种影响力是表面的、虚假的,对人的影响是也暂时的、极其有限的。一位企业领导者,只有具备某种专门知识和才干,而且品德高尚、作风正派、处处以身作则、为人表率、坚持原则、秉公执政、办事公道,在工作中做出许多成绩,他的领导活动就容易为下属所接受,他的为人就能得到下级的钦佩,下级也愿意接受他的领导,并且从心理上归属于他。这种归属和接受不是强制性的,而是由衷的、自觉的、心甘情愿的。崇高的威信是企业领导者的内在魅力,它像磁石吸铁一样,吸引着他的部下。因此,非职权影响力是构成领导影响力的坚实基础。

2. 两种影响力相互影响。其中,非职权影响力制约着职权影响力。威信的高低可以导致实际权力大小的变化。这就是说,企业领导者拥有的非职权影响力可以大大加强他的职权影响力。职权取决于职位,而威信主要与企业领导者个体行为与素养密切相关。从另一个角度讲,唯有职权影响力而无非职权影响力,职权影响力也难以发挥功效,权力最终也会丧失。

职权影响力也对非职权影响力产生一定影响。一般说来，被领导者对企业领导者总有一种服从感、敬畏感。如果企业领导者有一定的职权和资历，就会对非职权影响力起到增力作用。

三、领导的类型

（一）按照领导的历史发展进程为标准划分

以领导的历史发展进程为标准，可以划分出五种领导类型：自然式领导、专制式领导、民主式领导、专家式领导，也称专家辅佐式领导、专家集团式领导。

（二）按照领导的工作性质和对象为标准划分

以领导工作的性质和对象为标准，可以划分出四种基本类型：政治领导、行政领导、业务领导、学术领导。

（三）按照管理制度权力的集中与分散分类

1. 集权式领导

把管理的制度权力相对牢固地掌握在自己手中的领导者。下属受控制的力度较大。

2. 民主式领导

向被领导者授权，鼓励下属参与，并且主要依赖于其个人专长权和影响权影响下属。

（四）按照领导工作维持与创新来分类

1. 维持型领导

亦称事务型领导，通过明确角色和任务要求，激励下属努力完成组织目标，并且尽量考虑和满足下属的社会需求，通过协调活动提高组织效率。

2. 创新型领导

（1）魅力型领导者：鼓励下属超越他们预期绩效水平的能力。

魅力型领导者的影响力来源：有能力陈述未来远景（下属可识别且富有想象力）；有能力提炼出每个人都赞同的公司价值观系统；信任下属并获取他们充分的信任回报；提升下属对新结果的意识，激励他们为了部门和组织而超越自身的利益。

（2）变革型领导者：这类领导者通常具有强烈的价值观和理想，他们能成功地激励员工为了组织的利益而超越自身的利益，为了团队的伟大目标而相互合作、共同奋斗，并能对下属产生深远而且不同寻常的影响。

（3）战略型领导者：用战略思维进行决策。战略的领导行为特征：预见、洞察、保持灵活。

（五）按思维方式划分

按思维方式划分，分为事务型领导者和战略型领导者。

四、领导工作

领导工作就是主管人员根据组织的目标和要求，在管理过程中学习和运用有关理论和方法，以及沟通联络、激励等手段，对组织内每个成员（个体）和全体成员（群体）的行为进行引导和施加影响的活动过程，其目的在于使个体和群体能够适应环境的变化，自觉自愿、有信心地，以统一的意志、统一的行动，为实现组织的既定目标而努力。

（一）领导工作的作用

领导工作的作用表现在以下几个方面：

1. 更有效、更协调地实现组织目标

领导工作的作用，在于引导组织中全体人员有效地领会组织目标，使全体人员充满信心，通过领导工作的进行，协调组织中各个部门、各级人员的各项活动，从而使全体人员步调一致地加速组织目标的实现。

2. 有利于调动人的积极性

主管人员通过领导工作，把组织成员的精力引向组织目标，并使他们热情、满怀信心地为实现目标作出贡献。换言之，领导工作的作用也就表现在调动组织中全体人员的积极性，使他们以持久的士气和最大的努力，自觉地作出自己的贡献。

3. 有利于个人目标与组织目标的结合

主管人员通过领导，帮助组织的成员明确自己所处的地位，对社会、对组织所应承担的义务，让他们体会到个人与组织是紧密联系在一起的，从而自觉地服从组织目标，主动地放弃一些个人不切实际的需求；同时，主管人员也要创造一种环境，在实现组织目标的前提下，在条件许可的范围内，满足个人的需求，使之对组织产生信赖和依靠的感情，从而为加速实现组织目标而作出贡献。

（二）领导工作的原理

组织开展领导工作时应遵循以下工作原理：

1. 指明目标原理：

是指领导工作应能使全体人员明确理解组织的目标，则人们为实现组织目标所做的贡献就会越大。

2. 目标协调原理

是指个人目标与组织目标能取得协调一致，人们的行为就会趋向统一，从而为实现组织目标所取得的效率就会越高，效果也就会越好。

3. 命令一致原理

是指主管在实现目标过程中下达的各种命令要一致，个人在执行命令中发生的矛盾就越小，领导与被领导双方对最终成果的责任感也就越大。

4. 直接管理原理

是指主管人员同下级的直接接触越多，所掌握的各种情况就会越准确，从而指导与领导工作就会越有效。

5. 沟通联络原理

是指主管人员与下属之间越是有效、准确、及时地沟通联络，整个组织就越会成为一个真正的整体。

6. 激励原理：

是指主管人员越是能够了解下属的要求和愿望，并适当给予满足，就越是能够调动下属的积极性，使之为实现组织的目标作出更大的贡献。

（三）领导工作的要求

领导工作的要求总的说来就是创造一种良好的环境。为此，主管人员应达到以下三个方面的要求：

1. 畅通组织内外沟通联络的渠道

信息沟通使组织活动统一起来。一方面，信息沟通可以把组织中的各项管理工作聚合成一个整体；另一方面，主管人员通过信息交流可以了解组织外部环境。信息沟通使组织成为一个开放的系统，并与外部环境相互发生作用。因此，从某种意义上讲，组织就是一个信息沟通网络，主管人员处在这个信息网络的中心，他们对网络的畅通负有责任。

2. 运用适宜的激励措施和方法

领导工作就是指导和引导个体和群体的行为，去实现组织的目标。主管人员应当明确，他们只有使组织中每个成员的需要得到最大限度的满足，才能同时实现组织目标，领导工作才是有效的。这就要求主管人员了解并掌握有关的激励理论和方法，并在领导的实际工作中因地制宜地加以运用。

3. 不断改进和完善领导作风和方法

主管人员良好的领导作风和方法，能够鼓舞士气。而领导作风和方法往往又和主管人员所采取的激励措施和方法相联系。只有改进和完善领导作风和方法，领导工作才会有效，从而主管人员的工作也才是有效的。

第二节　领导风格类型

一、领导风格的定义

领导风格（Leadership Styles）一般指习惯化的领导方式所表现出的种种特点，是一名领导者的相对一贯的行为模式。习惯化的领导方式是在长期的个人经历、领导实践中逐步形成的，并在领导实践中自觉或不自觉地稳定起作用，具有较强的个性化色彩。每一位领导者都有其与工作环境、经历和个性相联系的、与其他领导者相区别的风格。领导风格研究的理论价值和实践意义在于它更能反映现实的领导活动，解释领导有效性的差异。

二、领导风格的类型

(一)参与型领导

参与型领导者与群体成员一起进行决策制定。让团队成员参与决策,并与他们并肩作战,这已经成为一种被现代组织中广为接受的领导方法。

参与型领导可以被细分为三个亚类型:咨询型领导者在作出决策前会向群体成员进行确认,但他们会保留最后的决策权。一致型领导者会力图使群体成员达成意见的一致。他们鼓励就一个问题进行群体讨论,然后作出一个可以得到群体成员普遍认同和支持的决定。民主型领导者则将最后的决定权交给了群体,只充当决策前收集群体意见和组织投票的角色。

参与型领导涉及到团队合作的问题。典型的参与型领导行为包括对团队成员进行训练,就他们的需要进行商谈以及与他人合作。这种风格适用于那些具有能力且乐于承担责任的人员,但会使团队会变得议漫长,以至削弱领导者的权力。

(二)独裁型领导

与参与型领导者相对的是独裁型领导者,他们保有绝大部分权力。他们自信地作出决策,假设群体成员将会遵从,而且也不太考虑群体成员对于决策的态度。独裁型领导被看作是任务导向的,因为他们非常强调任务的完成。典型的独裁行为包括告诉他人去做什么、坚持自己的权利以及为团队成员树立榜样。作为一名有着很高决断力和智商的人,可以快速作出许多重大决定,而不需要太多来自他人的信息。

许多研究者和观察者认为,女性有一些后天养成的特质和行为,使她们适合做关系导向的领导。因此,女性领导者经常表现出合作、授权的风格,包括对于团队成员的培养。基于同样的视角,男性则倾向于命令和控制性、军事化的领导风格。参与型的管理对于女性来说比男性更适合,因为同他人的交往更令她们感到舒适。而且,有人认为女性天生对人更加敏感,因此更容易鼓励团队成员参与到决策制定中来。

(三)戈德曼的有关情商的六种领导风格

戈德曼认为很多领导因为缺乏充分的自我认知,而很难对他人的生活产生真正的影响力,这对于一个领导者来说是一个非常严重的问题。而要真正全面地理解领导效力,既要衡量情商,又要衡量传统的智商。戈德曼坚信作为一个领导者,需要具备的最重要的素质是能够鼓舞和激发积极的士气,这是他的核心论点之一。他认为情商与智商不同,是能够发展的,同时他也坚称,要想成功地开发出高水平的情商,首先要知道的是学习的方法和途径,这样才能够指挥大脑作出不同的反应以应对不同的情境。

戈德曼提出构成情商的五个要素:自我意识(Self Awareness)、自我管理/约束(Self Management/control)、自我激励(Self Motivation)、移情能力或同理心(Empathy)、社会交往能力(Social Skills)

表 10－1　情商的五要素

	定义	特点
自我认知	认识和理解自己的情绪情感和动机，以及它们对于别人会产生什么样的影响	自信；现实的自我评价
自我约束	控制和转移破坏性的情绪或冲动	正直、可信；宽容地接受模糊的状态；开放地对待变革
激励	为了一些超越回报和地位的原因而努力工作的激情；充满活力和有决心追求目标的倾向	强烈的成就愿望；面对失败仍然乐观的心态
同理心	理解人们的脾气秉性；根据人们的情绪反应采取对策的技能	创造并保持才能的技能；跨文化敏感性；客户服务导向
社交技能	善于建立和管理关系网络；能够找到共同的立场和亲善的关系	有效的领导变革；有说服力；创造核心领导团队的技能

情商的六种领导风格：

戈德曼将情商的概念用到了领导力的研究上，探讨 EQ 是如何影响一个人的领导风格的。根据戈尔曼的研究，一共存在六种领导风格，每一种领导风格都以情商的不同组成部分为基础。掌握了四种或者更多领导风格的领导人——尤其是远见型、民主型、关系型以及教练型领导风格——往往会营造出最好的工作氛围并取得最好的绩效。

1. 远见型

远见型领导动员大家为了一个共同的想法而努力。同时，对每个个体采用什么手段来实现该目标往往会留出充分的余地。

情商基础：自信、移情能力、改变激励方式。

适用情形：几乎所有的商业情形。

不适用情形：有个别情况下不宜使用，比如当与一个领导人在一起工作的是一个由各种专家组成的团队时，或者是一些比他更有经验的同事时。

2. 关系型

这种领导风格以人为中心，关系型领导人努力在员工之间营造一种和谐的氛围。

情商基础：移情能力、建立人际关系、沟通。

适用情形：是一种不受时间约束的好方法。特别用于下列情况，例如：需要努力建立和谐的团队氛围、增强团队士气、改善员工之间的交流，以及恢复大家之间的信任等。

不适用的情形：它不宜单独使用。这种领导风格存在由于千篇一律地对员工进行表扬的缺陷，所以可能会给那些绩效较差的员工提供错误的导向，使他们感觉到在这个组织之中平凡是可以容忍的。它应该与远见型风格结合使用。

3. 民主型

这种领导方式通过大家的参与而达成一致意见。

情商基础：协调合作、团队领导、沟通。

适用情形:一个领导人对组织发展的最佳方向不明确,且需要听取一些能干员工的意见,甚至需要他们的指导。当然一个领导人即使已经有了很好的愿景,运用民主型领导风格,也可以从员工那里得到一些新的思想来帮助实施这个愿景。

不适用的情形:这种领导风格最让人头疼的一个问题就是会导致无数的会议,很难让大家的意见达成一致,所以在危机时刻不应使用。

4. 教练型

教练型领导把培养人才作为组织发展的基础。他会帮助员工们确定自身的优点和弱点,并且将这些与他们的个人志向和职业上的进取心联系起来。教练型领导非常擅长给员工分配任务,为了给员工提供长期学习的机会,往往不惜忍受短期的失败。

情商基础:发展别人、移情能力、自我意识。

适用情形:当人们"做好准备"时,这种领导风格最有效。比如,当员工已经知道了自己的弱点并且希望提高自己的绩效,且意识到需要发展新的能力以进行自我提高时,这种领导风格很受欢迎。

不适用的情形:当员工拒绝学习或者拒绝改变自己的工作方式时。

5. 示范型

示范型领导人会树立极高的绩效标准并且会带头做榜样。这种领导人在总是强迫自己把事情做得又快又好,而且还要求周围的每一个人也能够像他们一样。

情商基础:责任心、成就动机、开创精神。

适用情形:当一个组织所有员工都能够进行自我激励并且具有很强的能力,而且几乎不需要任何指导或者协调时,这种领导方式往往能够发挥极大的功效。

不适用的情形:像其他领导风格一样,不应单独使用。示范型领导人对完美的过度要求会使很多员工有被压垮的感觉。

6. 命令型

命令型的领导需要别人的立即服从。

情商基础:成就动机、开创精神、自我控制。

适用情形:在采用命令型领导风格时必须谨慎,只有在绝对需要的情况下才可以使用,诸如一个组织正处于转型期或者敌意接管正在迫近时。

不适用的情形:一个领导人如果在危机过去之后,还仅仅依赖于命令型领导风格或者继续使用这种风格来进行管理,就会使员工有一种被漠视的感觉,而这带来的长期影响将是毁灭性的。

事实上,并不存在一种最佳的或有效的领导风格。研究发现,那些取得最好效果的管理者并不仅仅依赖一种风格。相反,他们会采用多种不同的领导风格,比如在某些情境中采用独裁型风格,而在另外一些情境中则采用民主型风格。最有效的领导者是那些表现出多样性和灵活性的人,这使得他们可以对自己的行为进行调节,以应付那些变化和彼此矛盾的要求。多数成功的领导者通常都能找到任务和关系取向的最佳结合点。

第三节　有代表性的领导理论

有代表性的领导理论可粗略分为:领导特质理论、领导行为方式理论、领导权变理论等三种类型。

一、领导特质理论

领导特质理论又称为领导性格理论、素质理论、品质理论、特性理论。该理论着重研究领导者的性格、素质、品质等方面的特征,把个人的品质和特点作为区别一个成功的领导者与不成功的领导者的标志,并用以描述和预测领导成效以及解释领导者之所以成为领导者的原因。该理论实质上是研究优秀而成功的领导所具有的内在品质与领导相关行为及绩效方面的关系。

按对领导特质来源的不同解释,可将其分为传统的领导特质理论和现代的领导特质理论。前者认为领导者所具有的品质是天生的,是由遗传因素决定的;而后者则认为领导的品质和特性是在实践中形成的,是可以通过教育训练培养出来的。

(一)传统特质理论

传统特质理论认为领导者的特性来源于生理遗传,是先天具有的,且领导者只有具备这些特性才能成为有效的领导者。

亨利(W. Henry)1949 年在调查研究的基础上指出,成功的领导者应具备 12 种品质:(1)成就需要强烈,把工作成就看成是最大的乐趣;(2)干劲大,工作积极努力,希望承担富有挑战性的工作;(3)用积极的态度对待上级,尊重上级,与上级关系较好;(4)组织能力强,有较强的预测能力;(5)决断力强;(6)自信心强;(7)思想敏捷,富于进取心;(8)竭力避免失败,不断地接受新的任务,树立新的奋斗目标,驱使自己前进;(9)讲求实际,重视现在;(10)眼睛向上,对上级亲近而对下级较疏远;(11)效力于组织,忠于职守。

吉伯(C. A. Gibb)于 1954 年指出,天才的领导者具有七项特性:(1)智力过人;(2)英俊潇洒;(3)能言善辩;(4)心理健康;(5)外向而敏感;(6)有较强的自信心;(7)有支配他人的倾向。

(二)现代特质理论

现代特质理论认为:领导者的特性和品质并非全是与生俱来的,而可以在领导实践中形成,也可以通过训练和培养的方式予以造就。美国普林斯顿大学教授鲍莫尔针对美国企业界的实况,提出了企业领导者应具备的十项条件:(1)合作精神;(2)决策能力;(3)组织能力;(4)精于授权;(5)善于应变;(6)勇于负责;(7)勇于求新;(8)敢担风险;(9)尊重他人;(10)品德超人。

日本企业界认为,有效的领导者应具备十项品德和十项才能,如表 10-2 所示。

表 10－2　有效的领导者应具备的条件

十项品德		十项才能	
1. 使命感	6. 公平	1. 判断能力	6. 劝说能力
2. 责任感	7. 热情	2. 创造能力	7. 对人理解能力
3. 依赖性	8. 勇气	3. 思维能力	8. 解决问题能力
4. 积极性	9. 忠诚老实	4. 规划能力	9. 培养下级能力
5. 进取心	10 忍耐性	5. 洞察能力	10. 调动积极性能力

美国管理协会曾对在事业上取得成功的1800名管理人员进行了调查，发现成功的管理人员一般具有下列20种品质和能力：(1)工作效率高；(2)有主动进取精神；(3)善于分析问题；(4)有概括能力；(5)有很强的判断能力；(6)有自信心；(7)能帮助别人提高工作的能力；(8)能以自己的行为影响别人；(9)善于用权；(10)善于调动他人的积极性；(11)善于利用谈心做工作；(12)热情关心别人；(13)能使别人积极而乐观地工作；(14)能实行集体领导；(15)能自我克制；(16)能自主作出决策；(17)能客观地听取各方面的意见；(18)对自己有正确评价，能以他人之长补自己之短；(19)勤俭；(20)具有管理领域的专业技能和管理知识。

20世纪早期领导特质研究主要是要确定成为领导者的决定因素。这个理论被称为伟人理论。20世纪中期，领导特质理论受到了挑战，当时，大量的研究表明：具备某些特质确实能提高领导者成功的可能性，但没有一种特质一定就是成功的保证。因此，认为领导并不是个人所拥有的可以量化的东西，它与社会情境中的人际关系有关。虽然与领导有关的个人因素仍是十分重要的，但是这些因素应该是与情境的需要相关的。

另外，无论是传统特性理论还是现代特性理论，都强调了领导者应具有较多的适应于领导工作的人格特性。但领导特性理论还存在着一些缺陷。(1)领导特性理论忽视了下属，而下属对领导的成效往往产生重要的影响。(2)没有具体指出不同的品质和特性在领导工作中的相对重要性。(3)不同的理论依靠的证据不一致。(4)随着研究的展开和深入，被当做领导者的特性的条目越来越多，而且有不断增多之势，导致理论上的争执和混乱。

二、领导行为方式理论(Attribution theory of leadership)

领导才能与追随领导者的意愿都是以领导方式为基础的，这种理论认为，依据个人行为方式可以对领导进行最好的分类。

(一)怀特和李皮特的三种领导方式理论

美国管理学家罗夫·怀特(Ralph K. Wbite)和罗纳德·李皮特(Ronald Lippett)提出

了三种领导方式理论：权威式（Authoritarian）、民主式（Democratic）及放任式（Laissez—faine）。

1. 权威式领导。所有决策均由领导者决定；所有工作的步骤和技术也由领导者发号施令行事；工作分配及组合多由他单独决定；领导者较少接触下属，如有奖惩，往往对人不对事。

2. 民主式领导。主要决策由组织成员集体讨论决定，领导者采取鼓励协助态度；通过讨论，使其他人员对工作全貌有所认识；在所设计的完成工作的途径和范围内，下属人员对进行工作的步骤和所采用的技术，有选择权力。

3. 放任式领导：组织成员或群体有完全的决策权，领导者放任自流，只负责给组织成员提供工作所需的资料条件和咨询，而尽量不参与、也不主动干涉，只偶尔表示意见。工作进行几乎全依赖组织成员、各人自行负责。

这三种领导方式中，一般认为民主式领导方式的效果较好。

（二）领导连续流

美国管理学家坦南鲍姆（Robert Tannen-baum）和沃伦·施密特（Warren H. Schmidt）提出的领导连续流（Leader-ship as continuum）也称作主管者—非主管者的行为连续流。他们认为领导方式各式各样，一个适宜的领导方法取决于环境和性格。他们描述了从主要以领导人为中心到主要以下属为中心的一系列领导方式，这些方式依领导者把权力授予下属的大小程度而不同。因此，而不是在两种方法（独裁的或民主的）中任选其一，没有哪一种方式总是正确的，也没有哪一种方式总是错误的。

应强调指出，他们还在领导方式周围添加了对领导方式施加的影响组织环境与社环境因素，强调了领导方式具有开放性的性质。这就对主管人员的权力提出了挑战，要求他们在作出决定或管辖下属时应考虑组织外部的利益。

（三）俄亥俄州立大学的二维构面理论

美国俄亥俄州立大学从 1945 年起，对领导问题进行了广泛的研究。一般称之为“俄亥俄学派理论”或“二维构面理论”（two dimension theory）。他们发现，领导行为可以用两个构面（Dimensions）加以描述：关怀（Consideration）和定规（Initiating structure）。

所谓关怀是指一位领导者对其下属所给予的尊重、信任以及互相理解的程度。从高度关怀到低度关怀，中间可以有无数不同程度的关怀。而所谓定规，也就是指领导者对于下属的地位、角色与工作方式，是否都订有规章或工作程序可分为高度的定规和低度的定规。因此，二维构面可构成一个领导行为坐标，如图 10－2 所示，大致可分为四个象限或四种领导方式。在生产部门，工作绩效与定规程度正相关，而与关怀程度负相关。但在非生产部门内，这种关系恰相反。一般来说，高定规和低关怀的领导方式效果最差。

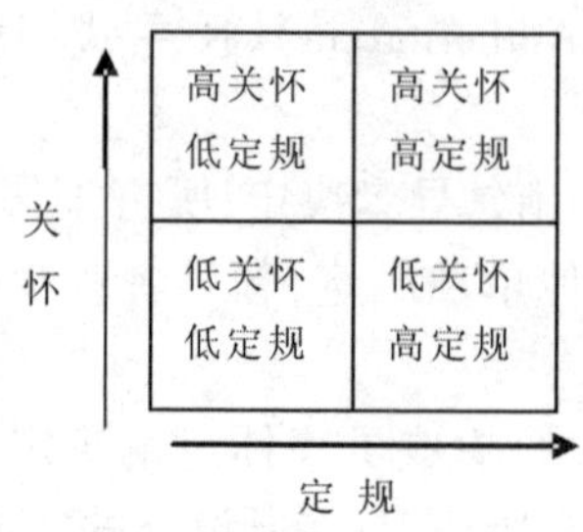

图 10－2　俄亥俄州立大学领导行为坐标

（四）布莱克和穆顿的管理方格图

美国管理学家布莱克（Robert R. Blake）和穆顿（Jane Mouton）于 1964 年设计了一个巧妙的管理方格图，醒目地表示出主管人员对生产关心程度和对人的关心程度（见图 10－3）。横坐标与纵坐标分别表示对生产和对人的关心程度。每个方格表示"关心生产"和"关心人"这两个基本因素以不同程度相结合的一个领导方式。对生产的关心表示为主管者对各种事物所持的态度，例如政策决定的质量；研究的创造性；职能人员的服务质量、工作效率及产品产量等。人的关心含义也很广泛，例如个人对实现目标所承担的责任；保持对职工的尊重；建立在信任而非顺从基础上的职责；保持良好的工作环境以及富于满意感的人际关系等。这和上述二维构面理论极为相似：

（1）它也是采取二维构面来说明领导方式：对人的关心程度（Concern for people）和对工作的关心程度（Concern for production）；

（2）它也以坐标方式表现上述二维构面的各种组合方式。各有 9 种程度，因此可以有 81 种组合，形成 81 个方格，这就是所谓"管理方格"。其中有 5 种典型的组合，表示典型的领导方式。

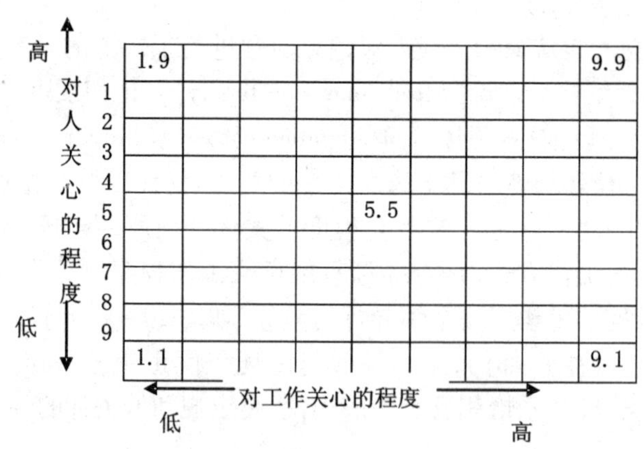

图 10－3　管理方格图

1.1 型方式：表示对工作和人都极不关心，这种方式的领导者只做维持自己职务的最低限度的工作，也就是只要不出差错，抱有多一事不如少一事的想法，因而被称为“贫乏型的管理”。

9.1 型方式：表示对工作极为关心，但忽略对人的关心，也就是不关心工作人员的需求和满足，并尽可能使后者不致干扰工作的进行。这种方式领导者拥有很大的权力，强调有效地控制下属，使其努力完成各项工作。因而被称为“独裁的、重任务型的管理”。

1.9 型方式：表示对人极为关心，也就是关心工作人员的需求是否获得满足，重视搞好关系和强调同事和下级同自己的感情，但忽略工作的效果。因而被称为“乡村俱乐部型的管理”。

5.5 型方式：表示既对工作关心，也对人关心，兼而顾之，程度适中强调适可而止。这种方式的领导既对工作的质量和数量有一定要求，又强调通过引导和激励去使下属完成任务。但是这种领导往往缺乏进取心，乐于维持现状。因而被称为“中庸之道型管理”。

9.9 型方式：表示对工作和对人都极为关心。这种方式的领导者能使组织的目标与个人的需求最有效地结合起来，既高度重视组织的各项工作，又能通过沟通和激励，让群体合作、共同参与管理，使工作成为组成员自觉自愿的行动，从而获得高的工作效率，因而被称为“战斗集体型管理”。其关键在于如何协调个人与组织的目标。

应该指出，上述五种典型，也仅仅是理论上的描述，都是一种极端的情况。在实际生活中，很难会出现某种典型的领导方式。

三、领导权变理论

领导权变理论(Contingency theories of leadership)，也称情景领导理论。“权变”一词有“随具体情境而变”或“依具体情况而定的意思”。领导权变理论主要研究与领导行为有关的情境因素对领导效力的潜在影响。该理论认为，在不同的情境中，不同的领导行为有不同的效果，所以又被称为领导情境理论。它主要探究领导方式与团体组织效能之间的关系。

有代表性的领导权变理论主要有：菲德勒模型、领导生命周期理论和路径—目标理论其中以路径—目标理论最为典型。

（一）菲德勒模型(The Fiedler model)

菲德勒(Fred Fiedler)从1951年开始，首先从组织绩效和领导态度之间的关系着手进行研究，经过长达15年的调查试验，提出了“有效领导的权变模式”，即菲德勒模型。他认为任何领导风格均可能有效，其有效性完全取决于是否与所处的环境相适应。

1. 领导风格

菲德勒相信影响领导成功的关键因素之一是个体的基本领导风格，认为组织中存在两种领导方式或领导风格。一种是“以任务为动因”的领导方式；另一种是“以人(或关系)为动因”领导方式。对于这两种类型的领导方式或领导风格，菲德勒创造了LPC问卷表具体地对它们作出衡量。LPC表上具有双极的语义差别标度，可以请领导者回想所有曾经与他共同工作过的人,并对其中最难相处的人加以描述,从而进行评分。一般地说,以任务为动因的领导对其难以相处的下属进行描述时,往往使用非常消极、否定的字眼。因为在他看来,工作做不好的人,其个性是讨厌的。而以人或关系为动因的领导,仍能把一个工作不好的人看作是令人愉快的、友好的或有帮助的人。一般地说,凡是关心人际关系的、宽容的、民主式的领导,其 LPC 表上的分值就高;凡是专制型的、以工作任务为中心的领导,其在 LPC 表上的得分就低。

2. 领导环境

菲德勒在论述了组织领导的方式类型之后,又进一步研究了与领导方式有着紧密关联的领导环境或领导情境问题。他认为尽管可以根据一定的领导方式创造领导工作环境,但是,领导方式的发挥不考虑具体的领导环境是不行的,某种领导方式只有在一定的、与之相一致的环境中才能运用自如。他把影响领导者领导风格的环境因素归纳为三个方面:职位权力、任务结构和上下级关系。

(1)职位权力。职位权力指的是与领导者职位相关联的正式职权和从上级和整个组织各个方面所得到的支持程度,这一职位权力由领导者对下属所拥有的实际权力所决定。当领导者拥有这种明确的职位权力时,组织成员将会更顺从他的领导,有利于提高工作效率。

(2)任务结构。任务结构是指工作任务明确程度和有关人员对工作任务的职责明确程度。当工作任务本身十分明确,组织成员对工作任务的职责明确时,领导者对工作过程易于控制,整个组织完成工作任务的方向就更加明确。

(3)上下级关系。上下级关系是指下属对一位领导者的信任爱戴和拥护程度,以及领导者对下属的关心、爱护程度。这一点对履行领导职能是很重要的。因为职位权力和任务结构可以由组织控制,而上下级关系是组织无法控制的。

菲德勒模型利用上面三个权变变量来评估情境。领导者与成员关系或好或差,任务结构或高或低,职位权力或强或弱,三项权变变量综和起来,便得到八种不同的情境或类型,每个领导者都可以从中找到自己的位置。

针对关系取向和任务取向两种领导风格,他得出结论:任务取向的领导者在非常有利的情境和非常不利的情境下工作得更好。也就是说,当面对 I、II、III、VII、VIII 类型的情境时,任务取向的领导者干得更好;而关系取向的领导者则在中度有利的情境,即 IV、V、VI 类型的情境中干得更好(如图 10-4)。

3. 提高领导有效性的途径

菲德勒认为领导风格是与生俱来的——你不可能改变你的风格去适应变化的情境。因此提高领导者的有效性实际上只有两条途径:

(1)你可以替换领导者以适应环境。比如,如果群体所处的情境被评估为十分不利,而目前又是一个关系取向的管理者进行领导,那么替换一个任务取向的管理者则能提高群体绩效。

(2)改变情境以适应领导者。菲德勒提出了一些改善领导者——成员关系、职位权力和任务结构的建议。领导者与下属之间的关系可以通过改组下属组成加以改善,使下属的经历、技术专长和文化水平更为合适;任务结构可以通过详细布置工作内容而使其更加定型化,也可以对工作只做一般性指示而使其非程序化,领导的职位权力可以通过变更职位充分授权,或明确宣布职权而增加其权威性。

菲德勒模型强调为了领导有效需要采取什么样的领导行为,而不是从领导者的素质出发强调应当具有什么样的行为,这为领导理论的研究开辟了新方向。菲德勒模型表明,并不存在着一种绝对的最好的领导形态,企业领导者必须具有适应力,自行适应变化的情境。同时也提示管理层必须根据实际情况选用合适的领导者。

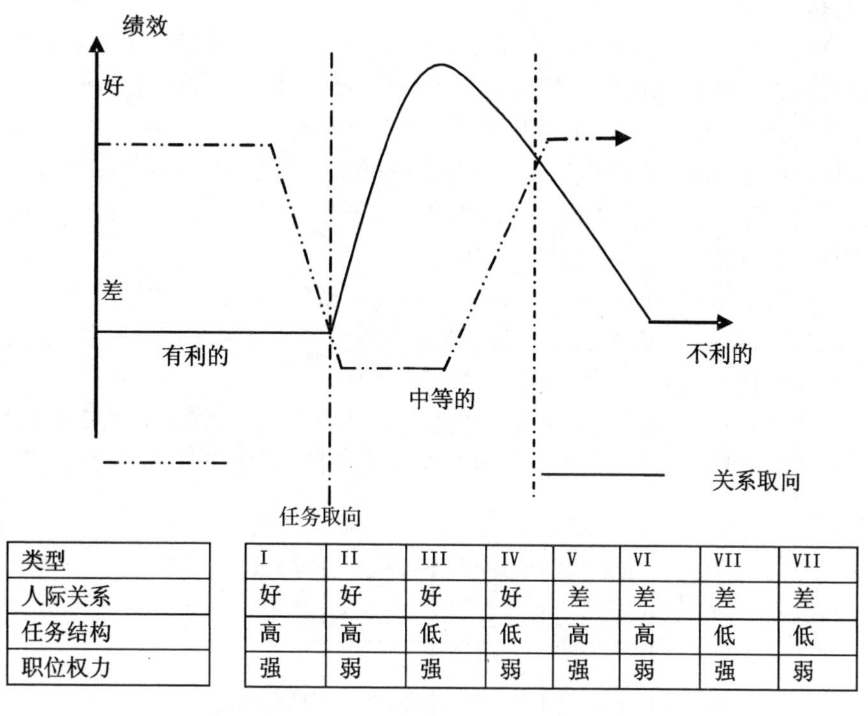

类型	I	II	III	IV	V	VI	VII	VII
人际关系	好	好	好	好	差	差	差	差
任务结构	高	高	低	低	高	高	低	低
职位权力	强	弱	强	弱	强	弱	强	弱

图 10 -4　菲德勒领导权变模型

（二）领导生命周期理论(Situational leadership theory, SLT)

该理论由赫塞(Paul Hersey)和布兰查德(Ken Blanchard)提出,他们认为下属的“成熟度”对领导者的领导方式起重要作用。所以,对不同“成熟度”的员工采取的领导方式应该有所不同。

所谓“成熟度”是指人们对自己的行为承担责任的能力和愿望的大小。它取决于两个要素:工作成熟度和心理成熟度。工作成熟度包括一个人的知识和技能,工作成熟度高的人拥有足够的知识、能力和经验完成他们的工作任务,而不需要他人的指导。心理成熟度指的是一个人做某事的意愿和动机。心理成熟度高的个体不需要太多的外部激励，他们靠内部动机激励。

赫西—布兰查德的领导生命周期理论将下属成熟度分成四个阶段：

第一阶段：这些人对于执行某任务既无能力又不情愿。他们既不能胜任工作又不能被信任。

第二阶段：这些人缺乏能力，但愿意执行必要的工作任务。他们有积极性，但目前尚缺足够的技能。

第三阶段：这些人有能力，却不愿意干领导者希望他们做的工作。

第四阶段：这些人既有能力又愿意干让他们做的工作。

赫西和布兰查德根据员工的成熟度不同，将领导方式分为四种：命令式、说服式、参与式和授权式。

1. 命令式（telling）。表现为高工作低关系型领导方式。领导者对下属进行分工并具体指点下属应当干什么、如何干、何时干，它强调直接指挥。因为在这一阶段，下属缺乏接受和承担任务的能力和愿望，既不能胜任又缺乏自觉性。

2. 说服式（selling）。表现为高工作高关系型领导方式。领导者既给下属以一定的指导，又注意保护和鼓励下属的积极性。因为在这一阶段，下属愿意承担任务，但缺乏足够的能力，有积极性但没有完成任务所需的技能。

3. 参与式（participating）。表现为低工作高关系型领导方式。领导者与下属共同参与决策，领导者着重给下属以支持及其内部的协调沟通。因为在这一阶段，下属具有完成领导者所交给任务的能力，但没有足够的积极性。

4. 授权式（delegating）。表现为低工作低关系型领导方式。领导者几乎不加指点，由下属自己独立地开展工作，完成任务。因为在这一阶段，下属能够而且愿意去做领导者要他们做的事。

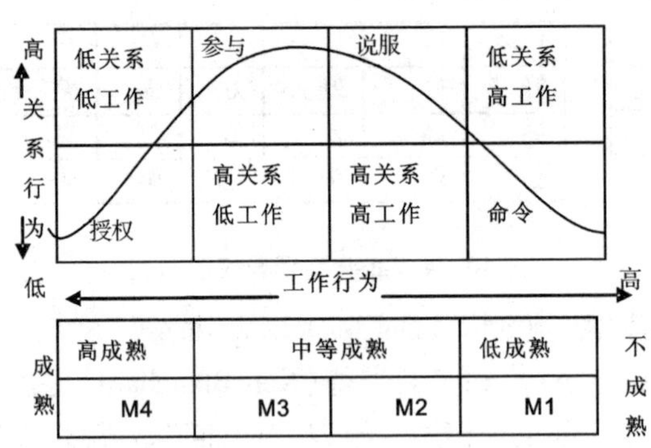

图 10－5 领导生命周期理论

根据下属成熟度和组织所面临的环境，领导生命周期理论认为当下属的成熟水平不断提高时，领导者不但可以不断减少对下属行为和活动的控制，还可以不断减少关系行为。在第一阶段，下属需要得到具体而明确的指导。在第二阶段中，领导者需要采取高工作—高关系行为。高工作行为能够弥补下属能力的欠缺;高关系行为则试图使下属在心理上“领会”领导者的意图。在第三阶段中此阶段,领导者运用支持性、非领导性的参与风格解决出现的激励问题的最佳途径。在第四阶段中,领导者不需要做太多事,因为下属愿意又有能力担负责任。

(三) 路径—目标理论(Path-goal model)

领导方式的路径—目标理论是权变理论的一种,由多伦多大学的组织行为学教授罗伯特·豪斯(Robert House)最先提出,后来得到华盛顿大学的管理学教授特伦斯·米切尔(Terence R. Mitchell)的完善和补充,目前已经成为最受人们关注的领导观点之一。该理论认为,领导者的工作是帮助下属达到他们的目标,并提供必要的指导和支持以确保各自的目标与群体或组织的总体目标相一致。“路径—目标”的概念来自于这种信念,即有效领导者通过明确指明实现工作目标的途径来帮助下属,并为下属清理各项障碍和危险,从而使下属的职务履行更为容易。

“路径—目标理论”同以前的各种领导理论的最大区别在于,它立足于部下,而不是领导者。在豪斯眼里,领导者的基本任务就是发挥部下的作用,而要发挥部下的作用,就得帮助部下设定目标,把握目标的价值,支持并帮助部下实现目标。在实现目标的过程中提高部下的能力,使部下得到满足。

这样,就形成了这一理论的两个基本原理:

一是领导方式必须是部下乐于接受的方式,只有能够给部下带来利益和满足的方式,才能使他们乐于接受。

二是领导方式必须具有激励性,激励的基本思路是以绩效为依据,同时以对部下的帮助和支持来促成绩效。也就是说,领导者要能够指明部下的工作方向,还要帮助部下排除实现目标的障碍,使其能够顺利达到目标,同时在工作过程中尽量使职工需要得到满足。

按照豪斯的概括,领导人的职能具体表现为六个方面:(1)唤起员工对成果的需要和期望;(2)对完成工作目标的员工增加报酬,兑现承诺;(3)通过教育、培训、指导,提高员工实现目标的能力;(4)帮助员工寻找达成目标的路径;(5)排除员工前进路径上的障碍;(6)增加员工获得个人满足感的机会,而这种满足又以工作绩效为基础。

豪斯的“目标—途径理论”强调领导方式要有权变性。为此,确定了四种领导行为:

1. 指导型领导(Directive Leadership):领导者对下属需要完成的任务进行说明,包括对他们有什么希望,如何完成任务,完成任务的时间限制等。指导性领导者能为下属制定出明确的工作标准,并将规章制度向下属讲得清清楚楚。指导不厌其详,规定不厌其细。当下属是教条的和权力主义的,任务是不明确的,组织的规章和程序是不清晰的,那么,指导型领导方式最适合。

2. 支持型领导(Supportive Leadership):领导者对下属的态度是友好的、可接近的,他们关注下属的福利和需要,平等地对待下属,尊重下属的地位,能够对下属表现出充分的关心和理解,在部下有需要时能够真诚帮助。对于结构层次清晰、令人不满意或者是令人感到灰心的工作,那么,领导者应该使用支持型方式。当下属从事的是机械重复性和没有挑战性的工作时,支持型方式能够为下属提供工作本身所缺少的“营养”。

3. 参与型领导(Participative Leadership):领导者邀请下属一起参与决策,能同下属一起探讨工作方面的问题,征求他们的想法和意见,将他们的建议融入到团体或组织将要执行的决策中去。当任务不明确时,参与型领导方式效果最佳。另外,如果下属与独立性,与强烈的控制欲,参与型领导方式也具有积极影响,因为这种下属喜欢参与决策和工作建构。

4. 成就取向型领导(Achievement-Oriented Leadership):领导者鼓励下属将工作做到尽量高的水平。这种领导者为下属制定的工作标准很高,寻求工作的不断改进。除了对下属期望很高外,成就导向性领导者还非常信任下属有能力制定并完成具有挑战性的目标。在现实中究竟采用哪种领导方式,要根据部下特性、环境变量、领导活动结果的不同因素,以权变观念求得同领导方式的恰当配合。如果组织要求下属履行模棱两可的任务,成就导向型领导方式效果最好。在这种情境中,激发挑战性和设置高标准的领导者,能够提高下属对自己有能力达到目标的自信心。事实上,成就导向型领导可以帮助下属感到他们的努力将会导致有效的成果。

和非德勒不同,豪斯主张领导方式的可变性。他认为,领导方式是有弹性的,这四种领导方式可能在同一个领导者身上出现,因为领导者可以根据不同的情况斟酌选择,在实践中采用最适合于下属特征和工作需要的领导风格。豪斯强调,领导者的责任就是根据不同的环境因素来选择不同的领导方式。如果强行用某一种领导方式在所有环境条件下实施领导行为,必然会导致领导活动的失败。

本章小结

领导是领导者及其领导活动的简称。领导者是组织中那些有影响力的人员,他们可以是组织中拥有合法职位、对各类管理活动具有决定权的主管人员,也可能是一些没有确定职位的权威人士。他们是为实现组织目标,进行决策、计划、组织、控制和委派职责等工作而去指挥或引导下属的人。领导者的影响力有 5 个来源:法定性权力、奖励性权力、强制性权力(惩罚性权力)、感召性权力、专长性权力。

领导工作就是主管人员根据组织的目标和要求,在管理过程中学习和运用有关理论和方法,以及沟通联络、激励等手段,对组织内每个成员(个体)和全体成员(群体)的行为进行引导和施加影响的活动过程,其目的在于使个体和群体能够适应环境的变化,自觉自愿、有信心地,以统一的意志与行动,为实现组织的既定目标而努力。领导工作的原理包括:指明目标原理 、目标协调原理 、命令一致原理、直接管理原理、沟通联络原理、激励原理。

领导风格一般指习惯化的领导方式所表现出的种种特点，是一名领导者的相对一贯的行为模式。领导风格研究的理论价值和实践意义在于它更能反映现实的领导活动，解释领导有效性的差异。并不存在一种最佳的或有效的领导风格。

具有代表性的领导理论包括领导特质理论、领导行为方式理论、领导权变理论。

习　题

一、思考题

1. 领导的实质和作用是什么？如何去实现这种作用？

2. 领导者的权力来源是什么？如何正确地使用这些权力？领导和管理是一回事吗？

3. 从所学的领导方式及其理论中，你得到哪些启示？

二、实战练习

领导让你负责一项工作，并安排了一位老同志协助你，但是在工作中大家只服从老同志的安排，这时你该怎么办？

三、案例分析

领导人员及领导职能的重要性

美国福特汽车公司的兴起、衰落和复兴，是一个典型的反映领导重要性的案例。福特公司的创始人亨利·福特有着精明强干的头脑和丰富的技术经验。自从1889年《科学美国》作了有关德国奔驰汽车的结构和制造过程的报道后，许多美国人开始从事汽车制造。1896年第一辆福特汽车诞生。1903年福特汽车公司成立，开始生产“A”型到“R”和“S”型汽车，参与几十家汽车公司竞争，生产当时还没有什么优势。1908年福特“T”型车的生产标志着福特垄断局面的开始。“T”型车的特点是结构紧凑、设计简单、坚固、驾驶容易、价格较低。1913年福特公司采用了汽车装配的流水生产法，并实行了汽车零件的标准化，形成了大量生产的体制，当年产量增加到13万辆，1914年增加到26万辆，1923年增加到204万辆，在美国汽车生产中处于垄断地位。福特从而建立起世界上最大和盈利最多的制造业企业，并从利润中积累了10亿美元的现金储备。

可是，福特坚信企业所需要的只是主管企业家和他们的一些“助手”，只需“助手”的汇报和发号施令即可运行。他认为公司组织只是一种“形式”，企业无需管理人员和管理。随着环境变化，其他竞争者兴起，汽车有着不同档次的需要，科技、产供销、财务、人事等管理日趋复杂，个人管理已难以适应这种要求。只过了几年，到了1927年，福特已丧失了市场领先的地位，在以后的20年里，逐年亏本，直到第二次世界大战期间仍无法进行有力的竞争。当时它的强劲对手通用汽车公司,则从20年代开始走着与福特经验相反的路子。“通用”原是由一些竞争不过福特的小公司拼凑起来的,在建立之初,由于公司组织机构不健全,这些小公司各自为政,公司的许多工作集中在少数几个人身上,不仅使这些领导人忙于事务、无暇考虑公司的方针政策,并且限制了各级人员的积极性。而1920年后,新接任的通用汽车公司总裁艾尔弗雷德·斯隆在大整顿、大改组过程中建立起一套行之有效的组织结构,即根据市场不同层次顾客的需要确定产品方向,加强专业化协作,谋取大规模生产,按照分散经营和协调控制的原则建立管理体制,从而于1926至1927年使“通用”的市场占有率从10%一跃而起达到43%,此后多年均占50%以上,而“福特”则每况愈下,到1944年,福特的孙子——福特二世接管该公司时公司已濒于破产。后来,当时26岁的福特二世向他的对手“通用”学习,着手进行斯隆在“通用”所做的事,创建了一套管理组织和领导班子,5年后就在国内外重新获得了发展和获利的力量,成为通用汽车公司的主要竞争者。

讨论题:

1. 福特汽车公司在20年代初期为何能获得成功而后又为何濒于破产?

2. 从福特汽车公司的复兴和通用汽车公司的兴起来看,领导人员和领导工作如何发挥作用?分析在哪些方面必须有专业的管理?

第十一章　沟通联络

学习目标

掌握沟通联络的内涵,把握沟通的原则,了解沟通的类型和沟通的障碍,熟悉沟通障碍的克服方式,掌握有效沟通的方法和具体要求,能够应用沟通原理分析管理中的问题。

第一节　沟通联络的原理

沟通(communication),又名沟通联络,就是我们通常所说的信息交流,已广泛应用管理工作的各个方面。

一、沟通联络的概念

沟通联络有时也简称为沟通,也就是信息交流。确切地说,所谓沟通是指将某一信息(或意思)传递给客体或对象,以期取得客体作出相应反应的过程。根据这一概念,沟通包含着以下三个含义。

(一)沟通是双方的行为,而且还要有中介

在沟通过程中,沟通的"双方"既可以是"人",也可以是"机",因而就有三种表现形式,即:

1. 人—人之间的沟通。例如主管人员(或下属)发出情报,通过联络人员的组合、编排、整理,然后传递给下属(或主管人员)。

2. 人—机之间的沟通。通过人或其他手段,将人的语言转变为机器的语言,使机器接收并执行,例如自控车床。

3. 机—机之间的沟通。例如电传打字机等。

在管理过程中由于各种信息的交流、沟通都是相互关联、不可分开的,所以主管人员要把各种信息的交流过程看成是一个整体,即管理信息系统(mamgerial information system,缩写为 MIS)。本章主要阐述人—人的交流形式,并把重点放在组织内部的信息沟通上。

人与人之间的沟通过程有不同于其他沟通过程的特殊性:(1)人与人之间的沟通主要是通过语言(或语言的文字形式)来进行的。(2)人与人之间的沟通不仅是信息的交流,而且包括情感、思想、态度、观点等方面的交流。(3)在人与人之间的沟通过程中,心理因素有着重要意义。信息的发出者与接收者,需彼此了解对方进行信息交流的动机和目的,而信息交流的结果则会改变人的行为。(4)在人与人之间的沟通过程中,会出现特殊的沟通障碍。这种障碍不仅是由于信息渠道(即传递)的失真或错误,而且还源于人的特殊心理。例如,人由于知识、经历、职业、政治观点等不同,对同一信息可能有不同看法和不同理解。这些特征表明,在研究人与人之间的沟通过程时,需要研究其特殊规律。

(二)沟通是一个过程

完整的沟通过程包括七个环节,如图 11 -1 所示

1. 沟通主体,即信息的发出者或来源。
2. 编码,指主体采取某种形式来传递信息的内容。
3. 媒体,或称沟通渠道。
4. 沟通的客体,即信息的接收者。
5. 译码,指客体对接收到的信息所作出的解释、理解。
6. 作出反应,也即体现出沟通效果。
7. 反馈。

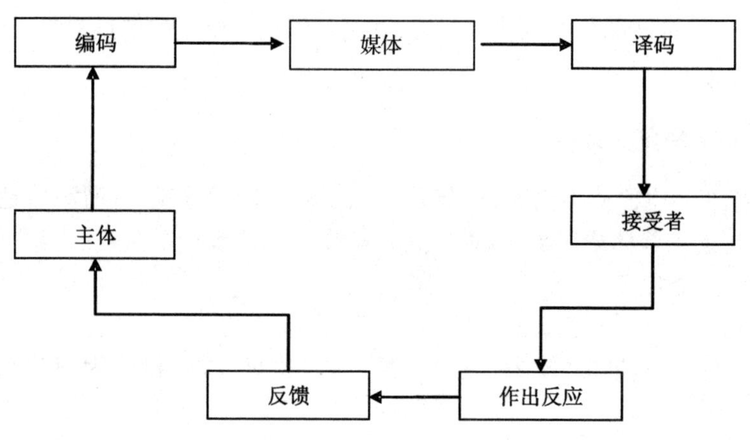

图 11 -1 沟通联络过程

(三)沟通的关键环节

编码(encoding)、译码(decoding)和沟通渠道(channel)是沟通联络过程取得成效的关键环节,它始于主体发出信息,终于得到反应。用语言、文字表达的信息,往往含有"字里行间"和"言外之意"的内容,甚至还会造成"言者无意,听者有心"的结果。

二、沟通联络的目的和作用

(一)沟通联络的目的

从广义上讲,组织中沟通的目的是促进变革,即按有利于组织的方向左右组织的行

动。由于受组织规模和社会环境的影响,不同类型和不同规模的组织对沟通联络的要求也有所不同。譬如说,在“企业主”也参加劳动,规模很小的工厂(或工场)中,沟通几乎全是对外的。小企业主需要从外部获得情报,以便利用它来使自己的事业兴旺发达。他们关注社会环境的信息,从而注意社会环境的变化,以确定他们的产品、生产方向、方式等。由于社会的发展,大型组织的出现,使大型组织的主管人员不仅要关注同社会环境的沟通,而且要把相当大的精力放在组织内的沟通联络上。因为在员工众多的组织中,要立即理解外界输入的信息,并付诸行动是有一定困难的。人的因素需要特殊对待。因为人必须首先理解,然后才能采取行动。组织中的人员越多,问题涉及范围就会越广,而且有些事情不一定会得到完美地解决。

使组织中每一个成员认识沟通联络的目的是至关重要的。组织中的每个成员既是信息的发出者,又是信息的接收者,这取决于组织成员的职权关系、职能关系和协作关系。这就是说,组织中的任何人都需要知道传递的是什么信息、向谁传递,以及传递信息的有效方法。组织要求其每个成员都有沟通情报的技能,为此也要求组织必须培养主管人员及其下属的这种技能。

(二)沟通联络的作用

在组织运行过程中,沟通联络的作用主要表现在:

1. 使组织中的人们认清形势

“认清形势”在这里是指,为明智的行动提供必要的情报。一个人对自己的工作和工作环境知道得越多,就能做得越好。这包括三方面的工作:

(1)使新来的人员认清形势。这项工作可以由人事部门来做,但从管理的角度来看,更应该由顶头上司即上一层的主管人员来做。其内容包括:现在组织的处境,例如物质条件、环境因素、人员情况、组织发展的未来等,更重要的是介绍即将派给他们的有关任务的主要情况,鼓励他们用一些可考核的方法来理解他们的职务和目标;讲解他们的职务与其他工作的关系,明确他们的职责范围以及相应的权力界限;使他们了解如何汇报工作,如何使工作顺利,如何与其他人们进行交往、联系和工作。

(2)不断地认清形势。这是指在确定目标后,在实现目标的过程中,主管人员通过不断地讲解和引导,使下级人员领会、认识、明确他们的各项工作,尤其必须熟悉新的或修改过的目标、任务、组织工作(与政策、组织、服务对象等有关)以及主管人员的变动等情况。

不断认清形势的困难是:人们对必须重复做的、而且能完成的工作渐渐不感兴趣,使一个新来的人员很快而且准确地认清形势较容易,而主管人员要不断地认清形势则要有坚韧的毅力。

(3)使主管人员认清形势。如果上级对形式认识不足,甚至常常认为没有必要去认识,这就会给工作带来很大的困难,应该主动认清形势。上级可以通过控制报告和会议等方式来了解情况。与此同时,每个下级应经常向他的上级汇报,并且准确地理解上级的需要,以便对报告的内容进行选择,使上级从情报资料里跳脱出来,而对于对他们有不利影响的情报也决不擅自删改。

2. 使决策能更加合理和有效

主管人员要根据情报作出决策。任何组织机构的决策过程,都是把情报信息转变为行动的过程。准确可靠而迅速地收集、处理、传递和使用情报信息是决策的基础。

在决策过程中,由上而下地传输信息要考虑传输的时间、范围和方法。通过各级组织层次由上而下地传递情报要花费时间,而延误时间会可能导致失败。因此,大部分机灵的高级主管人员都坚持把情报直接送到需要它的部门。

3. 稳定员工的思想情绪,统一组织行动

一个人从被招聘到组织内某一岗位(或职位)开始,直至退休(或调出),有效的沟通都是极其重要的。在招聘过程中,沟通可使未来的员工相信在本组织中工作的好处,且对组织整个情况有所了解,并产生一个好的印象。同时,还要使他们了解组织的内部政策、习惯做法、结构,以及他们的岗位等,从而使他们在进入岗位之前,在心理上有所准备。

在趋向性方面,情报沟通就是要使员工熟悉他们的工作并感到安全。人们认为,员工在精神上感到满意,工作就更有效果,就愿意留下来。

员工要做好工作,就需要有充分的情报。经验表明,繁琐的指导和严密的监督对有文化的、肯负责的员工不是行之有效的办法。因为他们能对自己的工作负责并做好,他们需要了解他们的工作同整个工作的关系以及对组织的重要性等方面的情况。

在个人考评方面,上级主管人员评价其下级对组织所作的贡献,并将此评价传达给下级是十分重要的。因为这有利于使下级了解自己的地位,了解上级对他们完成任务的看法,了解他们如何改进自己的工作方法,以及了解他们的未来前途等。这种考评如果是明智的,将会大大激发员工的士气。

每个人,特别是每个员工都承认在有组织的活动中需要纪律,在这方面进行情报沟通就是使员工了解组织的各项规章制度并能遵守,从而保持组织的统一性。

第二节 组织内部沟通的类型

在一正式组织内,成员间的沟通可因其途径的不同分为正式沟通和非正式沟通两种系统。正式沟通是在组织正式结构或层次系统中的沟通。非正式沟通则是通过正式系统以外的途径来进行的。

一、正式沟通

正式沟通一般指在组织系统内,依据组织明文规定的原则进行的信息传递与交流。例如组织与组织之间的公函往来、组织内部的文件传达、召开会议、上下级之间的定期情报交换等。

根据古典管理理论,沟通应遵循指挥或层级系统原则。严格地说,越级报告或命令,或不同部门人员间彼此进行沟通,都是不允许的。因此,在组织内只有垂直(纵向)的沟通流向(Vertical communication flow),很少有同一水平的横向沟通流向(Horizontal communication flow)。实际上,按照这种模式进行沟通,不但不可能,而且也符合组织的需要。因此产生了委员会或公文抄报之类的措施,以便在同级之间进行横向沟通,但这仍然属于组织正式结构所安排的路线,仍属正式沟通性质。

(一)正式沟通有下向、上向、横向、沟通等几种

1. 下向沟通。这是传统组织内最主要的沟通流向。一般以命令方式传达上级组织或上级所决定的政策、计划、规定之类的信息,有时颁发某些资料供下属使用等。如果组织的机构包括有多个层次,则通过层层转达,其结果往往使下向信息失真,甚至遗失,而且过程迟缓,这些都是下向沟通经常出现的问题。

2. 上向沟通。主要是下属依照规定向上级所提出的正式书面或口头报告。除此之外,许多机构还采取某些措施以鼓励向上沟通,例如意见箱、建议制度以及由组织举办的征求意见座谈会、态度调查等。有时某些上层主观采取所谓的“门户开放”政策,使下属人员可以不经组织层次直接向上报告。但是据研究,这种沟通也不是很有效的,而且由于当事人的利害关系,往往使沟通信息发生与事实不符的情形。

3. 横向沟通。主要是同层次。不同业务部门之间的沟通。在正式沟通系统内,一般这样的机会并不多。若采取委员会和举行会议的方式,往往所费时间多,而达到的沟通效果却并不。因此,组织为顺利开展工作,必须依赖非正式沟通以弥补正式沟通的不足。

正式沟通的优点是:沟通效果好,比较严肃,约束力强,易于保密,可以使信息沟通保持权威性。重要的消息和文件,组织的决策等,一般都采取这种方式来传达。其缺点在于,因为依靠组织系统层层传递,所以很刻板,沟通速度很慢,此外也存在着信息失真或扭曲的可能。

(二)正式沟通有几种具体形态

据研究,以5个人为一群体为例,基本上可有五种沟通形态,即:(1)链式;(2)环式;(3)Y式;(4)轮式;(5)全通道式。如图11-2所。

1. 链式沟通。这是一个平行网络,其中居于两端的人只能与内侧的一个成员联系,居中的人则可分别与两人进行信息沟通。在一个组织系统中,它相当于一个纵向沟通网络,代表一个五级层次,逐渐传递、信息可自上而下或自下而上进行传递。在这个网络中,信息经层层传递,筛选,容易失真,各个信息传递者所接收的信息差异很大,平均满意程度低。此外,这种网络还可表示组织中主管人员和下级部属之间,即中间管理者的组织系统,属控制性结构。

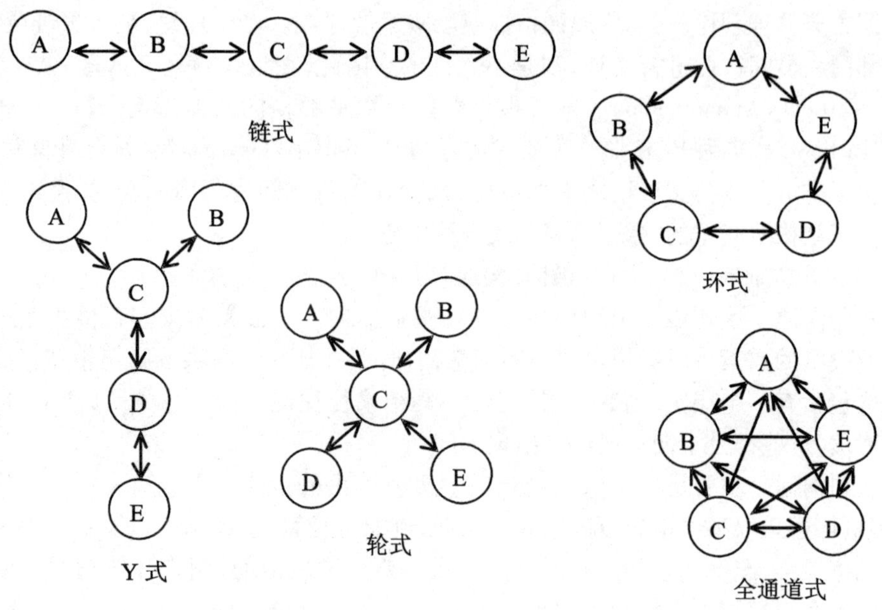

图 11－2 正式沟通的形态

在管理中，如果某一组织系统过于庞大，需要实行分权授权管理，那么，链式沟通网络是一种行之有效的方法。

2. 环式沟通。此形态可以看成是一个链式形态的封闭式控制结构，表示 5 个人之间依次联络和沟通。其中，每个人都可同时与两侧的人沟通。在这个网络中，组织的集中化程度和领导人的预测程度都较低；畅通渠道不多，组织中成员具有比较一致的满意度，组织士气高昂。如果在组织中需要创造出一种高昂士气来实现组织目标，环式沟通是一种行之有效的措施。

3. Y 式理论。这是一个纵向沟通网络。其中只有一个成员位于沟通内的中心，成为沟通的媒介。在组织中，这一网络大体体现了组织领导、秘书班子、下级主管人员或一般成员之间的纵向关系。这种网络集中化程度高，解决问题速度快，组织中领导人员预测程度高。除中心人员（C）外，组织成员的平均满意程度较低。此网络适用于以下情况：主管人员的工作任务十分繁重，需要有人选择信息，提供决策依据，节省时间，而又要对组织实行有效地控制。但此网络易导致信息的曲解或失真，影响组织成员的士气，降你组织工作效率。

4. 轮式沟通。属于控制性网络，其中只有一个成员是各种信息的汇集点与传递中心。在组织中，大体相当于一个主管领导直接管理几个部门的权威控制系统。此网络集中化程度高，解决问题的速度快。主管人（当然是 C）的预测程度很高，但沟通的渠道很少，组织成员的满意程度低，士气低落。

轮式网络是加强组织控制，争时间、抢速度的一个有效方法。组织如果接受紧急公关任务，要求进行严密控制，则可采取这种网络。

5. 全通道式沟通。这是一个开放式的网络系统，其中每个成员之间都有一定的联系，彼此了解。此网络中组织的集中化程度及主管人的预测程度均很低。由于沟通渠道很多，组织成员的平均满意程度高且差异小，所以士气高昂，合作氛围浓厚。这对于解决复杂问题，培养组织合作精神，提高士气具有很大作用。但是，由于这种网络沟通渠道太多，易造成混乱，且又费时，影响工作效率。

上述种种沟通形态和网络，都有其优缺点。五种沟通形态的比较如表 11－1 所示。作为一名主管人员，在管理工作实践中，要进行有效的人际沟通，就需发挥其优点，避免其缺点，使组织的管理工作水平逐步提高。

表 11－1　五种沟通形态的比较

评价标准＼沟通形态	链式	轮式	Y 式	环式	全通道式
集中性	适中	高	较高	低	很低
速度	适中	1. 快（简单任务） 2. 慢（复杂任务）	快	慢	快
正确性	高	1. 高（简单任务） 2. 低（复杂任务）	较高	低	适中
领导能力	适中	很高	高	低	很低
全体成员满足	适中	低	较低	高	很高
示例	命令链锁	主管对四个部属	领导任务繁重	工作任务小组	非正式沟通（秘密消息）

二、非正式沟通

所谓非正式沟通是指通过正式组织途径以外的信息沟通程序。非正式沟通和正式沟通不同，它的沟通对象、时间及内容等各方面，都是未经计划和难以辨别的。如上所述，非正式组织是由于组织成员的感情和动机上的需要而形成的。其沟通途径是组织内的各种社会关系，这种社会关系超越了部门、单位以及层次。

在一定程度内，非正式沟通的发展也是配合决策对于信息的需要的。这种途径较正式途径具有较大弹性，它可以是横向流向，或是斜角流向，一般也比较迅速。在许多情况下，来自非正式沟通的信息，反而获得接收者的重视。由于这种信息的传递一般以口头方式为主，不留证据、不负责任，许多不愿通过正式沟通传递的信息，却可能在非正式沟通中透露。

但是,过分依赖这种非正式沟通途径,也有很大危险,因为这种信息遭受歪曲或发生错误的可能性相当大,而且无从查证。尤其与员工个人关系较密切的问题,例如晋升、待遇、改组之类,常常发生所谓“谣言”(rumors)。这种不实消息的散布,对于组织往往造成较大的困扰。

但是,任何组织都或多或少地存在着这种非正式沟通途径。对于这种沟通方式,主管者既不能完全依赖用以获得必要的信息,也不能完全忽视,而是应当设法为组织人员提供正确而清晰的信息。

(一)非正式沟通的意义及性质

非正式沟通的途径繁多且无法定性,例如同事之间任意交谈,甚至透过家人之间的传闻等,都算是非正式沟通。所以非正式沟通和个人间非正式关系,往往平行存在。很多研究者认为,由于非正式沟通不必受到规定手续或形式的种种限制,因此往往比正式沟通还要重要。在美国,这种途径常常称为“葡萄藤”(grapevine),用以形容它枝繁叶茂,随处延伸。

1. 非正式沟通的产生,可以说是人们的天生的需求。通过这种沟通途径来交换或传递信息,常常可以满足个人的某些需求。例如人们由于某种安全的需求,愿意探听有关人士调动之类的消息;朋友之间交换消息,则意味着相互的关心和友谊的增进,藉此还可以获得社会需求的满足。对于组织成员来说,这往往是他们最感兴趣可又是最缺乏的消息。因此,依靠非正式沟通可以获得的这种信息,往往会让组织成员感到满意。

2. 非正式沟通的优点:沟通形式不拘,直接明了,速度很快,容易及时了解到正式沟通难以提供的“内幕新闻”。非正式沟通能够发挥作用的基础是组织中良好的人际关系。其缺点表现在:非正式沟通难于控制,传递的信息不确切,容易失真,而且,它可能导致小集团、小圈子,影响组织的凝聚力和人心稳定。

3. 非正式沟通具有以下几个特点:(1)消息越新鲜,人们谈论得就越多;(2)对人们工作有影响的信息,人们则更愿意谈论;(3)最为人们所熟悉的信息,最多为人们谈论;(4)在工作上有关系的人,往往容易被牵扯到同一传闻中去;(5)在工作中接触多的人,最可能被牵扯到同一传闻中去。对于非正式沟通的这些规律,主管者应该予以充分注意,以杜绝起消极作用的“小道消息”,并利用非正式沟通为组织目标服务。

(二)非正式沟通的类型

上述沟通的五种基本形态,是指在实验状况下,由研究者设计和控制所总结出来的。那么在自然情况下,非正式沟通是以什么流通形态出现呢?人们发现有四种形态,如图11-3所示。依照最常见至较少见的顺序分别为:(1)集群连锁。即在沟通过程中,可能有几个中心人物,由他们转告若干人,而且有某种程度的弹性。如图(a)中的A和F两人就是中心人物,代表两个集群的“转播站”。(2)密语连锁。由一人告知所有其他人,犹如其独家新闻,如图(b)。(3)随机连锁。即碰到什么人就转告什么人,并无一人转告另一人,他也只再转告一个人,这种情况最为少见。

（三）非正式沟通在管理上的意义及对策

了解传统的管理及组织理论并不承认这种非正式沟通的存在，即使发现有这种现象，也认为要将其消除或减少到最低程度。但是，当代的管理学者认为，非正式沟通现象的存在是根深蒂固，无法加以消除的。应该加以了解、适应和整合，使其有效担负起沟通的重要作用。例如，主管者可以设法了解在非正式沟通的网状模式中，谁居中处于核心和"转播站"的地位，也许通过这种沟通可以使信息更迅速传达。他也可以设法从非正式沟通中发现所流传的信息内容。不过，这些做法也有危险或代价，过分利用非正式沟通的结果是会冷落或破坏正式沟通系统，甚至组织结构。而设法从非正式沟通中探听消息，会造成组织背后出现一套"谍报网"和打"小报告"者的后果，从而带来管理上的问题。

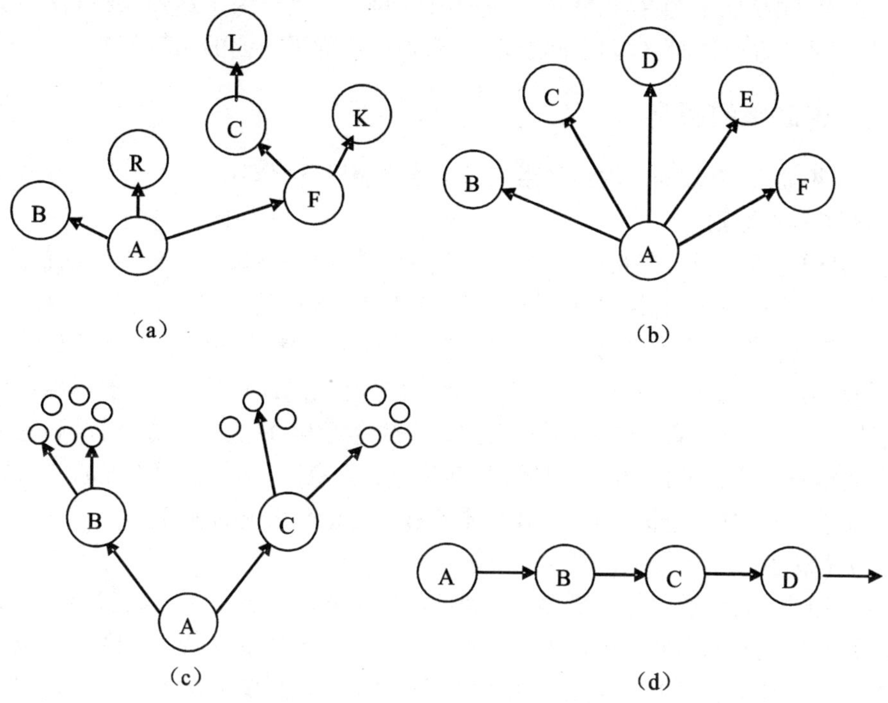

图 11－3　非正式沟通的形态

我们认为，对于非正式沟通所采取的立场和对策是：

1. 正本清源，主管者应尽可能使组织内沟通系统较为开放或公开，则种种谣言将会自然消失。非正式沟通的产生和蔓延，主要是由于人员得不到他们所关心的消息。因此，主管者愈故作神秘，封锁消息，则背后流传的谣言愈加猖狂。

2. 要想予以阻止已经产生的谣言，与其采取防卫性的驳斥，或说明其不可能的道理，不如证明、提出相反的事实更为有效。

3. 闲散和单调乃是造谣生事的温床。为避免发生这些不实的谣言，扰乱人心士气，主管者应注意,不要使组织成员有过分闲散或过分单调枯燥的情形发生。

4. 最基本的做法,是培养组织成员对组织管理当局的信任和好感,这样他们比较愿意听组织提供的消息,也较能相信。

5. 在对于组织主管人员的培训中,应增加这方面的知识,使他们有比较正确的观念和处理方法。

第三节　沟通联络实务

组织沟通联络工作的成功与否不仅影响组织的管理工作能否顺利推进,还影响组织的绩效,进而影响组织的生存和发展。当组织中的主管人员为了达到组织目标,实现和维持与员工的良好合作时,他们之间就要进行沟通,以促进他们的相互了解。

一、沟通联络的原则

对于组织而言,有效开展沟通联络工作必须遵循以下原则:

(一) 准确性原则

当信息沟通所用的语言和传递方式能被接收者所理解时,这才是准确的信息,这个沟通才具有价值。沟通的目的是使发送者的信息能够准确地被接收者接收,这看起来似乎很简单,但在实际工作中,常会出现接收者对发送者非常严谨的信息缺乏足够理解的情况。信息发送者的责任是将信息加以综合,无论是笔录或口述,都要求用容易理解的方式表达。这要求发送者有较高的语言或文字表达能力,并熟悉下级、同级和上级所用的语言,才能克服沟通过程中的各种障碍,准确描述信息。同时,也要求接收者必须集中精力,克服思想不集中、记忆力差等问题,才能够对信息有正确的理解。

(二)完整性原则

在管理工作中,沟通只是手段而不是目的。但沟通的信息是否完整却影响目的的实现。沟通中,信息的完整性主要取决于主管人员对下级工作的支持。主管人员位于信息交流的中心,起到承上启下的作用。在实际工作中,有些上级主管人员往往越过下级主管人员而直接向有关人员发指示、下命令,使下级主管人员处于尴尬境地,并且违反了统一指挥的原理。如果确实需要这样做,则上级主管应事先同下级主管进行沟通,求得工作上的协调与支持。

(三)及时性原则

在沟通过程中,不论是主管人员向下沟通,还是下级主管人员或员工向上沟通以及横向沟通,除把握准确性、完整性原则外,还应注意及时性原则。这样可以使组织新近的政策、组织目标、人员配备等情况尽快得到下级主管人员或员工的理解和支持,同时可以使主管人员及时掌握其下属的思想、情感和态度,从而提高管理水平。在实际工作中,信息沟通通常因发送者传递不及时的或接收者理解、重视程度不够,而出现事后信息,或接收者从其他渠道了解信息,使沟通渠道起不到正常的作用。

(四)非正式组织策略性运用原则

这一原则的性质就是,只有当主管人员使用非正式的组织来补充正式组织的信息沟通时,才会产生最佳的沟通效果。非正式组织传递信息的最初缘由,是一些信息不适合由正式组织来传递。所以,在正式组织之外,应该鼓励非正式组织传达并接受信息,以辅助正式组织做好组织的协调工作,共同为达到组织目标作出努力。

一般来说,非正式渠道的消息,对完成组织目标有不利的一面。但是,小道消息盛行,却反映了正式渠道的不畅通。因而加强和疏通正式渠道,在不违背组织原则的前提下,尽可能通过各种渠道把信息传递给员工,是防止那些不利于或有碍于组织目标实现的小道消息传播的有效措施。

二、沟通联络的方法

沟通中的方法是多种多样的,除了前面所述的沟通形态具体方法外,还应包括发布命令、会议制度、个别交谈等。沟通的方法要随机制宜,因人而定。

(一)发布指示

在指导下级工作时,指示是十分重要的。指示可使一个活动开始着手、更改或制止,它是使一个组织生机勃勃或者解体的动力。

1. 指示的含义

指示作为一个领导的方法,可理解为是上级的指令,具有强制性。它要求在一定的环境下执行任务或停止工作,并使指示内容和实现组织目标密切关联。

2. 指示的方法

管理中对指示的方法应考虑下列问题:

(1)一般的或具体的。一项指示是一般的还是具体的,取决于主管人员对周围环境的预见能力以及下级的响应程度。对授权持有严格观点的主管人员倾向于具体的指示,而在对实施指示的所有周围环境不可能预见的情况下,大多采用一般的形式。

(2)书面的或口头的。在决定指示是书面的还是口头的时候,应考虑的问题是:上下级之间关系的持久性、信任程度,以及避免指示的重复等。如果上下级之间关系持久,信任程度较高,则不必书面指示。如果为了防止命令的重复和司法上的争执,在对所有有关人员宣布一项特定的任务时,书面指示则大为必要。

(3)正式和非正式的。针对每一个下级,准确地选择正式或非正式的发布指示的方式是一种艺术。正确采用非正式的方式来启发下级,用正式的书面或口述的方式来命令下级。

(二)会议制度

指导与领导工作的实质是处理人际关系,而人与人之间的沟通是人们思想、情感的交流,采取开会的方法,就是提供交流的场所和机会。会议的作用表现在:

1. 会议是整个组织活动的一个重要反映,是与会者在组织中的身份、影响和地位等所起作用的表现。会议中的信息交流能在人们的心理上产生影响。

2. 会议可集思广益。与会者在意见交流之后,就会产生一种共同的见解、价值观念和行动指南,而且还可密切相互之间的关系。

3. 会议可使人们了解共同目标,自己的工作与他人工作的关系,使之更好地选择自己的工作目标,明确自己怎样为组织作出贡献。

4. 通过会议,可以对每一位与会者产生一种约束力。

5. 通过会议,能发现人们未注意到的问题,并对其进行认真地考虑和研究。

会议的种类主要有工作汇报会、专题讨论会、员工座谈会等。必须强调的是,虽然会议是主管人员进行沟通的重要方法,但决不能完全依赖这种方法。而且,会议要有充分准备,营造浓厚的民主气氛,讲求实效,切忌"文山会海"的形式主义。

(二) 个别交谈

个别交谈就是指领导者用正式或非正式的形式,在组织内外,同下属或同级人员进行个别交谈,征询谈话对象对组织中存在问题和缺陷的看法,对别人或对别的上级,包括对主管人员自己的意见。这种形式大部分都是建立在相互信任的基础上,无拘无束,双方都感到有亲切感。这对双方统一思想、认清目标、体会各自的责任和义务都有很大的好处。在这种情况下,人们往往愿意表露真实思想,提出不便在会议场所提出的问题,从而使领导者能掌握下属人员的思想动态,在认识、见解、信心诸方面容易取得一致。

总之,沟通的方法是多种多样的。前面所述的沟通的形态和沟通的网络都属于沟通的方法,除此之外,还应包括发布指示、会议制度、个别交谈等。

三、沟通联络的障碍

一般来讲,沟通联络中的障碍主要包括主观障碍、客观障碍和沟通方式的障碍三个方面。

(一) 主观障碍

主观障碍大致有下述几种情况:

1. 个人在性格、气质、态度、情绪、见解等方面的差异,使信息在沟通过程中容易受个人主观心理因素的制约。

2. 在信息沟通中,如果双方在经验水平和知识结构上差距过大,就会产生沟通的障碍。

3. 信息沟通往往是根据组织系统分层次逐级传递的。然而,同一条信息在按层次传递时,往往会受到个人的记忆、思维能力的影响,从而变得不准确,降低信息沟通的效果。

4. 对信息的态度不同。有些员工和主管人员忽视对自己不重要的信息,不关心组织目标、管理决策等信息,而只重视和关心与他们物质利益有关的信息,从而使沟通产生障碍。

5. 主管人员和下级之间相互不信任。这主要是由于主管人员考虑不周,伤害了员工的自尊心,或决策失误所造成的,而相互不信任则会影响沟通的顺利进行。

6. 下级人员的畏惧感也会造成障碍。这主要是由主管人员管理严格、咄咄逼人和下级人员本身的素质所决定。

（二）客观障碍

客观障碍主要有两点：

1. 信息的发送者和接收者之间如果空间距离远、接触机会少，就会产生沟通障碍。社会文化背景不同、种族不同而形成的社会距离也会影响信息沟通。

2. 组织机构过于庞大，中间层次太多，信息从最高决策层到下级基层单位需经过很多环节，从而产生失真，而且还会浪费时间，影响其及时性，这是由于组织机构所造成的障碍。

（三）沟通联络方式的障碍

1. 语言系统所造成的障碍。

语言是沟通的工具。人们通过语言、文字及其他符号来进行沟通，但是语言使用不当就会造成沟通障碍。这主要表现在：

（1）误解。发送者在提供信息时表达不清楚，或者接收者接收失误，都会造成误解。

（2）歪曲。这是由于对语言符号的记忆模糊所导致的信息失真。

（3）信息表达方式不当。这表现为措辞不当，词不达意，丢字少句，空话连篇，文字松散，句子结构别扭，使用方言、土语，千篇一律等。这些都会增加沟通双方的心理负担，影响沟通的进行。

2. 沟通方式选择不当，原则、方法使用不灵活所造成的障碍。

沟通的形态和网络多种多样，且都有各自的优缺点。如果不根据组织目标及其实现策略来进行选择，不灵活使用其原则、方法，则沟通就不可能畅通进行。在管理工作实践中，存在着信息的沟通，也就必然存在着沟通障碍。主管人员的任务在于正视这些障碍，采取一切可能的方法消除这些障碍，为有效地信息沟通创造条件。

四、沟通联络的控制

在每个组织中，所有的主管人员都能体会到实施沟通控制的实际困难，所以仅仅描述沟通的方式和原则、方法是无济于事的，这就需要对沟通进行控制，以便更健康、更有效地开展管理工作。信息沟通离不开信息的收集、加工处理以及信息的传递，因而对沟通的控制也应从这几个方面入手。

（一）收集工作

信息收集既是信息沟通的前提，也是进行管理决策的前提。没有信息就无法进行决策。因此，在沟通的控制中，首先应在收集工作上下功夫。

1. 在管理中，要收集到及时、有用的信息，关键在于信息员的素质。因此，要提高信息沟通的水平，首先要提高信息员的政治、知识和能力方面的水平，建立一支反应灵敏的信息员队伍。

2. 在收集信息时，要开辟尽可能多的渠道，力求所收集的信息完整齐备，而且，在疏通这些渠道时，又要求树立全面观念、政策观念、时效观念和求实观念。

3. 信息收集工作要求信息来源真实可靠,原始记录准确无误。切忌使用模棱两可的信息。

4. 在信息收集过程中,常常会遇到"报喜易、报忧难"的情况。因此,对信息收集工作进行控制的关键是如实报告。

(二)加工处理信息

对收到的信息进行加工处理也是对信息沟通进行控制的一个重要环节,而且,只有加工处理过的信息,才能进行传递。

1. 信息的加工处理必须符合准确、及时、系统和对实际工作具有指导意义的要求。

2. 在对信息进行加工处理时,要依据不同方式,对其来源、时效进行归纳处理,以提高工作效率。

3. 对信息加工处理的反馈。这是确保信息准确性的一条可靠途径。这种反馈是双向的,即下级主管部门经常给上级领导提供信息,同时接收上级领导的信息查询;上级领导也要经常向下级提供信息,同时对下级提供的信息进行反馈,从而形成一种信息环流。

(三)传递的控制

信息的生命在于传递,所以,要有效地控制信息沟通,必须努力做好信息传递工作。

1. 要贯彻"多、快、好、省"的原则,这是一般要求。在信息传递中,这几方面互相联系,互相制约,要加以协调控制。

2. 要区分不同的对象,选择信息传递的目标,确保信息的效用。同时,在提高信息传递的针对性时,注意信息的使用范围,考虑到信息的保密度,防止信息大面积扩散、泛滥。

3. 要适当控制信息传递的数量,防止信息过分保密和随意扩散。

4. 要处理好越级传递和非正式渠道的沟通,尽可能使之成为层层传递和正式沟通渠道的补充,共同完成组织目标。

五、组织角色与沟通

(一)地位与角色

自己组织内的沟通现象,往往受组织成员地位或角色的影响,因为每一个人都会根据自己的地位或角色,对所沟通的信息,给予不同的理解和解释。

1. 地位。一般是指某人在某一层次系统中所处的位置,因此有高低之分。地位分为"社会地位"及"组织地位"两种:(1)社会地位指某人在某一社区或社会中的声望,常常取决于年龄、家庭、职业等因素。(2)组织地位指某人在组织内的层次位置,常常表现在不同名衔、职位上面。

2. 角色。是社会学的一个概念,一般是指对于居于某种位置的人(不管是谁)所被期望表现的某类行为。例如在一非正式群体中,常常会发展出不同角色,由不同成员承担;有人担任倡议者,有人担任附和者,有人担任置疑者,诸如此类。角色一旦形成,担任某种角色的人会表现某种行为,或不会表现某种行为。同样地,在一正式组织内,居于不同地位或位置的人,由于扮演着不同的组织角色,也会表现出某种特殊行为。

（二）组织角色对于沟通的影响

在组织内的每一个人,都有其不同的组织角色。例如上层管理者、中层或基层管理者,其组织角色不同;又如不同职能部门的工作者,也会由于本身属于销售、生产或财务部门,表现为不同的组织角色。

由于所担任的组织角色不同,就会产生不同的态度、观点与不同的利害关系,因而每逢接触到什么新的信息时,不同的人就会依本身的态度或利害加以评估,因此导致不同的意见和结论。这说明了,为什么在企业组织内,不同职能部门间会产生那么多的争论。

（三）沟通中“听”的艺术

在社交生活中,我们常常听到一些有经验的人的忠告,不要只顾“讲”,还要讲求“听”或“听的艺术”。在上级与下属的沟通关系中,这一忠告也同样可以应用在上级身上。不过,这种“听”不是去“听听”就算了,而是能够设身处地（站在说的人的立场）去“听”,或称为“倾听”。这种倾听的要点是,先不要有什么成见或决定,应密切注意讲的人所要表达的内容及其情绪。这样才能使后者畅所欲言,无所顾忌。而倾听的人才能得到比较真实而完整的沟通意义,供他作为判断和行动的依据。

1. 倾听的要求

根据临床心理学及心理治疗的研究与经验,可以把这种“倾听”的艺术,归纳出以下几条要求:

（1）即使你认为对方所讲的无关紧要或者错误,仍然从容而耐心地倾听。虽然不必表示你对他所说的都赞同,但应在适当间歇中以点首或应声之类举动,表示你的注意和兴趣。

（2）不仅要听对方所说的事实内容或说话的本身,更要留意他所表现的情绪,加以捕捉。

（3）必要时,重述对方所说的,以表示你在注意听,也鼓励对方继续说下去。不过语调要尽量保持客观或中立,以免影响或引导说的方向。

（4）安排有较充分而完整的交谈时间,不要因其他事而打断,更不要使对方感到这是官式谈话。

（5）在谈话中间,避免直接的置疑或反驳,让对方畅所欲言。即使有问题,留到稍后才来查证。此时重要的,是获知究竟对方有什么想法。

（6）遇到某一你确实想多知道一些的事情时,不妨重复对方所说的要点,鼓励他作进一步的解释或澄清。

（7）注意对方尽量避而不谈的有哪些方面,这些方面有可能就是正式问题的结症所在。

（8）如果对方确实想要知道你的观点,不妨诚实以告。但是在“听”的阶段,仍以了解对方意见为主,自己意见不要说得太多,以免影响对方所要说得话。

(9)不要过于激动,此时尽量要求了解对方;不管赞成也好,反对也好,稍后再加评论。

可以想象,这些要求的正确运用属于管理或沟通的艺术范畴,有待主管者不断尝试、磨练及体会。但是"听的一面"的重要性是毋庸置疑的。

2. 有效倾听的条件

倾听,并不是在任何情况下都能应用,或应用之后都能生效的,还需考虑以下条件:

(1)主管者是否有这么多的时间来倾听,或者说,花较多时间于倾听下属的意见或反应是否值得。如果没有这种时间,则不可能做到上述要求。

(2)必须认识到每个人都有特殊之处,包括态度、价值观念和情绪之类,这样才会去注意和发掘各个人的特点和问题。

(3)主管者本身要有适当的修养,保持冷静和客观。

(4)讲的一方也要有说的意愿。否则,吞吞吐吐或沉默不语,则场面势必变得十分尴尬和沉闷。

六、有效的组织沟通

(一)有效的组织沟通的要求

组织中所有成员由于在知识、经验、职位(工种)、对事物的看法等方面存在差异,对同一信息可能有不同的看法,因此,主管人员应努力做到以下几点,将有助于改进沟通工作,实现有效沟通。

1. 表达力求清楚

不管信息如何传递,表达不清、隐晦难懂都是大忌。任何人发送情报,都应该遵循明确的原则,力求避免措辞不当、思想表达不严密、中心思想不突出,避免使用方言、不易理解或易造成错觉的比喻等,以使接受者容易理解。

2. 传递力求准确

处于组织沟通中心的主管人员,起着接收和传递信息的作用。他们不但要接收从上级、同级和下级送来的各种情报,还要把这些情报改编成其上级、同级和下级各自熟悉的语言,再向他们传递在这一过程中力求使接受者理解信息的内容,但不能因此而使情报失真。有人进行过实验,按级别层次逐级传达同一条信息往往会降低情报的准确性。尤其是口头传达时,每传达一次大概要损失信息的30%。所以,组织规模不同,进行沟通的形式也是随机掌握。由于记忆不佳所造成的失真也同样严重。研究结果表明,职工只记得他接收到的信息的50%,领导只记得60%。如果不认真传达或对传达人不信任,信息损失就会更大。因此,反复的沟通是必要的。

3. 避免过早的评价

罗杰斯(Rodgers)和罗特利斯伯格(Fritz J. Roethlisberger)等一些管理学者在论述情报沟通障碍时着重指出,情报沟通的障碍与其说是在交往中采取固执不变的立场,还不如说是过早地对情报沟通进行评价。他们认为,这种评价会使情报沟通停顿,会使情报传递人员产生手足无措的感觉。他们还认为,应当以条框和不带任何成见的态度听取情报人员的意见,这样才能完全地传递和接收全面的情报。

4. 清除下级人员的顾虑

有经验的主管人员认识到,要做好情报工作必须依靠下级。而下级经常发生对情报选择不当,对事实叙述不全,甚至报喜不报忧或全面遗漏等情况。其原因或者是他们真的认为某些情报不太重要,不足以向上级汇报——这是个判断问题,更多的情况则是他们害怕向上级说出实情,因而有意把上级领导引向错误的方向。

5. 主管人员必须积极进行沟通联络

有时,主管人员不会传递必要的信息。其原因在于人们的惰性,以为"每个人都知道"、办事拖拉、喜欢保密或故意与人为难等。人们不可能把每一件情报都传递出去,因而就需要选择。这会使有的人干脆什么情报也不去选择和传递。作为组织的主管人员,必须积极有效地进行沟通,应用各种沟通渠道,保持信息情报传递的畅通无阻。

6. 对情报沟通过程加以控制

尽管每个主管人员都明白对情报沟通的控制有一定困难,但其必须采取有效措施控制情报的公开程度及保密程度。如某公司规定,从基层领导开始,各级主管人员应当每月向他们各自的上级提出一份认为对上级考虑问题有重要意义的、简明的、叙述性的报告。还规定在直线组织中的下级主管人员同他们的上级定期召开会议,讨论他们提出的问题如何解决。这个过程要依次在所有的各级管理层次中进行,直至最高主管部门。

(二)有效的组织沟通的实现

为促进有效的组织沟通,必须从正式沟通与非正式沟通两方面同时考虑或配合运用。以下讨论这两种沟通间的关系及其运用的有关问题。

1. 沟通途径及媒体的组合

要将某种信息传递出去,有许多不同的途径和媒体,一般情况下总是视当时哪些途径或媒体使用起来比较方便而定。事实上,沟通途径和媒体的结合方式很多,仅就书面、语言、正式、非正式等加以组合,就可以达 16 种之多,如表 11－2 所示。

表 11－2　沟通途径及媒体之组合

途径 媒体	正式	非正式	先正式后非正式	先非正式后正式
书面	1	2	3	4
语言	5	6	7	8
先书面后语言	9	10	11	12
先语言后书面	13	14	15	16

在正式沟通时，一般多选用表中第1、5、9、13种组合，而主要偏重第1种，也就是经由书面文字媒体的正式沟通。而非正式沟通时，一般选用表中第2、6、10、14四种组合，而主要偏重第6种，也就是利用口头或语言传达的非正式沟通。

2. 选择沟通方法要考虑的因素

当主管者面临某种沟通需要时，究竟应该采取哪些沟通方法（途径及媒体）？这是一个相当复杂的问题，没有哪一种方法绝对有效，也没有哪一种方法可以应用于所有情况。不过以下所列举的四方面因素，可以供主管者参考。

（1）沟通的性质。所谓沟通的性质，是一种相当广泛的说法，因此我们可以按不同的标志对沟通的性质予以分类。

①按照沟通任务的复杂性分类。由简而繁的顺序为：传达命令；给予或要求信息或资料；达成一致意见或决定。当沟通双方意见出现分歧时，第三种沟通的任务尤其复杂。此时，似乎先行分析不同意见间有何共同点，通过非正式沟通协调，然后再将私下（非正式）商量的结果，经由正式途径加以肯定的方法比较妥当；反之，如果一开始便企图经由正式途径讨论，可能使分歧意见公开化，使得持不同意见双方的立场和态度僵化。即使行使正式职权，勉强达成决议，但也可能因此造成关系上的裂痕，影响以后的合作。

②按沟通内容的合法性分类。一类是是依照规章或惯例行事的沟通内容，大家视为当然；另一类是与法规或惯例颇有出入的沟通内容，例如对于公司政策采取变通或弹性的措施之类。在这种情况下，究竟应采取正式或非正式沟通，还是书面或口头沟通？也是颇有讲究的，但是似乎并无一种标准的答案。

③按沟通所涉及资源动用的多少分类。如果一项要求、命令或决议，涉及大量人力和财力时，那么就必须有人对这种资源支出及其效果负责。因此，有关人员为求责任分明，就希望能通过正式和书面的途径进行沟通。当然，这种希望的程度，又和上述沟通内容的合法性有密切关系，愈是属于变通或弹性的处理性质时，可能愈要求有正式和具体的根据。

（2）沟通人员的特点。所谓沟通人员，是指信息发出者、接收者、中间传达者（媒体）以及他们的上级主管人员。这些人的特点与沟通方法的选择有密切的关系。主要的特点如下：

①目标或手段导向。有人做事以达成目标或任务为基本导向，在这种导向下，可以变更或不顾规定及手续。但是有人却坚持必须合乎规定或手续，甚至到后来，都把规定及手续作为工作的标准。如果属于后类人员，则倾向于正式和书面的沟通；反之，对于目标导向的人，则比较愿意采取非正式和口头的沟通方式。

②能否信任的程度。这是指沟通的媒介者或接收者，能够正确解释所沟通的信息并促成其有效沟通，甚至增添某些有用的信息。如果在沟通过程中能找到这种媒介，将可增进沟通效能；反之，如果媒介者不能正确了解和传送沟通信息，那么就要设法避开，而要靠书面和口头并用的方法加以补救。

③语言能力。沟通者的语言能力,是选择沟通方法的重要因素。除此之外,语言能力也影响到沟通内容的表述及表现方式。

(3)人际关系的协调程度。这是指沟通过程所涉及的人群间存在怎样的关系。如果成员间接触频繁,关系密切,互助合作,在这种情况下,沟通常常采用口头而非正式的方法;反之,如果个人间极少往来,互不相干,则沟通只有依赖正式及书面的方法进行。

①速度。不同渠道的沟通速度相差颇大。例如,一般认为,口头及非正式的沟通速度,就比正式与书面的沟通速度快。

②反馈。利用不同沟通方法,反馈速度和所得到的正确性也都不同。例如,面对面交谈,可以获得立即的反应;而书面沟通,有时却得不到反馈。

③选择性。这是指对于信息的沟通,能否加以控制、选择及其程度。例如,在公开场合宣布某一消息,对于其沟通范围及接收对象无法控制;反之,选择少数可以信任的人,利用口头传达某种信息则富于选择性。

④接收性。同样信息经由不同渠道,造成不同的被接收的程度。例如,以正式书面通知,可能使接收者十分重视;反之,在社交场合所提出的意见,却被对方认为讲过就算了,并不加以重视。

⑤成本。选用不同渠道,也可能涉及不同的人力、物力费用。例如,在相隔遥远而分散的情况下,利用口头亲自传达,就可能费用高昂;但利用信件则所费无几。

⑥责任建立。信息的沟通常常也代表着责任的托付。因所使用渠道的不同,这种责任的建立或交代的严格程度也会不同。利用正式书面所传达的责任,其严格与清晰程度最高,所以有时即使为了快速的需要,开始先利用非正式的口头沟通,接着仍需利用正式书面的渠道再加以确定,这就是为了建立明确的责任。

本章小结

沟通联络是管理工作中最基本的活动。人与人之间的沟通不同于人与机器、机器与机器间的沟通,它有其特殊性。沟通,可因其途径的不同分为正式沟通和非正式沟通两种。正式沟通是通过组织正式结构或层次系统运行。非正式沟通则是通过正式系统以外的途径来进行的。在组织内部有多种沟通联络的形式和具体的方法,在沟通工作中要遵循沟通联络的原则和要求。组织中的沟通不可避免地会出现沟通障碍,沟通联络中障碍主要是主观障碍、客观障碍和沟通方式的障碍三个方面。为了促进有效的组织沟通,需要对沟通进行控制。为此,必须从正式沟通与非正式沟通两方面同时考虑,这样,组织就可以实现有效的沟通。

习　题

一、思考题

1. 如何解决沟通过程中的障碍?
2. 有效沟通对组织管理有何影响?
3. 为什么说“爱哭的孩子有奶吃”?

二、实战练习

选择自己或别人最近一次沟通失败的实例,分析其原因及后果。

三、案例分析

联合制造公司总经理奥斯特曼对随时把本公司经济上的问题告诉雇员们的重要性非常了解。她知道,由于市场价格不断跌落,公司正在进入一个困难的竞争时期。同时她也清楚,为了保住她的市场份额,必须降低本公司产品的出售价格。

奥斯特曼每月向所有雇员发出一封定名为“来自总经理部”的信,她认为这是传递信息的一种好方式。然而,一旦出现了重要情况,她还要把各部门负责人召集到那个简朴的橡木镶板的会议室里,在她看来,这样做会使这些负责人确实感到他们是管理部门的成员并参与了重大决策的制定。根据会议的礼仪规定,所有与会人员都要在预定时间之前就座,当奥斯特曼夫人进来时要起立致意,直至得到允许后再坐下。这次会议,奥斯特曼进来后只简单地点了点头,示意他们坐下。

“我叫你们都来,是想向你们说明我们所面临的可怕的经济形势。我们面对的是一群正在咬我们脚后跟的恶狼一样的对手。他们正在迫使我们以非常低的价格出售我们的产品,并且要我们按根本不可能实现的日期交货。如果我们这个大公司——自由企业的一个堡垒—— 还打算继续存在下去,我们所有的人就都要全力投入工作,齐心协力地干。下面我具体地谈谈我的意见。”

在她发表完意见以后,奥斯特曼用严厉的目光向在座的人扫视了一下,似乎在看是否有人敢讲什么。没有一个人说话,因为他们都知道,发表任何意见都会被奥斯特曼夫人看成持有不同意见。

“首先,我们这里需要想象学。我们需要积极思想的人,而且所有的人都应当通力合作。我们必须要使生产最优化,在考虑降低成本时,不能对任何一个方面有所疏忽。为了实现降低成本的应急计划,我在公司外聘请了一个最高级的生产经理。

我们要做的第二件事是最大限度地提高产品质量。在我们这个企业里,质量就是一切。每部机器都必须由本部门的监督员按计划进行定期检验。只有经过监督员盖章批准后,机器才能开始运转,投入生产。在质量问题上,再小的事情也不能忽视。

在我的清单上所列的值得认真考虑的第三个问题是增强我们的推销员的力量。顾客是我们这个企业的生命线,尽管他们有时不对,我们还是要态度和气地、灵活地对待他们。我们的推销员必须学会做生意,使每一次推销都有成效。公司对推销员的报酬办法是非常公正的,即使如此,我们还打算通过提高滞销货的佣金率来增加他们的奖金数额。我们想使这个意见在董事会上得到通过。但是,我们必须保住成本,这是不能改变的。

最后,我要谈谈相互配合的问题。这对我们来说比其他任何问题都更加重要。要做到这一点,非齐心不可。领导就是配合,配合就是为同一目标共同努力。你们是管理部门的代表,是领导人,我们的目标你们是知道的。现在让我们一起努力工作,并迅速地把我们的这项复杂的事情搞好吧！要记住,我们是一个愉快的大家庭。"

奥斯特曼结束了她的讲话,参加会议的人都站了起来,静立在各自的椅子旁边。奥斯特曼收起文件,离开会议室朝她的办公室走去。

思考题:

1. 在这个案例中,构成沟通障碍的除了语言因素之外,还有什么因素?

2. 假若这次会议由你安排,你打算怎样来保证双向的沟通?

第十二章 激励

学习目标

了解激励的概念、激励与行为的关系、激励产生的内因与外因，熟悉激励的原则、方法以及实践中需注意的问题，掌握激励的需要理论及过程理论等。

第一节 激励原理

管理的核心是协调人际关系，和谐的人际关系离不开有效的沟通，领导工作中的沟通除了传递信息外，还必须实现影响沟通对象，激励其为实现组织的目标而努力的目的。

一、激励的概念与对象

1. 激励的概念

激励，通常是和动机联系在一起的，主要指人类活动的一种内心状态。激励是由动机推动的一种精神状态，它对人的行动起激发、推动和加强作用。美国管理学家罗宾斯把动机定义为个体通过高水平的努力而实现组织目标的愿望，而这种努力又能满足个体的某些需要。因此，无论是激励还是动机，都包含三个关键要素：努力、组织目标和需要。一般而言，动机指的是为达到任何目标而付出的努力。

2. 激励的对象

从激励的定义看出，激励是针对人的行为动机而做的工作。因而，激励的对象主要是人，或者更准确地说，是组织范围中的员工或管理对象。

从激励的内涵看，意味着领导者应该从行为科学和心理学的基础出发，认识员工的组织行为。即意识到人的行为由动机决定，而动机则由需要引起。动机产生后，人们就会寻找能满足需要的目标，而目标一经确定，就会进行满足需要的活动。从需要到目标，人的行为过程是一个周而复始、不断升华的循环。通过认识激励的对象表明，需要是人类行为的基础，不同的需要在不同的环境下会诱发出不同的行为。

二、激励与行为

对激励对象的讨论表明，人类的有目的的行为都是源于对某种需要的追求。未得到的需要是产生激励的原因，进而导致某种行为。行为的结果，可能是需要得到满足之后再追求新的需求；行为的结果也可能是遭受挫折，追求的需要没有得到满足，由此而产生消极的或积极的行为。

所以，激励是组织中人的行为动力，而行为是人实现个体目标与组织目标相一致的过程。没有激励的行为，是盲目而无意识的；有激励而无效果的行为，表明激励的机理出现了问题。如管理者希望通过增加额外的休息日来提高员工的劳动生产率，但结果既可能有效，也可能无效，因为在一定的条件下，员工可能更愿意保持以往的工作日，而希望提高薪水。这说明，激励与行为也有匹配的问题。

也就是说，通过激励促成组织中人的行为的产生，取决于某一行动的效价和该效价产生的概率。所谓效价，是指个人对达到某一预期成果的偏爱程度，或某种预期成果可能给行为者带来的满足程度；该效价产生的概率，即行为者采取某种行动，获得某种成果，从而带来某种心理上或生理上满足的可能性。显然，能够满足某一需要的行动对特定个人的激励力是该行动可能带来结果的效价与该结果实现可能性的综合作用的结果。激励力、效价和发生概率之间的相互关系用下式来表示：

激励力 = 效价 × 发生概率

三、激励产生的内因与外因

如何对组织中的员工进行激励，是建立在对员工的运动规律的认识基础上的。而员工不是孤立存在的，而是生活在特定的环境之中。这个环境包括气候、水土等自然环境以及社会制度、经济地位、文化条件等社会环境。外界环境对人的影响是客观的。

因此，激励产生的原因，可分为内因和外因。其中内因由人的认知知识构成，外因则是人所处的环境，依据激励基础人的行为可看成是人自身特点及其所处环境的函数。显然，激励是否有效关键在于对内因和外因的深刻理解，并达成一致性。

这样，为了引导人的行为进而达到激励的目的，领导者既可在了解员工需要的基础上，创造条件满足员工的这些需要，也可以通过采取适当措施，改变个人的行动环境。这个环境被研究人员称为人行动的“力场”。对企业而言，领导者对在“力场”中员工行为的引导，就是要借助各种激励方式，减少阻力，增强驱动力，提高员工的积极性，实现组织目标的过程。

四、需要的管理学意义

显然，激励的出发点，是激发员工未满足的需要。通过具体的手段，让员工对未满足的需要产生某种期望。因此，需要对管理学的领导职能来说，是其能否发挥领导作用并影响组织成员实现组织目标的前提。

从领导的视角看，需要是领导者指挥和鼓励下属的行为基础。领导的职能最终要通过他人的活动或投入，实现组织的目标。这种目标应该是领导者指挥下属实现组织目标和个体目标相结合的产物。

在这里,领导者与下属的组织行为,都是通过采取行动来满足未实现的需要的过程。领导者的需要,既可能是缘于对制度权力的渴望,也可能源于实现自我价值的意愿。同样,下属未满足的需要也具有多样性。因此,能否有效激励员工,很大程度上取决于组织中领导者对下属未满足需要的认知与识别。

正是以需要这种人的动机为导向,引出了关于激励的各种理论。由于激励理论大多数是根据人的需要的实现及其特点的识别,以及如何根据需要的不同类型和特点来采取措施,进而影响他们的行为而展开的,依据对激励对象不同方面的重视程度,可以把激励理论分为激励的需要理论与激励的过程理论。

第二节 激励理论

一、激励的需要理论

(一)马斯洛的需要层次理论

马斯洛是一位美国管理心理学家。他认为人类的需要可分为五类:生理需要、安全需要、社交需要、自尊需要以及自我实现需要。

1. 生理需要

人们为了生存,首先必须满足基本的生理要求,如衣、食、住、行等。这也是人类最基本的需要。

2. 安全需要

这种需要又可分为两类,一种是现在的安全需要,就是要求自己现在的生活在各个方面均能有所保障,如人身安全、就业安全、劳动安全等;另一种是对未来的安全需要,也即希望未来的生活有保障。

3. 社交需要

马斯洛认为,人们的生活和工作不是孤立进行的,而是在一定的社会环境和条件下,与其他社会成员发生相互联系共同进行的。因此,人们常常希望在一种被接受的情况下工作。可以说,人们希望在社会生活中受到别人的注意、接纳,得友爱和同情,在感情上有所归属,而不是希望在社会或组织中成为离群的孤雁。社交的需要比前两种需要来得细致,需要的程度也因人而异。

4. 尊重需要

尊重包括自尊与受别人尊重。自尊是指在自己取得成功时油然而生的一股自豪感;受别人尊重,当自己作出贡献时能得到别人的承认,如上司和同事的赞扬等。

5. 自我实现的需要

这是更高层次的需要。这种需要就是希望在工作上有所成就,实现自己的理想或抱负。有人认为这种需要仅存在于那些自尊心极强的科学家身上，其实这种看法是不全面的。同自尊的需要一样，自我实现的需要几乎在任何个体身上都有不同程度表现。

自我实现的需要通常表现在两个方面：一种是胜任感。有这种需要的人力图控制事物或环境，不希望与自己有关的事情被动地发生和发展，而是试图让事情的发生与发展在自己控制之下。另一种是成就感。人们经常在工作中为自己设置一些既有一定难度，但经过努力又可达到的目标。对这些人来讲，工作的乐趣在于成果或成功。有成就感的人往往重视自己工作的结果。成功后的喜悦要远胜其他任何报酬。

马斯洛的需求层次理论为研究人的行为提供了一个较为科学的理论框架，进而成为激励理论的基础。需求层次理论解释了一般人在通常情况下的需要与行为规律，提出了人们的需要从低级向高级发展的趋势。

马斯洛对各类需要进行了细致的研究，给出了每一类需要的具体内容，并指出人的需要是多种多样的，激励方式也应是多种多样的。不仅要给人以物质的满足，而且还要给人以精神的满足。特别是基本生理需要得到一定程度的满足以后，精神需要显得更为重要。因为，满足人的高级需求将具有更持久的动力。

然而，国内外学者对于马斯洛的需要层次理论也有不同的看法。归结为下面几种：

1. 对需要层次的分析简单、机械

人类需要的发展不带有自然成熟的色彩，也不是非经过某一层次需要才能出现下一层次的需要，而是随着环境和个体情况的变化同时存在着若干种需要。实际上人同时存在几种需要，这几种需要同时产生不同的动机，各种动机之间不仅有强弱之分，而且也是斗争的，不讲多种需要和动机的斗争性是需要层次理论的一个缺陷。

2. 把人的基本需要归结为五个层次，也不尽完善

事实上，马斯洛越研究越发现五个层次还不能完全包含人类的需要，诸如：爱美的需要、求知的需要、劳动的需要等，都是人普遍的需要。

（二）赫茨伯格的双因素理论

“双因素理论”是“保健、激励因素理论”的简称，是美国匹兹堡心理学研究所的赫茨伯格于20世纪50年代后期提出的。他研究的是员工的满意和不满意问题。

20世纪50年代后期，赫茨伯格在匹兹堡地区的11个工商业机构中对近200名会计师、工程师作了问卷调查。在问卷中，他设计了许多问题，比如“什么时候你对工作特别满意”，“什么时候你对工作特别不满意”，“原因是什么”，等等，要求这些受访者回答。通过对调查结果的统计分析，赫茨伯格发现，引起人们不满意的因素常常是一些工作的外部因素，大多与他们的工作条件和环境有关；能给人们带来满意的因素常常都是工作内部因素，是由工作本身决定的。

由此，赫茨伯格提出，影响人们行为的因素主要有两种：保健因素和激励因素。所谓保健因素是指那些与人们的不满情绪相关的因素。保健因素处理得不好会引发员工对工作不满情绪的产生，处理得好可以预防或消除不满。但它们不能起激励的作用，只能

起到维持工作现状的作用。所以保健因素又可称为“维持因素”。赫茨伯格认为,保健因素主要有以下内容:

(1)企业政策与行政管理;

(2)监督、员工与主管的关系、地位;

(3)工作环境和条件、劳动保护、安全;

(4)工资水平、个人生活;

(5)工作中的人际关系。

所谓激励因素是指那些与人们的满意情绪有关的因素。与激励因素有关的工作处理得好,能够使人们产生满意情绪,如果处理不好,最多只是没有满意情绪,而不会导致不满。赫茨伯格认为,激励因素主要有以下内容:

(1)工作表现机会和工作带来的愉快;

(2)工作上的成就感;

(3)由于良好的工作成绩而得到的奖励;

(4)对未来发展的期望;

(5)职务上的责任感。

从上面的分析可以看出,赫茨伯格把传统的“满意—不满意”的观点进行了分解,认为满意的对立面是没有满意,与不满意相对的是没有不满意。

赫茨伯格的双因素理论与马斯洛的需求层次理论有着紧密的联系,其保健因素相当于生理、安全、社会交往等低层次需要,激励因素相当于尊重、自我实现等高层次需要。

该理论给我们的启示是:要调动和维持职工的积极性,首先要注意保健因素,做好与之有关的各项工作,防止不满情绪的产生。但更为重要的是利用激励因素去激发职工的工作热情,使其努力工作。如果仅仅满足于职工没有什么意见,针对保健因素采取一些消极措施,那么虽然可能使管理者与职工相安无事,但却不能创造奋发向上的局面,也就不能取得一流的工作成绩。

赫茨伯格的双因素理论在实际工作中得到了广泛的应用。最主要的形式就是工作内容丰富化,其中心思想就是通过增加工作中的激励因素,来充分发挥员工的主动性和创造性。虽然赫茨伯格的双因素理论在国内外有很大影响,但也有人对它提出了不同意见,主要有以下四点:

(1)赫茨伯格调查取样的数量和对象缺乏代表性。样本数量较少,仅有200人。而且调查对象主要是工程师、会计师,他们在工资、安全、工作条件等方面的情况都比较好,因此,这些因素对他们不会起激励作用,但不能代表一般职工的情况。

(2)赫茨伯格在调查时,问卷的方法和题目有缺陷。首先,把好的结果归于自己的努力,而把不好的结果归罪于客观环境,是人们一般的心理状态,这种心理特征在他的问卷中没有反映出来。其次,赫茨伯格没有使用满意尺度的概念。人们对任何事物不是绝对的,要么满意,要么不满意。事实上,一个人很可能对工作一部分满意一部分不满意,或者比较满意,这在他的问卷中也是无法反映的。

(3)赫茨伯格认为,满意和生产率的提高有必然的联系,而研究证明满意并不等同于劳动生产率的提高,这两者并没有必然的联系。

(4)赫茨伯格将保健因素和激励因素截然分开是不妥的。实际上保健因素和激励因素、外部因素和内部因素都是相对的,不是绝对的,它们相互联系并可以相互转化。保健因素也能产生满意,激励因素也能产生不满意,例如奖金既可以成为保健因素,也可以成为激励因素,而工作成绩得不到承认也可以使人闹情绪。

(三)麦克利兰的成就需要理论

美国著名心理学教授戴维·麦克利兰在1955年对马斯洛需要层次理论的普遍性提出了挑战,对该理论的核心概念"自我实现"有无充足的根据也表示质疑。他认为,人类的多种需要都是社会性的,而不是生理性的。而且人的社会性需求是后天的,而不是先天的,来自于环境、教育和经历等,很难从个体的角度归纳出共同的、与生俱来的心理需要。

麦克利兰通过试验研究,归纳出三大类社会性需要:对成就的需要、对权力的需要和社交的需要。

1. 对成就的需要

有高度成就需要的人具有以下主要特征:(1)寻求挑战,趋向于寻求适度困难的目标;(2)有个人承担责任、解决问题的需要;(3)对工作热诚,执著于所从事的工作;(4)需要具体的、即时的反馈。

2. 对权力的需要

即对影响力的向往。麦克利兰发现,具有高度权力欲的人对施加影响、控制他人表现出极大的关注。这些人的主要行为特征包括:(1)追求领导者的地位,要求获得、行使并保持权力;(2)好争辩,很健谈,头脑冷静并善于提出要求;(3)乐于同他人竞争,使其服从自己的支配。

3. 对社交的需要

社交需要是指希望与他人建立亲近和睦关系的愿望。有高度社交需要的人具有如下特征:(1)寻求建立并保持与他人的友谊和亲密的感情关系;(2)希望获得他人对自己的好感;(3)乐于参加各种社交活动,以寻求知心朋友;(4)乐于帮助和安慰危难中的伙伴。

实际上,人们在不同程度上都有上述三种动机,但各种需要的强弱程度因人而异。麦克利兰早期的许多著作强调成就需要对工商界人士的重要性。他认为具有高度成就需要的人,对企业和国家具有重要作用。企业中这类人越多,其发展速度就越快,获利水平也就越高。他还发现成就激励在小企业更普遍。此外,人的成就激励可以通过教学的方式逐步发展,甚至对于身处不同文化环境的人们也同样有效。

麦克利兰后来的研究又发现,权力需要对主管人员来说也是最重要的。最为有效的管理者通常是那些有高度权力需要、适度成就需要和低度社交需要的人。

综合马斯洛、赫茨伯格以及麦克利兰等人关于需要的不同研究，我们可以发现影响人类行为的需要具有如下几个方面的特征：

1. 需要的多样性

人类的需要具有多样性。一个人在不同的时期可有多种不同的需要；即使在同一时期，也可能存在着好几种程度不同、作用各异的需要。

2. 需要的层次性

需要的层次应由其迫切性来决定的。也就是说，人虽然有多种需要，但这些需要并不是在同时以同样的程度来影响人们的行为。在一定时期内，只有那些表现最强烈、感受最迫切的动机才影响人们的行为。对于不同的人在同一时期，或对于同一人在不同的时期，感受到的最强烈的需要类型是不同的。

3. 需要的潜在性

需要的潜在性是决定需要是否迫切的重要原因之一。人们在一生中可能存在多种需要，但这些需要并非随时随地全部被他们的主体所感知、所认识。有许多需要是以潜在的形式存在着，只有到了一定时刻，由于客观环境和主观条件发生了变化，人们才感觉到这些需要。

4. 需要的可变性

需要的可变性是指需要的层次结构是可以变化的。变化的原因有两个：一是原来迫切的需要，通过某些活动已在一定程度上得到满足，紧张已消除，特定需要的迫切性也随之而减弱；另一原因是由于外界环境有意无意的影响，改变了人们对自己的各种需要得到满足的迫切性的判断与认识，使一些原来迫切的需要现在成为“次要矛盾”，而一些原来不很迫切的需要现在成为影响人们行为的“主要矛盾”。

（四）X 理论与 Y 理论

这是关于人性的问题，由美国管理心理学家道格拉斯·麦格雷戈总结提出。管理者关于人性的观点是建立在一些假设基础之上的，管理者正是根据这些假设来提出激励下属的行为方式。一般来讲，管理者对人性的假设有两种对立的基本观点：一种是消极的 X 理论；另一种是积极的 Y 理论。

1. X 理论

（1）员工天性好逸恶劳，只要可能，就会躲避工作；

（2）以自我为中心，漠视组织要求；

（3）员工只要有可能就会逃避责任，安于现状，缺乏创造性；

（4）不喜欢工作，需要对他们采取强制措施或惩罚办法，迫使他们实现组织目标。

2. Y 理论

（1）员工并非好逸恶劳，而是自觉勤奋，喜欢工作；

（2）员工有很强的自我控制能力，在工作中执行完成任务的承诺；

(3)一般而言,每个人不仅能够承担责任,而且还主动寻求承担责任;

(4)绝大多数人都具备作出正确决策的能力。

麦格雷戈本人认为,Y 理论的假设比 X 理论更具实际意义,所以他主张让员工参与决策,为员工提供富有挑战性、责任感的工作,构建良好的群体关系,有利于调动员工的工作积极性。

总的来说,激励的内容理论突出了人们最基本的心理需要,并认为正是这些需要激励人们采取行动。需要层次论、双因素理论和成就需要论,均有助于管理人员了解是什么在激励人们。因此,管理人员可以设计工作去满足需要,以调动员工的积极性和创造性。

二、激励的过程理论

大多数激励的需要理论有三个前提条件:(1)所有的员工需要是相同的;(2)一切环境是相同的;(3)存在一种适用所有员工的、最好的激励方式。这三个前提限制了需要理论的实用性。激励的过程理论就是为了克服需要理论的这些不足而提出的。其中期望理论、公平理论和强化理论是过程理论的代表。

(一)弗鲁姆的期望理论

面对相同需要以及满足相同需要的活动,为什么不同的组织成员反应不同:有的人情绪激昂,而有的人却无动于衷呢?美国心理学家弗鲁姆认为,这是因为人们对从事该活动能够得到的满足以及自己能否胜任该项工作的评价不同。这就是他在 1964 年发表的《工作与激发》一书中提出的期望理论的主要观点。根据这个理论,人们在工作中的努力程度是效价和相应概率的乘积,即

$$M = V \times E$$

式中:M 表示激发力量,V 表示效价,E 表示相关概率。

所谓效价,是指一个人对某一项工作及其结果能够给自己带来满足程度的评价,也就是对工作目标有用性(价值)的评价。所谓相关概率,是指人们对自己能够顺利完成这项工作可能性的判断,即对工作目标能够实现概率的估计。所以,激发力量实际上就是效价的期望值。

期望理论表明,当行为者对某项活动及其结果的效用评价较高,而且估计自己获得期望结果的可能性很大时,那么领导者用这项活动和结果来激励他就可能收到很好的效果。

在现实生活中,相同的目标,由于每个人的需要不同,所处的环境有异,从而对其有用性的评价也往往不同。比如,有人希望通过努力工作得到职务晋升的机会,其升迁的欲望高,职务晋升对他来说具有很高的效价;如果一个人对职务晋升毫不关心,那么升迁对他没有任何吸引力,这时晋升的效价就很低,甚至可能为零;相反,有些人可能不仅不希望职务提升,甚至害怕提升,担心由此而担负更多的工作与责任,失去更多与家人在一

起的时间,因而晋升的效价甚至可能是负值。

影响人们从事某种工作积极程度的另一个因素是相关概率,亦称期望概率。在日常生活中,人们常常根据过去的经验来判别一定行为能够导致某种结果或满足某种需要的概率。如果行为主体估计目标实现的可能性很大,这时期望概率接近于1;反之,则期望概率接近于0。

效价和相关概率的不同组合,会产生不同的激发力量,一般有如下几种情况:

(1)E 高 × V 高 = M 高

(2)E 中 × V 中 = M 中

(3)E 低 × V 低 = M 低

(4)E 高 × V 低 = M 低

(5)E 低 × V 高 = M 低

上述分析表明,要收到预期的激励效果,不仅要使激励手段的效价足够高,而且还要使激励对象有足够的信心去获得这种满足。效价和相关概率的值只要有一项较低,都难使激励手段发挥作用。

期望理论的上述论点可以为管理人员提供许多启发:(1)管理者不要泛泛地使用一般的激励措施,而应当关注多数组织成员认为效价最大的激励措施。(2)设置某一激励目标时应尽可能加大其效价的综合值。如每月的奖金多少不仅意味着当月的收入情况,而且与年终奖金、工资调级和先进工作者评选挂钩,则将大幅增加效价的综合值。(3)适当加大不同人实际所得效价的差值,扩大组织期望行为与非期望行为之间的效价差值。如奖金评级,并拉开等级间距离,其激励效果很不一样,只奖不罚与奖惩分明其激励效果完全不同。(4)适当控制期望概率和实际概率。当一个人的期望概率远远高于实际情况时可能产生挫折感,而期望概率太小又会减小某一目标的激发力量。因此,当一个人期望概率过大时,我们应劝其冷静。当一个人期望概率过小时,我们则应给予鼓励。(5)期望心理的疏导。在激励过程中,常常会发生员工期望心理过强的情况,及时地疏导其期望心理,防止出现过强的挫折感,就成为领导者的又一难题。疏导方法中最常用的是“目标转移”,也就是将其目标转移到新的领域和下一轮竞赛中去。

(二)亚当斯的公平理论

在现代社会,报酬对人们行为的影响作用,不仅在于它能够直接满足人们的某种需要,而且透过报酬能看出组织对个人在某个时期工作成果的评价及承认程度。从某种意义上甚至可以说,报酬的多少也反映了员工在上级主管心目中的形象和地位。因此,公平理论认为,报酬对人们行为的影响,首先取决于人们对报酬公平与否的评价。

公平理论是亚当斯于1965年提出的。这个理论主要比较了个人对组织的贡献以及自己从组织中所获报酬两者之间关系。亚当斯认为,要使组织成员保持较高的工作热情,工作报酬必须公平合理,使组织成员感觉到组织分配的公正性。那么,组织成员如何评价报酬公平与否呢?亚当斯提出一个称为“贡献率”的公式:

$$O_p/I_p = O_o/I_o$$

式中：O_p表示人们对自己所获报酬的感觉；

O_o表示人们对作为比较对象的他人所得的感觉；

I_p表示人们对自己为组织所作贡献的感觉；

I_o表示人们对比较对象的贡献认识。

这个等式表明，如果人们认为自己从组织中所得报酬与自己对组织贡献之比同组织中其他成员的这个比值基本相当，则组织的分配是公正的，否则就不公平。不公平的情况又有两种：一种是 $O_p/I_p > O_o/I_o$，另一种是 $O_p/I_p < O_o/I_o$。前者是一种对自己有利的不公平，后者是一种对自己不利的不公平。

如果组织成员感到分配是公平的，则会在下一时期的工作中保持较高的工作积极性，或完善自己的行为表现；如果比较的结果是第一种情况下的“不公平”，心里可能会有一阵窃喜，但又会担心这种不公平可能会影响伙伴们对自己的评价，从而影响人际关系，因此会在以后工作中谨慎小心。当然，比较结果如果是第二种情况的不公平，就会感到自己辛辛苦苦的干，还不如别人轻轻松松的混，以后再也不这么“卖力”了。

上述分析表明，公平理论认为组织成员所得报酬的绝对值与其积极性的高低并无直接、必然的联系，对其行为起作用的，只是自己和他人对组织的贡献与组织所付报酬的比较。

公平理论对管理人员具有以下几点启示：(1)影响激励效果的不仅包括报酬的绝对值，还包括报酬的相对值。(2)激励时应力求公正，使“贡献率”等式在客观上成立，尽管会有主观判断的误差，但不致造成严重的不公平感。(3)在激励过程中还应注意对被激励者公平心理的疏导，引导其树立正确的公平观：首先，让其认识到绝对的公平是没有的；其次，不要盲目攀比，即纯主观的比较；第三，不要按酬付劳。按酬付劳是在公平问题上造成恶性循环的重要根源。

三、斯金纳的强化理论

强化理论是由美国心理学家斯金纳提出的。斯金纳的强化理论和弗鲁姆的期望理论均强调行为同其后果之间关系的重要性，但弗鲁姆的期望理论以涉及主观判断等内部心理过程为主，而强化理论着重讨论刺激和行为的关系。

1. 强化理论的内容

斯金纳认为，为了达到某种目的，人总会采取一定的行为，当这种行为的结果对他有利时，就这种行为会重复出现，当这种行为的结果不利时，就会减弱或消失。即环境对行为强化的结果。

根据强化的性质和目的可以分为正强化和负强化。在管理上，正强化就是鼓励那些组织上需要的行为，进而加强这种行为；负强化就是处罚那些与组织不相容的行为，从而削弱这种行为。不要把正强化仅仅理解为奖金，对成绩的认可、表扬、提升、安排担任挑战性工作、给予学习和发展的机会等都能起到正强化的作用。负强化的办法也很多,如批评、处分、降级等,甚至有时不给予奖励或少给予奖励也是一种负强化。根据强化的方式还可以把强化分为连续强化与间隙强化。连续强化是对每一个组织目标的行为都给予强化;间隙强化则是每隔一个固定的时间都给予一定数量的强化。

不同的强化形式所起的效果是不同的。有的只要给予强化刺激,立即反应,立竿见影,但刺激如果消失,效果也马上消失。有的虽然不如前者反应快,但刺激消失效果并不马上消失。这说明在进行强化时,不仅要注意强化的刺激内容,同时还要注意强化的方式。

2. 强化理论对我们的启示

强化理论主要强调外部因素或环境刺激对行为的影响,而忽略人的内在因素与主观能动性对环境的反作用。但是强化理论的一些具体做法对我们还是有启发的。应用强化理论时应遵循以下几项原则:(1)要根据强化对象的不同需要采用不同的强化措施;(2)正强化以间隙式为主,负强化以连续式为主,效果更理想。

第三节　激励实务

一、激励的原则

激励是一门科学,有效的激励应遵循以下一些原则:

1. 组织目标与个人目标相结合原则

在激励机制中,设置目标是一个重要环节。目标设置必须以组织目标为基础,否则激励将偏离实现组织目标的方向。同时目标设置还必须能满足职工个人的需要,否则达不到理想的激励强度。只有将组织目标与个人目标充分结合,使组织目标包含众多的个人目标,使个人目标的实现以实现组织目标为前提,这样才会收到良好的激励效果。

2. 物质激励与精神激励相结合原则

人既要有物质需要也要有精神需要,相应地激励方式也应是物质激励与精神激励相结合。由于物质需要是人类基本的需要,但激励深度也有限,所以,随着生产力水平和人员素质的提高,应该把重点转移到以满足较高层次需要即社交、自尊、自我实现需要的精神激励上去。物质激励是基础,精神激励是根本,两者结合为基础,逐步过渡到以精神激励为主。

3. 外在激励与内在激励相结合原则

内在的激励因素所产生的激励效果远比外在的保健因素要深刻和持久,所以,在激励过程中管理者应善于将外在激励与内在激励相结合,并注重内在激励,力求收到事半功倍的效果。

4. 正激励与负激励相结合原则

正激励与负激励都是必要而有效的，既可作用于当事人，又能间接地影响周围其他人。但由于负激励具有一定的消极作用，容易产生挫折心理和行为，一定慎用。所以，在激励时应该把正激励与负激励巧妙地结合起来，并坚持以正激励为主，负激励为辅。

5. 按职工需要激励原则

激励的出发点是满足职工的需要，但职工的需要存在着个体差异性及动态性，且只有满足最迫切需要的措施，激励强度才够大。所以，必须进行深入的调查，了解职工需要层次与结构的变化趋势，提高激励的针对性。

6. 民主公正原则

公正是激励的一项基本原则。如果不公正，不仅收不到预期的效果，反而适得其反，造成许多消极后果。公正就是赏罚严明，且赏罚适度。赏罚严明就是不论亲疏，一视同仁。赏罚适度就是要从实际出发，赏与功相匹配，罚与过相对应。

二、激励的方法

激励的方法多种多样，管理者们在这方面积累了丰富的经验，大体上有如下几点：

1. 目标激励

组织目标能够在理想和信念的层面上激励全体成员。组织应该充分宣传自己的长期目标、近期目标员工，让全体员工意识到自己的工作具有巨大的社会价值和光明的前途，进而激发大家强烈的事业心和使命感。

目标激励时应注意将组织目标与个人目标结合起来，强调它们的一致性，组织目标包含着个人目标，员工在完成组织目标的过程中才能实现个人目标。

2. 奖罚激励

尽管有关激励的各种理论大量涌现，但不应忘记，奖励和惩罚仍然是两种有力的激励因素。当然，“赏罚必在至公”，绝不可滥用，尤其是惩罚，它会引起报复等副作用。坚持正面的奖励与表扬，通常其效果更好。

3. 竞争激励

竞争是市场经济的重要特点之一，组织中经常开展必要的竞争，如评比、竞赛，能使员工的情绪保持紧张，提升士气，克服懒惰。同时，通过竞赛，能使劳动者的业绩得到更为公正合理的评价，促使他们为组织目标的实现作出更大的贡献。

4. 榜样激励

榜样激励可以把职工的行为引导到组织目标所期望的方向上，但榜样的树立要坚持实事求是，不要虚构、夸张，以免引起员工的逆反心理，削弱激励作用。

榜样激励的很重要一点是领导者本人的率先垂范。领导的一个模范行动，远胜过十次的一般号召。领导的模范行动对其下属有巨大的影响力。

5. 参与激励

职工是企业的有机组成部分，企业应该尊重、信任他们，让他们在多个层次参与决策，充分依靠他们办好企业。通过参与，形成员工对企业的归属感、认同感，进而满足其自尊和自我实现的需要。TQC 小组、职代会均是员工参与企业决策的主要渠道。

6. 感情激励

感情投资在现代管理中是一个非常重要的要素，对员工的工作积极性有重大影响。它能够密切上下级关系，增强员工的动力，振奋员工的精神，使员工体会到领导的关心、企业的温暖，从而激发出责任感。感情激励是以"真诚"为前提的。

7. 员工持股激励

员工持股激励是在市场经济条件下，企业对员工进行长期激励的一种方法。员工通过持股增加了对企业的认同感，会产生巨大的工作热情和责任感，从而带动企业效益持续提高。

8. 危机激励

危机激励的核心是树立全体员工的忧患意识，使其无论是在组织顺利还是困难的情况下，都要永不松懈，永不满足。

9. 组织文化激励

重视组织文化建设有利于建立员工共同的价值观，树立团队意识。组织文化能增进员工对组织的凝聚力和自豪感，是组织中必不可少的激励手段。

三、激励注意事项

由于人们行为的多样性与复杂性，激励方法的运用没有一个简单的、统一的行为指南。尽管如此，以下一些注意事项对我们如何激励员工仍有实质性的帮助。

1. 认清个体差异

几乎所有的激励理论都认为员工都是一个个独特的个体，他们的需要、态度各不相同。因此，对某个人有效的激励措施，可能并不适合于其他人。管理者有时还要根据每个员工的差异进行个性化的激励。

2. 使员工与职务相匹配

有大量证据表明，组织成员与组织的各项工作相匹配，能起到激励员工的作用。

3. 运用目标

管理者应为员工设置具有一定难度的具体目标，并及时对他们工作完成程度提供反馈信息。如果管理者预期到目标可能会受到抵制，那么使用参与做法将会增加目标的可接受性。无论目标本身多么有吸引力，如果员工认为目标是很难实现的，则他们的努力程度就会降低。所以管理者必须保证让员工对目标充满信心，让他们感到只要不断努力，就能够实现目标。

4. 奖励与绩效挂钩

奖励是激励不可缺少的工具,但管理者必须使奖励与绩效相统一。

5. 注意公平合理

员工在接受奖励时经常会将自己的所得与自己的付出相比看是否合理,并与他人相比看是否公平。组织理想的奖励系统应当能够科学评价员工每一项工作的投入与产出,并相应给予合适的奖励。

6. 不要忽视钱的因素

当我们专心考虑目标的设定、创造工作的挑战性、提供参与决策机会等因素时,往往容易忘记金钱是大多数人从事工作的重要原因。因此,不能忽视以绩效为基础的加薪、奖金及其他物质刺激对调动员工积极性所起的重要作用。

本章小结

激励是由动机推动的一种精神状态,它对人的行动起激发、推动和加强作用。激励力是由效价和期望概率共同决定的,同时,激励的有效性在于对内因和外因的深刻理解,并达成一致性。

激励理论分为激励的需要理论和激励的过程理论。激励的需要理论具体包括马斯洛的需要层次理论、赫茨伯格的双因素理论、麦克利兰的成就需要理论、X 理论与 Y 理论;激励的过程理论具体包括弗鲁姆的期望理论、亚当斯的公平理论、斯金纳的强化理论。

习 题

一、思考题

1. 激励理论分为哪几类?每一激励理论的具体内容是什么?
2. 有效激励的原则、方法与注意事项?
3. 如何理解我国的“让一部分人先富起来”的政策?

二、实战练习

设计一套奖惩体系,鼓励在校大学生的创新意识。

三、案例分析

林肯电气公司的激励机制

林肯电气公司总部设在克利夫,年销售额为 44 亿美元,拥有 2 400 名员工,并且形成了一套独特的激励员工的方法。

林肯电气公司90%的销售额来自于生产弧焊设备和辅助材料,该公司的生产工人按件计酬,他们没有最低小时工资。员工为公司工作两年后,便可以分享年终奖金。该公司的奖金制度有一整套计算公式,全面考虑了公司的毛利润及员工的生产率与业绩,可以说是美国制造业中对工人最有利的奖金制度。在过去的56年中,平均奖金额是基本工资的95.5%,该公司中相当一部分员工的年收入超过10万美元。近几年经济发展迅速,员工年均收入为44 000美元左右,远远超出制造业员工年收入17 000美元的平均水平,在不景气的年头里,如1982年的经济萧条时期,林肯电气公司员工收入降为27 000美元,虽然与其他公司相比还不算太坏,可这与经济发展时期相比就差了一大截。

公司自1958年开始一直推行职业保障政策,从那时起,他们没有辞退过一名员工。当然,作为对此政策的回报,员工也相应要做到以下几点:在经济萧条时他们必须接受减少工作时间的决定;要接受工作调换的决定;有时甚至为了维持每周30小时的最低工作量,而不得不调整到一个报酬更低的岗位上。

林肯电气公司极具成本和生产率意识,如果工人生产出一个不合标准的部件,那么除非这个部件修改至符合标准,否则这件产品就不能计入该工人的工资中。严格的计件工资制度和高度竞争性的绩效评估系统,形成了一种很有压力的氛围,有些工人还因此产生了一定的焦虑感,但这种压力有利于生产率的提高。据该公司的一位管理者估计,与国内竞争对手相比,林肯电气公司的总体生产率是他们的两倍。自30年代经济大萧条以后,公司年年获利丰厚,没有缺过一次分红。该公司还是美国工业界中工人流动率最低的公司之一。前不久,该公司的两个分厂被《财富》杂志评为全美十佳管理企业。

资料来源:http://www.bokee.net/newcirclemodule/article_viewEntry.do?id=2019524&circleId=100094

思考题:

1. 可用哪些激励理论解释林肯电气公司的激励机制?

2. 林肯电气公司的激励机制是否有潜在问题?

第十三章　团队建设

学习目标

理解群体和团队的含义，了解团队的构成和分类，把握团队的目标及共同愿景，理解团队精神和构建，掌握高效团队的特征，为高效团队的构建奠定理论基础。

第一节　群体与团队

一、群体的概念和类型

由于每一个团队都是一个群体，团队具有群体的许多特性。因此，在研究团队之前，我们有必要了解群体的相关知识。

1. 群体的概念

所谓群体(Group)是由两个或两个以上相互作用、相互依赖的个体，以统一的行动方式，为了实现特定目标、满足特定需要而组成的集合体。群体不是若干个体的简单集合，而是要通过互动演变出新的力量和新的性质。目标可以等同于集体的任务，也意味着人们拥有某些共同的关注点、价值观或意识形态。因此，群体成员是通过某种社会关系来彼此吸引的。

2. 群体的分类

按群体构成的原则和方式不同，可以把群体分为正式群体和非正式群体。两类群体在组织中并存，并存在复杂的交互作用，如表 13－1 所示。

表 13－1　群体的类型

	相对永久	相对临时
正式群体	命令群体	任务群体
非正式群体	友谊群体	利益群体

(1)正式群体

正式群体是指由组织结构确定的、职责划分明确的群体。这类群体由于是组织为了实现某种目标而正式建立的，所以被称为正式群体。如企业中的人力资源部门和质量管理部门都是正式群体。在正式群体中,人们的行为是由组织目标所确定并规范的。正式群体是为了完成一项永久或临时的工作任务,由管理部门正式设置、具有固定编制和组织形式的、有明确职责分工和权利义务的统一体。为了保证组织目标的实现,通常正式群体还有明文规定的规章制度和组织纪律。

根据正式群体的成立是永久还是临时的,正式群体还可以划分为命令群体和任务群体。如果群体是永久性的,如公司的销售部门,由于该正式群体中存在的职权结构固定且永久,是群体的中枢,因此,通常称其为命令群体;如果是临时的,则通常是为了完成某项任务而正式设置的临时群体,如为了某个项目的招标而设置的任务小组,此即为任务群体。

(2)非正式群体

除了正式群体外,组织中还存在大量的非正式群体。非正式群体是指那些既没有正式结构、也不是由组织确定的的群体。这是一种自发形成的群体,是在群体成员个人或集体利益的基础上自然形成的群体,而不是有意识的组织设计。只要有人群的地方,就必然存在非正式群体。如在一个班级里,经常在一起上自习的同学就是一个非正式群体。

非正式群体通常有自身的规范和默认的纪律。非正式群体能够满足正式群体力所不能及的各种需要,对员工的行为和绩效发挥深刻的影响作用。根据非正式群体的成立是永久还是临时的,可将其分为友谊群体和利益群体。基于友谊形成的群体一般比较长久,而基于利益形成的群体则会因为利益的改变而解体。

3. 群体形成的原因

人们之所以要加入群体,原因有很多种。主要可归纳为以下几种:

(1)安全需要

人们都有保护自己不受外部威胁的基本需要,无论这些威胁是真实的还是潜在的,通过加入一个群体,个体能够减少独自一人所感受到的不安全感。当个体加入一个群体后,会感到自己更有力量,减少自我怀疑,增强对抗威胁的力量。

(2)社交需要

人是一种社会性的动物,而群体可以满足成员的社交需要,为成员提供获得友谊的环境。人们往往会在群体成员的相互交往中感受到满足和友谊。对许多人来讲,这种在工作中发生的人际关系的互动,是他们满足情感需要的最基本途径。

(3)尊重需要

在群体中,通过与其他成员的比较,成员能够发现和认可自身的价值,并借此获得自信,得到其他成员的尊重。

(4)实现目标的需要

在很多情况下,目标的实现需要多个人的共同努力,需要集合众人的智慧和力量,人们通常是通过群体来追求共同的目标。

(5)近距离的接触

除了上述原因外,人们加入群体还有一个最普遍的原因,就是他们在一起工作。许多群体的形成仅仅是由于人们近距离的接触。非正式群体的成员很多是由工作上最接近的人组成。经常发生联系和相互作用的人们也很容易形成群体。在一间办公室工作的人更有可能加入同一个群体。此外,如果某个人的行为总能对其他一些人产生影响,则也可能围绕着个人形成群体。

(6)趋同性

相互吸引和具有共同兴趣也是人们加入群体的原因。趋同的内容很多,如观念、兴趣、人格、经济地位、种族、性别、能力等。学校中的群体以及众多宗教团体就是由于趋同性的原因而形成的群体。

4. 群体的发展阶段

人们普遍认为,群体发展要经过五个阶段,即:形成阶段、震荡阶段、规范阶段、执行阶段和终止阶段。

(1)形成阶段

人们最初聚在一起,开始相互认识、沟通信息和相互试探。在这一阶段,群体的目的、结构、领导尚未确定,群体成员开始摸索和理解群体的行为规范。该阶段结束的标志是人们开始把自己看作是群体的一员。

(2)震荡阶段

在群体形成之后,由于成员对地位、规范和角色的形成和发展等问题存在矛盾和冲突,此时的群体处于震荡阶段,也称为群体内部冲突阶段。此阶段,群体成员接受了群体的存在,但对于群体施加的约束表现出某种反抗和抵制,某些成员可能会选择退出,也可能会压制冲突。该阶段结束的标志是群体的领导层次逐渐明晰。

(3)规范阶段

群体成员开始形成亲密的关系,群体表现出一定的凝聚力。经过一定时间,群体开始具有独立性质,指导成员行为的规范开始形成,群体开始接受其他成员,并发展出约束群体成员的系统目标。该阶段结束的标志是群体结构稳定,群体规范确立。

(4)执行阶段

在群体目标和规范形成后,群体成员开始发展各种角色。此时群体规范和结构已经开始发挥作用,并被群体成员完全接受,群体的注意力从成员之间的相互理解和接受转移到每个成员的任务上来。

(5)终止阶段

终止阶段并不是所有群体必然经历的一个阶段。对于长期性的工作团队来说,可能并不需要经历这个阶段,而对于暂时性的委员会和任务小组来说,随着任务的完成,群体的发展必然面临终止阶段。在该阶段,群体开始准备解散,注意力从工作绩效转移到群体的收尾工作上。群体的终止阶段对群体成员会造成不同影响,对群体工作绩效得到认同的成就感与群体伙伴关系终止的惋惜并存。

并非所有的群体都必须按顺序经历这五个阶段,有的群体可能会略过某个阶段,也有的群体很难区分这五个阶段。有时,群体在发展到某个阶段后,由于内外部环境的原因有可能返回到上一个阶段。同时,群体的绩效与群体所处的阶段并无必然的正相关关系。因为群体的绩效受到各种复杂因素的影响,群体的发展和成熟并不必然意味着群体绩效的提高。因此,应用该模型时,要分析群体所处的环境及群体自身的情况。

二、团队的含义与特征

1. 团队的含义

团队(Team),往往也称之为工作团队(Work Team),它脱胎于群体又高于群体。所谓团队,是为了实现某一目标,由知识技能互补、相互协作的若干个体组成的正式群体,所有成员都对目标的实现负有共同的责任。当组织需要完成某项任务或解决某个问题时,可从不同部门和岗位抽调具有完成任务所需技能的人员组成团队。在该团队中,每个成员都对完成任务发挥着不同程度的作用。更重要的是每个团队成员和其他成员的工作都是密切相关、相互依赖的,因此,需要成员协同工作。在团队中,协同的需要压倒一切。

2. 团队的特征

团队之所以优于一般群体,是因为它具有了以下特征:

(1)“机构”具有不确定性

如果把团队看作是一种“机构”,则它的组建、调整和撤销需要根据组织的实际情况决定,甚至随时会有变更。而由一般群体构成的职能部门则是一个较稳定的机构,其成员的角色很难变化,变化的只是其中的某些人员。

(2)职责明确

团队对其中的每个成员的工作职责范围划分明确,并且规定了信息的出口和入口,有严格的工作流程。一般群体则是部门职能很清楚,而每位成员的具体工作往往由部门经理随意安排。

(3)没有等级区别

在团队之中,没有科层制即等级制,也没有领导者或管理他人的人,只有“团队协调人”。团队协调人既可以由组织任命,也可以由团队成员选举产生。群体则有部门经理,且部门经理一般很难更换。团队协调人没有命令团队其他成员工作的权力,只是在团队内部发生冲突和团队对外交往时起到调节人的作用。而且团队协调人在团队中也有自己要完成的本职工作。此外,团队协调人与团队其他成员关系平等,他并不一定是团队中待遇最高的成员,与其他成员相比,他没有任何额外津贴。

(4)成员都具有决策权

团队中的成员要对自己的岗位负责,因而都拥有一定的决策权,可以直接向组织的决策层反映意见。而在一般群体中,成员则往往听从本部门管理者的安排,成员有意见往往只能反映到部门经理那里,很难到达决策层。

(5)信息沟通充分

在团队之中,信息沟通的方向是平行的。而一般群体的信息沟通是依组织的层级结构,按"自下而上",再"自上而下"的垂直方向进行的。

(6)有利于取得效益

在团队中没有内耗,成员们"马不扬鞭自奋蹄",组织的高层领导人需要直接处理的事情很少,因而能够把精力集中在本组织需要解决处理的重要问题和重大决策上。可以说,团队的这种格局与现代组织的扁平化趋势是一致的,非常有利于组织取得效益。

3. 团队构成要素

团队的构成有几个重要的因素,管理学家通常把它们总结为"五个 P"。

(1)目标

每个团队都应该有一个可以为团队成员们导航,使其知道向何处去的既定目标。没有目标的团队是没有存在意义的。

(2)人员

个人是团队的细胞,一般来说,三个人以上就能够成团队。团队目标是通过团队成员来实现的,因此,人员的选择是团队建设与管理中非常重要的部分。

(3)团队定位

团队定位包含两层意思:一是团队整体定位,包括团队在组织中处于什么位置,由谁选择和决定团队的成员,团队最终应该对谁负责,团队采取什么方式激励下属等;二是团队中个体的定位,包括成员在团队中扮演什么角色,是指导成员制定计划,还是帮助其具体实施或评估等。

(4)职权

团队的职权取决于两个方面:一是整个团队在组织中拥有什么样的决定权;二是组织的基本特征,例如,组织的规模有多大,业务是什么等。

(5)计划

从团队的角度看,计划包括两层含义:一是由于目标的最终实现需要一系列具体的行动方案,因此,可以把计划理解成目标的具体工作程序;二是按计划进行可以保证团队的工作顺利,只有在计划的规范下,团队才会一步步地贴近目标,从而最终实现目标。

4. 团队的类型

从一般意义上讲,团队可以分为以下四种类型:

(1)问题解决型团队

在团队出现的早期,大多数团队属于问题解决型团队,由临时聚集在一起的同一个部门的若干名员工而组成。他们每周都聚会,一起讨论如何提高产品质量、增加生产效率、改进工作程序和工作方法等问题,互相交换看法或提供建议。但是,这些团队没有对形成的意见和建议单方面采取行动的决策权。

问题解决型团队应用最广的类型是“质量圈”(QC)或“全面质量管理小组”(TQC)。

(2)自我管理型团队

问题解决型团队在员工参与决策等方面缺乏自主权。为了弥补这种缺陷,就需要建立一种能够独立自主地解决问题,并对工作的结果承担全部责任的团队,即自我管理型团队。

自我管理型团队的人数通常为 10~15 人,他们承担了一些原本是上级所承担的责任。一般来说,他们的责任范围包括控制工作的节奏,决定工作任务的分配等。这种自我管理型团队甚至可以自由组合,并让成员相互进行绩效评估,这就使得主管人员的重要性相应下降,甚至可能会取消主管人员的职位设置。需要注意的是:由于团队成员不愿意放弃旧的做法、权力和职位,某些成员并不具备完成团队目标所需要的技术、知识和能力,或者成员个人与团队在信念和目标上存在无法协调的冲突,使得自我管理型团队并不一定会带来积极的效果。例如,缺勤率和流动率偏高。这就说明,自我管理型团队形式有一定的范围限制,需要具备一定的条件。

(3)多功能型团队

多功能型团队通常是由来自同一等级、不同工作领域、跨越横向部门界限的员工组成的,他们聚集在一起的目的就是完成一项特定的任务。可以说,现在盛行的项目管理与多功能团队有着内在的联系。

多功能型团队是一种有效的形式,它能使组织内不同领域的员工互相交换信息,激发出新的观点,协调复杂的项目,解决面临的问题。在多功能型团队形成的早期阶段,往往要消耗大量的时间来使团队成员学会处理复杂多样的工作任务,使背景、经历和观点不同的成员之间建立起相互信任的关系。

(4)虚拟型团队

随着通信技术的普遍应用,一种新型的团队形式应运而生,这就是所谓的虚拟型团队。这是一种以虚拟组织形式出现的新型工作组织模式,是一些人由于具有共同理想、共同目标或共同利益结合在一起所组成的团队。虚拟型团队只需通过电话、网络、传真或可视图文来沟通、协调,甚至共同讨论、交换文档,便可以分工完成一份事先拟定好的工作。换句话说,虚拟型团队是在虚拟的环境下,由进行实际工作的真实的团队人员所组成的,并能够在虚拟组织的各成员相互协作下提供更好的产品和服务。

虚拟型团队作为一种新型的组织形态,具有优于传统的实体性团队的特征,表现在:

第一,组织资源的最优整合

虚拟型团队大多是跨企业、跨地区或跨国界的组织形式。它以信息技术为支撑,进行跨时间的实时交流,从而完成特定的任务,因此其组织边界非常宽泛。虚拟型团队在整合团队的各种资源时,要同时在组织内部和跨越组织边界来进行,其资源的选择余地和优化程度就可能非常高。

不仅如此，虚拟型团队的资源整合深度还能达到很高的程度。这种资源整合可以是垂直的，即供应商、自身和顾客的整合，也可以是跨越职能部门的横向整合，使虚拟型团队成为寻求资源优势组合、实现资源价值、完善资源边界的最佳选择之一。

第二，多元文化的最优整合

虚拟型团队的成员，虽然分散于不同的空间和组织中，但却能一起完成工作任务。很多虚拟型团队是由不同国籍、不同文化背景、承担不同经营管理职能的个人构成的。虚拟型团队的这种多元文化特征，可以帮助企业员工，特别是组织的经营管理人员和技术人员具备全球化的视野和意识，提高国际知识水平和跨文化交流能力，并具备多元化文化意识，从而避免公开的和潜在的文化冲突与障碍。

第三，低成本、高效率

由于虚拟型团队成员是借助于互联网和通信技术等来完成大部分信息交流活动的，因此也就节省了公务差旅费、办公与会议场地租用费等一系列费用。如惠普公司的统计数据表明，以虚拟型团队方式工作的销售人员，其创利水平是传统销售人员的两倍。

第四，满足成员工作和生活的需要

虚拟型团队的成员可以实现“在家办公”，这有利于帮助成员调整工作和休闲的时间分配，满足员工追求高效益工作和高品质生活的双重需要，从而达到提高生产率和提高员工满意度的双重功效。

5. 团队的发展阶段

从群体向团队过度角度看，团队发展可分为群体阶段、伪团队阶段、潜在团队阶段、真正团队阶段和高效团队阶段。这种过渡伴随着绩效的跌落、恢复和提升。从团队的创建和发展过程角度看，团队的发展可分为成立阶段、动荡阶段、规范化阶段、高产阶段和调整阶段等五个阶段。

（1）成立阶段。在团队成立或创建阶段，团队创建人要完成团队方案的准备工作，并得到上层领导的支持。在团队成立初期，每一个决策都可能是振奋人心的，每一个成员都希望发挥自己的才能，这正是获得建议和召开团队会议的最佳时机。

（2）动荡阶段。团队经过成立阶段后，原先的新鲜感和冲动感逐渐消失，成员的性格特征和行为风格的差异逐渐暴露出来，冲突因此产生。这就需要学习如何协作和沟通，需要在工作方面进行磨合，此时，团队进入动荡阶段。

（3）规范化阶段。经过动荡阶段后，团队开始逐步走向稳定和成熟。团队内部沟通之门打开，相互信任加强，成员间的关系由分散、矛盾逐步走向凝聚、合作。团队成员开始关心团队的共同发展问题，开始建立工作规范和流程，团队工作特色逐渐形成，成员的工作技能有所提升。此时是团队文化建设的最有利时机。

（4）高产阶段。“高产”是建立团队的原因和目的。团队只有接受和完成好一项任务，才能充分体现出团队的绩效，也才能对团队成员的合作态度进行检验。如果是一个团队成员把全部精力投入到如何提高团队绩效上来时，团队才真正成为团结合作的集体,团队的绩效才能得以体现。

(5)调整阶段。随着工作任务的完成,很多团队会进入调整阶段。在此阶段,大部分任务型团队会解散,有的团队会继续工作,但往往要休整一段时间,或许会发展新的成员,重新获得新的任务,进入新的工作时期。

第二节 团队建设与管理

一、团队构建

1. 团队愿景与目标

任何一个团队,都有义务和责任为其成员构筑共同愿景和目标。美国著名心理学家马斯洛说:“杰出团队的显著特征是具有共同的愿景和目标。”可以说,拥有共同的愿景和目标是企业获得成功的重要因素之一。

(1)共同愿景

所谓共同愿景(Shared Vision),是一种描绘组织目的、使命和核心价值理念的、浓缩的未来发展“蓝图”,是一个组织最终希望实现的美好前景。

世界500强中的许多企业和中国的一些优秀企业都不乏其愿景:

惠普公司—为人类的幸福和发展作出技术贡献;

波音公司—领导航空工业:永为先驱;

沃尔玛公司—给普通百姓提供机会,使他们能够买到与富人一样的东西;

联想集团—高科技的联想、服务的联想、国际化的联想;

(2)目标

所谓目标,是指个人与组织进行某种活动时所从事范畴或追求对象的具体标准。目标管理在现代组织管理中具有非常重要的作用,在一定意义上,这种管理构成现代管理最关键的内容之一。

目标与愿景有着紧密的、内在的联系。愿景作为一种远见,比具体的目标要宽、要大、要高。团队对于要达到的团队愿景要有清楚地了解,并坚信这一愿景包含着重大的意义和价值,这种意义和价值往往要有所体现,目标具有具体体现愿景的功能。而且,团队愿景还激励团队成员将个人目标升华到团体目标中去。

美国学者沃伦·本尼斯指出:“伟大的集体是充满活力的乌托邦,是人们的期望所在。那么,作为一个普通的企业,应该如何实现这一目标呢?我认为存在许多我们必须重视的因素,其中一个最关键的因素就是为自己所从事的事业寻找意义。也就是说,你怎样才能让其他人感觉到他们所从事的工作就如同寻找圣杯那样伟大。”为此,团队的成员通常会用大量的时间和精力来讨论、修改和完善一个在集体层次和个人层次上都能被接受的愿景,从而把成员们的才华和努力转换成团队的资源。

(3)团队任务

团队目标的设定应遵循以下原则：

① 每一位成员分别选择团队目标。如果团队所有成员都能参与选择团队目标，则其投入的程度将会大大提高。应该鼓励所有团队成员尽量挑选那些既能使团队获益，又能满足个人需求的目标。

②目标要有挑战性。具有挑战性的目标可以给成员一定的压力，而适度的压力又会成为实现团队目标的动力。同时，具有挑战性的目标还可以调动下属的潜能和工作热情，使成员提高自己的素质，不满足于现状。当挑战目标完成时，会给整个团队带来一种成就感。制定挑战性目标应考虑所在市场的环境、竞争以及下属的自信心等方面的因素。

③ 强化发展的信念。面对偶尔的失败，团队及其成员必须给自己这样的鼓励和积极的心理暗示：我们需要的是尝试新的思维方式和行为模式，有经历失败和寻找成功的新工作方式的准备。

④ 关注各方面的表现。在团队实现目标的过程中，要随时追踪每一阶段的进展，正确地给予激励或重新培训的机会，齐心协力地把每天的活动转化为达到目标的一部分。

2. 高效团队的特征

高效团队应具备以下特征：

(1)适度的团队规模

作为高绩效的团队，其规模一般都比较小。如果团队成员太多，成员之间很难顺利地进行沟通，也难以形成凝聚力和相互信任感。适度的团队规模应控制在 12 人左右，但团队规模会因为其他因素影响而变化。当期待团队采取行动时，团队规模不宜过大；当团队的任务是作出高质量的复杂决策时，最好由 7 ~ 12 人组成；当团队的主要任务是解决矛盾和冲突并取得协议时，最好由 3 ~ 5 人组成；当团队既要取得协议，又要作出高质量决策时，最好由 5 ~ 7 人组成；当团队要迅速作出决定并采取行动时，团队成员人数是奇数而不是偶数。

(2)合理的成员能力结构

团队的成功运行，离不开合理的成员能力结构。团队的有效运行，需要有三种不同技能类型的成员：其一，具有技术专长的成员；其二，具有解决问题和决策技能的成员，这些成员能够发现问题，提出解决问题的建议，并权衡这些建议，然后作出有效的选择；其三，若干善于倾听、反馈、解决冲突及拥有处理人际关系技能的成员。对具备不同技能的人进行合理搭配非常重要。如果一个团队不能具备全部的以上三类成员，就不可能充分发挥团队的绩效潜能。

(3)正确的团队内部角色

团队成员的人格特质各有不同，如果每位团队成员的工作性质与人格特点都相匹配，其绩效水平就很容易提高。就团队成员在团队内的位置和任务的分配而言，团队有不同的人员需求，因此，在挑选团队成员时也应该以员工的人格特点、个人偏好及其能力特长为基础。

团队应当能够给成员适当分配不同的角色。一般来说，人们愿意承担的角色通常只有两三种。管理人员有必要了解每位成员能够给团队带来贡献的个人优势，根据这一原则来选择团队成员，并使的分配工作任务与团队成员偏好的风格相匹配，使团队成员能够和睦相处，提高生产效率。

(4)强有力的管理部门的支持

团队的有效性在很大程度上受到团队成员对组织所持态度的影响。如果团队成员能够感到团队的运作得到上级领导的支持和帮助，则团队的运作效率就会较高；如果团队成员感受不到来自组织的支持，他们就会消沉甚至愤怒，进而会放弃自己所做的努力。

高效的团队往往能够得到上层管理部门的有力支持，这种支持不仅体现在对团队发展过程方面，还表现为对团队会取得成功的信任和信心。因此，组织如果期望团队取得成功的话，就必须对团队表现出毫无保留的公开支持。

3. 团队精神

所谓团队精神，是指团队整体的价值观、信念和奋斗意识，是团队成员为了团队的利益和目标而相互协作、共同奋斗的思想意识。这种团队精神反映在团队成员的工作作风上，具体来说，即反映在团队的凝聚力、集体成员之间的高度信任感和为团队目标而合作的意识上。

团队精神是团队能够取得高绩效的灵魂，是成功团队身上难以模仿的特质，没有多少人能很清楚地描述团队的“精神”，但每一个团队的成员都能感受到团队精神的存在，能够感到其令人振奋的力量。应当说，高绩效团队具有强大竞争力的根源，不在于其成员个体能力的卓越，而在于其成员形成的整体合力的强大，其中最关键的就是那种弥漫于其中、无处不在的“团队精神”。

团队精神包括以下三个层次：

(1)团队凝聚力

团队凝聚力也称内聚力，是指一个团队之中的所有成员围绕团队，尽心于团队的全部力量。团队凝聚力有着多方面的内容，具体来说，包括团队成员对团队的向心力、团队对其成员的吸引力，以及团队成员之间的相互作用和相互信任的氛围。

团队凝聚力表现为团队成员头脑中的团队意识，主要包括归属意识、亲和意识、责任意识和自豪意识。

(2)团队成员间互信合作的气氛

团队精神的精髓在于其协同动作的精神。协同精神是所有成员的动机、需求、驱动力和耐力的结合体，是推动团队前进的强大力量，当所有成员都忠诚于团队，为团队的愿景共同尽力时，协同精神就会产生。

高绩效团队的一个突出特点是，团队成员之间具有高度的相互信任感。信任是合作的基础和前提,“信任”心态会在团队成员中传递和“复制”,互信能够提高团队合作的能力和品质。信任是一个丰富的范畴,包括正直、能力、一贯、忠实和开放。

培养团队成员之间高度的相互信任的精神目的,是为了加强团队成员的合作意识,以便更快、更好地达成团队目标。

(3)团队士气

所谓团队士气,就是团队成员对自身所在的团队感到满意,愿意成为该团队的一员,并协助达成团队目标的一种态度。这种态度可以表现在一个人主动、努力工作的行为中。换言之,团队士气是团队全体成员的工作热情与工作行为的总和。

影响团队士气的因素主要有:对团队目标的认同、奖酬体系、良好的信息沟通、团队内部的和谐程度、领导者的特质等。

二、团队建设的步骤

1. 获取信息

组建团队的首要工作就是获取相关人员的详细信息。一些大的公司在招聘时就收集好相关人员的较为全面的信息,以作为录用和日后职务轮换及提升的参考。

2. 招聘新人

当发现其内部人选不能完全满足组建团队的要求时,组织就需要从外部招聘新人。招聘的对象不一定是完全符合公司文化要求的人选,因为从团队的需求角度来看,公司最根本的目的是招聘一个能够填补团队角色空缺的人。

3. 确定团队结构

要使团队的绩效最大化,团队结构必须合理。组建的团队需要互补性人才、技术人才和管理人才的协调配合。一般的建议是,先挑选最好的专家或技术高手,然后再确定团队领导。

4. 制定团队规则

所有团队都需要用制定规则的方式来进行自我控制。规则对于团队的成功有着至关重要的作用,如果团队的规则不明确,团队成员就会感到权利不平等。规则一旦确立就不会轻易改变,因为团队规则的变更会引起成员的不安,导致成员角色的调整。

5. 建立团队的初步工作模式

为团队成员分配任务,安置所有的团队成员。一般情况下,团队中的任务包括团队主管、主持会议、专家职责、联络者职责、成员职责、过程观察员等方面。

6. 团队成员角色的形成与运作

在团队成员明确之后,团队成员之间即开始互动。每个成员都会根据自己在团队中的职能和特点来审视、试探并最终确定自己的角色。团队聚会的时间和次数越多,团队成员之间的关系就会对所有成员变得越重要。

团队形成过程中不可避免地会发生冲突,冲突可能是有利的,也可能是不利的。冲突在冲突解决过程中会推进成员之间的了解，使协作进一步深化，从而使团队运作得以顺利展开。

三、团队管理

团队管理主要侧重于团队决策、团队激励、团队培训和团队领导等方面。

1. 团队决策

(1)团队决策的概念

所谓团队决策，是指团队的成员共同针对需要解决的特定问题，制定明确目标，运用科学的理论和方法，系统地分析主、客观条件，提出两种以上的可行方案，并从中选择一个合理方案的分析判断过程。它是团队领导者与团队成员一起开展工作的核心程序之一。

(2)团队决策的特点

团队决策具有以下特点：

第一，目标性。团队决策的目标就是决策需要解决的问题。只有存在问题，而且团队领导者认为这些问题必须解决，才会有相应的决策。团队决策就是通过解决某些问题来实现团队目标的。

第二，选择性。进行团队决策必须有两个以上的可行方案，通过比较评定来进行选择。

第三，过程性。团队决策不是一瞬间的行动，而是一种具有多阶段、多步骤的分析判断过程。

第四，时效性。由于团队所处的环境是在不断变化的，所以，团队决策要讲求实效性，即决策要符合客观环境的动态变化，要不失时机。

2. 团队激励

团队存在的意义在于，它能够达成员工单干或松散结合难以实现的目标，这也是团队的优势所在。确保团队目标的实现并保持团队的成功运作，或者说打造高绩效的团队，乃是企业组建团队之后应有的追求。但必须激励成员，使之产生协同效应。团队激励的一般方式有竞争激励、奖励激励、个人发展就业需要激励和薪酬激励。

3. 团队培训

团队培训就是根据团队的目标对团队成员进行适当的训练，提升他们的能力，从而提高他们的士气。

团队培训的的内容主要有：

(1)团队价值观的培训。即向团队成员灌输团队价值观，统一整个团队的思想。这是团队培训的首要内容。

(2)业务技能的培训。业务技能培训是团队培训中工作量最大的部分，具有很强的针对性。这种培训，一方面，能使新成员或现有成员学习、掌握并完成本职工作所必需的专业技术和技能；另一方面，也能让团队成员对其同伴的知识、技能、专业等有足够的认识,以利于成员之间的相互理解和默契配合。

(3)其他内容。团队培训还包括解决问题的技能、沟通技能、团队合作技能以及学习组织文化,强化员工对组织的献身精神等内容。

4. 团队领导

从团队建设与管理基本原理的角度来看,一个团队之中往往只有地位与其他成员基本平等的协调人,而没有与其他成员存在权力等级差距和指挥关系的领导。团队的协调人必须具备优秀的领导才能,才能从事一定的领导工作。

团队的成败与否,最终取决于团队的协调人——团队领导者。团队领导者开展工作要遵循以下原则:

(1)把工作责任的归属权转移给那些实际执行者。团队成员中谁是实际执行者、协调人,谁就拥有最大的权力。

(2)创造一个使团队每个成员都能恪尽职守的环境,共享责任归属权,也就是说,谁掌握全局,谁就负责成败。

(3)指导团队成员开发个人能力。将团队成员的自我期望提升到足以鼓励他们会在今天创造非凡的成就,以至会在明天创造出更好业绩的高度上。

(4)自我鞭策,加紧学习,并鼓励团队中的其他人一起进步。领导者担负着学习的职责,领导者要以身作则,保持不断学习的精神和行动,才能占尽先机,取得成功。

5. 团队绩效

(1)团队绩效的概念

团队绩效是指团队实现预定目标的实际结果,主要包括三个方面:团队对组织既定目标的达成情况;团队成员的满意感;团队成员继续协作的能力。

(2)影响团队绩效的因素

影响团队绩效的因素通常有以下几种:

第一,团队结构。团队结构包括团队规模、团队成员异质性、团队成员间的熟悉度等方面。一般情况下,团队的规模和团队的异质性越大,团队成员获得信息的渠道越畅通,团队绩效就越容易得以提升。

第二,心理因素和性格特征。间接经验和反馈对团队绩效的影响,在很大程度上是通过情感评价反映和可知觉的团队功效感来调节的。团队成员的团队功效感越高,其团队绩效也就越高。

第三,团队的激励。可以把团队的管理方式看成是委托—代理关系,管理者希望成员为实现团队目标而努力工作、相互合作,而团队成员则从个人利益出发,投入到项目上的精力或努力的方向与管理者预期的往往不一致,因此,就产生了团队的激励问题。

第四,其他因素。如团队的目标、领导、氛围、外部环境和组织特征等也会影响团队绩效。

本章小结

团队建设与管理是组织管理中的一个重要问题。本章主要介绍了群体、群体的类型、群体形成的原因。在此基础上,系统阐述了团队的概念、团队的特点、团队的构成要素以及团队的类型等,并系统介绍了团队建设的步骤和团队管理的内容。

习　题

一、思考题

1. 群体与团队有什么区别?
2. 如何描绘团队的未来愿景?
3. 如何创建高效团队?

二、实战练习

分析一个你身边的团队,看看是否有迹象表明该团队附合五阶段发展模型的规律。

三、案例分析

史玉柱的团队管理

论及团队管理,众企业家都有他们各自独到的见解。其中巨人集团史玉柱的团队管理方式在管理界堪称一绝。史玉柱的巨人网络于 2007 年 11 月初在美上市,成为国内首家登陆纽交所的网络公司。外界常常用“沉浮”、“动荡”来形容对史玉柱团队的印象,但谁也不能否认其“嫡系”十分稳固。陈国、费拥军、刘伟和程晨被称为史玉柱的“四个火枪手”。在二次创业初期,史玉柱身边这四人很长一段时间没领到一分钱工资,但他们始终不离不弃,一直追随左右。人们的疑惑在于史玉柱,这位出身于技术而又近乎偏执的独裁者,何以在“巨人”倒下之时,使整个团队二十余人几乎对他不离不弃,并追随他蛰伏了数年而后东山再起?从最早的计算机产品到保健品,再到现在的网游,几乎是同一帮人马在策划运作。究竟是什么原因,使这批人才聚集在这个鬼才身边?

按刘伟的介绍,尽管经历了巨人公司停业数年的打击,但脑白金分公司的经理有一半都是最初跟随史玉柱起家的人马,这些人在脑白金已工作六七年,而脑白金和征途的多数副总更是早在 1992 至 1994 年期间便是巨人公司的员工。作为史玉柱“新嫡系”的征途项目负责人纪学锋,是史玉柱成立征途公司时挖来的第一批网游骨干之一,对此他的看法是:“公司各方面都很开明公平,只要有实力,就会有机会。在管理上不会拘泥于太多的规则，大家做事的时候拼命做，小事则不拘泥于细节，整个过程能够让人实现个人价值。很多企业包括外企规则管理，但把人管得太死。”巨人大厦倒塌后，对于怎样维系团队的奋斗向上、保证企业的向前发展，史玉柱的做法是：不定目标，缜密论证，步步推进，一咬到底。这一习惯，贯穿着征途两年多的发展轨迹。

脑白金2001年销量突破了13亿，史玉柱随即授权大学时睡在他上铺、时任上海健特总经理的陈国打理日常事务。翌年，陈国发生车祸。据知情人士透露，史玉柱当时正在兰州开会，撂下电话后连夜飞回上海，赶到医院时陈国已奄奄一息。和巨人的倒掉相比，这件事对于史玉柱的打击同样巨大，公司把所有业务全都停掉专门处理陈国的后事。史玉柱在后来回忆时表示，那是一种“断臂之痛”。从此，史玉柱对车要求很高，“坐SUV为主，另外加了一条规定，干部离开上海禁止自己驾车”，他和公司高层每年清明都要去给陈国扫墓。史玉柱没有在陈国去世后重新接管脑白金，而是将担子交给了文秘出身的刘伟。“刘伟做上海健特副总，她分管那一块，花钱就是比别人少很多。”史玉柱说，“跟了我十几年，没在经济上犯过一回错，我自然非常相信她。”刘伟表示，自己虽然能叫出这三百多个县、市、省办事处经理的名字，但具体管理还需要史玉柱提供思想和方法。

早期，在珠海巨人的时候，史玉柱实行的是军事化管理，后来他渐渐明白：“大多数员工的使命是打工挣钱，养家糊口。虽然军人有对国家和民族的义务，但员工没有对老板效忠的义务。”他有时甚至使用着极端的管理方式，比如脑白金战役时，员工们疯狂地工作、疯狂地加班，史玉柱经常会在员工加班的时候动不动就发上几千元的奖金，让人惊喜不已。

史玉柱力求让每一个员工明白，评价做事的成果“最终凭的是功劳而不是苦劳”。公司只有一个考核标准，就是量化的结果。正是以结果论英雄，他才锻就了一个强有力的队伍。不过，如何在保证结果的同时，保证管理的人性，史玉柱的一个管理思路就是：制度无情，人有情。“老板是刀子嘴豆腐心，骂人归骂人，不会夹杂其他。并且，老板做错了也会自我检讨。”他用人的一个原则是“坚决不用空降兵，只提拔内部系统培养的人”。他认定的理由是，内部人员毕竟对企业文化的理解和传承更到位，并且执行力相对更有保障。对于一个商业模式定型、管理到位的企业来说，执行的保障比创造的超越更为重要。从这个方面来讲，史玉柱是个典型且极端的实用主义者。

在中国，以亲情文化和家长式管理为纲的企业并不在少数。家长式或长官式管理的另一种表现形式就是独裁性领导。在检讨巨人集团失败的教训时，史玉柱曾表示，原来公司董事会是个空壳，决策就是由自己一人说了算，认识到了“决策权过度集中危险很大”。今天，这位自诩为“著名的失败者”的成功者似乎已经洗心革面，他说：“独裁专断是不会了，现在不管有什么不同想法，我都会充分尊重手下人的意见。”由此，他成立了七人投资委员会，任何一个项目，只要赞成票不过半数就一定放弃，否决率高达三分之二。

思考题：

1. 史玉柱是如何管理团队的？带给我们哪些启示？

2. 团队管理应注意哪些问题？

第十四章　控制工作概述

学习目标

理解一般控制及管理控制的含义，掌握管理控制的应用意义，熟悉管理控制的目标和特点，把握管理控制的类型及各自特征，了解控制工作的基本原理，把握有效控制的方法及有效控制的艺术。

第一节　控制与控制工作

控制可分为一般控制和管理控制，管理控制即为控制工作，它强调作为管理职能的控制活动。控制包含管理控制。

一、一般控制及控制工作的含义

1. 一般控制的含义

一般控制是指控制论中的控制，它是一个信息反馈过程；它有两个前提条件，即控制标准和控制机构；它包括三个基本步骤，即拟定标准、衡量成效、纠正偏差。

2. 控制工作的含义

控制工作又称管理控制。所谓管理控制就是监督组织各方面的活动，保证组织实际运行状况与计划保持动态适应的过程。控制工作好比是汽车驾驶员的方向盘，它把组织、人员配备、领导指挥职能与计划设定的目标联结在一起。

控制工作定义中的动态适应有两方面的含义：既包括按照既定的计划标准来衡量和纠正计划执行中的偏差，还包括在必要时修改计划标准，以使计划更加适合于实际情况这一层的含义。这是因为：

首先，组织的内外环境每时每刻都在发生着变化，它必然要求对原先制定的计划作出相应的调整；

其次，由于组织成员认识能力和工作能力的差异，就会造成对计划要求的理解和执行发生偏差，加强对成员的工作控制是非常必要的。

最后，随着组织规模的变化，必然会出现组织内的分权，形成组织内委托—代理的管理层级结构。分权程度越高，控制工作就越有必要。控制系统可以提供管理人员工作绩效的信息和反馈，以保证授予他们的权力得到正确的利用，与组织的目的和方向相统一。如果没有控制，没有为此而建立的相应的控制系统，对于出现的权力滥用或其他情况，也就无法发现，更无法采取及时的纠正行动。

3. 控制工作与计划工作的关系

要理解控制职能的含义，首先需要认识控制与计划之间的联系。事实上，计划和控制是同一个事物的两个方面。

(1)计划工作为控制提供了标准。没有计划，控制就丧失了方向，人们将不会知道要控制什么，更不会知道怎么控制。

(2)控制是计划工作得以实现的保证。没有控制，计划就会成为一纸空文。人们无法知道自己干得怎样，存在哪些问题，哪些地方需要改进。

(3)计划与控制的效果互相依赖。计划越是明确、全面和完整，控制的效果也就越好；控制工作越是科学、有效，计划也就越容易得到实施。

在实际的管理工作中，很难区分计划与控制究竟哪个是开始、哪个是结束。控制可以说既是一个管理工作过程的终结，又是一个新的管理工作过程的开始。现实中，上一阶段控制的结果就可能导致组织确立新的目标、提出新的计划，并在组织结构、人员配备和领导等方面作出相应的调整。正是在这种意义上，控制职能也可以说是下一阶段管理工作过程的起点。管理工作本质上就是由计划、组织、领导、控制等职能有机地联系而构成的一个不断循环的系统。

二、管理控制的目标和特点

(一)管理控制的目标

在现代管理活动中，管理控制工作的目标主要有两个：

1. 限制偏差的累积。一般来说，任何工作的开展都不免要出现一些偏差。虽然小的偏差和失误不会立即就给组织带来严重的损害，但在组织运行一段时间后，随着小差错的积少成多和积累放大，最终就可能对计划目标的实现造成威胁，甚至给组织酿成灾难性的后果。防微杜渐，及早地发现潜在的错误和问题并进行处理，就有助于确保组织按预定的轨迹运行下去。有效的管理控制系统应当能够及时地获取偏差信息，及时地采取矫正措施，以防止偏差的累积而影响到组织目标的顺利实现。

2. 适应环境的变化。组织计划和目标在制定出来后总要经过一段时间的实施才能够实现。在这段实施过程中，组织内部的条件和外部环境可能会发生一些变化，如组织内部人员和结构的变化、政府可能出台新的政策和法规等，这些变化的内外环境不仅会妨碍计划的实施，甚至可能影响计划本身的科学性和现实性。因此，任何组织都需要构建有效的控制系统，帮助管理人员预测和把握内外环境的变化并对这些变化带来的机会和威胁作出正确、有力的反应，以将组织调整到与之适应的状态上。

(二)管理控制特点

与其他管理职能相比,管理控制具有以下特点:

1. 目的性。同其他管理工作一样,控制工作也具有明确的目的性特征。管理控制无论是着眼于纠正执行中的偏差还是适应环境的变化,都是紧紧地围绕组织的目标进行的,总是受到一定的目标指引,服务于达成组织特定目标的需要。控制工作的意义就体现在,监督组织活动中各职能工作的效果,促使组织更有效地实现根本的目标。

2. 整体性。控制的整体性具有多方面的含义:首先,管理控制覆盖组织活动的各个方面,各层次、各部门、各单位的工作以及企业生产经营的各个不同阶段等,都是管理控制的对象。组织中可以有对人员的控制、财务的控制、作业的控制、信息的控制、组织绩效的控制五大方面。其次,管理控制中需要把整个组织的活动作为一个整体来看待,使各方面的控制能协调一致,达到整体的优化。最后,管理控制应该成为组织全体成员的职责,而不单单是管理人员的职责。让全体成员参与到管理控制工作中来。

3. 动态性。管理工作控制的基本形式之一就是跟踪控制,其控制标准和方法都是随着外部环境和内部条件的变化而不断发生着变化。同时,管理控制手段和成效都是建立在外在环境与组织发展方向的基础上的。所以,管理控制是动态演化的控制与有机械控制中类似于电冰箱的温度调控的程序控制有的区别。

4. 人本性。管理控制不可忽视其中的人性因素。控制不仅仅是监督,更重要的是指导和帮助,管理控制应该成为提高员工工作能力的工具。只有当员工认识到纠正偏差的必要性并具备纠正能力时,偏差才会真正被纠正。通过控制工作,管理者可以帮助员工分析偏差产生的原因,端正员工的工作态度,指导他们采取纠正的措施。这样,既能达到控制的目的,又能提高员工的工作和自我控制能力。

三、管理控制的基本类型

根据控制信息获取的过程可以将管理控制划分为前馈控制、现场控制和反馈控制三类。

1. 前馈控制

前馈控制是一种防患于未然的控制,它是在工作开始前对工作中可能产生的偏差进行的预测、估计及采取的防范措施,将可能的偏差消除于产生之前。前馈控制有两个主要内容,一是检查组织能否筹措到在质和量上符合计划要求的各类资源;二是检查已经或将要筹措到的资源经过转换后是否符合要求。企业对进厂原材料进行检验,对员工进行上岗前培训,制定组织的基本规章制度等,这些都属于前馈控制。

前馈控制的实施要求的条件比较高,它要求管理人员能充分认识到控制因素与计划工作的影响关系,掌握及时和准确的信息。从现实看要做到这些往往是比较困难的,但是,前馈控制是在工作开始之前进行的,可以避免事后控制对已铸成的差错无能为力的弊端。此外,前馈控制是在工作开始之前进行的控制,不针对具体人员,因而不易造成面对面的冲突,易于被员工接受并付诸实施。

2. 现场控制

现场控制是在计划执行进行中的控制,也称为同步控制或同期控制。现场控制主要有监督和指导两项职能。监督是按照预定的标准检查正在进行的工作,以保证目标的实现;指导是管理者针对工作中出现的问题,根据自己的经验指导下属改进工作,或与下属共同商讨矫正偏差的措施以便使工作人员能正确地完成所规定的任务。

现场控制具有指导的职能,有助于提高工作人员的工作能力和自我控制能力。现场控制是控制系统的核心,它的效果依赖于管理者的个人素质、作风、指导方式以及下属对于指导的理解程度。但是,现场控制的运用容易受到管理者的时间、精力和业务水平的制约;还容易在控制者与被控制者之间形成对立情绪,伤害被控制者的工作积极性。但随着计算机和网络技术的发展,实时信息可以在异地之间迅速传播,这样在一定程度上突破了控制的现场限制。如远程手术、网络结算等。

3. 反馈控制

反馈控制是在工作结束或行为发生之后进行的控制,故常称为事后控制。这种控制把注意力主要集中于工作或行为的结果上,通过对已形成的结果进行测量、比较和分析,发现偏差,依此采取措施,从而为今后的活动提供借鉴。比如,企业发现不合格产品后追究当事人的责任,发现产品销路不畅而相应作出减产、转产或加强促销的决定等都属于反馈控制。

反馈控制的主要弊端是:损失或偏差已经产生,只能"亡羊补牢"。在实际工作中,反馈控制得到了相当广泛的应用。主要是因为在周期性重复活动中,反馈控制可以避免下一次活动发生类似的问题;反馈控制还可以消除偏差对后续活动过程的影响,如产品在出厂前进行最终的质量检验,剔除不合格品,可避免这些产品流入市场后对品牌信誉和顾客使用所造成的不利影响;反馈控制还可以提供员工奖惩的依据。

总的来说,三种控制方式都各有优缺点。有效的管理控制不能只依靠某一种控制方式,而必须根据特定情况将各种控制方式各有侧重地结合起来使用,以取得综合控制效果。

第二节　控制工作原理

任何一个负责任的主管人员,都希望有一个适宜的、有效的控制系统来帮助他们确保各项活动都符合计划要求。但是,主管人员却往往认识不到他们所进行的控制工作,是必须围绕计划要求、组织结构、关键环节和下级主管人员的特点来设计的。他们往往不能全面了解设计控制系统的原理。因此,要使控制工作发挥有效的作用,在建立控制系统时必须遵循一些基本的原理。

一、反映计划要求原理

这条原理可表述为:控制是实现计划的保证,控制的目的是为了实现计划,因此,计划越是明确、全面、完整,所设计的控制系统越是能反映这样的计划,则控制工作也就越有效。

每一项计划每一种工作都各有其特点。所以,为实现每一项计划和完成每一种工作所设计的控制系统和所进行的控制工作,尽管基本过程是一样的,但在确定什么标准、控制哪些关键点和重要参数、收集什么信息、如何收集信息、采用何种方法评定成效,以及由谁来控制和采取纠正措施等方面,都必须按不同计划的特殊要求和具体情况来设计。质量控制系统和成本控制系统尽管都在同一个生产系统中,但二者之间的设计要求是完全不同的。

二、组织适宜性原理

控制必须反映组织结构的类型。组织结构既然是对组织内各个成员担任什么职务的一种规定,因而,它也就成为明确执行计划和纠正偏差职责的依据。因此,组织适宜性原理可表述为:若一个组织结构的设计越是明确、完整和完善,所设计的控制系统越是符合组织机构中的职责和职务的要求,就越有助于纠正脱离计划的偏差。例如,如果产品成本不按制造部门的组织机构分别进行核算和累计,如果每个车间主任都不知道该部门产出的产成品或半成品的目标成本,那么他们就既不可能知道实际成本是否合理,也不可能对成本负起责任。这种情况下就谈不上成本控制。

组织适宜性原理的另一层含义是,控制系统必须切合每个主管人员的特点。也就是说,在设计控制系统时,不仅要考虑具体的职务要求,还应考虑到担当该项职务的主管人员的个性。在设计控制信息的格式时,这一点特别重要。送给每位主管人员的信息所采用的形式,必须分别设计。例如,送给上层主管人员的信息要经过筛选,要特别表示清楚偏差信息。为了突出比较的效果,应把比较的数字按纵行排列,而不要按横行排列,因为从上到下要比横看数字更容易得到一个比较的概念。此外,还应把互相比较的数字均用统一的足够大的单位来表示(例如万元、万吨等),甚至可将非零数字限制在两位数或三位数之内。

三、控制关键点原理

控制关键点原理是控制工作的一条重要原理。这条原理可表述为:为了进行有效的控制,需要特别注意在根据各种计划来衡量工作成效时有关键意义的那些因素。对一个主管人员来说,随时注意计划执行情况的每一个细节,通常是浪费时间精力和没有必要的。他们应当也只能够将注意力集中于计划执行中的一些主要影响因素上。事实上,控制住了关键点,也就控制住了全局。

控制工作效率的要求,则从另一方面强调了控制关键点原理的重要性。所谓控制工作效率是指:控制方法如果能够以最低的费用或其他代价来探查和阐明实际偏离或可能偏离计划的偏差及其原因,那么它就是有效的。对控制效率的要求既然是控制系统的一个限定因素,自然就在很大程度上决定了主管人员只能在他们认为是重要的问题上选择一些关键因素来进行控制。

选择关键控制点的能力是管理工作的一种艺术,有效的控制在很大程度上取决于这种能力。迄今为止,已经开发出了一些有效的方法,帮助主管人员在某些控制工作中选择关键点。例如,计划评审技术就是一种在有着多种平行作业的复杂的管理活动网络中,寻找关键活动和关键线路的方法。这是一种强有力的系统工程方法,它的成功运用确保了像美国北极星导弹研制工程和阿波罗登月工程等大型工程项目的提前和如期完成。

四、控制趋势原理

这条原理可表述为:对控制全局的主管人员来说,重要的是现状所预示的趋势,而不是现状本身。控制变化的趋势比仅仅改善现状重要得多,也困难得多。一般来说,趋势是多种复杂因素综合作用的结果,是在一段较长的时期内逐渐形成的,并对管理工作成效起着长期的制约作用。趋势往往容易被现象所掩盖,它不易觉察,也不易控制和扭转。例如,一家生产高压继电器的大型企业,当年的统计数字表明销售额较去年增长5%。但这种低速的增长却预示着一种相反的趋势。因为从国内新增的发电装机容量来推测高压继电器的市场需求,较上年增长了10%,因而,该企业的相对市场地位实际上是在下降。同样是这个企业,经历了连续几年的高速增长后,开始步入一个停滞和低速增长的时期。尽管销售部门作出了较大的努力,但局面却仍未扭转。这迫使企业的上层主管人员从现状中摆脱出来,把主要精力从抓销售转向了抓新产品开发和技术改造,因而从根本上扭转了被动的局面。

通常,当趋势可以明显地描绘成一条曲线,或是可以描述为某种数学模型时,再进行控制就为时已晚了。控制趋势的关键在于从现状中揭示倾向,特别是在趋势刚显露苗头时就敏锐地觉察到。这也是一种管理艺术。

五、例外原理

这一原理可表述为:主管人员越是只注意一些重要的例外偏差,也就是说越是把控制的主要注意力集中在那些超出一般情况的特别好或特别坏的情况,控制工作的效能和效率就越高。

质量控制中广泛地运用例外原理来控制工序质量。工序质量控制的目的是检查生产过程是否稳定。如果影响产品质量的主要因素,例如原材料、工具、设备、操作工人等无显著变化,那么产品质量也就不会有很大差异。这时我们可以认为生产过程是稳定的,或者说工序质量处于控制状态中。反之,如果生产过程出现违反规律性的异常状态时,应立即查明原因,采取措施使之恢复稳定。

需要指出的是,只注意例外情况是不够的。在偏离标准的各种情况中,有一些是无关紧要的,而另一些则不然,某些微小的偏差可能比某些较大的偏差影响更大。比如说,一个主管人员可能对利润率下降了一个百分点感到非常严重,而对"合理化建议"奖励超出预算的20%却不以为然。

因此,在实际运用当中,例外原理必须与控制关键点原理相结合。仅仅立足于寻找例外情况是不够的,我们应把注意力集中在关键点的例外情况的控制上。这两条原理有某些共同之处。但是,我们应当注意到它们的区别在于,控制关键点原理强调选择控制点,而例外原理则强调观察在这些点上所发生的异常偏差。

六、直接控制原理

直接控制,是相对于间接控制而言的。一个人,无论他是主管人员还是非主管人员,在工作过程中常常会犯错误,或者往往不能觉察到即将出现的问题。这样,在控制他们的工作时,就只能在出现了偏差后,通过分析偏差产生的原因,然后才去追究其个人责任,并使他们在今后的工作中加以改正。已如前述,这种控制方式,我们称之为"间接控制"。显而易见,这种控制的缺陷是在出现了偏差后才去进行纠正。针对这个缺陷,直接控制原理可表述为:主管人员及其下属的工作质量越高,就越不需要进行间接控制。这是因为主管人员对他所负担的职务越能胜任,也就越能在事先觉察出偏离计划的误差,并及时采取措施来预防它们的发生。这意味着任何一种控制的最直接方式,就是采取措施来尽可能地保证主管人员的工作质量。

第三节　有效控制的要求

有效的控制需要明确管理控制的过程,并能够根据管理对象的差异,灵活地采用相应的反应措施,进行权变性管理。事实上,无论控制的对象是什么,也无论采用什么样的控制手段和方法,完整的控制过程都包括确立绩效标准、衡量实际工作、鉴定偏差和采取纠正措施四个步骤。

一、确定绩效控制标准

没有一套完整的控制标准,衡量绩效和纠正偏差就会失去客观的依据。因此,制定控制标准是控制工作的起点。在实际工作中,组织中有效的控制标准一般需要具有简明性、一致性、可行性、相对稳定性和前瞻性等。控制标准的制定是从确定控制对象、选择关键控制点到制定控制标准的科学决策过程。

1. 确立控制对象

在现实中,由于人力、物力、财力、知识与信息的限制,管理者不可能对全部影响组织实现目标成果的因素都进行控制。因此,管理者必须对影响组织目标成果实现的各种要素进行科学的分析研究,从中选择出重点的因素作为控制对象。这些因素有时也被称为关键绩效区域,它们通常涉及组织的主要活动。

影响组织目标成果实现的主要因素有:关于环境特点及其发展趋势的假设、资源投入、组织活动过程等。对于哪些因素应成为控制的重点,需要根据具体的情况来加以选择。在工作成果较难衡量而工作过程也难以标准化、程序化的高层管理和创新性活动中,工作者的素质和技能是主要的控制对象。而在工作方法或程序与预期工作成果之间有比较明确或一定关系的常规性活动中,工作过程本身就是主要的控制对象。

2. 选择关键控制点

关键控制点有时也被称为战略控制点。事实上,企业控制住了关键点,也就控制了全局,正如俗话所说,"牵牛要牵牛鼻子"。比如啤酒酿造企业中,啤酒质量是控制的一个重点对象。尽管影响啤酒质量的因素很多,但只要抓住了水的质量、酿造温度和酿造时间,就能保证啤酒的质量。

选择关键控制点需要注意:影响整个工作运行过程的重要操作事项;能在重大损失出现之前显示出差异的事项。管理者应该选择那些易检测出偏差的环节进行控制,这样才有可能对问题作出及时、灵敏的反应。

在选择关键控制点的过程中,管理人员可以对自己提出下列问题:什么是最好的反映本组织的指标?在计划目标未实现时,什么信息能让我最快、最准确地了解工作进展的情况?什么信息能让我最好地确定关键的偏差?什么信息能告诉我谁对成功或失败负全部的责任?什么样的标准在控制工作中成本最低?什么样的标准在控制信息的收集中更为合算?

3. 制定控制标准

组织在选择了关键控制点后,就可以依据关键控制点制定出明确的控制标准。制定控制标准常用的方法有统计性方法、经验估计法、工程法三种。控制标准可分为定量标准和定性标准两大类。定量标准主要分为实物标准(如产品数量、废品数量)、价值标准(如单位产品成本、销售收入、利润等)、时间标准(如工时定额、交货期)。除了定量标准外,组织中还经常使用一些定性标准,有关产品和服务质量、组织形象等方面的衡量一般都是定性的,如产品等级、合格率、顾客满意度等指标就是对产品质量的一种间接衡量。由于控制的对象不同,控制标准的类型很多。企业究竟要以何种方法制定何种控制标准,这取决于所需衡量的绩效成果及其影响因素的领域和性质。

奉行"质量优良、服务周到、清洁卫生、价格合理"宗旨的美国著名的麦当劳公司,为确保其经营宗旨得到贯彻,制定了可度量的如下几条工作标准:95%以上的顾客进餐馆后三分钟内,服务员必须迎上前去接待顾客;事先准备好的汉堡包必须在五分钟内热好并供应给顾客；服务员必须在就餐人离开后五分钟内把餐桌打扫干净。这是对定性标准予以量化处理的实例。

二、衡量实际工作

（一）确定适宜的衡量方式

衡量实际工作就是以控制标准为尺度对实际工作加以检验，衡量绩效的目的是取得控制对象的有关信息，及时、准确地掌握偏差是否发生，并判断偏差的严重程度，从而对控制对象进行纠偏或者调试。为此，在衡量实际工作成效的过程中管理者应该对需要衡量什么、如何衡量、间隔多长时间进行衡量和由谁来衡量等作出合理的安排。

1. 衡量的项目。管理者应该针对决定实际工作成效好坏的重要特征项进行衡量。但实际中容易出现一种趋向，即侧重于衡量那些容易获取统计数据的项目。例如，我国有些高等院校对教师工作绩效的衡量只是通过发表论文数量来衡量其科研方面的能力。

2. 衡量的方法。管理者可通过观察、报表、报告、抽样调查、召开会议等多种方法来获得实际工作绩效方面的资料和信息。各种衡量各有利弊，在衡量实际工作成绩过程中可以多种方法结合使用，以确保所获取信息的质量。

3. 衡量的频度。即衡量实际工作成绩的次数或频率。有效的控制要求确定适宜的衡量频度。对控制对象或要素的衡量频度过高，不仅会增加控制的费用，而且还会引起有关人员的不满，影响他们的工作态度，从而对组织目标的实现产生负面影响；但是衡量和检查的次数过少，则有可能造成许多重大的偏差不能被及时发现，不能及时采取纠正措施，从而影响组织目标和计划的完成。适宜的衡量频度取决于被控制活动的性质、控制活动的要求。

4. 衡量的主体。衡量实际工作成绩的主体不一样，控制工作的类型也就有差别，也会对控制效果和控制方式产生影响。例如，目标管理之所以被称为是一种“自我控制”方法，就是因为工作的执行者同时成为了工作成果的衡量者和控制者。相比之下，由上级主管或职能人员进行的衡量和控制则是一种强加的、非自主的控制。

（二）通过衡量绩效，检验标准的客观性和有效性。衡量工作成效是以预定的标准为依据来进行的，这就出现了一个问题：偏差到底是执行中出现的问题还是标准本身存在的问题呢？如果是前者，当然需要纠正；如果是后者，则要修正和更新预定的标准，这样利用预定标准去检查各部门、各阶段和每个人工作的过程就同时也是对标准的客观性和有效性进行检验的过程。

检验标准的客观性和有效性是要分析对标准执行情况的测量能否取得符合控制需要的信息。在为控制对象确定标准的时候，人们可能只考虑了一些次要的非本质因素，或只重视了一些表面的因素，因此，利用既定的标准去检查人们的工作，有时候并不能够达到有效控制的目的。衡量过程中的检验就是要辨别并剔除那些不能为有效控制提供信息及容易产生误导作用的不适宜标准，以便根据控制对象的本质特征制定出科学合理的控制标准。

三、鉴定偏差并采取纠正措施

对实际工作衡量后,下一步就是将衡量结果与标准进行对比,判断偏差是否在可接受的范围内。如果有较大偏差,则要分析造成偏差的原因,确定纠正措施实施的对象并采取措施。

(一)分析衡量的结果,找出偏差产生的主要原因

一旦实际工作的绩效在可接受的范围之外,偏差也就发生了。在实施纠正措施以前,首先必须对偏差的性质加以认定。事实上,有些偏差可能并不会对组织的最终成果产生重要影响。例如,有些偏差可能是由于计划本身和执行过程中的问题造成的,而另一些偏差则可能是由于某些偶然、暂时、局部性的因素引起的。其次,要对造成偏差的原因进行深入、透彻的分析,真正透过表面现象找出造成偏差的深层原因,为"对症下药"地制定纠偏措施提供根本保证。

(二)确定纠正措施实施的对象

在管理控制过程中,造成偏差的原因无非有三个方面:一是原先的计划或标准制定的不科学,本身就存在偏差;二是由于外在环境发生了预料不到的变化,原有的计划不再适应新形势的需要;三是由于组织内部因素的变化,如工作人员的懈怠等。因此,纠正措施的实施对象可能是组织所进行的活动,也可能是衡量的标准,甚至是指导活动的计划。针对纠正措施的对象和产生偏差的主要原因,就可以制定改进工作或调整计划与标准的纠正方案。

(三)选择恰当的纠正措施

选择纠正措施的过程中应当要注意:

1. 使纠正方案双重优化

第一重优化是要考虑采取纠正措施带来的效果是否大于不纠偏的损失。有时即使产生了偏差,但最好的方案也许是不采取任何行动。这种情况多数是发生在纠正措施的实施条件尚不成熟阶段;第二重优化是在此基础上,通过对各种经济可行方案的比较,找出其中追加投入最少、解决偏差效果最好的方案来组织实施。

2. 充分考虑历史的因素

管理者在实施管理控制中,在制订和选择追踪决策方案的时候,就需要充分考虑组织由于初始决策的实施已经消耗资源和这种消耗对客观环境造成的种种影响以及人员思想观念的转变等问题。企业流程再造计划之所以能为企业赢得市场竞争力也是以合理重置企业为方向,结合企业的现状来矫正企业的流程。

3. 治标与治本并重

在选择纠正措施过程中,必须考虑对于所出现的问题是准备采取应急性纠正行动,还是永久性纠正行动,这个问题往往会涉及组织战略的选择。应急性纠正可以及时将出

现问题的工作拉到正常的轨道上,但问题的根源可能得不到发现和根除,还可能会引致其他问题的产生。结果可能会使管理者疲于解决不断出现的各种表面问题。永久性纠正行为是找到彻底解决问题的突破口,然后针对此采取解决的行动。但是永久性纠正行为往往需要的资金、时间和其他的条件都比较苛刻,有时难以满足。实际中,一种有效的方法就是治标与治本并重。以治本先于治标;在治本的方向下,引导治标。

我国的经济改革事实上就是对于计划经济的纠正。采用的方法就是用市场经济方向引导对传统经济体制的逐步纠正,事实证明取得了比较理想的效果。

4. 注意消除人们对纠正措施的疑虑

任何纠正措施都会在不同程度上引起组织的结构、关系和活动的调整,从而会涉及某些组织成员的利益重新分配。因此,管理者在选择纠正措施过程中,应考虑到对纠正措施所持的不同态度,特别注意消除执行者的疑虑,争取更多的人理解、赞同和支持这项纠正措施,以避免方案在付诸实施的时候可能出现人为的障碍。

四、管理控制的艺术

管理控制并不同于物理、机械和其他领域的控制,管理控制是对组织和人的控制,它必须要考虑成员的反应。只有从控制的基本原则出发,适时的、适度的、客观的和有弹性的来处理控制问题,才有可能达到有效控制。

(一)对控制的三种潜在的反应

在现实中,组织成员并不能像机器那样按照控制系统设计者所期望的那样与期望值相符。一个控制系统如果不考虑成员对于控制系统的潜在反应就不会是有效的。

1. 机械的程序行为

组织成员的行为如果能够按照控制系统的标准进行,当然是组织应当加以肯定的。但是,组织成员为了避免不必要的麻烦,有可能只做系统要求的行为,这样成员的行为就变成了一种机械的、缺乏灵活性的程序性行为。

成员的机械的程序行为会使得组织失去活力,组织内缺乏创造性,造成整个组织行动缓慢。在服务性企业中,机械的程序行为通常会导致恶劣的客户服务。例如,在对病人的抢救中,医院没有病人所需的血液。但医务人员按照规定拒绝病人亲属的献血,结果导致抢救无效。问题的实质不在于控制标准本身,而是在于控制系统被看成是机械的程序,而不是被看成是管理企业的工具。

2. 策略性行为

组织成员会发现控制系统存在的各种空隙,恶意利用它们来使控制系统变得无效。最常见的策略行为是操纵信息或报告虚假的数据。人们可能故意编造出对将发生的事情的错误预测。人们可能会有意反馈虚假的信息给管理信息系统,以掩盖错误或不良的绩效。

在制定预算的过程中策略性行为也经常发生,人们会歪曲他们对未来的预测和要求。事实上,预算的确定过程就像一场下属和管理者之间的拔河比赛:下属尽量获得宽松的预算,管理者尽量将"宽松"余地降到最小。当管理者制定了脱离实际的过低标准时,同样也会出现策略行为,因为员工很容易就达到标准。

3. 对控制的抵制

有时人们会对新的控制系统进行强烈的抵制。因为,新的控制系统可能降低了人们的自主性、威胁人们的工作保障和地位;新的控制系统可能改变专家和权力结构,从而会使得已有的权力和专家的头衔发生变更;新的控制系统可能会改变组织的社会结构,结束过去那种融洽的合作关系,使人们进行竞争。

(二)有效控制的艺术

有效的控制应当是依据组织的情境,做到适时控制、适度控制、客观控制和弹性控制。

1. 适时控制

组织活动中产生的偏差只有及时采取措施加以纠正,才能避免偏差的扩大,或防止偏差对企业不利影响的扩散。及时纠偏,要求管理人员及时掌握能够反映偏差产生及其严重程度的信息。纠正偏差的最理想方法应该是在偏差未产生以前,就注意到偏差产生的可能性,从而预先采取必要的防范措施,防止偏差的产生。预测偏差的产生,虽然在实践中有许多困难,但在理论上是可行的,即可以通过建立企业经营状况的预警系统来实现。

2. 适度控制

控制的范围、程度和频度要恰到好处。首先,要避免控制过多或控制不足。有效的控制应该既能满足对组织活动监督和检查的需要,又能防止与组织成员发生强烈的冲突。过多的控制会对组织中的人造成伤害,对组织成员行为的过多限制,会扼杀他们的积极性、主动性和创造性,最终会影响企业的效率;过少的控制,将不能使组织活动有序地进行,不能保证各部门活动进度和比例的协调,将会造成资源的浪费。其次,要处理好全面控制与重点控制的关系。并不是所有成员的每一项工作都具有相同的发生偏差的概率,并不是所有可能发生的偏差都会对组织带来相同程度的影响。例如,企业工资成本超出计划的5%对经营成果的影响要远远高于行政系统的邮资费用超过预算的20%。适度控制要求企业在建立控制系统时,利用ABC分析法和例外原则等工具找出影响企业经营成果的关键环节和关键因素,并据此在相关环节上设立预警系统或控制点,进行重点控制。最后,要使花费一定费用的控制得到足够的控制收益。控制费用基本上随着控制程度的提高而增加,控制收益的变化则比较复杂。企业应根据活动的规模特点和复杂程度来确定控制的范围和频度从而建立有效的控制系统。

3. 客观控制

有效的控制必须是客观的、符合企业实际的。客观的控制源于对企业经营活动状况及其变化的客观了解和评价。控制过程中采用的检查、测量的技术和手段必须能正确地反映企业经营时空上的变化程度和分布状况，准确地判断和评价企业各部门、各环节的工作与计划要求的相符或相背离程度。没有客观的标准、态度和准确的检测手段，人们对企业实际工作就不易有一个正确的认识，从而难以制定出正确的措施，进行客观的控制。

4. 弹性控制

一般地说，弹性控制要求企业制定弹性的计划的衡量标准。企业在生产、经营过程中经常可能遇到某种突发的、无力抗拒的变化，这些变化使企业计划与现实条件严重背离。有效的控制系统应在这样的情况下仍能发挥作用，维持企业的运营，也就是说，应该具有灵活性或弹性。弹性控制通常与控制的标准、控制系统的设计有关。比如说，有效的预算控制应能反映经营规模的变化，应该考虑到未来的企业经营可能呈现出不同的水平，从而为标志经营规模的不同参数值规定不同的经营额度，使预算在一定范围内是可以变化的。

(三)有效控制的原则

1. 适应性原则

它是指控制应当与计划和工作特点以及主管人员的具体情况相适应，比如：要有针对性地收集信息，要使主管人员理解信息的内容，使系统便于使用等。

2. 及时性原则

它是指能够及时发现偏差，纠正偏差。最理想的控制应该是在偏差未出现之前，能够预计偏差的产生，做到防患于未然。

3. 灵活性原则或弹性原则

它是指控制工作即使在面临计划发生变动、出现了未能预见到的情况或计划失败的情况下，也能发挥作用。不能把控制工作过于死板地同计划拧在一起，以免在整个计划失策或发生突然变动时控制也跟着失控。或者说，控制必须有弹性。比如企业的预算工作、滚动计划、应变计划等都体现了控制的弹性原则。

4. 经济性原则

控制所支出的费用必须是有效的和合理的，要防止在无效控制上花费精力和财力。要重视选择关键性问题和注意对例外出现的偏差进行控制。因此，经济性原则也称关键控制点原则和例外情况原则。

5. 匹配性原则

任何控制或技术都必须适合组织气氛才能奏效。例如，在员工自由度较大，对管理的参与程度较深的组织中，严格监视型的控制系统将不受欢迎，也很难成功。

本章小结

控制是管理工作的重要职能之一，它是保证组织的实际活动与计划活动动态一致的过程。控制工作的目的是要通过确立标准、衡量绩效和纠正偏差等过程来监督计划、组织、领导、创新等管理活动的效果,保证组织前进的方向。有效的控制系统是适应调整目标、纠正偏差、应对危机发生、提高组织效率的基础。任何一个负责任的主管人员,都希望有一个适宜的、有效的控制系统来帮助他们确保各项活动都符合计划要求。但是,主管人员却往往认识不到他们所进行的控制工作,是必须针对计划要求、组织结构、关键环节和下级主管人员的特点来设计的。他们往往不能全面了解设计控制系统的原理。因此,要使控制工作发挥有效的作用,在建立控制系统时必须遵循一些基本的原理。有效的控制需要明确管理控制的过程,并能够根据管理对象的差异,灵活地采用相应的反应措施,进行权变性管理。事实上,无论控制的对象是什么,也无论采用什么样的控制手段和方法,完整的控制过程都包括确定绩效控制标准、衡量实际工作、纠正偏差和采取纠正措施几个步骤。

习　题

一、思考题

1. 管理控制与一般控制有何异同点?
2. 开展控制工作时,如何确定控制的关键点?

二、实战练习

结合学习、工作或生活实际,谈谈如何有效地实施控制?

三、案例分析

如果你在好莱坞或贝弗利山举办一个晚会,肯定会有这样一些名人来参加,如尼科尔森、麦当娜、克鲁斯、切尔、查克·皮克。“查克·皮克?”“当然!”没有停车服务员你不可能开一个晚会,在南加州停车行业内响当当的名字就是查克·皮克。查克停车公司中的雇员有100多人,其中大部分是兼职的,每周他至少为几十个晚会办理停车业务。在一个最忙的周六晚上,可能要同时为6~7个晚会提供停车服务,每一个晚会可能需要3~15位服务员。

查克停车公司是一家小企业,但每年的营业额差不多有100万美元。其业务包含两项内容:一项是为晚会料理停车;另一项是不断地在一个乡村俱乐部办理停车经营特许权合同。这个乡村俱乐部要求有2~3个服务员,每周7天都是这样。但是查克的主要业务来自私人晚会。他每天的工作就是拜访那些富人或名人的家,评价道路和停车设施,并告诉他们需要多少个服务员来处理停车的问题。一个小型的晚会可能只要3~4个服务员,花费大约400美元。然而一个特别大型的晚会的停车费用可能高达2000美元。

尽管私人晚会和乡村俱乐部的合同都涉及到停车业务,但它们为查克提供的收费方式却很不相同。私人晚会是以当时出价的方式进行的。查克首先估计大约需要多少服务员为晚会服务,然后按每人每小时多少钱给出一个总价格。如果顾客愿意“买”他的服务,查克就会在晚会结束后寄出一份账单。在乡村俱乐部,查克根据合同规定,每月要付给俱乐部一定数量的租金来换取停车场的经营权。他收入的唯一来源是服务员为顾客服务所获得的小费。因此,在私人晚会服务时,他绝对禁止服务员收取小费,而在俱乐部服务时小费是他唯一的收入来源。

试回答以下问题

1. 你是否认为查克的控制问题在两种场合下是不同的?如查克确实如此,为什么?

2. 在前馈、反馈和现场控制三种类型中,查克应采取哪一种手段对乡村俱乐部业务进行控制?对私人晚会停车业务,又适宜采取何种控制手段?

第十五章　组织中常用的控制方法

学习目标

了解各种控制方法的内涵和特征，掌握各种控制方法的内容和机理，对控制方法要灵活应用，达到融会贯通、解决实际问题的目的。

第一节　预算控制

几乎企业在未来的所有活动都可以利用预算进行控制。预算预估了企业在未来时期的经营收入或现金流量，同时也为各部门或各项活动规定了在资金、劳动、材料、能源等方面的支出不能超过的额度。预算控制就是根据预算规定的收入与支出标准来检查和监督各个部门的生产经营活动，以保证各种活动或各个部门在充分达成既定目标、实现利润的过程中对经营资源的利用，从而使费用的支出受到严格有效的约束。

一、预算的编制

为了有效地从预期收入和费用两个方面对企业经营进行全面控制，不仅需要对各个部门、各项活动制定分预算，而且要对企业整体编制全面预算。分预算是按照部门和项目来编制的，它们详细说明了相应部门的收入目标或费用支出的水平，规定了他们在生产活动、销售活动、采购活动、研究开发活动或财务活动中筹措和利用劳动力、资金等生产要素的标准；全面预算则是在对所有部门或项目分预算进行综合平衡的基础上编制而成的，它概括了企业相互联系的各个方面在未来时期的总体目标。只有编制了总体预算，才能进一步明确组织各部门的任务、目标、制约条件以及各部门在活动中的相互关系，从而为正确评价和控制各部门的工作提供客观的依据。

任何预算都需要用数字形式来表述，全面预算必须用统一的货币单位来衡量，而分预算则不一定用货币单位计量。比如，原材料预算可能用千克或吨等单位来表述；劳动预算可能用职工数量或人工小时来表述。这是因为对一些具体的项目来说，用时间、长度或重量等单位来表达能提供更多、更准确的信息。用货币金额来表达原材料预算，我们就只知道原材料消耗的总费用标准，而不能知道原材料使用的确切种类和数量，也难以判断价格变动会产生何种影响。当然，不论以何种方式表述的各部门或项目的分预算，在将它们综合平衡以编制企业的全面预算之前，必须转换成用统一的货币单位来表达的方式。

二、预算的种类

不同企业，由于生产活动的特点不同，预算表中的项目会有不同程度的差异。但一般来说，预算内容要涉及以下几个方面：收入预算、支出预算、现金预算、资金支出预算、资产负债预算。

（一）收入预算

收入预算和支出预算提供了关于企业未来某段时期经营状况的一般说明，即从财务角度计划预测未来活动的成果以及为取得这些成果所需付出的费用。

由于企业收入主要来源于产品销售，因此收入预算的主要内容是销售预算。销售预算是在销售预测的基础上编制的，即通过分析企业过去的销售情况、目前和未来的市场需求特点及其发展趋势，比较竞争对手和本企业的经营实力，确定企业在未来时期为了实现目标利润必须达到的销售水平。

由于企业通常不止生产一种产品，这些产品也不仅在某一个区域市场上销售，因此，为了能为控制未来的活动提供详细的依据，便于检查计划的执行情况，往往需要按产品、区域市场或消费群（市场层次）为各经营单位编制分项销售预算。同时，由于在一年中的不同季度和月度，销售量也往往不稳定，所以通常还需预计不同季度和月度的销售收入。这种预计对编制现金预算是很重要的。

（二）支出预算

企业销售的产品是在内部生产过程中加工制造出来的，在这个过程中，企业需要借助一定的劳动力，利用和消耗一定的物质资源。因此，与销售预算相对应，企业必须编制能够保证销售过程得以进行的生产活动的预算。关于生产活动的预算，不仅要确定为取得一定销售收入所需要的产品数量，而且更重要的是要预计为得到这些产品、实现销售收入需要付出的费用，即编制各种支出预算。

1. 直接材料预算

直接材料预算是根据实现销售收入所需的产品种类和数量，详细分析为了生产这些产品企业必须利用的原材料的种类和数量，它通常以实物单位表示。考虑到库存因素后，直接材料预算可以成为采购部门编制采购预算、组织采购活动的基础。

2. 直接人工预算

直接人工预算需要预计企业为了生产一定数量的产品，需要哪些种类的工人，每种类型的工人在什么时候需要多少数量，以及利用这些人员劳动的直接成本是多少。

3. 附加费用预算

直接材料和直接人工只是企业全部经营费用的一部分。企业的行政管理、营销宣传、人员推销、销售服务、设备维修、固定资产折旧、资金筹措以及税金等，也要耗费企业的资金,对这些费用也需要进行预算。这就是附加费用预算。

(三)现金预算

现金预算是对企业未来生产与销售活动中现金的流入与流出进行预测,通常由财务部门编制。现金预算只能包括那些实际包含在现金流程中的项目,如今后需要逐年分摊的投资费用却需要当年实际支出现金;赊销所得的应收款在用户实际支付以前不能列作现金收入;赊购所得的原材料在未向供应商付款以前也不能列入现金支出。因此,现金预算并不需要反映企业的资产负债情况,而是要反映企业在未来活动中的实际现金流量和流程。企业的销售收入、利润即使相当可观,但大部分尚未收回,或收回后被大量的库存材料或在制品所占用,那么也不可能给企业带来现金上的方便。通过现金预算,可以帮助企业发现资金的闲置或不足,从而指导企业及时利用暂时过剩的现金,或及早筹齐维持营运所短缺的资金。

(四)资金支出预算

上述通常只涉及某个经营阶段的各种预算,被称为短期预算,而资金支出预算则可能涉及好几个阶段,是长期预算。如果企业的收支预算被很好地执行,企业有效地利用了组织的资源,那么利用这些资源生产得到的产品销售以后所得的收入就会超出资源消耗的支出,从而给企业带来盈余,企业可以利用盈利的一个很重要部分来进行生产能力的恢复和扩大。由于这些支出具有投资的性质,因此对其的计划安排通常被称为投资预算或资金支出预算。资金支出预算的项目包括:用于更新改造或扩充包括厂房、设备在内的生产设施的支出;用于增加品种、完善产品性能或改进工艺的研究与开发支出;用于提高职工和管理队伍素质的人事培训与发展支出;用于广告宣传,寻找顾客的市场发展支出等。

(五)资产负债预算

资产负债预算是对企业会计年度末期的财务状况进行预测。它通过将各部门和各项目的分预算汇总在一起,表明如果企业的各种业务活动达到预先规定的标准,在财务期末企业资产与负债会呈现何种状况。作为各分预算的汇总,管理人员在编制资产负债预算时虽然不需作出新的计划或决策,但通过对预算表的分析,可以发现某些分预算的问题,从而有助于及时采取调整措施。比如,通过分析流动资产与流动债务的比率,可能发现企业未来在财务安全性与偿债能力等方面的问题,可能要求企业在资金的筹措方式、来源及其使用计划上作相应的调整。另外,通过将本期预算与上期实际发生的资产负债情况进行对比,还可发现企业财务状况可能会发生哪些不利变化,从而指导事前控制。

三、预算的作用及缺点

(一)预算的作用

由于预算的实质是用统一的货币单位为企业各部门的各项活动编制计划,因此它使得企业在不同时期的活动效果和不同部门的经营绩效具有可比性,可以使管理者了解企业经营状况的变化方向和组织中的优势部门与问题部门,从而为调整企业活动指明了方向;通过为不同的职能部门和职能活动编制预算,也为协调企业活动提供了依据。更重要的是,预算的编制与执行始终是与控制过程联系在一起的,编制预算是为企业的各项活动确立财务标准;用数量形式的预算标准来对照企业活动的实际效果,大大方便了控制过程中的绩效衡量工作,也使之更加客观可靠。在此基础上,很容易测量出实际活动对预期效果的偏离程度,从而为采取纠正措施奠定了基础。

(二)预算作用的缺点

由于这些积极的作用,预算手段在组织管理中得到了广泛运用。但在预算的编制和执行中,也暴露了一些局限性。

1. 它只能帮助企业控制那些可以计量的、特别是可以用货币单位计量的业务活动,而不能促使企业对那些不能计量的企业文化、企业形象、企业活力的改善予以足够的重视。

2. 编制预算时通常参照上期的预算项目和标准,从而会忽视本期活动的实际需要,因此会导致这样的错误:上期有的而本期不需的项目仍然沿用,而本期必需的上期没有的项目会因缺乏先例而不能增设。

3. 企业活动的外部环境是不断变化的,这些变化会改变企业获取资源的支出或销售产品实现的收入,从而使预算变得不合时宜。因此,缺乏弹性、非常具体、特别是涉及较长时期的预算可能会过度束缚决策者的行动,使企业经营缺乏灵活性和适应性。

4. 预算,特别是项目预算或部门预算,不仅对有关负责人提出了希望他们实现的结果,而且也为他们得到这些成果而有效开支的费用规定了限度。这种规定可能使得主管们在活动中精打细算,小心翼翼地遵守不得超过支出预算的准则,而忽视了部门活动的本来目的。

5. 在编制费用预算时通常会参照上期已经发生过的项目费用,同时,主管人员也知道,在预算获得最后批准的过程中,预算申请多半是要被削减的。因此他们的费用预算申报数要多于其实际需要数,特别是对于那些难以观察、难以量化的费用项目更是如此。所以,费用预算总是具有按先例递增的习惯,如果在预算编制的过程中,没有仔细地复查相应的标准和程序,那么,预算可能成为低效的管理部门的保护伞。

只有充分认识了上述局限性,才能有效地利用预算这种控制手段,并辅之以其他工具。

第二节 生产控制

我们可以把企业看成这样一个动态过程:企业首先获得原材料、零部件、劳动力等投入,经过企业系统的转换和经营,生产出有形的产品或无形的劳务。在这个过程中,为了达到企业预定的目标,就必须对企业的经营管理活动进行控制。事实上,控制活动贯穿于上述整个过程,即管理人员需要对原材料、零部件、劳动力等投入进行控制,需要对企业系统的转换和运营进行控制,也需要对有形的产品或无形的劳务进行控制。本节着重讨论与投入活动有关的对供应商的控制和库存控制,以及与产出有关的质量控制。

一、盈亏控制

盈亏控制采用的是盈亏平衡分析法,它又称为保本分析法,通过分析生产成本,销售利润和产品数量这三者的关系来掌握盈亏变化的规律,指导企业选择以最小的成本生产出最多产品并可使企业获得最大利润的经营方案。

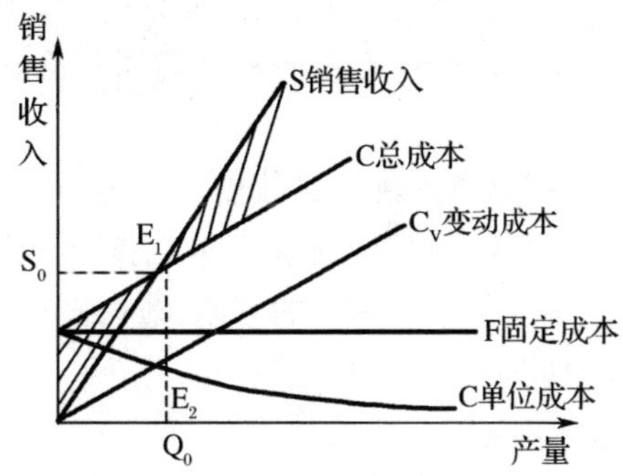

图 15－1　盈亏平衡分析图

我们知道:

销售收入 = 销售量 × 单价　即 $S = Q \times P$

总成本 = 固定成本 + 单位变动成本 × 销售量

即 $C = F + CV = F + C \times Q$

利润 = 销售收入 - 总成本　　即 $B = R - C = Q \times P - (F + C \times Q)$

盈亏平衡点的产量即为不盈不亏时的产量,也就是利润为零时的产量。可得出 $Q = \dfrac{F}{P - C}$

当要获得一定的目标利润时,其公式为:$Q = \dfrac{F + B}{P - C}$

式中:B 为预期的目标利润额, Q 为实现目标利润 B 时的产量。

例:某厂生产一种产品。其总固定成本为 200 000 元;单位产品变动成本为 10 元;产品销价为 15 元。

求:(1)该厂的盈亏平衡点产量应为多少?

(2)如果要实现利润 20 000 元时,其产量应为多少?

解:(1)$Q = \dfrac{F}{P - V} = \dfrac{200\,000}{15 - 10} = 40\,000$(件)　即当生产量为 40 000 件时,处于盈亏平衡点上。

(2) $Q = \dfrac{F + B}{P - C} = \dfrac{200\,000 + 20\,000}{15 - 10} = 44\,000$(件)　即当生产量为 44 000 件时,企业可获利 20 000 元。

二、网络控制

网络控制主要是通过网络计划技术来实现。网络计划技术是以工序所需时间为时间因素,用描述工序之间相互联系的网络和网络时间的计算,反映整个工程或任务的全貌,并在规定条件下,全面筹划、统一安排,来寻求达到目标的最优方案的计划技术。

(一)网络图的构成要素

网络图是一种表示整个计划中各道工序(或工作)的先后次序,相互逻辑关系和所需时间的网状矢线图。网络图应该能够反映出各工序的施工顺序,相互关系,主要由工序、事项、路线三个主要部分和辅助部分及虚工序组成。

1. 工序

工序是指一项有具体内容的、需要人力、物力、财力、占用一定空间和时间才能完成的活动过程,通常用箭线表示,箭杆上方标明活动名称,下方标明该项活动所需要的时间,箭尾表示该项活动的开始,箭头表示该项活动的结束,从箭尾到箭头表示该项活动的作业时间。

2. 事项

事项是工序开始和结束的那一瞬间,它不消耗资源和时间,一般用圆圈表示。网络图中有始点事项、中间事项、终点事项之分。如下图所示:

① A ② B ③ C ④

事项②表示 A 项活动的结束,又表示 B 项活动的开始。对中间事项②来说,A 为其紧前工序,B 为其紧后工序。

3. 路线

从网络图始点开始,顺着箭头方向前进,连续不断地到达终点的一条通道称为网络图的一条路线。各条路线所需的周期为对应的作业时间之和。网络图中所需工时最长的路线称为关键路线,关键路线上的工序称为关键工序,关键路线及工序常用双线表示。

4. 虚工序

虚工序是只表示作业之间相互依存、相互制约、相互衔接的关系,但不需人力、物力、空间和时间的虚设的活动,在网络图中用虚箭线表示。

(二)网络图的绘制原则及步骤

1. 网络图的绘制原则:

(1)网络图是有方向的,不允许出现回路;

(2)直接连接两个相邻结点之间的活动只能有一个;

(3)一个作业不能在两处出现;

(4)箭线首尾必有结点,不能从箭线中间引出另一条箭线;

(5)网络图必须只有一个网络始点和一个终点;

(6)各项活动之间的衔接必须按逻辑关系进行。

2. 网络图的绘制步骤:

(1)定义各项作业,恰当地确定各项工作范围,以使网络图复杂程度适中;

(2)编制工作表(示例):列出各项作业清单;确定或估计各项作业时间;表明各项作

业之间的逻辑关系；

(3)画网络图：确定各项作业层次，无紧前作业的层次为1，其他各作业层次数 = 紧前作业层次中最大者 + 1；画草图；画正图；进行结点编号。

(三)网络时间的计算

1. 作业时间

作业时间指完成某一项工作或一道工序所需要的时间。假设顺利情况所需最短时间为a，正常条件下所需时间为m，不正常条件所需最长时间为b，然后按下述公式求出作业时间的平均值。

$$T_E^{ij} = \frac{a + am + b}{6}$$

2. 结点时间的计算

(1)结点最早开始时间：是指在保证该结点先行作业能够完成的前提下，从该结点开始的各项作业最早开始时间。

①表示方法：

ES (i)：作业"i - j"箭尾结点最早开始时间

ES (j)：作业"i - j"箭头结点最早开始时间

②计算规则：由始点开始，由左至右顺序加法计算，取最大值。

ES (1) = 0

ES (j) = max[ES(i) + t(i,j)]

(2)结点最迟结束时间：

结点最迟结束时间是保证该结点后续作业都不延误的前提下，该结点前边的先行作业最迟结束时间。

①表示方法：

LF (i)：作业"i - j"箭尾结点最迟结束时间

LF (j)：作业"i - j"箭头结点最迟结束时间

②计算规则：由终点开始，自右至左逆序减法计算，取最小值。

LF (终点) = ES(始点)

LF (i) = min[LF(j) - t(i,j)]

3. 工序时间的计算

工序时间包括工序最早开始时间、工序最早结束时间、工序最迟开始时间、工序最迟结束时间。

(1)工序最早开始时间；

ES (i, j) = ES (i)；

(2)工序最早结束时间；

EF (i, j) = ES (i) + t (i, j)；

(3)工序最迟开始时间；

LS (i, j) = LF (j) - t (i, j) ;

(4)工序最迟结束时间 ;

LF(i, j) = LF (j);

4.时差

时差是结点或作业在不影响总工期的前提下,可以推迟的最大延误时间。

(1)结点时差:

S (i) = LF (i) - S (i)

(2)作业时差:作业时差包括总时差和单时差。

①总时差:在不影响总工期,即不影响其紧后作业最迟开始时间的前提下,作业可推迟开始的一段时间。

S (i, j) = LS (i, j) - S (i, j)
= LF (i, j) - F (i, j)
= LF (j) - S (i) - (i, j)

②单时差:在不影响紧后作业最早开始时间前提下,可推迟的时间。

S f (i, j) = ES (j) - S (i) - (i, j)

(四)关键路线

关键路线是作业时间之和最长的路线,是由作业总时差为 0 的作业联结而成的路线,是关键作业组成的路线。关键路线的确定有两种方法:表上作业法和图上作业法。

表上作业法是先计算出各工序的时差,将总时差为零的工序即关键工序用双线标出,即可确定出该网络图的关键线路。

图上作业法可通过计算结点的最早开始时间和结点的最迟结束时间来找出关键路线。

三、对供应商的控制

毫无疑问,供应商既为本企业提供了所需的原材料或零部件,同时根据波特的市场竞争模型,他们又是本企业的竞争力量之一。供应商供货及时与否、质量的好坏、价格的高低,都对本企业最终产品产生重大影响。因此,对供应商的控制可以说是从企业运营的源头抓起,能够起到防微杜渐的作用。

目前比较流行的做法是在全球范围内选择供应商,其原因是为了能够有保障地获得高质量低价格的原材料,同时也可避免只选择少数几个供应商可能构成的威胁。大型跨国公司多采用这种方法。

许多企业正在改变与供应商之间的竞争关系,试图建立一种长期的、稳定的、合作的双赢局势。企业和供应商之间就形成相互依赖、相互促进的新型关系,就可以降低双方的风险,提高效益,真正实现双赢。

还有一种控制供应商的方法是持有供应商一部分或全部股份,或由本企业系统内部的某个子企业供货。这常常是跨国公司为了保证货源而采用的做法。日本的很多大型企业采用这种做法控制供应商。但要注意,采用这种做法不应以大幅度降低原材料质量或提高原材料成本为代价。

四、库存控制

对库存的控制主要是为了在保证生产经营活动正常进行的前提下,降低各种与库存有关的成本耗费,提高经济效益。管理人员使用经济订购批量模型(Economic Order Quantity,简称 EOQ)计算最优的订购批量,使所有费用达到最小化。这个模型需要考虑两种成本:一是订购成本,即每次订货所需的费用(包括通讯往来、文件处理、差旅、行政管理费用等);二是保管费用,即储存原材料或零部件所需的费用(包括库存、利息、保险、折旧、损坏变质损失等费用)。

当企业在一定期间内总需求量或订货量为一定时,如果每次订购的量越大,所需订货的次数就越少;如果每次订购的量越少,所需订购的次数就越多。对第一种情况而言,订货成本较低,但保管费用较高;对第二种情况而言,订购成本较高,但保管费用较低。通过经济订购批量模型,可以计算出订购量为多大时,总成本(订购成本和保管成本之和)为最小。图 15 -2 为经济订购批量示意图。

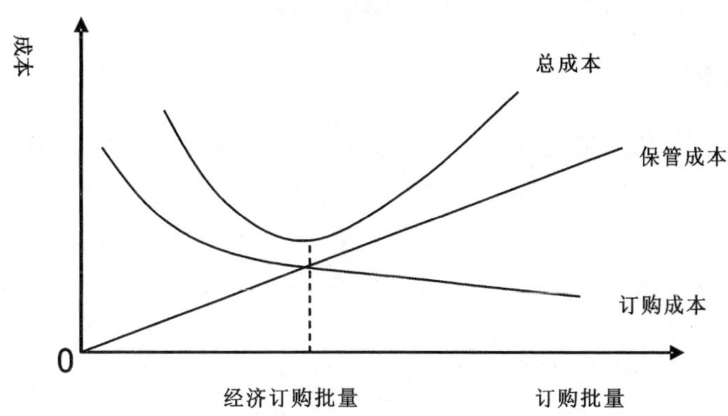

图 15 -2　经济订购批量示意图

假定企业在一定时间内总需求量为 D,每次订购所需的费用为 O,库存物品单价为 P.保管成本与库存物品价值之比为 C,则最优订购批量为

$$EOQ = \sqrt{\frac{2 \times D \times O}{P \times C}}$$

现举一例具体解释最优订货批量模型。假设某企业一年对某种材料的总需求量是 5000 件,每件价格为 20 元,每次订购所需的费用是 250 元,保管成本与库存物品价值之比为 12.5%,则最优订购批量为

$$EOQ = \sqrt{\frac{2 \times D \times O}{P \times C}} = \sqrt{\frac{2 \times 5000 \times 250}{20 \times 0.125}} = 1000(件)$$

因此,一年最优订购批量为 5 次,每次 1 000 件。此时,订购成本为 1 250 元,保管成本为 1 250 元,总成本最低,为 2 500 元。一般说来,企业除了最优订货批量外,为了预防万一会保留一个额外的储存量,这个储存量被称为安全存货。

日本企业发明了一种被称为准时制库存系统(Just—in—time inventory system,JIT),其目标是实现零库存。它的基本思路是企业不储备原材料库存,一旦需要,立即向供应商提出,由供应商保质保量按时送来,生产继续进行下去。JIT 的具体做法如下:企业收到供应商送来的装有原材料的集装箱,卸下其中的原材料准备用于生产装配,同时把箱中的“看板”(Kanban,日语中卡片或标牌的含义)交回给供应商;供应商接到“看板”后立即进行生产,并将新生产出来的原材料再送来。如果双方衔接的好的话,此时,上次的原材料刚好用完。

很明显,准时制库存系统可以减少库存,降低成本,提高效益。供应商必须在规定的时间,按照规定的质量和数量,将原材料或零部件生产出来,并且准确无误地运送到规定的地点。因此,准时制库存系统为企业选择和控制供应商提出了更高的要求。许多研究指出准时制库存系统事实上将库存及带来的风险转嫁给了供应商,供应商所能做的是自己消化风险或再次转嫁给那些为自己供货的供应商。

五、质量控制

所谓质量有狭义和广义之分。狭义的质量指产品的质量,而广义质量除了涵盖产品质量外,还包括工作质量。产品质量主要指产品的使用价值,即满足消费者需要的功能和性质。这些功能和性质可以具体化为下列五个方面:性能、寿命、安全性、可靠性和经济性。工作质量主要指在生产过程中,围绕保障产品质量而进行的质量管理工作的水平。

质量控制是为了通过监视质量形成过程,消除质量环上所有阶段引起不合格或不满意效果的因素,以达到质量要求,获取经济效益而采用的各种质量作业技术和活动。在企业领域,质量控制活动主要是企业内部的生产现场管理,它与有否合同无关,是指为达到和保持质量而进行控制的技术措施和管理措施方面的活动。质量检验从属于质量控制,是质量控制的重要活动。

(一)质量控制的功能

“作业技术”是控制手段和方法的总称,“活动”则是人们对这些作业技术的有计划、有组织的系统运用,是一种科学的质量管理方法。前者偏重于方法、工具,后者偏重于活动过程。质量控制的目的在于以预防为主,管因素保结果,确保达到规定要求,实现经济效益。

质量控制的主要功能就是通过一系列作业技术和活动将各种质量变异和波动减少

到最小程度。它贯穿于质量产生、形成和实现的全过程中。除了控制产品差异,质量控制部门还参与管理决策活动以确定质量水平。

(二)质量控制中的见证点和停止点

在国际上,质量控制对象根据它们的重要程度和监督控制要求不同,可以设置“见证点”或“停止点”。“见证点”和“停止点”都是质量控制点,由于它们的重要性或其质量后果影响程度有所不同,它们的运作程序和监督要求也不同。

1. 见证点

见证点的运作程序和监督要求如下:

(1)施工单位应在到达某个见证点之前的一定时间,书面通知监理工程师,说明将到达该见证点准备施工的时间,请监理人员届时现场进行见证和监督。

(2)监理工程师收到通知后,应在“施工跟踪档案”上注明收到该通知的日期并签字。

(3)监理人员应在约定的时间到现场见证。监理人员应对见证点实施过程进行监督、检查,并在见证表上作详细记录后签字。

(4)如果监理人员在规定的时间未能到场见证,施工单位可以认为已获监理工程师认可,有权进行该项施工。

(5)如果监理人员在此之前已到现场检查,并将有关意见写在“施工跟踪档案”上,则施工单位应写明已采取的改进措施,或具体意见。

2. 停止点

停止点是重要性高于见证点的质量控制点,它通常是针对“特殊过程”或“特殊工艺”而言。凡列为停止点的控制对象,要求必须在规定的控制点到来之前通知监理方派人对控制点实施监控,如果监理方未能在约定的时间到现场监督、检查,施工单位应停止进入该控制点相应的工序,并按合同规定等待监理方,未经认可不能越过该点继续活动。通常用书面形式批准其继续进行,但也可以按商定的授权制度批准其继续进行。

见证点和停止点通常由工程承包单位在质量计划中明确,但施工单位应将施工计划和质量计划提交监理工程师审批。如果监理工程人员对见证点和停止点的设置有不同意见,应书面通知施工单位,要求予以修改,再报监理工程师审批后执行。

第三节 财务控制

财务控制方法主要有比率分析、财务审计、统计分析和亲自观察。

一、比率分析

单个地去考虑反映经营结果的某个数据,往往不能说明任何问题。只有根据它们之间的内在关系,相互对照分析才能说明某个问题。比率分析就是将企业资产负债表和收益表上的相关项目进行对比,形成一个比率,从中分析和评价企业的经营成果和财务状况。

利用财务报表提供的数据,我们可以列出许多比率,常用的有两种类型:财务比率和经营比率。

(一)财务比率

财务比率及其分析可以帮助我们了解企业的偿债能力和盈利能力等财务状况。

1. 流动比率

流动比率是企业的流动资产与流动负债之比。它反映了企业偿还需要付现的流动债务的能力。一般说来,企业资产的流动性越大,偿债能力就越强;反之,偿债能力越弱,这样会影响企业的信誉和短期偿债能力。因此,企业资产应具有足够的流动性,资产若以现金形式表现,其流动性最强。但要防止为追求过高的流动性而导致财务资源的闲置,从而使企业失去本应得到的收益。

2. 速动比率

速动比率是流动资产和存货之差与流动负债之比。该比率和流动比率一样,是衡量企业资产流动性的一个指标。当企业有大量存货且这些存货周转率低时,速动比率比流动比率更能精确地反映客观情况。

3. 负债比率

负债比率是企业总负债与总资产之比。它反映了企业所有者提供的资金与外部债权人提供的资金的比率关系。只要企业全部资金的利率高于借入资金的利率,且外部资金不从根本上威胁企业所有权的行使,企业就可以充分地向债权人借入资金以获取额外的利润。一般说来,在经济迅速发展时期,债务比率可以很高。确定合理的债务比率是企业成功举债经营的关键。

4. 赢利比率

赢利比率是企业利润与销售额或全部资金等相关因素的比例关系。它能够反映出了企业在一定时期从事某种经营活动的盈利程度及其变化情况。常用的比率有销售利润率和资金利润率。

销售利润率是销售净利润与销售总额之间的比例关系,它反映企业从一定时期的产品销售中是否获得了足够的利润。

资金利润率是指企业在某个经营时期的净利润与该期占用的全部资金之比。它是衡量企业资金利用效果的一个重要指标,反映了企业是否从全部投入资金的利用中实现了足够的净利润。

(二)经营比率

经营比率也称活力比率,是与资源利用有关的几种比率关系。它们反映了企业经营效率的高低和各种资源是否得到了充分利用的情况。

1. 库存周转率

库存周转率是销售总额与库存平均价值的比例关系,它反映了与销售收入相比库存数量是否合理,表明了投入库存的流动资金的使用情况。

2. 固定资产周转率

固定资产周转率是销售总额与固定资产之比,它反映了单位固定资产能够提供的销售收入,表明了企业固定资产及其利用程度。

3. 销售收入与销售费用的比率

这个比率表明单位销售费用能够实现的销售收入,在一定程度上反映了企业营销活动的效率。

反映经营状况的这些比率也通常需要进行横向的(不同企业之间)或纵向的(不同时期之间)比较,才更有意义。

二、财务审计

从证实财务报表的诚实和公正,到为管理决策提供关键性的数据,审计起着重要的作用。财务审计是对反映企业资金运动过程及其结果的会计记录及财务报表进行审核、鉴定,以判断其真实性和可靠性,从而为控制和决策提供依据的过程。财务审计分为外部审计和内部审计。

(一)外部审计

外部审计是由外部机构(如会计师事务所)选派的审计人员对企业财务报表及其反映的财务状况进行独立的评估。为了检查财务报表及其反映的资产负债的账面情况与企业的真实情况是否相符,外部审计人员需要抽查企业的基本财务记录,以验证其真实性和准确性,并分析这些记录是否符合公认的会计准则和记账程序。外部审计实际上是对企业内部虚假、欺骗行为的一个重要而系统的检查,而企业往往会掩盖那些可能会被发现的不光彩的事,外部审计起着鼓励诚实的作用。外部审计的优点是可以保证审计的独立性和公正性。但是,由于外部的审计人员不了解内部的组织结构、生产流程的经营特点,在对具体业务的审计过程中可能会产生困难。此外,处于被审计地位的内部组织成员也可能会产生抵触情绪,不愿积极配合,这也可能增加审计工作的难度。

(二)内部审计

内部审计是对公司本身的计划、组织、领导和控制过程所做的阶段性评估。公司可以对很多因素作出评价:财务的稳定性、生产效率、销售效果、人力资源开发、盈利增长、公共关系、社会责任或其他有关组织效果的指标。内部审计涉及公司的过去、现在和未来,可以作为一项独立任务由财务部门的指定人员来完成。在规模较大的组织里,此工作可以由一个专职的内部审计小组来完成。审计的范围与深度根据公司规模和政策的不同而有所不同,既可以作相对窄的调查,又可以在对控制系统进行评价的同时,对公司的政策、程序、权力的使用以及管理方法的整体质量和效果等进行广泛而综合的分析。通过检查现有控制系统,内部审计人员可以提供有关的改进建议,以促使公司政策符合实际,工作程序更加合理,作业方法被正确掌握,从而实现组织的自我修正。

三、其他方法

管理人员通过对过去资料或未来预测的统计分析，从中发现规律，对比自己企业的经营业绩，实行有效的控制，这种控制方法被称为统计分析。该方法的优点是简单明了，例如用曲线、图表画出的趋势图或历史资料使人一目了然。但缺点是可比性较差，已经发生的未必一定会发生，对未来预测的准确性不高。

事实上，最简单、常常也是最有效的控制方法就是亲自观察，即主管人员到车间或办公室进行实地考察。这种方法有利于主管人员获得来自第一线的信息，而不是被文山会海所淹没。

第四节　综合控制

随着竞争的加剧和经营的日趋复杂，现代企业需要进行控制的组织层面越来越高，所要控制的活动范围也越来越广，这就需要企业采用综合的方法对企业运营的整个过程进行控制。在本节中，我们将介绍几种最新的有代表性的控制方法。

一、标杆控制

作为一种学习先进经验的系统、科学、高效的方法，标杆管理和控制在当代企业管理中得到了广泛的应用。

（一）标杆控制的内涵

根据大多数学者的观点，标杆控制是以在某一项指标或某一方面实践上竞争力最强的企业或行业中的领先企业或组织内某部门作为基准，将本企业的产品、服务管理措施或相关实践的实际状况与这些基准进行定量化的评价、比较，在此基础上制定、实施改进的策略和方法，并持续不断反复进行的一种管理方法。标杆控制的心理学基础是人的成就动机导向，认为任何个人与组织都应设定既富有挑战性又具有可行性的目标，只有这样，个人和组织才有发展的动力。

（二）标杆控制的步骤

标杆控制的实施需要历经一系列的步骤。

1. 确定标杆控制的项目。标杆控制的项目一般是对企业竞争力影响最重要的因素，同时也是企业的薄弱环节。如一个企业的生产成本高于竞争对手，那么它可以选择成本管理作为标杆管理的项目；一个企业的新产品研制速度低于竞争对手，那么它就可以选择研发能力作为对象。一般来说，项目应在对自己状况进行比较深入、细致研究的基础上确定。

2. 确定标杆控制的对象和对比点。这个对象应当是在同组织、同行业、同部门业绩最佳、效率最高的少数有代表性的对象。标杆控制的对比点应当在标杆控制项目范围内决定，通常为业绩的作业流程、管理实践或关键要素，在此基础上确立测量指标作为控制的依据。

3. 组成工作小组，确定工作计划。企业层次标杆控制活动的组成人员通常由决定竞争力因素的核心部门的能够识别专业流程优劣的人士参加。

4. 资料收集和调查。首先收集相关项目、相关调查对象和调查内容方面已有的研究报告、调查报告或相关信息，在研究这些已有资料的基础上，拟定实地调查提纲和调查问卷。在实地调查之前，要在内部对调查问卷和实地调查方法进行检验，确定调查问卷和方法的有效性。在实地调查过程中，需要重点关注存在差异的地方。

5. 分析比较，找出差距，确定最佳纠偏做法。在对调查所取得的资料进行分类、整理，并进行必要的进一步调查的基础上，比较研究调查对象之间以及调查数据与自己企业之间的实际情况，确定出各个调查对象之间所存在的差异，明确差距形成的原因和过程，并确定出最佳做法。

6. 明确改进方向，制定实施方案。在明确最佳做法的基础上，找出弥补自己和最佳实践之间差距的具体途径或改进方法，设计具体的实施方案，并时实施方案的经济效益进行分析。实施方案要明确实施重点和难点，预测可能出现的困难和偏差，确定对实施情况的检查和考核标准。

7. 沟通与修正方案。利用各种途径，对拟定的方案、所要达到的目标前景同全体成员进行反复交流与沟通，争取全体成员的理解和支持，并根据成员提出的建议，进一步修正和完善，以统一成员思想，使全体成员在方案实施过程中目标一致、行动一致。

8. 实施与监督。将方案付诸实施，并不断对实施情况和最佳做法进行比较，对容易出现偏差的进行监督并采取有效的校正措施，以努力达到最佳实践水平，努力超过标杆对象。

9. 总结经验。在完成了首次标杆控制活动之后，必须对实施效果进行合理的评判，并及时总结经验，对新的情况、新的发现进行进一步的分析。

10. 进行再标杆循环。针对环境的新变化或新的管理需求，确定下一次标杆的项目和对象。

（三）标杆控制的作用和缺陷

标杆控制通过设立挑战和赶超对象，并把最关键或最薄弱的因素作为改进内容，以此来全面提升企业的竞争力。同时，在标杆管理的控制指标中，不仅要求采用财务指标，还要求采用一些非财务指标。

与其他控制方法一样，标杆控制也存在着不足。一是标杆管理和控制容易导致企业的竞争战略趋同。标杆控制方法鼓励企业相互学习和模仿，因此在奉行标杆控制的行业中，可能所有的企业都试图通过采取类似的行动来改进绩效，在竞争的某个关键方面超过竞争对手。模仿可能会使企业之间相对效率差距日益缩小，但也会导致各个企业在战略上的趋向一致，使各个企业的产品、质量、服务甚至供应销售渠道大同小异，以至在企业运作效率上升的同时，利润率却在下降。二是标杆控制容易使企业陷入“落后—标杆—又落后—再标杆”的“标杆管理陷阱”之中。如果标杆控制活动不能使企业跨越与领先企业之间的“技术鸿沟”，单纯为赶超先进而继续推行标杆控制，反而会使企业陷入繁杂的“标杆管理陷阱”。例如在复印机刚刚问世时，IBM 和通用电器公司都曾把复印机领先者施乐公司作为标杆，结果却陷入了无休止的追赶游戏之中，最终不得不退出复印机行业。

二、平衡积分卡控制

由于传统的控制方法偏重于财务性衡量指标，而忽视企业创造未来长远的经济价值与利益，因此1992 年卡普兰（Kaplan）和诺顿（Norton）的文章“平衡积分卡：企业绩效的驱动”一经发表，便得到了学术界和企业界的广泛推崇和应用。

（一）平衡积分卡控制的内涵

诺顿和卡普兰认为，企业的发展不仅依赖于企业内部的因素，还依赖于外部环境，如市场需求和消费者偏好的变化。企业不仅要注重短期目标，还要能兼顾长期发展的需要；除了关注财务指标之外，必须同样重视非财务方面的组织运作能力。平衡积分卡是由财务、顾客、内部经营过程、学习和成长四个方面构成的衡量企业、部门和人员的卡片，之所以取名为“平衡积分卡”是因为它的目的在于平衡，兼顾战略与战术、长期和短期目标、财务和非财务衡量方法、滞后和先行指标。

采用平衡积分卡作为控制工具的优点主要体现在以下几个方面：

1. 平衡积分卡将企业的战略置于核心地位。平衡积分卡在四个方面依序将企业战略目标展开为具有因果关系的局部目标，即财务目标、客户目标、内部经营流程目标、学习和成长目标，并进一步展开成对应的评价指标。这些评价指标将所有的员工指向总体的远景规划，要求员工采取能够实现战略目标的行动方案。

2. 平衡积分卡使战略成为企业上下交流和学习的对象，并与各部门和个人的目标联系起来。平衡积分卡要求部门和个人制定自己的积分卡，在此过程中，必然要求企业更多地交流和相互学习，确立支持整体目标的局部目标行动方案，并确保组织中的各个层次都能理解长期战略和评价指标，从而使部门及个人目标服从总体的战略目标。

3. 平衡积分卡使战略目标在各个经营层面达到一致。多数情况下，驱动企业成功的因素已存在于组织之中，比如员工具备了执行战略所需要的技术和知识，但是却缺少对战略目标的理解和相应的集中。尽管成功运用平衡积分卡的企业仍然使用设备、产品、相同的人员，但却因为对各经营层面战略目标的统一而使企业形成一个有机的整体。

4. 平衡积分卡有助于短期成果和长远发展的协同和统一。除了传统的财务指标外，平衡积分卡还着重于开发新的能力、接近新的客户和市场等未来发展指标，使企业合理分配资源，在不断取得短期成果中促进长远目标的实现。

（二）平衡积分卡的控制指标

1. 财务方面

在平衡积分卡中财务衡量不仅是一个单独的衡量方面，而且是其他几个衡量方面的出发点和落脚点。一套平衡积分卡应该反映企业战略的全貌，从长远的财力目标出发，将它们与一系列行动联系起来。如果质量、客户满意度、生产率等方面的改善和提高无法转化为增加的销售额、减少的营业费用、增加的资产报酬率等财务成果，那么做得再好也无济于事。财务方面的衡量指标要结合企业的发展阶段，如在成长阶段，由于前期投入较大，企业的现金流量可能是负数，投资回报率亦很低，此时财务衡量应把重点放在销售额总体增长百分比、特定顾客群体和特定地区的销售额增长率等指标上。

2. 客户方面

在客户方面，核心的衡量指标主要包括市场份额、客户回头率、新客户获得率、客户满意度和从客户处所获得的利润率。这些指标存在着内在的因果关系：客户满意度决定了新客户获得率和老客户回头率，后两者又将决定市场份额的大小；新客户获得率、老客户回头率和市场份额等指标共同决定了销售利润率；而客户满意度又与企业对客户需求的反应时间，产品的功能、质量、价格等因素密切相关。

3. 内部经营过程

在内部经营过程方面，应本着满足客户需要的原则来制定衡量指标。现在的内部经营过程往往是以销定产，常常要创造全新的流程，它循着“调研—寻找市场—产品设计开发—生产制造—销售与售后服务”的轨迹进行。生产制造过程的业绩衡量可以沿用财务指标，例如标准成本和实际成本的差异、成品率、次品率、返工率等。产品设计开发可以采用新产品销售额在总销售额中所占的比例、专利产品销售额在总销售额中所占的比例、比竞争对手率先推出新产品的比例、开发新产品所用的时间、开发费用占营业利润的比例、第一次设计出的产品中可全面满足客户要求的产品所占的比例、在投产前对设计进行修改的次数等指标。对售后服务质量的衡量，则可以采用公司对产品故障反应的速度、用于售后服务的人力和物力成本、售后服务一次成功的比例等指标。

4. 学习和成长

在学习和成长方面，最关键的因素是人才、信息系统和组织程序。要促进企业的学习和成长，必须改善企业内部的沟通渠道，对员工加强基于生涯发展的教育和培训，激发员工的积极性，提高员工的满意度。这方面的衡量指标主要包括培训支出、培训周期、雇员满意度、雇员换留率、信息覆盖比率、每个员工提出建议的数量、被采纳建议的比例、采纳建议后的成效、工作团队成员彼此的满意度等。

（三）平衡积分卡的控制作用

成功的平衡积分卡控制制度是一种把企业的战略和一整套财务和非财务性评估手段联系在一起的手段。平衡积分卡可以阐明战略并在企业内部达成共识；在整个组织中传播战略；把部门和个人的目标与这一战略相联系；把战略目标与战术安排衔接起来；对战略进行定期和有序的总结;利用反馈的信息改进战略。因此,从某种意义上来说,平衡积分卡不仅仅是一种控制和业绩的评价手段,还是一个战略管理方法。

三、管理审计

管理审计是一种对企业所有管理工作及其绩效进行全面、系统的评价和鉴定的方法。管理审计既可以由内部的有关部门来承担,也可以聘请外部的专家来进行。

20 世纪 60 年代开始,在以美国为代表的工业国家中,企业内部审计大举从财务审计向管理审计转变,管理审计很快就成为内部审计师的主要工作内容,内部审计也成为了管理审计的主力军。这种历史性的转变背后具有深刻的历史原因。不论是发达国家的历史经验还是我国经济发展的现实都显示:在经济高速发展时期,企业规模急剧扩大,生产经营管理日趋复杂,所有权和经营管理权的分离使经营管理者的受托管理责任更加繁重,这一切都表明,作为具有相对独立地位的,拥有监督、评价、建设服务功能的内部审计应当进入到更加广阔的企业管理领域。管理审计就这样应运而生了。随着经济全球化、信息化的不断发展,我国企业的内部审计也逐渐开始尝试管理审计方式,管理审计在企业管理中发挥着新的作用。近几年来,我国交通企业在管理审计实践中不断摸索创新,在加强企业内部控制基础管理、防范企业风险和为企业增加价值等三个方面积累了一定经验,取得了明显成效。

管理审计的主要作用有以下几点:

(一)在加强企业内部控制基础管理方面

管理审计在产生和发展的初期就把“作业审计”作为主要形式。“作业审计”就是检查某项管理职能或业务在作业过程中是否建立并遵循了相关的制度、程序,是否达到了预期的效率、效果目标,并通过检查,评价既定制度、程序、目标的适用性。现代企业管理需要企业普遍结合各自的生产经营特点建立完善的内部控制体系。企业内部控制是通过建立各项规章制度、办事程序、岗位职责以及根据企业一定时期的总体目标分解制定的各个作业单位的具体目标来实现控制的。企业各部门、各业务单位如果都能受控,都能按照规定办事,都能完成计划目标,企业总体目标才能够实现。

可以说管理审计的基本功就是检查企业以内部控制为核心的各项基础管理工作是否到位,并评价相关的内部控制制度、程序及目标是否存在缺失或不当,从而帮助企业完善基础管理。例如,在交通运输企业燃料、物料采购及交通施工企业施工材料采购环节的内控基础管理方面,管理审计就大有可为。这些燃料、物料、施工材料的采购是大宗的、经常性的,在交通企业成本中具有重要影响,也是经营管理者非常关注的问题。管理审计在对这些采购环节进行审计检查时,会对业务流程进行独立、系统的评价,发现漏洞和薄弱环节,帮助企业健全内部控制。通常,管理审计通过检查评价后,要善于发现和指出企业在内部控制基础管理中的三方面问题:一是运作中有没有遵循制度规定的数量情况和影响程度;二是应该建立制度规定的控制环节是否建立制度规定 ;三是现行制度规定是否存在不适当之处。解决这三方面问题,就可以使企业的各层次管理在健全、有效、规范的控制下健康运行,企业组织的各项既定目标才有稳步实现的保障。管理审计的这种作用是建设性的。国际内部审计师协会于1975年发布的第19号研究报告中指出"管理审计是由内部审计师对各层次管理活动进行面向未来的、独立的和系统的评价","管理审计评价的内容包括对管理控制制度的存在性、符合性和适当性的评价"。这些精辟的概括充分说明了管理审计在对企业各种管理活动,尤其是内控基础管理活动进行的细致入微、甚至是百般挑剔的检查,可以促进企业在更高水平、更加严格的基础上规范内部控制基础管理工作。因此,管理审计者要像设计师一样,以追求完美的心态,针对审计发现的问题,提出完善内控基础管理的意见和建议,甚至需要帮助基层管理者设计新的更加完善的管理制度,同经营管理者共同感受成功建设的喜悦。

（二）在防范企业风险方面

随着市场全球化的发展和企业竞争的加剧,企业所面临的不确定因素日益增多,企业需要应对的各种风险已成为企业经营管理者和各利益关系者非常关注的重要问题。企业内部审计作为企业管理中较高层次的职能部门,在防范企业风险方面也应发挥更重要的作用。而内部审计发挥防范企业风险作用的重要武器就是管理审计。

管理审计要在防范企业风险方面起作用,就要求审计人员要充分地认识企业面临的各种风险,具备风险的识别能力。企业风险来自外部和内部两个方面,构成外部风险和内部风险。企业外部的经济环境、市场环境、政策制度、竞争对手、技术变革等重大因素发生变化,对企业的行业地位、赢利能力产生重大影响,就会构成企业的外部风险,通常以经营风险的形式体现出来。企业内部管理中,对人、财、物资源的配置使用、业务流程、信息系统等过程管理的建立是否能有效保证实现企业的既定目标,这些内部管理中存在的漏洞、错位和不协调都可能构成企业的内部风险,通常会以财务风险、管理风险的形式体现出来。在实践中,企业面临的各种内外风险往往交织在一起,互相影响互相作用。

管理审计要求在认识企业风险的基础上还要具备风险评估能力。例如,在对企业的投资活动进行管理审计时,一方面要对企业的投资决策程序进行检查评估,看看企业有没有建立相关的投资决策制度,实际投资的决策是否遵循了相关规定,是否充分体现了决策的民主化、科学化。如果投资是草率的、个别人决策的,那么在投资决策程序上就存在着重大风险。另一方面,即使投资程序上没有问题,也要看看投资项目是否符合企业的战略发展方向,是否适应市场发展变化趋势。管理审计要根据这些投资决策过程和决策后果进行必要的因素分析和量化评估,评价风险的影响程度,进而提出审计意见和建议,帮助企业采取补救措施,化解和减小企业的风险。

管理审计在评估企业风险时,不仅要重视揭示企业已经面临的各种风险,而且要对影响企业风险的重要因素变化保持高度关注。有些时候,企业眼前可能还感受不到风险压力,但如果相关敏感因素发生变化后,风险就有可能凸显出来。例如,企业负债率较高或负债结构不好时,一旦贷款利率调高、信贷政策收紧,企业就可能出现财务风险。因此,管理审计还应对影响企业风险的重要敏感因素作出分析或必要的预测,在防范企业风险方面发挥预警作用。

管理审计除直接对各个管理环节进行风险评估外,还可对企业的风险管理过程进行监督评价,从而发现企业在风险管理方面的问题,帮助企业培育防范风险的能力。

（三）在为企业增加价值方面

企业价值的追求和实现已成为企业运作的出发点和落脚点,企业价值的最大化已成为企业经营的最终目标。国际内部审计师协会 1999 年修订的内部审计最新定义中说:"内部审计是旨在增加组织价值,改善组织业务而设计的具有独立性和客观性的保证和咨询活动。"凸显了内部审计的增值服务功能。这也是现代内部审计的发展方向。管理审计也应该毫无例外地站在为企业增加价值这一新的更高的平台上策划和把握各项管理审计活动,使管理审计不仅仅具有为企业增加价值发挥的作用。这不仅是管理审计应该做到的,而且也是实践证明能够做到的。

企业中流行的一句话是"向管理要效益",是说通过加强管理的科学化、信息化、程序化,会产生提高企业的运作效率、降低成本费用、增大无形资产价值等增加价值的作用。管理审计可以说是管理的管理,控制的控制。它通过检查管理控制的过程,发现管理控制的漏洞和薄弱环节,达到改进管理、增加效益的目的。管理审计在对企业营销活动进行审计时,可以检查企业营销价格控制程序,销售产品的价格折扣是否有各种预案规定,是否存在越权的折让行为;可以检查企业销售货款收款程序,应收账款的风险管理是否健全;还可以检查评价各类销售业务的营业利润情况,分析不同利润水平的原因,促进企业扩大适销对路、效益水平高的业务经营。这样的管理审计就可以帮助企业增加收入。管理审计在对企业成本管理进行审计时,可以检查企业预算管理制度是否健全,生产成本费用标准是否健全和有效执行;还可以通过现场检查发现企业库存是否存在积压、变质及相关的管理责任问题。这些管理审计同样会促进企业通过加强管理,降低成本,为企业增加价值。

管理审计在企业管理中发挥增加价值作用,并不是每一次管理审计结果都可以取得直接量化的增加价值,也不应当鼓励审计人员为追求表面量化的增加价值而开展管理审计。管理审计不仅具有为企业增加价值的作用,更重要的是使审计人员实现观念的转变,使为企业增加价值的观念贯穿在管理审计过程中。管理审计的实质是帮助经营管理者圆满履行受托管理责任,其基本职能是检查各种管理活动的有效性和适当性,帮助经营管理者完善管理制度,提高管理水平。只有各个管理环节充分协调、配合,企业管理才能发挥综合效益。这就像木桶的"短板"原理,管理中存在薄弱环节,尤其是关键的薄弱环节,就可能最终影响企业的经济效益。管理审计正是要善于识别和发现管理中的"短板",最终为企业带来增加价值的作用。

管理审计在加强企业内控基础管理、防范企业风险和为企业增加价值方面的作用,并不是孤立的、截然分开的,这三大作用之间存在紧密的内在联系,并相互影响。

加强内部控制等是企业基础管理工作，是管理审计普遍涉及的问题，也是管理审计的基础。然而在企业规模巨大、层次繁杂的日常管理中，管理审计也不可能对企业内部控制基础工作进行全面细致的检查。这就需要抓住重点，具备防范风险意识，建立防范风险的各种规范。

加强内部控制基础管理、防范企业风险的最终结果应使企业增加价值，提高企业赢利水平，实现企业价值最大化。反过来，为企业增加价值也就应当成为开展管理审计、加强内控防范风险的目的和方向。

综上所述，可以把三大作用的内在联系概括成为：增加价值是目的（方向），防范风险是重点，加强内控是基础。这样，管理审计在发挥三大作用时也就实现了内在的统一。

管理审计发挥三大作用有着密切的内在联系，其相互影响也是显而易见的。企业内部控制的各项基础管理工作做好了，就会大大减少风险或使企业及时采取措施规避风险；企业如果能够成功防范风险，化险为夷，也会获得增加价值的回报。管理审计在正确处理三大作用关系时，不仅应当看到三者之间总体上存在的正面影响关系，也应注意到一定条件下也会有对立的情况存在。例如，管理审计在关注防范风险问题时，如果对所有可能发生的风险，通通采取事先防范措施，那么势必要增多控制环节，增加监督检查程序，增加人财物的投入。增加过多的内部控制程序不仅有可能降低工作效率，而且会增加管理控制成本，如果增加的成本大于因此而增加的收益价值，就无法实现企业的增加价值的最终目的。正确处理这种对立统一的关系，就要按照成本效益的原则，求得适当平衡，既要防范重大风险，又要兼顾效率和成本。管理审计的方法是利用公开记录的信息，从反映企业管理绩效及其影响因素的若干方面将企业与同行业其他企业或其他行业的著名企业进行比较，以判断企业经营与管理的健康程度。

管理审计常常存在一些不良的现象：从事了不必要的工作；重复工作；不良的存货控制；机器设备的不经济使用；不必要的费用和资源的浪费等。尽管如此，管理审计仍然可以对整个组织的管理绩效进行评价，为指导企业在未来改进管理系统的结构、工作程序和结果提供了有用的参考。

本章小结

企业管理实践中运用着多种控制方法。管理人员除了利用现场巡视、监督或分析下属依循组织路线传送的工作报告等手段进行控制外，还经常借助预算控制、比率分析、审计控制、盈亏控制以及网络控制等方法。预算控制就是根据预算规定的收入与支出标准来检查和监督各个部门的生产经营活动，以保证各种活动或各个部门在达成既定目标、实现利润的过程中实现对经营资源的充分利用，从而使费用的支出受到严格有效的约束。生产控制则需要依据计划对原材料、零部件、劳动力等投入进行控制，需要对企业系统的转换和运营进行控制，也需要对有形的产品或无形的劳务进行控制。财务控制是组织监控资产的流动性、总体财务状况和盈利能力的基本工具。随着竞争的加剧和经营的日益趋复杂,现代企业需要进行控制的组织层面越来越多,所要控制的活动范围也越来越广,这就需要企业采用综合的方法对企业运营的整个过程进行控制。标杆控制、平衡积分卡控制还有管理审计是比较重要的几种控制方式。从证实财务报表的诚实和公正,到为管理决策提供关键性的数据,审计起着重要的作用。审计是对反映企业资金运动过程及其结果的会计记录及财务报表进行审核、鉴定,以判断其真实性和可靠性,从而为控制和决策提供依据。

习　题

一、思考题

1. 盈亏控制适合于何种情况?
2. 网络控制适合于何种情况?
3. 战略管理中,如何运用平衡计分卡开展管理工作?

二、实战练习

对一个企业的管理控制工作进行调查,分析其存在的问题,并研究问题的解决对策。

三、案例分析

戴尔公司与电脑显示屏供应商

美国的戴尔公司创建于 1984 年,是一家以直销方式经销个人电脑的电子计算机制造商,其经营规模已迅速发展到当前 120 多亿美元销售额的水平。戴尔公司是以网络型组织形式来运作的企业,它联结有许多为其供应计算机硬件和软件的厂商。其中有一家供应厂商,电脑显示屏做得非常好。戴尔公司先是花很大的力气和投资使这家供应商做到每百万件产品中只能有 1000 件瑕疵品,并通过绩效评估确认这家供应商达到要求的水准后,就完全放心地让他们的产品直接打上"Dell"商标,并取消了对这种供应品进行验收、库存的手续。类似的做法也发生在戴尔其他外购零部件的供应中。

通常情况下,供应商将供应的零部件运送到买方那里,货物经过开箱、触摸、重新包装等过程,经验收合格后,产品组装商便将其存放在仓库中备用。为确保供货不出现脱节,公司往往要贮备未来一段时间内可能需要的各种零部件。这是一般的商业惯例。因此,当戴尔公司对这家电脑显示屏供应商说:"这种显示屏我们今后会购买 400 万到 500 万台左右,贵公司为什么不干脆让我们的人随时需要、随时提货"的时候,商界人士无不感到惊讶,甚至以为戴尔公司疯了。戴尔公司的经理们则这样认为,开箱验货和库存零部件只是传统的做法,并不是现代企业运营所必需的步骤,遂将这些“多余”的环节给取消了。

戴尔公司的做法就是,当物流部门从电子数据库得知公司某日将从自己的组装厂提出某型号电脑××部时,便在早上向这家供应商发出配额多少数量显示屏的指令信息,这样等到当天傍晚时分,一组组电脑便可打包完毕分送到顾客手中。如此,不但节约了检验和库存成本,也加快了发货速度,提高了服务质量。

思考题:

1. 你认为,戴尔公司对电脑显示屏供应厂商是否完全放弃和取消了控制?如果是,戴尔公司的经营业绩来源于哪里?如果不是,那它所采取的控制方式与传统的方式有何不同?

2. 戴尔公司的做法适用于中国的企业吗?为什么?

参考书目

1. 彼得 · F. 德鲁克:《创新与创业精神》,上海人民出版社,2002 年版。
2. 保罗 · S. 麦耶斯主编:《知识管理与组织设计》,珠海出版社,1998 年版。
3. 陈传明,周小虎:《管理学原理》,机械工业出版社,2007 年版。
4. 陈亭楠:《现代企业文化》,企业管理出版社,2003 年版。
5. 冯文权:《经济预测与决策技术》,武汉大学出版社,2002 年版。
6. 盖勇,王怀明:《管理沟通》,山东人民出版社,2003 年版。
7. 哈罗德 · 孔茨,海因茨 · 韦里克:《管理学精要》(原书第六版),韦福祥等译,机械工业出版社,2005 年版。
8. 哈罗德 · 孔茨,海因茨 · 韦里克:《管理学》,张晓君等译,经济科学出版社,1998 年版。
9. 侯贵松:《知识管理与创新》:中国纺织出版社,2002 年版。
10. 理查德 · L. 达夫特,多萝西 · 马西克:《管理学原理》(第四版),高增安、马永红等译,机械工业出版社,2005 年版。
11. 林辉,宋山梅:《管理学概论》,经济管理出版社,2006 年版。
12. 倪杰:《管理学原理》,清华大学出版社,2006 年版。
13. 斯蒂芬 · P. 罗宾斯,大卫 · A. 德森佐:《管理学原理》,毛蕴诗主译,东北财经大学出版社,2005 年版。
14. Stephen. P. Robbins and Mary Coultar. Management. Seventh Edition 清华大学出版社. Prentice – Hall International Inc,2002 年版。
15. 孙耀君:《管理思想发展史》,山西经济出版社,1999 年版。
16. 孙成志,孙皓:《管理学》,中国金融出版社,2004 年版。
17. 托马斯 · S. 贝特曼:《管理学:构建竞争优势》(第四版),王雪莉译,北京大学出版社,2001 年版。
18. 王重鸣:《管理心理学》,人民教育出版社,2001 年版。
19. 魏江:《管理沟通:理念与技能》,科学出版社,2001 年版。
20. 徐国华,张德等:《管理学》(MBA),清华大学出版社。1998 年版。
21. 杨文士:《管理学原理》(第二版),中国人民大学出版社,2004 年版。
22. 杨宝宏,杜红平:《管理学原理》,科学出版社,2006 年版。
23. 姚裕群主编:《团队建设与管理》,首都经贸大学出版社,2006 年版。

24. 张德,曲庆:《MBA 联考清华辅导材料 2002. 管理》,清华大学出版社,2001 年版。
25. 周寄中:《科学技术创新管理》,经济科学出版社,2002 年版。
26. 朱秀文等:《管理概论》,天津大学出版社,2004 年版。
27. 赵国杰,于海洋:《企业发展战略的选择》,天津大学出版社,2000 年版。
28. 周三多,陈传明,鲁明泓:《管理学原理和方法》,复旦大学出版社,2004 年版。
29. 周三多:《管理学》,高等教育出版社.(第二版),2005 年版。
30. 周永生:《管理学基础》,北京:清华大学出版社,2006 年版。